KB206154

이 책은 요한계시록의 일곱 교회(2-3장)에 주어진 서신과 묵시를 분석한 최고의 연구서이다. 그간 역사적 접근에 근거한 책들이 간혹 나오기는 했으나 이 책과 같이 문학적, 역사적, 신학적으로 풍성하고 깊게 다룬 단행본은 없었다. 이 책은 넓은 독자층을 고려해 많은 사진을 수록하고, 또한 설교를 위한 자료를 친절하게 제공한다. 일곱 교회의 상황과 문제, 그리고 해결책은 요한계시록 전체의 흐름과 신학을 예고하고 요약하는 측면에서 대단히 중요하다. 요한계시록을 연구하거나 설교하는 독자들에게 필독서가 될 것이다.

강대훈
총신대학교 신학대학원 신약학 교수

요한계시록 2-3장은 교회 강단에서 자주 설교되는 본문이지만, 좋은 안내서가 없어 저마다 본문의 뜻을 충분히 드러내지 못하는 경우가 많다. 저자는 어렵고 복잡한 요한계시록 2-3장을 여러 근거를 가지고 설명한다. 1세기 배경에서, 구약과의 관계에서, 그리고 다른 신약 본문과의 연결을 통해서 해당 본문의 뜻을 상세히 밝혀준다. 원문을 해설하기도 하고, 다른 번역을 소개하기도 하면서 독자들이 쉽게 이해하도록 돕는다. 그리하여 그리스도께서 아시아의 일곱 교회에게 그리고 오늘날의 독자에게 어떤 메시지를 주고자 하시는지 명확히 파악할 수 있도록 돕는다. 배경과 문맥과 역사적 기초 위에서 요한계시록 2-3장을 해석하기 원하는 독자들에게 아주 유용한 자료가 될 것이다.

권해생
고려신학대학원 신약학 교수

설교자의 한사람으로 작년에 요한계시록을 강해하면서 늘 고민이 되는 지점이 있었다. "내가 외치는 메시지가 얼마만큼 역사적인 사실에 근거한 것일까?" 하는 의문과 갈등이 그것이었다. 계시록과 관련한 좋은 책들이 많았지만 그것이 쓰여진 배경, 상황, 장르와 관련해서 확실한 지식을 전달하고 있다는 느낌을 주는 책이 솔직히 별로 없었다. 그런데 이 책이 아쉬웠던 그 느낌과 감정을 확실하게 지워준다. 저자는 계시록 2-3장에 기록된 "일곱 교회를 향한 설교"와 관련된 어떠한 사건과 배경도 대충 설명하고 넘어가는 법이 없다. 누구나 이 책을 정독하기만 하면, 해당 텍스트를 제대로 이해하고 설명 가능한 사람이 될 수 있다고 확신한다. 요한계시록에 대한 보다 양질의 설교를 하고 싶은 사람들, 더 나아가 요한계시록이 전달하고자 하는 핵심 주제를 더 분명하게 이해하기 원하는 사람들에게 이 책을 적극적으로 권한다.

김관성
낮은담 침례교회 담임목사

신약서신 전문가인 저자는 요한계시록 2-3장을 일반적인 서신이 아닌 '예언 신탁'으로 이해하면서 새로운 이해의 안목을 제시하고 있다. 저자의 설명을 따라 일곱 교회를 향한 메시지들이 당시 성도들이 직면하고 있던 특정한 상황들을 다루기 위한 것임을 발견할 때, 요한계시록에 대한 여러 오해들도 해소될 것이라 기대한다. 그 때에야 오늘날 교회가 마주한 상황들 가운데 요한계시록을 통해 주시는 하나님의 음성을 더욱 분명하게 들을 수 있을 것이다.

송태근
삼일교회 담임목사

요한계시록 전체에서 일곱 교회를 다루는 2-3장은 문맥적으로나 신학적으로 매우 중요한 역할을 한다. 하지만 이 부분을 다루는 대부분의 저서들은 종종 학문적으로만 접근하기에 설교자에게 실질적인 도움을 주는 경우는 매우 드물다. 『요한계시록에 가면』은 꼼꼼한 배경 연구와 주해가 어떻게 설교로 이어질 수 있는가를 모범적으로 제시함으로써 이러한 한계를 잘 극복한다. 더욱이 각 장 끝에 나오는 와이마의 설교문은 앞서 언급한 장점을 극대화해준다. 세계적인 신약학자가 목회자의 심정으로 쓴 이 책은 말씀을 배우는 신학생이나 말씀을 전하는 목회자 모두에게 상당한 유익을 끼칠 것으로 기대한다. 아무쪼록 이 귀한 책을 통해 한국교회가 빌라델비아 교회의 모범을 따르는 놀라운 축복을 경험하길 바란다.

신숙구
햇불트리니티신학대학원대학교 신약학 교수

이 책은 요한계시록 2-3장에 소개된 소아시아의 일곱 교회를 향한 예수님의 권면과 경고, 약속 등의 메시지를 설명한 책이다. 저자는 수십 년 동안 진행한 본문 연구, 고고학적 유적지 답사, 그리고 세미나를 통해 발견된 모든 내용들을 이 책 가운데 집약하였다. 이 책을 펼치는 순간, 역사적 이해에서부터 주해, 신학적, 목회적인 적용에 이르기까지 아주 풍성한 이야기들과 만나게 될 것이다. 특히 저자는 주요 본문에 관한 다양한 해석들을 소개하고자 노력하는 동시에 독자들이 본문의 의미를 충분히 따라갈 수 있도록 다방면으로 돕는다. 당시 독자를 위한 말씀 이해뿐만 아니라, 지금 우리를 향한 새로운 의미를 발견하기를 원하는 독자들에게 좋은 안내서가 되리라 확신한다.

안창선
한국성서대학교 신약학 교수

형식상, 이 책은 설교자들에게 있어서 가장 이상적인 방식의 성경 연구서라고 단언할 수 있다. 첫째, 이 책은 정통적인 복음주의 신학에 뿌리박혀 있지만, 동시에 저자 자신의 독자적인 연구로 이루어져 있다. 이는 정통적인 신학에 근거하여 특별한 설교를 해야 하는 설교자에게 대단히 유용하다. 둘째, 이 책은 일곱 교회를 향한 설교(그렇다. 저자는 일곱 교회를 향한 '편지'가 아니라 '설교문'이라고 말한다)에 대한 주석을 한 후, 적실한 샘플 설교를 제공한다(우리를 향한 말씀). 이는 주석을 참조해서 설교문까지 작성해야 하는 설교자들의 수고를 덜어 줄 뿐 아니라, 좋은 강해 설교가 어떠한 특징을 가지고 있어야 하는지를 알려주는 샘플이 된다. 셋째, 계시록 2-3장에 대한 가장 광범위하고 깊은 정보를 담고 있다. 특히 문법적 접근을 즐겨하는 연구자들에게도, 본문의 부록은 아주 좋은 자료가 될 것이다. 비록 연구서이지만 나는 아주 은혜롭게 읽었고, 빨리 계시록 2-3장을 설교하고 싶다는 욕구에 사로잡힌다!

이정규
시광교회 담임목사

나는 요한계시록 2-3장과 관련된 글을 볼 때, 그 부분을 서신으로 보느냐 아니냐에 관심을 갖는다. 와이마는 바로 이 지점을 정확하게 파고든다. 다른 대부분의 학자들이 이 일곱 본문의 장르를 "서신"으로 구분하지만, 서신 형식의 전문가인 와이마는 요한계시록 2-3장에서 신약성경의 서신 혹은 당대에 일반적인 서신의 특징을 전혀 찾아 볼 수 없다고 정확하게 일갈한다. 대신 그는 이 본문의 장르를 "설교"로 규정한다. 형식과 내용 면에서 선지적 메시지라고 할 수 있는 이 본문을 설교라는 역동적인 개념으로 장르화한 것은 매우 탁월한 통찰이라 하지 않을 수 없다. 한 가지를 보면 열을 알 수 있듯이, 이 한 가지만 보더라도 이 책은 충분히 읽을 만한 신학적, 목회적 가치가 있다.

이필찬
이필찬요한계시록연구소 소장

와이마는 그의 특유의 꼼꼼함으로 요한계시록 2-3장에 기록된 일곱 편의 설교를 해석하는 데 유용한 지침을 제공한다. 일곱 교회에 전해진 그리스도의 메시지가 무엇이었는지, 그리고 오늘날의 교회를 향한 그리스도의 메시지는 무엇인지 자세히 살핀다. 와이마의 믿음과 열정이 담긴 이 책은 성경을 가르치는 교사들과 목회자들에게 훌륭한 동반자가 되어줄 것이다.

L. 앤 저비스(L. Ann Jervis)
토론토 대학교(University of Toronto)

와이마는 요한계시록 2-3장의 일곱 설교에 대해 탁월하고도 섬세한 분석을 내놓았다. 그는 이것이 서신(편지)이 아니라는 사실을 명확히 증명했다. 와이마는 일곱 설교의 역사적인 배경과 문맥에 정통해 있다. 그는 그 배경과 문맥에 대한 분석이 설교 본문을 당시 상황 속에서 이해하는 데 큰 도움이 된다는 것을 보여준다. 더 나아가 일곱 설교가 오늘날 어떻게 선포될 수 있는지를 보여준다. 와이마는 일곱 설교가 미래를 예언하고 있는 것이 아니라 진리를 선포하고 있음을 짚어낸다. 매우 추천할 만한 책이다.

벤 위더링턴 3세(Ben Witherington III)
애즈베리 신학대학원(Asbury Theological Seminary)

와이마가 또다시 신약성경 본문을 섬세하게 연구한 책을 내놓았다. 그 연구가 광범위하면서도 읽는 즐거움을 준다. 또한 역사적인 정보가 풍부하면서도 신학적인 초점이 뚜렷하다. 와이마는 복음의 진리를 깊이 있게 설명하면서, 하나님의 말씀을 선포하는 목회자들을 친절하게 도와준다. 이 책은 일곱 교회를 향한 요한계시록 2-3장의 메시지에 관한 최고의 주석으로, 오랫동안 그 지위를 유지할 것이다.

에크하르트 슈나벨(Eckhard J. Schnabel)
고든콘웰 신학대학원(Gordon-Conwell Theological Seminary)

이 책은 요한계시록 2-3장의 일곱 설교에 관한 유용하고 탁월한 연구서이다. 설득력 있는 내용을 제공하면서 동시에 신앙적으로도 풍성한 통찰력을 제공한다. 와이마는 일곱 설교를 먼저 1세기 로마의 배경에서 해석하고, 다시 오늘날의 설교로 멋지게 재생산한다. 이는 마치 정확하고 적실한 강해 설교의 모델과도 같다.

프랭크 틸만(Frank Thielman)
비슨 신학대학원(Beeson Divinity School)

The Sermons
to the
Seven Churches
of Revelation

Jeffrey A. D. Weima

요한계시록에 가면

일곱 교회를 향한 설교

제프리 와이마

나의 손주들에게:
레오, 그래함, 리바, 엘리엇, 헨드릭스, 덴버, 클라라, 아처
성령이 너희에게 하시는 말씀을 들을 귀가 있기를,
너희 모두가 "이기는" 그리스도인으로 성장하기를!

| 목 차 |

| 그림 목차 |

* 일러두기

1. 각 장(chapter)에서 이루어지는 요한계시록 본문에 대한 논의, 이를테면, 단어들의 순서나 배치, 횟수 통계, 구와 절 분석, 문법과 구문에 관한 논의는 모두 "그리스어 본문"을 기준으로 합니다.

2. 성경 구절에 붙은 영어 알파벳(a, b, c)은 하나의 절(verse)을 더 작게 쪼갠 하위 단위들입니다. a는 상반절, b는 중반절, c는 하반절을 가리킵니다.
예) 3:8a, 3:18b

3. "지역명 + 설교"는 곧 해당 "지역 교회를 향한 설교"의 축약 표현입니다. 이 표현이 빈번하게 등장하기 때문에, 편의상 축약 표현을 사용했습니다.
예) "에베소 설교"는 곧 "에베소 교회를 향한 설교"를 가리킵니다.

4. 각 장의 끝부분에는 요한계시록 본문을 오늘날의 상황에 적용하는 설교, [우리를 향한 말씀]이 있습니다. 이 부분은 그 내용의 특성상 "경어체"를 사용했습니다.

5. 저자의 논지가 개역개정성경 혹은 새번역성경과 다르다고 판단되는 경우에는, 저자 개인의 번역을 따랐습니다.

서문

이 책의 발단은 14년 전으로 거슬러 올라간다. 2007년 5월 첫 번째 주말, 아이오와주 북서부에서 사역하는 일곱 명의 목사님들이 나를 초청했고 다음과 같은 계획을 제안했다. 먼저 내가 주어진 시간 동안 요한계시록 2-3장에 기록된 일곱 서신에 관해 최대한 많은 정보를 나누면, 이어서 일곱 명의 목사님들이 각자 일곱 서신 가운데 하나씩 맡아 설교문을 작성한다. 그러고 나서 일곱 교회를 서로 돌아가며 설교한다. 이러한 계획에 따르면, 목사님들은 각자 한 편의 설교문만 작성하면 되기 때문에 설교 준비를 위한 시간을 크게 절약할 수 있다. 동시에 각 교회들은 다른 여섯 명의 통찰이 담긴 다양한 설교를 들을 수 있다. 이는 분명 현명하고도 효율적인 계획임에 틀림없었다!

그럼에도 처음에 나는 그 제안을 받아들이길 주저했다. 그때까지 내 연구와 저술 활동은 바울서신에만 국한되어 있었고, 요한계시록에 관해서는 어떠한 학문적 업적도 남긴 것이 없었기 때문이다. 하지만 그 당시 때마침 나는 성지 순례 코스를 짜고 있었고, 특별히 튀르키예를 추가할 계획을 세우고 있었다. 튀르키예를 추가한다면, 요한계시록 속 일곱 서신의 수신지였던 교회들의 고대 유적지를 방문할 기회도 얻고, 그 서신들에 대해 가르칠 기회도 얻을 수 있을 것 같았다. 결국 나는 목사님들의 제안을 받아들였고, 요한계시록 2-3장의 일곱 서신을 연구하는 데 상당한 시간과 노력을 기울였다. 그리고 연구한 주해 및 설교와 관련된 통찰을 그들과 함께 나누었다.

그렇게 요한계시록 2-3장에 관한 밀도 높은 세미나를 진행한 후, 나는 튀르키예 서부의 고대 유적지들을 여러 차례 방문했다. 그로 인해 일곱 서신 (정확하게는 일곱 설교)에 대한 나의 관심은 더욱더 깊어졌다. 이후 나는 미국과 캐나다 전역의 목사님들을 위해 요한계시록 2-3장의 일곱 서신, 즉 일곱 편의 설교에 대한 강해 세미나를 열기도 했다. 또한 그 일곱 편의 설교가 현대 교회와 얼마나 깊이 연결되어 있는지를 깨닫고 난 후에는, 교회들을 방문할 때마다 요한계시록 2-3장의 본문들로 설교를 했다. 이와 같이 지난 15년 동안 여러 목사님들이 요한계시록 2-3장의 본문들로 설교문을 작성하는 것을 도우며 시리즈 강의를 진행해왔다. 북미를 비롯한 세계 각지의 다양한 교회 공동체들 가운데서 요한계시록의 일곱 설교를 나누었다. 그리고 튀르키예 서부에 위치한 일곱 교회의 고대 유적지를 방문하는 성지 순례를 수십 차례 이끌었다. 이러한 경험들을 통해 나는 이 짧지만 특별한 성경 본문(요한계시록 2-3장)에 대해 특별한 이해와 통찰을 가지게 되었다. 그리고 이제 그 이해와 통찰을 더 많은 청중들과 공유하려고 한다.

이 책을 출간하는 오랜 과정에서 도움을 준 분들께 깊은 감사를 드린다. 특별히 튀르키예에 있는 세 명을 언급할 필요가 있다. 이즈미르에 있는 툿쿠 여행사의 레벤트 오랄(Levent Oral) 대표는 내가 이끌었던 여러 성지 순례 코스가 튀르키예를 비롯한 지중해 주변 고대 유적지들을 방문하는 과정 가운데 모든 일이 순조롭게 진행되도록 돕는 사람이었다. 레벤트 대표는 정말로 멋진 비즈니스 파트너였다. 정말로 열심히 일하고 또 꼼꼼하게 일을 진행하기 때문에 성지 답사 분야에서는 타의 추종을 불허한다. 더욱 중요한 것은, 그가 내 아내와 나를 각별히 환대해 주어서 결국 우리가 소중한 친구 관계를 맺게 되었다는 점이다. 툿쿠 여행사의 센크 에로낫(Cenk Eronat) 부사장은 수년에 걸쳐 여러 차례 현지 가이드로 수고해 주었다. 그 역시 나의 좋은 친구가 되었다. 그가 가진 (누구나 웃게 만드는) 웃음소리와 타인에 대한 공감 능력, 그리고 왕성한 호기심으로 인해 여행 중 힘든 일을 겪었을 때조차, 그가 안내하는 모든 일정은 유쾌한 경험으로 남아 있다. 안탈리아 소아시아 연구소의 설립자이자 소장인 마크 윌슨(Mark Wilson)은 거의 20년 동안 튀르키예에서 산 미국인 성경학자이다. 수년에 걸친 그의 우정에 감사한다. 고대 아나톨리아 지역의 지리와 역사에 관한 그의 통찰은 여러 성경 본문들, 특히 요한계시록의 일곱 교회를 향한 설교를 이해하는 데 큰 도움이 되었다.

북미 지역에서 이 책을 멋지게 편집해줘서, 나를 부끄러운 실수들로부터 구해주고, 책의 전반적인 질을 향상시켜 준 베이커(Baker) 출판사의 웰스 터너(Wells Turner)에게 감사를 표한다. 색인 작업을 도맡아 준 나의 조교이자 동료 신약학자, 브리튼 브루어(Brittain Brewer)에게도 감사를 표한다. 그리고 특별히 나의 아내인 버니스(Bernice)에게도 감사를 표하고 싶다. 아내는 강의실 밖에서까지 이루어지는 나의 사역을 언제나 지지해 주었다. 아내는 앞으로도 나의 가장 소중한 친구이자 동역자일 것이다. 끝으로, 나의 8명의 손주들에게, 그리고 그 아이들이 내 삶에 사랑과 기쁨, 웃음을 가져다준 것에 감사를 표하고 싶다. 그렇기에 이 책을 기도하는 마음으로 아이들에게 헌정한다.

서론

나는 장차 설교자나 성경 교사가 될 신학교 학생들에게 이렇게 말하곤 한다. "여러분이 공부한 내용을 강단이나 교실로 전부 가져갈 수는 없습니다." 이러한 조언을 머리로는 받아들이기 쉬워도 막상 실천하기는 어렵다. 우리는 특정 성경 본문에 관해 어떤 주석적인 발견을 하거나 혹 새로운 통찰을 얻으면, 그 자체로 너무나 신이 난 나머지 성도들이나 학생들에게 곧장 나누고 싶어진다. 하지만 대개 주어진 시간이 길지 않거나, 혹은 지나치게 자세한 설명과 기술적인(technical) 내용 전달은 청중에게 과도한 부담을 줄 수 있기 때문에, 어떤 내용들은 그저 공부 그 자체로 남겨두는 것이 더 나을 수도 있다.

이 책에서 나는 요한계시록 2-3장에 나오는 일곱 서신(사실은 설교다. 아래의 "일곱 설교의 장르"를 보라)을 자세히 살펴보고, 학문적인 내용을 강단이나 교실로 옮길 수 있도록 돕는 모델을 만들어 보고자 한다. 각 장의 서두에서는 일곱 서신/설교를 자세히 살펴봄으로써 본문을 둘러싼 시간과 공간을 파악할 것이다. 즉, 그리스도가 요한을 통해 주후 1세기 후반 소아시아의 원독자들에게 어떠한 말씀을 하셨는지 알아보는 것이다. 분량이 비교적 적은 현대적 적용, 곧 "우리를 향한 말씀"에서는 해당 본문이 강단이나 교실에서 어떻게 제시될 수 있는지에 관하여 다룰 것이다. 이 부분은 본문이 오늘 여기에 어떻게 적용될 수 있는지를 강조하는 설교라 할 수 있다. 곧, 그리스도께서 요한을 통해 21세기 전 세계에 있는 모든 교회를 향해 어떠한 말씀을 하시는지 알아보는 것이다. 이 마무리 설교는 앞서 주석적으로 상세히 분석한 주요 핵심들을 강조할 뿐만 아니라, 목사나 성경 교사들이 어떻게 고대 본문을 현대의 그리스도인 청중들에게 설교할 수 있는지(혹은 가르칠 수 있는지)를 보여주는 모델 역할을 하게 될 것이다.

　　앞서 언급한 조언, 즉 "공부한 내용을 전부 강단이나 교실로 가져가지 말라"는 조언은 서론에서 다루는 내용과도 깊이 관련되어 있다. 한편, 요한계시록 2-3장의 일곱 설교를 본격적으로 공부하기에 앞서 충분히 관심을 기울여야 할 몇 가지 서론 격의 이슈들이 있는데, 첫째는 일곱 설교의 **장르**에 관한 이슈이다. 거의 대부분의 학자들이 이 일곱 본문의 장르를 "서신(편지)"으로 구분한다. 하지만 사실 그 본문들 안에서, 신약성경의 서신 혹은 당대에 일반적인 서신에서 전형적으로 사용되었던 특징들을 전혀 찾아볼 수 없다. 둘째는 일곱 설교의 **구조**에 관한 것이다. 일곱 편의 설교는 동일한 패턴을 보이며 그 틀이 너무나도 확고하다. 따라서 그 구조에서 벗어날 경우 우연이 아니라 의도적인 것임을 알 수 있고, 주해 과정에서 중요한 부분이라고 말할 수 있다. 셋째는 **역사적인 맥락**이다. 밧모섬에서 요한이 처했던 상황뿐만 아니라, 아시아 지역 일곱 도시에 흩어져 있던 독자들의 상황 역시 중요하다. 넷째는 일곱 설교의 해석에 관한 이슈이다. 이 일곱 편의 설교는 미래의 일곱 교회 시대를 예언하는 것인가(foretell), 아니면 과거의 일곱 교회에게 하나님의 뜻을 예언하는 것인가(forthtell)? 이 일곱 편의 설교는 고대 사회의 어떤 그룹이라도 즉시 알아차릴 수 있는 평범한 은유만을 담고 있는가, 아니면 특정 교회에만 특별히 의미 있는 메시지로서 해당 지역의 역사적, 문화적, 지리적 특성을 담고 있는가?

다른 한편, 이 본문들을 가지고 7주짜리 설교 시리즈를 준비한 설교자가 앞서 언급한 이슈들을 설교에서 다룰 시간이 없을 수도 있다. 하지만 이러한 서론적 내용들은—그 내용들을 학문적인 영역으로 내버려 두든지, 혹은 설교나 수업의 내용에 포함시키든지—요한계시록 2-3장의 일곱 설교를 주석적으로 올바르게 분석함에 있어 매우 중요하다.

일곱 설교의 장르

요한계시록 2-3장의 일곱 교회를 향한 메시지들은 대개 "서신(편지)"이라고 불린다. 이는 주석서들이 대개 요한계시록을 서신으로 분류하기 때문이다. 2-3장의 본문들로 이루어진 설교들 역시 흔히 "교회를 향한 그리스도의 서신" 혹은 "예수님으로부터 온 서신" 등의 제목으로 언급된다. 그러나 사실 요한계시록 2-3장에는 당시 서신에서 전형적으로 발견되는 전형적인 특징이 단 하나도 담겨있지 않기 때문에, 그 장르를 "서신"으로 구분할 근거는 상당히 빈약하다고 할 수 있다.

고대 사회의 모든 서신들은 최소 3가지 주요 부분, 즉 서두와 본론, 종결부로 이루어져 있다. 그런데 바울서신의 경우, 서두와 본론 사이에 추가된 부분이 있다. 곧, "내가/우리가 감사하노니…"로 시작되는 감사 부분이다(바울서신의 4가지 주요 부분에 관한 분석은 Weima 2016을 보라). 요한계시록 2-3장의 소위 "서신"들이 분명한 내적 구조를 갖고 있기는 하지만(아래의 "일곱 설교의 구조"를 보라), 그 구조가 고대 서신의 세 부분 혹은 네 부분의 구조를 따르고 있지는 않다.

신약성경 속 모든 서신들의 서두 부분은 다음과 같은 순서와 함께, 3가지 (서신)서식을 갖추고 있다. 즉, 발신자 정형 문구(예를 들어, "하나님의 뜻으로 말미암아 그리스도 예수의 사도 된 바울", 고후 1:1, "하나님과 주 예수 그리스도의 종 야고보", 약 1:1), 수신자 정형 문구(예를 들어, "하나님 아버지와 주 예수 그리스도 안에 있는 데살로니가인의 교회에", 살전 1:1), 그리고 인사말(예를 들어, "하나님 우리 아버지와 주 예수 그리스도로부터 은혜와 평강이 있기를 원하노라", 고전 1:3)이다. 요한계시록 2-3장의 소위 "서신"들의 경우, 발신자 정형 문구와 수신자 정형 문구가 다른 신약성경 서신들과는 상당한 차이가 있을 뿐만 아니라(… 이가 말씀하신다, … 교회의 천사에게 편지하라), 또한 독특한 정형 문구들을 역순으로 제시하며 인사말을 생략하고 있다. 발신자 정형 문구와 수신자 정형 문구가 역순으로 배치된 모습은 청원(petition) 서신에서만 간혹 나타난다. 이러한 서신에서는 낮은 지위의 사람이 자신보다 높은 지위의 사람에게 호소하는 모습을 보인다(Exler 1923: 65-67; Weima 2016: 12). 하지만 그리스도가 일곱 교회보다 낮은 위치에서 서신을 쓰지 않았다는 점이 분명하기 때문에, 역순으로 배치된 발신자와 수신자 정형 문구는 요한계시록 2-3장의 소위 일곱 "서신"이 실제로는 서신이 아님을 보여주는 특징이라고 할 수 있다.

신약성경 속 서신들을 보면 여러 가지 서식이 나타나는데, 이는 특히 서신서의 대부분을 차지하는 바울서신에서 분명하게 나타난다(서신의 서식에 관한 내용은 Weima 2016을 보라).

호소 정형 문구(Appeal formula). "형제, 자매들아, 내가 너희를 권하노니…" (예를 들어, 롬 12:1; 15:30; 16:17; 고전 1:10; 4:16; 16:15-16; 고후 10:1; 빌 4:2[2회]; 살전 4:1, 10b).

공개 정형 문구(Disclosure formula). 이 정형 문구가 사용된 6개의 형식(form)

가운데 2개는, 핵심 동사인 "안다"를 활용하여 감사 부분으로부터 서신의 본론으로 전환하는 모습을 보인다. 이때 부정적인 표현, "나/우리는 너희가 모르기를 원하지 않는다 …" 혹은 긍정적인 표현, "나/우리는 너희가 알기를 원한다…"가 사용된다(예를 들어, 롬 1:13; 고후 1:8; 갈 1:11; 빌 1:12; 살전 2:1).

"관하여" 정형 문구("Now about" formula). 고린도전서에 7회(7:1, 25; 8:1, 4; 12:1; 16:1, 12), 그리고 데살로니가전서에 3회(4:9, 13; 5:1) 나온다.

확신 정형 문구(Confidence formula). 바울이 독자들에게 확신을 표현하는 용례가 5회 나온다(롬 15:14; 고후 2:3; 갈 5:10; 살후 3:4; 몬 21).

전환 표시로서 호격 사용(Vocative as a transitional marker). "형제, 자매들아"(예를 들어, 고전 1:10, 26; 2:1; 3:1)와 "사랑하는 자들아"(예를 들어, 롬 12:19; 고전 10:14; 고후 7:1) 등의 예가 있다.

하지만 요한계시록 2-3장의 소위 "서신"에서는 이와 같은 서식이 전혀 나타나지 않는다.

그런데도 소수의 주석가들만이 요한계시록 2-3장의 일곱 본문이 서신 장르에 속하지 않음을 (올바르게) 인식하고 있다. 램지 마이클스(Ramsey Michaels 1997: 64)는 이렇게 지적한다. "천사들(angels)을 향한 일곱 개의 메시지(2:1-3:22)는 흔히 요한계시록의 일곱 서신, 혹은 일곱 교회를 향한 서신으로 알려져 있다. 그렇지만 그 메시지는 어떠한 점에서도 서신이 아니다 … 2-3장의 메시지에는 초기 기독교 서신에 나타나는 전형적인 특성이 전혀 나타나지 않는다." 데이비드 오운(Aune 1997: 125) 또한 이렇게 주장한다. "요한계시록이 바울서신과 유사한 서신적 틀(1:4-5; 22:21)을 갖추고 있는 것과는 달리, 일곱 개의 선포는 초기 기독교 서신 전통의 특징을 단 하나도 보이지 않으며, 이는 분명 의도적인 선택일 것이다." G. K. 비일(Beale 1999: 224) 역시 이와 유사하게 서술한다. "일곱 서신은 엄밀히 말해서 전형적인 서신 형식을 따르고 있지 않다."

하지만 요한계시록 2-3장의 일곱 설교가 서신 장르에 속하지 않는다고 규정해도, 그 대신 어떤 장르로 분류해야 할지가 다소 모호하다. 이러한 맥락에서 "천상 서신", "선지자적 서신", "황제의 칙령" 등의 장르, 혹은 그레코-로만 수사법(유형) 등을 포함한 몇 가지 대안이 제시되기도 했다(이와 같은 분류의 각 항목에 대한 설명과 평가는 Aune 1997: 119, 124-29을 보라). 그렇지만 가장 좋은 선택지는 바로 일곱 설교를 "예언 신탁"(prophetic oracles), 즉 영감 있는 선지자가 현재 하나님의 백성들이 직면한 특정한 상황을 해결하기 위해 전달한 메시지로 파악하는 것이다(Hahn 1971: 372-94; Müller 1975: 47-100; Aune 1997: 126; Beale 1999: 225; Keener 2000: 105; Wilson 2002: 258). 이는 일곱 설교를 여는 타데 레게이(tade legei, "그가 이같이 말씀하신다") 정형 문구를 그 근거로 삼을 수 있다. 이 표현은 헬레니즘 그리스어(Hellenistic Greek)에서 고어체에 해당하며, 따라서 주후 1세기 문헌에 사용되는 것은 낯선 일이다. 사실 이 표현은 칠십인역에서 구약 선지자들의 메시지를 여는 말로 250회 이상 나타난다. 구약성경에 평행 구문이 여럿 존재하기 때문에 요한계시록 2-3장의 일곱 설교를 예언 신탁으로 구분하는 것은 더욱 설득력을 갖는다. 예컨대, 발람은 이스라엘에 관해 일곱 개의 축복 신탁을 말했다(민 22-24장). 아모스 선지자는 북이스라엘과 이웃 나라들에 대해 일곱 개의 심판 신탁을 선포했다(암 1-2장). 또한 에스겔 선지자는 이스라엘의 남은 자들을 압박하는 적대 국가들에 대해 일곱 개의 심판 신탁을 선포했다(겔 25-32장). 그리고 이사야서와 예레미야서에도 평행 구절이 나오는데, 두 선지서 모두 이스라엘 주변의 나라들과 민족들을 향한 일곱 개 이상의 예언 신탁을 포함하고 있다(사 13-23장, 렘 46-51장을 보라). (예레미야의 칠십인역 본문은 마소라 본문[Masoretic Text]과 상당한 차이를 보이며, 타데 레게이 문구를 자주 사용한다.) 요한계시록이 구약성경을 암시하는 본문으로 가득하다는 점은 2-3장의 일곱 설교가 구약성경의 예언 신탁을 본보기로 삼았을 것이라는 추론에 설득력을 더해준다.

예언 신탁을 현대적이면서 더욱 청중 친화적으로 표현하면 바로 "설교"가 된다. 앞서 제시한 예언 신탁의 정의를 고려할 때 "설교"라는 단어는 오늘날의 청중들이 2-3장의 일곱 가지 본문을, 선지자 요한이 소아시아에서 살아가던 하나님의 백성들이 마주한 특정한 상황을 다루며 작성한 일곱 편의 설교로 받아들이는 데 도움을 준다. 따라서 본서에서는 요한계시록 2-3장의 일곱 예언 신탁을 "설교"라고 부르고자 한다.

일곱 설교의 구조

내적 구조

요한계시록 2-3장을 대강 읽어보기만 해도 본문에 상당한 일관성을 가진 내적 구조가 담겨 있음을 알 수 있다. 그리고 자세히 살펴보면 각 설교가 적어도 8단계의 구조를 지니고 있음을 알 수 있다.

1. 위임(commission). 각 설교는 그리스도가 소아시아에 있는 특정 교회를 향해 서신을 쓰도록 요한을 위임하는 모습으로 시작된다. "… 교회의 천사에게 편지하라." 가장 먼저 등장한 위임은 각 설교에서 식별 가능한 8가지 구조 요소들 중에서 가장 고정된 형태에 속한다. 각 교회의 도시명이 바뀌는 것을 제외하고, (각 설교에서 나타나는) 위임 정형 문구(formula)에서 유일하게 차이가 나는 부분은, 에베소 교회를 향한 설교에 도입 접속사 "그리고"가 빠져 있다는 것이다. 나머지 여섯 설교의 경우 그리스어 문법보다는 히브리어 문

법의 스타일을 더 따르는 가운데, "그리고"로 시작함으로써 첫 번째 설교와 결합된 단일한 문학 단위를 보여준다.

2. 그리스도의 칭호(Christ title). 각 설교마다 위임 문구 바로 뒤에는 '이제 곧 말씀하실 그리스도'를 묘사하는 칭호를 이야기한다. 그리스도의 칭호는 항상 타데 레게이(*tade legei*, "그가 이같이 말씀하신다") 문구 뒤에 나온다. 앞서 언급한 바와 같이, 이 문구는 칠십인역에서 250회 이상 나타나는데, 그 표현의 (히브리어) 전체 문구는 "(만군의) 여호와께서 이같이 말씀하신다"이다. 이는 흔히 예언 말씀의 도입어로 사용된다. 그리고 주후 1세기 말 이 표현은 고어가 되었고, 당대 사람들에게는 낡은 옛 표현으로 들렸을 것이다. 마치 영어의 고어 표현인 "이같이 이르시되"(thus saith)처럼 들렸을 것이다(Aune 1997: 141).

타데 레게이 문구 다음에는 그리스도에 대한 묘사가 이어진다. 이때 그리스도에게 (대개) 둘 이상의 칭호들이 붙는데(버가모 설교만 예외), 이는 요한계시록 1:9-20에 기록된 그리스도에 관한 환상에서 비롯된 칭호들이다. 그리스도의 칭호들은 이후에 언급될 내용을 예상하게 하거나 혹은 그 내용과 관련이 있기 때문에, 요한이 결코 그 칭호들을 무작위로 선택한 것이 아니라 각 교회의 특정한 상황과 더욱 긴밀하게 연결시키려는 의도를 가지고 (앞선 환상으로부터) 선택했음을 알 수 있다. 예를 들어, 서머나 교회를 향한 설교에서 그리스도의 칭호 가운데 "죽었다가 살아나신 이"(계 2:8)는 2:10b에서 언급되는 고난("죽도록 충성하라. 그리하면 내가 생명의 면류관을 너에게 줄 것이다")과, 2:11b의 긍정적인 결과("이기는 자는 둘째 사망의 해를 받지 않을 것이다")를 내다보고 있다. 해링턴(Harrington 1993: 56)은 다음과 같이 언급한다. "화자는 그리스도이며, 그의 칭호는 대부분 앞선 환상에서 유래하였는데, 이는 각 지역의 상황과 관련이 있다"(반면 Michaels 1997: 66은 이렇게 언급한다. "그리스도가 스스로를 지칭한 [일곱]칭호들 중 그 어느 것도 일곱 설교와 연관되어 사용되지 않았다. 칭호들은 기본적으로 칭호들이 속한 메시지에 토대를 두고 있지 않다").

3. **칭찬**(commendation). 일곱 교회를 향한 그리스도의 말씀의 시작은 일곱 편의 설교 모두에서 동일하게 동사 "내가 안다"(오이다, *oida*)로 표시된다. "내가 안다" 정형 문구(formula)에서 직접 목적어로 "네 행위"가 5회(2:2, 19; 3:1, 8, 15) 사용되었는데, 그 행위가 정확히 무엇을 가리키는지는 이후 구절에서 설명된다. 설교 안에서 이 부분을 "칭찬"이라고 부르는 것이 적절할 것이다. 이 부분에서 그리스도는 해당 교회의 긍정적인 면모를 인정해 주신다. 이후 그리스도로부터 날카롭고 강력한 비판을 받게 될지라도, 일단은 공동체가 올바르게 행하고 있는 일에 대한 칭찬이 먼저 제시된다.

4. **책망**(complaint). 그리스도께서 교회가 올바르게 행하고 있는 일에 대해 칭찬하신 이후, 반대로 잘못하고 있는 일을 드러내는 책망이 이어진다. 칭찬에서 책망으로 전환될 때는 전형적인 표현, 곧 "그러나 내가 너를 책망할 것이 있다"(알라 에코 카타 수[*alla echō kata sou*])가 사용된다. 이와 같은 표현, 즉 책망 정형 문구(formula)의 경우 첫 번째(에베소), 세 번째(버가모), 네 번째(두아디라) 설교에는 포함되어 있지만(2:4, 14, 20), 다섯 번째(사데)와 일곱 번째(라오디게아) 설교에는 빠져 있다. 후자의 두 설교에는 책망과 대조되는 칭찬이 없기 때문이다. 그리스도는 곧바로 두 교회를 향해 분노를 쏟아내신다. 책망 정형 문구는 두 번째(서머나)와 여섯 번째(빌라델비아) 설교에도 빠져 있는데, 이는 두 교회의 경우 비판을 받을 점이 없었기 때문이다.

5. **교정**(correction). 논리적으로 책망 다음에는 교정이 뒤따르게 된다. 그리스도는 그저 교회를 꾸짖고 성도들을 심판 가운데 내버려 두는 것에 그치지 않으신다. 그리스도는 성도들이 가진 문제를 근본적으로 해결할 수 있는 방안을 은혜롭게 제시하신다. 교정 부분이 나올 때, 일관되게 사용되는 정형 문구는 없지만 그럼에도 공통된 특징들이 있다. 그 가운데 하나는 바로 그리스도께서 교정 내용을 명령하실 때, 명령법(imperative)을 사용하신다는 점이다(에베소: 2:5[3회]; 서머나: 2:10a; 버가모: 2:16a; 두아디라: 2:25; 사데: 3:3[3회]; 빌라델비아: 3:11b;

라오디게아: 3:19b). 공통적으로 사용된 명령법 동사는 "회개하라"이다. 이 단어는 문제가 있거나 건강하지 못한 교회를 향한 설교에 모두 등장한다(에베소: 2:5a; 버가모: 2:16a; 두아디라: 2:21[2회], 22; 사데: 3:3; 라오디게아: 3:19b). 건강한 두 교회, 서머나와 빌라델비아를 향한 설교에는 이 동사가 빠져 있다. 두 교회는 회개할 만한 잘못을 저지르지 않았기 때문이다. 또한 교정 내용을 표시하는 데 있어 추론을 나타내는 접속사 "그러므로"(운[oun])가 자주 사용된다. 접속사 운은 신약성경 전반에 걸쳐 흔하게 사용되지만(501회), 요한계시록의 일곱 설교에서는 교정 단락(2:5, 16; 3:3[2회], 19) 외에는 나오지 않는다. 이 접속사는 교정과, 바로 앞선 책망이 서로 긴밀하게 연결되어 있음을 부각시킨다.

6. 그리스도의 오심(coming of Christ). 그리스도는 교정에 이어 자신이 교회에 오실 것을 말씀하신다(2:5b, 16b, 25; 3:3b, 11a, 20; 서머나 설교에서만 생략됨). 이 단락과 앞의 교정 단락 간에 긴밀한 연결고리는 그리스도의 오심이 언급되기 직전에 조건절("만일")이 배치된 것을 통해 분명하게 알 수 있다. 예를 들어 "만일 그러지 않는다면[즉, 만일 네가 교정 내용을 따르지 않으면], 내가 네게 갈 것이다"(2:5b), "그러나 만일 그리하지 않는다면 내가 속히 네게 가서"(2:16b), "만일 네가 깨어 있지 않으면 내가 도둑같이 올 것이다"(3:3b). 한 가지 예외가 있기는 하지만(3:20), 그리스도께서 오시는 목적은 곧 심판을 하기 위해서라고 할 수 있다. 따라서 그리스도의 오심에 관한 선언은 교회에게 죄악된 행위를 고치라는 경고로 작용한다.

7. 승리 정형 문구(conquering formula). 일곱 설교에는 모두 "승리 정형 문구"가 포함되어 있다. 이와 같이 지칭하는 이유는 이 부분의 핵심 동사가 바로 "승리하다"(니카오[nikaō])이기 때문이다. 일례로 "이기는 자에게는 내가 하나님의 낙원에 있는 생명나무의 열매를 주어 먹게 할 것이다"(2:7b; 또한 2:11b, 17b, 26-28; 3:5, 12, 21을 보라)가 있다. 또한 승리 문구에는 종말론적 약속이 포함되어 있다. 마지막 때가 되면 현재 직면하고 있는 문제들을 극복한 이들에게 상이

주어진다는 것이다. 따라서 그리스도의 오심과 승리 문구는 대조를 이루고 있다. 즉, 그리스도의 오심은 심판이라는 부정적인 함의를 드러내고, 반면에 승리 문구는 승리라는 긍정적인 함의를 드러낸다. 승리 문구에 묘사된 상의 경우 대개 교회가 직면하고 있는 특정한 문제와 연결되어 있을 때가 많다. 예를 들어, 건강한 교회인 서머나 교회의 성도들은 신앙으로 인해 죽을 수도 있는 위기에 처해 있었으나, 다음과 같은 승리 문구를 통해 위로를 받는다. "이기는 자는 둘째 사망의 해를 받지 않을 것이다"(2:11b). 건강하지 않은 교회인 버가모 교회의 성도들은 우상에게 제물로 바쳐진 고기를 먹었다는 이유로 책망을 받았는데, 이후 먹을 것으로 상을 받게 될 것이라는 약속을 받는다. "이기는 자에게는 내가 감춰진 만나를 줄 것이다"(2:17b). 승리 문구의 위치는 "들으라" 문구(아래를 보라)와 함께 조금씩 차이가 있다. 처음에 나오는 세 편의 설교에서는 승리 문구가 "들으라" 문구 뒤에 나오지만(에베소, 서머나, 버가모), 뒤에 나오는 네 편의 설교에서는 "들으라" 문구 앞에 나온다(두아디라, 사데, 빌라델비아, 라오디게아).

8. "들으라" 정형 문구("call to hear" formula). 일곱 설교에서 가장 고정된 형태를 보이며, 각 메시지에서 동일한 단어로 등장하는 표현이 바로 "들으라" 문구이다. "귀 있는 자는 성령이 교회들에게 하시는 말씀을 들으라"(2:7a, 11a, 17a, 29; 3:6; 13; 22). 이 문구는 공관복음 안에서 예수의 말씀으로도 나타난다(마 11:15; 막 4:9, 23; 눅 8:8; 14:35). 공관복음 안에서 이 문구는 일곱 설교에서와 같이 예수의 말씀 혹은 비유를 끝마치는 역할을 한다(계 13:9에서는 반대로 신탁의 도입어로 사용된다). 하지만 이 "들으라" 문구는 예수의 말씀에서 시작된 것이 아니라 구약의 예언 전통에서 비롯된 것으로 보인다(겔 3:27; 12:2; 렘 5:21; 사 6:9-10의 영향이 있을 가능성에 관해서는 Beale 1999: 234, 236-39을 보라). 어찌되었든, 이 정형 문구는 복음서 속 예수의 용례에서나 일곱 설교에서의 용례에서나 동일하게, 청중들로 하여금 그들이 방금 들은 메시지에 집중할 것을 요구하는 기능을 한다.

또한 "그리스도의 메시지는 청중 가운데 일부는 깨우고 일부는 잠들게 한다"는 개념을 추가로 나타내고 있을 수도 있다(Beale 1999: 238). 일곱 설교 안에서 "들으라" 문구는 특이하게도 성령에 대한 언급을 포함하는데, 이는 앞서 1:9-20이 그리스도에 관한 환상을 서술하면서 요한이 "성령에 감동되어"(1:10) 있다고 말한 표현, 그리고 일곱 설교 모두 성령의 주관으로 (요한에게) 드러났다고 말한 표현과 연결된다.

지금까지의 분석에 따르면 일곱 설교는 공통적으로 다음과 같은 내적 구조를 지니고 있다.

> 위임
> 그리스도의 칭호
> 칭찬
> 책망
> 교정
> 그리스도의 오심
> 승리 정형 문구
> "들으라" 정형 문구

이 8단계 구조의 강점은, 그 구조가 본문에 인위적으로 부과된 것이 아니라, 본문을 주의 깊고 자세하게 분석한 결과 드러났다는 것이다. 이 구조는 일곱 설교의 내용을 자세히 분석할 때 매우 유용하게 사용된다. 한편, 8단계 구조가 학문적인 분석에는 유용하지만, 강단이나 성경 공부 시간에 다루기에는 다소 길고 복잡한 것도 사실이다. 그럴 때는 자세히 분석한 내용이나 본문의 내용을 훼손하지 않고, 5단계로 간소화된 구조를 활용할 수 있다. 도입부와 종결부(위임과 "들으라" 정형 문구)는 각 설교에서 가장 확고하게 고정된 표현이며, 사실상 문자 그대로 반복된다. 이 두 부분이 생략된다고 해도, 각 교회를 향한 그리스도의 **특정** 메시지에 그다지 부정적인 영향을 끼치지 않는다. 각 메시지의 특정한 부분―곧 말씀하실 그리스도에 관한 묘사(칭호), 각 교회가 잘하고 있는 것과 잘못하고 있는 것, 성도들이 그들의 죄악된 행위를 어떻게 교정할 수 있는지, 어떠한 벌이나 상이 그들을 기다리는지 등―은 설교의 나머지 주요 부분에서 나타난다. 설교 후반부에 위치한 두 부분―즉, 그리스도의 오심과 승리 정형 문구―의 경우 서로 자연스럽게 대조를 이루고 있기 때문에, 하나로 결합시켜 "결과"로 부르는 것이 편리할 것이다. 이 것은 "부정적인 결과"(그리스도가 심판하러 오시기 때문에)와 "긍정적인 결과"(자신의 죄를 이겨낸 그리스도인들은 상을 받을 것이기 때문에)라는 두 하위 항목으로 구분될 수 있다. 따라서 일곱 설교의 간소화된 내적 구조는 다음과 같다.

그리스도의 칭호

칭찬

책망

교정

결과

  - 부정적인 결과

  - 긍정적인 결과

어떤 설교자들(혹은 성경 교사들)은 그들의 설교나 강의 초반에, 요한계시록 본문이 말하는 해당 도시 전반에 관한 내용을 소개하고 싶은 마음이 들 수 있다. 이때 궁극적인 목표는 도시의 역사나 지역적인 상황과 관련된 세부 사항을 제시함으로써, 이후에 설명할 특정한 지역적 암시를 더 쉽게 이해하도록 만드는 데에 두어야 한다. 이러한 접근법에 따른다면, 도입부의 "위임"

부분을 따로 언급하는 것이 가장 좋을 것이다. 위임 부분에서 특정한 도시를 언급하기 때문에, 그와 관련된 역사와 지리적 세부 사항을 함께 다루는 것이 자연스러워진다. 하지만 본서에서는 대안적인 접근법을 제시하고자 한다. 즉, 이 책은 역사에 관한 세부 사항과 지역 상황에 대한 내용들을 주해에서 다룰 것이다. 그 이유는 그러한 내용들이 지역에 대한 암시와 은유 표현, 고대 세계에 대한 또 다른 언급들을 이해하는 데 큰 도움이 되기 때문이다.

외적 구조

일곱 설교가 배치된 순서는 "교차대구"(chiasm, 교차배열)를 이루고 있다. 교차대구(법)는 본문의 여러 요소를 균형 잡힌 순서로 배열하는 문학적 장치이다. 먼저 일련의 구성 요소들이 배열되고(abc…), 다음으로 동일한 요소들이 역순으로 반복되는 것을 가리킨다(…c'b'a'). "교차대구"라는 용어는 영어 알파벳 X처럼 생긴 그리스어 알파벳 키(chi)에서 유래했으며, 그 구조의 특징인 수렴과 확장이라는 패턴을 반영하고 있다. 교차대구를 이룰 때 구성 요소의 개수는 관계없다. 짝수로 균형 잡힌 형태(abcc'b'a')도 가능하고, 일곱 설교의 경우처럼 가운데 독립적인 요소가 위치한 홀수 구조도 가능하다.

> A 에베소: 건강하지 않은 교회
>
>   B 서머나: 건강한 교회
>
>   C 버가모: 건강하지 않은 교회
>
>   D 두아디라: 건강하지 않은 교회
>
>   C' 사데: 건강하지 않은 교회
>
>   B' 빌라델비아: 건강한 교회
>
> A' 라오디게아: 건강하지 않은 교회

많은 이들이 지적하는 것처럼, 성경에 나타나는 교차대구 구조가 저자의 실제 의도를 드러내기보다는, 오히려 현대 주석가들의 명석함과 독창성을 드러내는 현상이 벌어지고 있는 것은 사실이다. 그렇지만 교차대구가 비교적 흔하게 나타나는 문학적 기법인 것도 사실이다. 이 기법은 특히 구약성경에서 빈번히 사용되는데, 요한은 요한계시록에서 구약성경을 출처로서 자주 활용했다. 일곱 설교를 교차대구 배열로 파악할 수 있다는 근거는, 두 번째 설교(B: 서머나)와 그에 대응하는 여섯 번째 설교(B': 빌라델비아) 간에 존재하는 강력한 평행 관계이다. 두 설교에만 유일하게 책망 단락이 빠져 있다. 또한 두 교회 모두 "사탄의 회당, 즉 스스로 유대인이라고 하나 사실은 그렇지 않은" 자들로부터 공격을 받는다. 이 충격적인 표현은 요한계시록 외 다른 성경 본문에서는 나타나지 않는다. 또 다른 근거로는 교차대구 구조 중앙에 위치한 네 번째 설교(D: 두아디라)가 설교들 가운데 가장 길이가 길다는 사실이 있다.

일곱 설교의 배열을 통해 중요한 결론을 도출할 수 있다. 무엇보다 이 배열과 구조는 교회들의 영적인 상태가 전반적으로 형편없음을 강조한다. 건강하지 않은 다섯 교회들이 각각 중요한 위치(처음, 가운데, 마지막)를 차지하고 있고, 나머지 건강한 두 교회는 소수일 뿐 아니라 또한 건강하지 않은 다수의 교회들 사이에 가려져 있다. 비일(Beale 1999: 226-27)은 다음과 같이 통찰력 있는 관찰을 남긴 바 있다. "일곱 교회의 상태는 abcdc'b'a', 다시 말해 교차대구라는 문학적 기법으로 제시된다. 이는 그리스도의 교회 **전체**가 형편없는 상태에 있다는 것을 가리킨다는 점에서 중요하다. 건강한 교회들은 소수이다. 문학적 패턴 또한 그 부분을 강조하고 있다. 형편없는 상태의 교회들이 문학적 경계에 해당하는 위치에 배열되어 있고, 심각한 문제들을 안고 있는 교회들이 중심부를 차지하고 있다"(원저자의 강조 표시).

교차대구를 통해 확인할 수 있는 또 다른 핵심은, 이 문학적 장치가 각 교회를 향한 설교의 보편성을 강조한다는 사실이다. 교차대구의 구조는 중앙에 위치한 두아디라 설교를 강조하는 형태를 띠고 있으며, 이 설교의 중심부에는 복수형으로 "교회들"이 지칭되고 있다. "모든 교회들은 … 알게 될 것이다"(2:23b). "들으라" 문구를 제외하고("귀 있는 자는 성령이 교회들에게 하시는 말씀을 들으라", 3:22) 일곱 설교 전체에서 유일하게 복수형으로 "교회들"을 사용한 것은 결코 우연도 아니고 또 무의미하지도 않다. 전략적으로 복수형 "교회들"을 설교 한가운데에 위치시킨 것은, 각 교회가 다른 교회들에 전달된 설교 역시 주의 깊게 들을 것을 요구하는 것이다(또한 복수형 "교회들"과 더불어 형용사 "모든"이 있음에 주의하라). 이러한 요구는 "들으라" 정형 문구로 재확인된다. "들으라" 정형 문구는 각 설교가 해당 지역 교회뿐만 아니라 더 많은 청중들을 대상으로 하고 있음을 더욱 분명하게 밝히고 있다.

7이라는 숫자 역시 각 교회를 향한 메시지의 보편성을 나타낸다. 분명 7이라는 숫자보다 더 많을 수도 있었다. 당시 소아시아 지역에는 그들 외에도 다른 중요한 교회들이 많이 있었기 때문이다. 예를 들어, 드로아(행 20:5-12; 고후 2:12), 골로새(골 1:2; 몬), 히에라볼리(골 4:13) 등에 교회들이 있었고, 마그네시아와 트랄레스(이그나티우스가 약 10-15년 후에 서신을 보낸 교회들) 등에도 교회들이 있었던 것으로 보인다. 7이라는 숫자를 선택한 것은 (거의 확실히) 그 숫자가 전형적으로 완전함과 연관되어 있기 때문이며, 여기서는 일곱 교회의 보편성을 나타내고 있다. 요한계시록의 다른 곳에서 숫자 7은 서술된 대상의 완전함을 나타내는 데 사용된다. 그리고 이것이 바로 일곱 교회를 대상으로 한 것에 담긴 의미를 초기 교회가 이해한 방식이다(Aune 1997: 130-31을 보라). 이를테면, 주후 2세기 후반까지 거슬러 올라가는 무라토리 정경(Muratorian Canon)은 다음과 같이 서술한다. "요한은 비록 일곱 교회를 향해 묵시록을 썼지만, 그럼에도 모두를 향해 말하고 있다." 주후 260년경 교부 빅토리누스(Victorinus)는 요한계시록 주석에서 다음과 같이 말한다. "그가[요한] 한 교회에 말한 것은 곧 모든 교회에 말한 것이다"(*Commentary on Revelation* 1.7). 이와 같이 일곱 교회가 보편적으로 전체 교회를 아우르는 상징적인 의미를 지니고 있다는 사실은 꽤 이른 시기부터 널리 받아들여졌다.

일곱 설교의 역사적 맥락

저자의 상황

저자가 처한 상황과 관련된 중요한 내용들은 요한계시록의 초반부에 간단하게 요약되어 있다. "나 요한은 너희 형제요, 예수 안에서 너희와 함께 환난과 그 나라와 인내를 나누는 자라. 하나님의 말씀과 예수에 대한 증언으로 인하여 밧모라 하는 섬에 있었더니"(1:9).

"나 요한"

저자가 스스로를 "요한"이라고 4차례나 밝히고 있기는 하지만(1:1, 4, 9; 22:8), 그럼에도 여전히 "어느 요한?"을 가리키는지에 관한 의문이 남아있다. 전통적인 입장은 그를 갈릴리 어부 요한으로, 곧 예수의 사랑받는 제자이자 초기 교회의 핵심적인 사도가 된 인물로 본다. 이러한 입장을 지지하는 강력한 외적 근거가 이른 시기부터 존재한다(Justin Martyr, *Dialogue with Trypho* 81.4; Irenaeus, *Against Heresies* 3.12; 4.20.11; 5.30.3; Tertullian, *Against Marcion* 3.14.3; Clement of Alexandria, *Christ the Educator* 2.108; Origen, *First Principles* 1.2.10; Hippolytus, *On Antichrist* 25-26). 그럼에도 불구하고 요한복음과 요한계시록 간에는 문법과 신학적인 측면에서 몇 가지 차이가 있기 때문에, 많은 이들이 요한계시록의 저자가 과연 사도 요한이 맞는지 의구심을 갖기도 한다. 그래서 어떤 이들은 정경의 마지막 책의 저자가 소아시아에서 중요한 교회 지도자이기는 했지만, 사실상 아무것도 알려진 바 없는 "장로 요한"이라고 주장하기도 한다.

요한계시록의 저자에 관한 논쟁은 복잡하며 고려할 사항이 많다. 본서의 목적상 이 문제를 심도 깊게 다룰 필요는 없을 것 같다. 일곱 교회를 향한 설교를 해석하는 데 이 논쟁이 그렇게 큰 영향을 끼치지는 않기 때문이다. 요한계시록 전반에 관해 비일이 언급한 내용이 아마도 2-3장을 연구하는 데 더 도움이 될 것 같다(Beale 1999: 35). "저자 문제는 요한계시록의 메시지에 별 다른 영향을 끼치지 않기 때문에 굳이 확정할 필요는 없다." 따라서 저자 문제는 2가지 핵심적인 사항만을 언급하고 넘어가고자 한다. 첫째, 요한복음과 요한계시록 간에는 유사한 점이 상당히 많으며(예를 들어, Mounce 1977: 29-31; Osborne 2002: 4-6; Tonstad 2019: 32-33을 보라), 두 문헌 사이의 차이점은 쉽게 설명될 수 있다. 둘째, 소아시아 지역에 두 "요한"이 존재했을 가능성은 낮아 보인다. 한 사람은 그리스도의 유명한 사도로서, 소아시아 지역에 머물렀다는 사실이 널리 알려져 있었던 반면, 다른 한 사람은 알려진 바가 없고 다수의 자료에서도 전혀 언급되지 않는다. 그러한 사람이 실명으로 요한계시록이라는 정경을 쓸 수 있을 만큼 충분한 지명도를 갖추었고, 더 나아가 독자들이 그보다 훨씬 유명한 동명이인과 혼동하지 않도록 따로 (자신을) 밝힐 필요가 없었을 것이라는 추론은 쉽게 받아들이기 어렵다(Guthrie 1990: 946; Carson, Moo 2005: 706-7).

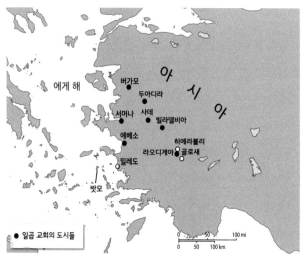

그림 I.1. 밧모섬과 요한계시록의 일곱 교회

"나 … 밧모라 하는 섬에 있었더니"

밧모섬은 소아시아 해안 근처에 있는 여러 작은 섬들 가운데 하나이다. 이 섬은 에게해 군도에 속해 있으며, 이 군도는 고대 세계에서 스포라데스 (Sporades) 혹은 "흩뿌려진" 섬들(이는 에게해 중부에 위치한 사이클라데스[Cyclades], 혹은 "둥근"[circle] 섬들과는 구별된다)이라고 불렸다. 본토에서 가장 가까운 항구는 북동쪽으로 약 96킬로미터 떨어진 에베소가 아니라, 정동쪽으로 약 60킬로미터 떨어진 밀레도였다. 밧모섬은 길이가 11킬로미터에, 가장 넓은 지점의 경우 폭이 약 5킬로미터 정도지만, 총 면적(약 36평방 킬로미터)은 폭과 길이에 비해 훨씬 적다. 토양은 바위가 많고 건조하며, 천연 자원은 거의 없다. 저지대 일부는 작은 밭을 만들 수 있을 만큼 평평하며, 바위투성이 해안선에는 에게해의 강풍과 거친 파도를 피해 배들이 정박할 만한 지점이 몇 군데 있다.

오늘날 많은 그리스도인들은 밧모섬을 현대의 알카트라즈(Alcatraz)섬과 같은 모습으로 오해하기도 한다(Swindoll 1986: 3). 요한이 마치 사람이 살 수 없는 섬으로 추방당하여 고립되었거나, 수용소에 갇혀 고된 강제 노역에 시달렸던 것처럼 생각하는 것이다(예를 들어, Moffatt 1910: 341; Charles 1920: 22; Lenski 1935: 56; Beasley-Murray 1978: 64; Witheringon 2003: 9; D. Johnson 2004: 39). 요한이 처한 상황에 대한 이와 같은 오해는 19세기 순례자들이 밧모섬을 "척박하고, 바위투성이의 황량한 곳"(Newton 1865: 223), 혹은 "거칠고 황량한 섬"(Geil 1896: 70)이라고 묘사한 글에, 과도한 상상을 덧붙인 결과이다. 요한의 상황에 대한 오해는 밧모섬이 유배지이며, 요한은 광산에서 강제 노역형에 처해졌을 것이라고 추측한 램지(Ramsay 1904: 83)로 인해 더욱 널리 퍼졌다. 그리고 이러한 추측은 그를 이은 여러 주석가들에게 사실처럼 받아들여졌다.

그러나 고고학적 근거나 비문의 근거는 전혀 다른 그림을 그리고 있다. 요한이 밧모섬으로 갔을 때 그곳은 결코 버려진 땅이 아니었다. 당시 밧모섬은 상당한 규모의 종교, 군사, 사회 시설이 갖춰져 있었으며, 또한 사람들이 거주하던 장소였다(Saffrey 1975; Aune 1997: 76-77; Boxall 2006: 24-27; Boxal 2013: 232-34을 보라). 밧모섬은 종교적으로 아르테미스 숭배와 깊은 연관이 있었다. 밧모섬에서 발견된 대리석 비문(그림 I.2를 보라)에는 아르테미스의 여사제와 신전에 대한 언급이 있다. 이 비문은 주후 2세기 것으로 추정되지만, 밧모섬을 "레토(Leto, 아폴로와 아르테미스 쌍둥이를 낳은 신)의 딸의 가장 존경받는 섬"으로 설명한 것으로 보아, 섬이 한동안 아르테미스를 숭배하는 신성한 장소로 여겨졌음을 알 수 있다. 아르

그림 I.2. 밧모섬에서 발견된 대리석 비문(주후 2세기; 100 x 79 x 6cm). 아르테미스가 자신의 여사제로 "밧모의 베라"(Vera of Patmos)를 선택했다고 쓰여 있다. 그녀는 "레토의 딸의 가장 존경받는 섬"에서 태어났다.
그리스, 밧모, 성 요한 수도원 내 박물관

테미스에게 바쳐진 대리석 제단에서 발견된 또 다른 (짧은) 비문(안타깝게도 시기를 밝히는 것이 불가능하다)에는 현지 칭호인 "아르테미스 밧미아"(Artemis Patmia)라는 이름이 새겨져 있다. 두 비문은 후대의 지역 전통, 곧 11세기에 성직자 크리스토둘로스 라트리노스(Christodoulos Latrinos)가 본래 신전에 있던 아르테미스 신상을 파괴하고 이방 신전이 있던 자리에 수도원을 세웠다는 전통을 뒷받침한다. 그 수도원은 지금도 섬에서 가장 높은 곳에 자리하고 있다.

밧모섬은 이웃 섬들인 레로스(Leros), 립소스(Lipsos)와 더불어 군사적으로 "요새"(그리스어 프루리온[phrourion])로 기능했으며, 인근에 위치한 본토의 주요 항구 도시 밀레도를 해상 공격으로부터 보호하는 역할을 했다. 밧모섬은 동쪽과 서쪽 해안에 각각 피항할 수 있는 항구가 있어 군사적 역할을 잘 수행할 수 있었다. 이미 주전 2세기부터 밧모섬에 병영이 설치되어 있었고, 밀레도 지도자들의 수하로서 지역 총독 역할을 겸한 군사 지휘관이 상주하고 있

었다. 헬레니즘 시대에 건설된 군사 시설의 잔해는 밧모섬의 아크로폴리스에서 여전히 볼 수 있다. 그 시설은—아르테미스 신전이 본래 세워져 있던 장소처럼 가장 고지대는 아니지만—섬 중심부이자 주요 항구 가까이에 있는 경사진 언덕(소위 카스텔리산)에 전략적으로 배치되었다.

밧모섬의 사회적 상황은 헤게만드로스(Hegemandros)라는 사람을 기리는 주전 2세기경 지역 비문을 통해 엿볼 수 있다. 그는 헤르메스(Hermes) 신의 석상을 기증했다는 이유로 김나지움의 수장 자리를 7차례나 역임했다. 그 비문은 운동선수들로 이루어진 두 그룹을 언급하는데, 한 그룹은 "횃불을 들고 달리는 자들"(torch-runners)로, 또 한 그룹은 "기름을 쓰는 자들"(oil users)로 언급한다.

이와 같은 증거들을 감안할 때, 요한이 밧모섬에서 일곱 편의 설교를 작성하면서 혼자 고립되어 있었다거나 또는 작은 수용자 그룹에 속해 있었다고 생각하는 것은 분명 잘못된 일이다. 오운은 "밧모섬은 분명 버려진 섬이 아니었다"라고 주장한다(Aune 1997: 77). 박스올 또한 유사한 결론을 내린다(Boxall 2013: 234). "이러한 비문의 증거로 볼 때 요한의 밧모섬을 고립된 유배지 혹은 벽지로 보는 것은 역사적인 근거가 희박하다." 요한의 상황을 좀 더 정확하게 묘사하려면, 그가 "충분한 규모를 갖춘"(Osborne 2002: 81) 혹은 "번화한"(Boxall 2006: 25) 곳에서 살았다고 하는 것이 더 적절하다.

"하나님의 말씀과 예수에 대한 증언으로"

요한이 밧모섬에 머물게 된 이유는 논쟁거리이다. 요한계시록 1:9의 핵심 구절은 그가 "하나님의 말씀과 예수에 대한 증언으로" 그곳에 있게 되었다고 이야기하는데, 이는 최소 3가지 방식으로 해석되어 왔다. 어떤 이들은 요한이 (1) 선교 활동을 목적으로(예를 들어, Corsini 1983: 83-84; Harrington 1993: 50; Farmer 2005: 38; 또한 Tonstad 2019: 51을 보라), 혹은 (2) 계시를 받기 위해(예를 들어,

Schüssler Fiorenza 1991: 50; Knight 1999: 20-21, 38) 밧모섬에 갔다고 주장했다. 이 두 해석은 요한이 자발적으로 밧모섬으로 갔다고 가정하고 있다. 그러나 전통적인 견해는 (3) 요한이 일종의 형벌을 받아 유배를 가게 되었다고 본다.

요한이 밧모섬으로 유배되었다는 견해에 거의 이견이 없는 가운데, 그 견해를 뒷받침하는 강력한 근거들이 몇 가지 존재한다. 먼저 앞의 두 견해에 반하는 문법적인 근거를 들자면, 요한계시록 내 다른 곳에서(또한 성경 전체에 걸쳐: BDAG 225-26을 보라) 대격(목적격)과 결합한 그리스어 전치사 디아(*dia*, "때문에")는 결코 행위의 목적을 나타내지 않으며, 언제나 그 원인을 나타낸다는 점이 있다(계 2:3; 4:11; 6:8[2회]; 7:15; 12:11[2회], 12; 13:14; 17:7; 18:8, 10, 15; 20:4[2회]). 게다가 밧모섬은 앞서 서술한 바와 같이, 고립된 유배지는 아니었지만 그럼에도 주민들의 수는 적은 편이었기 때문에 선교를 목적으로 방문하기에도 적절하지 않았다. 당시에는 본토에 인구가 훨씬 더 많고 또한 곧바로 방문할 수 있는 지역들도 더 많았기 때문이다.

전통적인 견해를 지지하는 본문의 내적 근거는, 요한이 스스로를 "환난을 나누는 자"(1:9)라고 소개한다는 점이다. 이 구절은 요한과 그의 독자들이 겪고 있는 고난과 박해, 그리고 그가 밧모섬에 머물고 있다는 사실 사이에 긴밀한 관계가 있음을 강력하게 암시하고 있다. 요한계시록 내의 또 다른 근거는 6:9과 20:4에 나온다. 두 본문 안에서 "하나님의 말씀과 예수에 대한 증언으로 인하여"(1:9)라는 언급은 성도들이 순교를 당한 이유로 제시되고 있다. 이는 곧 요한이 그들과 비슷한 운명을 겪게 된 배경, 즉 죽임을 당하는 대신 밧모섬으로 유배당하게 된 이유를 드러낸다.

또한 요한이 밧모섬으로 유배당했다는 견해를 지지하는 강력한 외적 증거가 존재한다. 고전 세속 문헌들에 따르면 분명 에게해의 여러 작은 섬들이 유배지로 사용되었다(Plutarch, *Moralia* 603b; Tacitus, *Annals* 3.68; 4.30; 15.71; Juvenal, *Satire* 1.73; 10.170). 이 고전 문헌들은 에게해의 섬들 중 밧모섬을 포함해 약 13

개 섬들이 유배지로 사용되었거나, 혹은 잠정적으로 유배지로 고려되었음을 밝히고 있다(Boxall 2007: 24n8). 에게해의 섬들이 워낙 흔하게 유배지로 사용되었던 탓에, 고대의 풍자 작가인 유베날리스(Juvenal)는 그 섬들을 가리켜 "우리의 귀하신 유배자들로 북적이는 바위들"(*Satire* 13.246)이라고 부르기까지 했다. 후대의 어느 한 로마인 작가는 도미티아누스 황제의 재위 기간 동안 에게해뿐 아니라 지중해 전역의 섬들마다 유배자들로 넘쳐났다고 기록했다(Philostratus, *Life of Apollonius of Tyana* 8.5). 이러한 문헌들이 밧모섬을 유배지라고 구체적으로 언급하지는 않지만, 그러한 침묵이 유별난 것은 아니다. 왜냐하면 어떠한 주제에서든 고대 저자들이 그 작은 섬에 대해 언급 자체를 거의하지 않았기 때문이다(고전 문헌들 가운데 밧모섬은 3곳에서만 간략하게 언급된다: Thucydides, *History of the Peloponnesian War* 3.33.3; Strabo, *Geography* 10.5.13; Pliny the Elder, *Natural History* 4.12.69).

초기 기독교 문헌들은 공통적으로 요한이 밧모섬으로 유배를 간 것이라는 견해를 지지한다. 다만, 유배와 관련된 세부사항에는 조금씩 차이가 있다. 가장 초기의 증언은 알렉산드리아 클레멘스(Clement, 주후 150-211년경)의 증언으로, 그는 요한이 "폭군"의 사후 밧모섬 유배에서 해방되었다고 말한다(*Salvation of the Rich* 42). 오리겐(Origen, 주후 185-254년경)은 마태복음 20:22-23 주석에서 "로마 황제는—전통의 가르침과 같이—진리의 말씀을 위하여 증언한 요한을 밧모섬으로 유배를 보냈다"고 썼다(*Commentary on Matthew* 16.6). 로마의 히폴리투스(Hippolytus, 주후 170-235년경)는 적그리스도, 바벨론과 관련된 구약성경의 예언에 관해 언급하면서 로마를 바벨론으로 지칭했고, "로마가 당신[요한]을 유배 보냈다"라고 말했다(*Treatise on Christ and Antichrist* 36). 이 3명의 교부들 모두 요한이 로마 당국에 의해 밧모섬으로 유배를 갔다고 말하지만, 정확히 어느 "폭군"(클레멘스), 어느 "로마 황제"(오리겐), 어느 "바벨론"의 대리인(히폴리투스)이 그 일을 주도했는지에 대해서는 밝히지 않는다. 이에 반해 유세비우스(Eusebius, 주후 263-338년경)는 좀 더 자세한 내용을 기록했다.

> 그러나 도미티아누스 황제가 15년 동안 통치하고 네르바가 제위를 계승했을
> 당시 역사를 기록한 저자들에 따르면, 로마 원로원은 도미티아누스 황제의 영
> 예를 박탈하고, 부당하게 추방당한 이들을 복귀시키며 그들의 재산을 돌려주
> 기로 결의했다. 고대 기독교 전통에 따르면 바로 그때 사도 요한이 유배당한
> 섬에서 돌아오게 되었고, 에베소에 거처를 마련했다고 한다. (*Church History*
> 3.20.10-11; 또한 3.18.1; 3.23.1-4를 보라)

로마 역사가 소(小)플리니우스(Pliny the Younger)는 주후 96년 도미티아누
스 황제가 사망한 후 제위에 오른 네르바가 도미티아누스 황제 치하에서 유
배당한 이들을 모두 사면하고 고향으로 돌아가도록 조치를 취했다고 밝혔
다(*Epistles* 1.5.10; 9.13.5). 빅토리누스(Victorinus, 주후 250-303년경)는 요한계시록 주
석에서 유세비우스가 밝힌 내용에 추가적인 설명을 더했다. "그[요한]는 도
미티아누스 황제로부터 광산 노역형을 받아 밧모섬에 보내졌다. 그곳에서
그는 종말을 보았는데, 황제가 죽고 나서 석방되자 자신이 본 것을 글로 옮
겼다"(*Commentary on the Apocalypse* 10.3). 교부들의 글을 보면, 요한이 밧모섬에
있었던 이유에 대해 일치된 견해가 나타난다. 곧 요한은 선교의 목적이나 혹
은 계시를 받기 위해 자발적으로 밧모섬에 간 것이 아니라, 로마 황제의 손
에 의해 형벌을 받고 유배를 당해 비자발적으로 가게 된 것이라는 견해이다.
유일하게 도미티아누스 황제의 이름이 언급되기는 하지만, 사실 요한을 유
배형에 처한 황제가 정확히 누구인지는 다소 불분명하다.

유배형을 당한 사람이 처할 수 있는 상황은 경우에 따라 다양하다. 따라
서 요한이 일곱 교회를 향한 설교를 쓸 당시 어떠한 처지에 놓였었는지 정
확하게 파악하기 위해서는 먼저 그가 어떠한 유형의 유배살이를 했는지 파

악해야 한다. 고대 로마법에는 아주 다양한 형태의 유배가 명시되어 있지만 (Aune 1997: 79-80을 보라), 크게 보면 2종류로 나눌 수 있다. 좀 더 가혹한 유형으로는 "추방"(deportatio)이 있다. 추방은 오직 로마 황제만 명령할 수 있었고 영구적이었으며, 시민권과 재산이 모두 박탈되었다. 또 다른 유형은 다소 완화된 형태인 "강등"(relegatio)이 있었다. 이것은 영구적일 수도 있었고 일시적일 수도 있었다. 강등은 속주 총독(proconsul)의 권한으로 집행할 수 있었는데, 대개 시민권이나 재산은 박탈하지 않았다.

요한이 도미티아누스 황제에 의해 유배형에 처해졌다는 교부들의 증언을 감안하면, 그는 가혹한 첫째 유형의 유배를 당한 것이라 볼 수 있다. 하지만 이러한 견해에 반하는 사실 한 가지는, 요한이 바울과는 달리 로마의 시민권자가 아니었고 따라서 로마 황제에게 재판을 받을 만한 자격을 갖추지 못했다는 것이다. 교부 테르툴리아누스(Tertullian, 주후 155-220년경)는 요한이 덜 가혹한 둘째 유형의 유배를 당했을 것으로 본다. 테르툴리아누스는 변호사였고, 따라서 관련 법률에 대해 더 잘 알고 있었을 것이다. 그는 구체적으로 요한이 "섬으로 강등되었다"고 말한다(Prescription against Heretics 36.3). 따라서 서머나와 빌라델비아의 그리스도인들이 받았던 박해(계 2:9과 3:8 주석을 보라)가 요한에게도 동일하게 가해졌을 가능성이 더 높다. 그렇다면 결국 속주 총독이 그의 권한 내에서 요한에게 "섬으로 강등"(relegation ad insulam)하는 처벌을 내렸다고 말할 수 있을 것이다. 이것은 로마법의 판례와도 일치한다(Digest 48.22.6-7을 보라).

그렇다면 우리는 요한이 어떠한 처지에 놓였었다고 이해할 수 있을까? 일단 요한의 유배는 가장 극단적인 유형의 추방은 아니었고, 밧모섬에서 홀로 지낸 것도 아니었으며, 수용소에서 사슬에 묶인 채 강제 노역을 하는 죄수 무리에서 살아간 것도 아니었다. 다른 한편, 요한은 유배 기간 동안 실질적인 고통을 겪었을 것이다. 그는 나이가 많았기 때문에 육체적으로 고통을 당했고, 명예-수치 문화 속에서 명예를 상실함으로 사회적인 고통을 겪었으며, 자신의 영적 자녀들인 동료 성도들로부터 분리됨으로 인해 감정적인 고통을 겪었을 것이다. 램지는 한 세기 전에 다음과 같이 말한 바 있다(Ramsay 1904: 85-86; 1994: 62). "우리는 성 요한이 유배 기간 동안 약간의 자유와 편의를 보장받는 다소 완화된 형태의 처벌을 받았을 것이라고 생각할 수 있다. 그러나 1:9의 표현이 과연 다소 완화된 형태의 처벌과 조화될 수 있을까? '나 요한은 너희 형제요, 예수 안에서 너희와 함께 환난과 그 나라와 인내를 나누는 자라.' 가장 강력한 힘과 의미를 주는 해석이야 말로 올바른 해석이다. 요한이 1:9의 표현으로 교회들에게 서신을 쓸 수 있었던 것은 그 자신이 그들과 동일한 정도로 고통을 당했기 때문이다."

수신자들의 상황

일곱 교회를 향한 설교를 올바르게 해석하기 위해서는 저자의 상황뿐 아니라 수신자들의 상황도 정확하게 파악하는 것이 중요하다. 수신자들은 각 설교 초반부에 지칭될 뿐 아니라 요한계시록 책의 전반부에도 2차례 나온다. 곧 요한은 1:4의 서간체로 된 부분에서 교회 전체를 아울러 언급하고("요한은 아시아에 있는 일곱 교회에 편지하노니"[1:4]), 1:9-20의 환상에서는 조금 더 구체적으로 수신자들을 지칭한다("주의 날에 내가 성령에 감동되어 내 뒤에서 나는 나팔 소리 같은 큰 음성을 들으니 이르되 '네가 보는 것을 두루마리에 써서 에베소, 서머나, 버가모, 두아디라, 사데, 빌라델비아, 라오디게아 등 일곱 교회에 보내라' 하시기로"[1:10-11]). 이처럼 각 설교들은 특정한 일곱 교회를 향하고 있다. 그리고 각 교회는 고유한 역사적 맥락과 사회적 배경을 지니고 있다.

각 교회의 구체적인 지역 상황은 앞으로 일곱 편의 설교를 자세히 주해하면서 다룰 것이다. 서론에서는 설교의 원독자의 상황에 관한 흔한 오해와, 그로 인해 일곱 설교가 오늘날의 그리스도인들과 어떻게 연관되는지를 깨닫지 못하게 방해하는 요소를 살펴보고자 한다. 흔히 사람들이 요한계시록을 읽는 방식을 보면, 일곱 교회가 신앙 때문에 로마 제국으로부터 박해를 당하는 모습을 떠올린다. 즉, 일곱 교회를 모두 그리스도의 건강한 공동체로 여기는 것이다. 그리고 요한계시록이 그처럼 박해받는 성도들에게 그리스도께서 결국 승리하실 것이며, 그리스도를 향한 믿음과 신앙이 종국에 신원될 것이라는 기쁜 소식을 전하기 위해 작성되었다고 보는 것이다. 요한계시록의 원독자들의 상황에 관한 이처럼 잘못된 추론이 널리 퍼져 있기 때문에, 현대 그리스도인들은 자칫 요한계시록을 간과하고 넘어가기 쉽다. 오늘날 우리 대다수는 그러한 박해를 받지 않기 때문에, 일곱 교회를 향한 그리스도의 메시지가 우리의 일상과는 그다지 관계가 없다고 생각하는 것이다.

앞서 언급한 일곱 설교에 사용된 교차대구법은 요한계시록의 원수신자들의 영적인 상태가 건강했을 것이라고 추론하는 견해를 반박하는 데 도움이 된다. 앞서 살펴본 바와 같이 일곱 설교의 외적 구조는 교회들의 영적인 상태가 전반적으로 형편없었음을 강조하고 있다. 건강하지 않은 다섯 교회가 핵심 위치(처음, 가운데, 마지막)에 포진하고 있기 때문이다. 또한 건강한 두 교회는 소수이며, 건강하지 않은 교회들 사이에 가려져 있다. 일곱 설교를 주의 깊게 분석해 보면 교회들의 영적인 상태가 건강하지 않았다는 사실을 분명하게 알 수 있다. 특히 "책망" 단락은 다섯 교회에서 발생한 심각한 문제들을 여과없이 드러내고 있다. 다섯 교회가 가진 문제는 다른 성도들을 사랑하지 못한 것, 우상숭배, 성적 타락, 거짓 가르침, 자기 만족 등이었다. 이 모든 문제들은 오늘날 부유한 교회들 모두가 겪고 있는 문제들이기도 하다. 한편, 건강한 두 교회가 겪는 문제 중 하나가 바로 박해를 받는 것이었는데, 이는 현대 교회들이 흔히 직면하는 문제가 아니긴 하다. 하지만 기독교 신앙에 대한 반대가 나날이 늘어나는 것은 전 세계적으로 다수의 교회들이 직면하고 있는 문제이다. 이러한 이유로 일곱 교회를 향한 설교는 우리가 살아가고 있는 시대와 긴밀하게 연결되어 있다고 볼 수 있다. 따라서 일곱 편의 설교는 분명 우리가 설교하고 가르쳐야 할 중요한 본문이다. 키너는 다음과 같이 지적한다(Keener 2000: 39).

전통적으로 학자들은 요한계시록이 강대한 로마 제국에 의해 박해받는 그리스도인들을 다루고 있다고 보았다. 반면 오늘날 여러 학자들은 기존의 견해 대신 요한계시록이 "자기 만족에 빠져 있고 영적인 활기를 잃어버린 그리스도인들"을 다루고 있다고 강조한다 … 요한계시록은 살아 있는 교회와 죽은 교회 모두를 향해 말하지만, 사실 많은 수의 교회들이 세상에서 죽기보다 세상과 타협하는 위험에 빠져 있었다. 이러한 이유로 요한계시록은 오늘날의 기독교에 큰 의미가 있다.

일곱 설교의 해석

대언(預言, forthtelling) 대 예언(豫言, foretelling)

해석의 기본 원칙을 감안해보면, 일곱 편의 설교는 고대의 일곱 교회를 향한 하나님 말씀을 대언(forthtelling)하는 것으로 보아야 한다. 즉, 이 설교들은 주후 1세기 후반 소아시아에 있었던 특정한 일곱 교회를 가장 우선적으로 다루는 (신적) 메시지이다. 그렇지만 모든 말씀과 마찬가지로 이 설교들은 21세기 교회에도 중요한 의미가 있다. 이러한 해석 원칙은 과거에 유행했던 해석 방식, 즉 이 설교들을 7개의 미래 교회 시대에 관한 예언(foretelling)으로 읽는 해석 방식과는 다르다. 과거의 해석 방식은 주로 고전적인 세대주의(dispensationalism)에서 태동했고, 일곱 설교가 역사적으로 실존했던 교회들에게 보내진 서신이 아니라, 그리스도의 처음 오심과 다시 오심 사이에 위치한 교회 역사의 (일곱) 미래 시대를 예측한 것이라고 주장한다. 이에 따르면, 일곱 교회는 각기 교회사의 핵심 시대와 연관된다.

에베소	초기 교회 시대
서머나	박해받던 교부 시대
버가모	콘스탄티누스 황제 시대
두아디라	중세 시대
사데	종교개혁 시대
빌라델비아	18-19세기 선교사 파송 시대
라오디게아	배교가 늘어가는 현대 시대, 그리스도의 재림까지

일곱 설교를 이처럼 미래에 대한 예언(foretelling)으로 읽는 방식은 C. I. 스코필드(Scofield)의 유명한 스터디 바이블에 기록된 요한계시록 1:20 주석을 통해 더욱 퍼져나갔다(Scofield 2003: 1657). 하지만 각 교회가 어떤 역사적 시대를 대표하는지에 대해서는 사람마다 견해를 달리한다.

이 설교들은 사실상 각 설교에 언급된 지역 공동체의 범위를 벗어난다. 에베소 교회는 사도 요한 시대에 지역 교회였지만, 1세기 교회 전체를 대표한다(2:1-7). 서머나 교회는 박해받는 교회의 특징을 지니고 있어 주후 100-316년경을 대표한다(2:8-11). "사탄의 보좌가 있는" 버가모 교회는 세상과 섞여 버린 중세 교회를 나타낸다(2:12-17). 두아디라 교회는 교회에서 악이 어떻게 자라나고 우상숭배가 어떻게 이루어지는지를 드러낸다(2:18-29). 사데 교회는 죽어 있지만 여전히 그 안에 경건한 소수의 사람들이 존재하는 교회를 대표하며, 종교개혁 시대를 나타낸다(3:1-6). 빌라델비아 교회는 부흥과 영적 진보를(3:7-13), 라오디게아는 가시적 교회가 경험할 배교의 최종 단계를 보여 준다(3:14-19).

중요한 세대주의 신학자 존 월부드는 이러한 접근 방식을 다음과 같이 설명한다(John Walvoord 1966: 52). "여러 주석가들은 이 설교들이 명백하게 암시하는 내용 외에도, 일곱 교회가 영적인 관점에서 교회사의 연대기적 발전 과정을 대표한다고 믿는다 … 이 설교들을 보면 뚜렷한 진전이 엿보인다고 말할 수 있다. 그러한 진전을 순전히 우연이라고 믿기는 힘들며, 각 교회를 향한 설교가 배열된 순서는 교회사를 예언적으로 움직여 가기 위한 목적 아래 신적으로 취사선택된 것으로 보인다"(또한 Boyer 1985을 보라).

그러나 상당수의 주석가들은 이처럼 일곱 설교를 해석하는 미래 예언적 접근 방식을 거부했다. 이러한 접근 방식은 그 지지자들마저도 각 교회가 어떤 일곱 시대를 대표하는지 견해가 일치하지 않을 만큼, 자의적이고 주관적인 특성 때문에 두루 비판을 받고 있다. R. C. 트렌치는 오래전에 다음과 같이 언급한 바 있다(R. C. Trench 1867: 240). "그들 사이에서도 의견이 일치되지 않는다 … 각자마다 해석하는 방식이 다르고, 시대를 나누는 기준 또한 다르다. 단언컨대 그들 사이에는 통일된 견해에 도달할 가능성조차 없다." 헨드릭슨(Hendriksen 1940: 60)은 더욱 직설적으로 비판한다.

> 일곱 교회들이 교회 역사의 다음 일곱 시대들을 묘사하고 있다는 주장은 반박할 가치조차 없다. 거의 유머에 가까운 주해를 보며 할 말을 잃고 말았다. 예를 들어, 그들은 죽은 교회인 사데 교회를 영광스러운 종교개혁 시대에 대입하고 있다. 성경을 공부하는 모든 학생들은, 이 신성한 문헌들 그 어디에도 그와 같은 방식으로 교회사를 재단하고 그 조각들을 요한계시록 2, 3장에 집어넣는 해석, 즉 철저히 자의적인 해석을 뒷받침할 만한 근거는 티끌만큼도 존재하지 않는다는 사실을 분명하게 인지해야 한다.

일곱 설교를 해석함에 있어 예언(foretelling) 차원의 접근 방식은 자의적이라는 문제 말고도 또 다른 심각한 문제가 있다. 요한계시록 1장이나 일곱 설교 그 어디에도, 본문을 (역사) 이후 시대를 내다보는 것으로 받아들여야 한다고 주장하는 부분이 없다는 것이다. 이러한 해석 방식은 기독교가 성장하고 전 세계로 퍼져 나가는 중요한 단계들을 무시하는 서구 세계의 편견을 반영한다. 이러한 해석 방식은 또한 일곱 설교를 1세기 독자들을 도전하고 격려하는 문헌으로 보지 않고, 일곱 번째 "라오디게아 교회 시대"에 사는—그리고 그 시대 속에서 그리스도의 임박한 재림을 위한 길을 예비하는—현대의 성도들을 위한 암호로 간주함으로써 그 가치를 평가 절하한다. 하지만 일곱 설교가 가진 교차대구 구조 안에 이미, 그 순서와 배열에 대한 보다 설득력 있는 설명이 내포되어 있다. 그렇기에 로버트 토마스와 같이 널리 존경받는 세대주의 신학자조차 미래 예언적 접근 방식을 지지하는 근거들을 면밀히 검토한 후 다음과 같은 결론을 내린 바 있다(Robert Thomas 1992: 505-15). "(그러한 접근 방식에는) 어떠한 결정적인 근거도 없다는 어려움에 봉착했다"(511).

지역에 대한 암시

앞서 나는 일곱 설교의 경우 하나님 말씀의 대언(forthtelling)으로 해석되어야 함을 주장한 바 있다. 이 말은 곧 이 설교들이 주후 1세기 후반 소아시아 지역에 있던 특정한 일곱 교회에게 최우선적으로 적용되는 신적 메시지라는 것이다. 이러한 주장은 곧바로 또 다른 논쟁거리를 만들어낸다. 정말로 일곱 설교에는 지역을 암시하는 표현들이 들어 있어서, 해당 교회 공동체에 특별히 의미가 있는 지리적, 역사적, 문화적 특성이 나타나는가? 일곱 설교의 본문에서 나타나는 특정한 면모들을 설명함에 있어, 지역을 암시하는 표현을 활용하는 방법을 활성화시키는데 특별히 영향을 끼친 두 학자가 있다. 윌리엄 램지(William Ramsay)는 1904년 그의 저서(*The Letters to the Seven Churches of Asia and Their Place in the Plan of the Apocalypse*)에서 다음과 같이 주장했다.

"이 서신들은 일곱 도시의 상황, 특성, 과거 역사, 그리고 미래의 발전 가능성에 이르기까지, 도시를 속속들이 알고 있는 사람이 쓴 것이다"(1904: 40). 램지는 일곱 설교 안에서 발견되는 지역적인 표현들을 지적했다. 1986년 콜린 허머(Colin Hemer)는 그러한 표현들을 그의 책(*The Letters to the Seven Churches of Asia in Their Local Setting*)에서 재검토하고 발전시켰다. 허머는 일곱 설교에는 지역을 암시하는 표현들이 존재하며, 그 표현들이 중요하다는 점을 강조했다. "틀림없이 그 표현들의 일반적인 의미와 그들이 암시하는 내용을 모든 아시아 독자들이 손쉽게 알아차렸을 것이다. 다만, 각각의 암시 표현들은 엄격하게 해당 지역의 상황만을 가리키고 있다"(1986: 14). 요한계시록의 주석가들 대부분은 램지와 허머의 발자취를 따랐다. 하지만 그들이 제안한 지역을 암시하는 표현 모두에 동의한 것은 아니었다.

과거로부터 현재까지 일부 반대 의견이 존재했다. 이를테면, 램지가 1904년에 영향력 있는 저서를 출간하고 몇 년이 지난 후에, 모팻은 일곱 설교에 나타나는 지역에 관한 언급이 과연 합당한지 의문을 제기했다(Moffatt 1910: 285-86). "우리는 그 지역 그리스도인들이 천국 시민권을 열렬히 기다리고 있었기에 투철한 시민 의식을 가졌다거나, 혹은 그들이 살았던 도시의 역사적, 지리적 특성에 대해 섬세하게 관심을 기울였을 것이라고 가정할 이유가 없다. 후자로부터 유추한 내용들이 때로 흥미롭기도 하지만, 대부분의 경우 실속이 없고 연관성이 희박한, 우연의 일치에 지나지 않는다. 그러한 방향에서 선지자[요한]나 그의 독자들의 마음속에 존재했던 어떤 중요한 요소를 발견할 수 있다는 생각은 현대인의 상상에 지나지 않는다." 더 최근에 이르러서 톰슨은 일곱 설교에 대한 허머의 분석을 다음과 같이 평가했다(Thompson 1990: 203). "램지의 연구와 마찬가지로 요한계시록의 표현과 일곱 교회의 상황 간의 연결 고리는 매우 희박하며, 개별적인 중요도가 현저하게 떨어진다." 쾨스터는 이러한 평가에 동의하면서 지역에 대한 암시 표현에 의문을 제기한 이들의 견해를 요약한다(Koester 2003: 408).

요한계시록 2-3장에 나타나는 이미지와 아시아 도시들의 특성을 연결시키는
것은 쉽지 않은 문제이다. 비평가들이 지적하는 것은 곧 지역에 대한 암시를
찾아내려는 노력이 자주 요한계시록의 표현들에 과도한 의미를 부여하게 만
든다는 점이다. 다시 말해, 그 표현들이 다른 출처들에서 온 자료를 선택하고
해석하는 일에 지나치게 영향을 미친다는 것이다. 비평가들은 학자들이 고고
학 자료 및 다른 고대 자료들을 사용할 때, 그것들이 나오게 된 더 넓은 맥락을
고려하지 않고 증거들을 산발적으로 제시한다는 점을 지적했다. 그러다보니
추측성 주장이 흔하게 나타나고, 일부 핵심적인 주장은 정황 증거에 의존하기
까지 한다.

다른 여러 학자들도 이와 같은 문제를 제기했다(Friesen 1995; Prigent 2001:
164-65, 192, 209-11; Tonstad 2019: 70).

램지와 허머가 제시한 지역을 암시하는 표현들 가운데 일부 혹은 다수는
분명 의문의 여지가 있으며, 따라서 현대 주석가들과 설교자들은 요한계시
록 본문을 해석하는 과정에서 지역 상황과 본문을 성급하게 연결시키거나
그 표현들의 중요성을 과장하지 않도록 주의를 기울여야 한다. 그렇지만 지
역을 암시하는 모든 (잠재적인) 표현을 거부해야 할 정도로 그 위험성이 큰 것
은 아니다. 지역을 암시하는 표현을 인식하는 기본적인 접근 방식이 신중하
게만 사용된다면 여전히 유효한 부분이 있다고 말할 수 있다.

그러한 접근 방식이 유효한지 판단하기 위해서 지역을 암시하는 표현으
로 여겨지는 사례 하나를 살펴보려고 한다. 여러 주석가들은 사데 설교(3:1-6)
가 "깨어 있으라"(3:2, 3a)는 표현을 두 차례나 사용하고, 그리스도가 "도둑같
이"(3:3b), 즉 예상치 못한 때에 오신다고 언급한 것이, 사데의 아크로폴리스

가 점령된 사건과 연관된 "크로이소스 전통"(Croesus tradition)을 암시하는 것으로 본다. 사데의 왕이었던 크로이소스의 생애에 관한 설명은 5장에서 자세히 다룰 것이기 때문에 굳이 여기서 설명할 필요는 없을 것 같다. 지금은 고대 세계에서 크로이소스 왕에 대해 널리 알려진 이야기, 즉 당시 사람들 입에 오르내린 이야기를 강조하는 것만으로 충분할 것 같다. 그 이야기는 곧 그의 오만함과 안일함으로 인해 난공불락으로 여겨졌던 사데의 아크로폴리스가 적에게 점령당했다는 이야기이다. 이 이야기는 너무나도 유명해진 나머지 "크로이소스 전통"이라는 별칭까지 생기게 되었다. 또한 이 이야기는 단순히 재미로만 사람들 입에 오르내린 것이 아니라, 교사들이 학생들에게 오만함과 안일함의 위험성을 교육하려는 목적에서 언급되기도 했다. 오운 (Aune 1997: 220)은 다음과 같이 말한다. "이러한 일련의 사건[크로이소스 전통]으로부터 얻을 수 있는 도덕적 교훈—곧 누구든 자만심과 오만함, 과신을 피하고 갑작스럽게 자신의 운이 뒤바뀔 경우에 대비해야 한다—은 후대의 역사가와 도덕주의자들에게 토포스(topos, 문학이나 수사법에서의 정형화된 주제를 가리킨다 - 역주)가 되었다." 사데 아크로폴리스의 함락 사건이 더욱 유명해지게 된 계기는 그 역사가 반복되었다는 데 있다. 즉, 사데의 요새는 이후 또다시 함락되었다. 반복해서 자만심과 안일함 때문에 무너져 버린 것이다(자세한 내용은 5장을 보라).

고대 세계에서는 사데의 아크로폴리스가 두 차례 함락되었다는 사실이 너무나도 잘 알려져 있었기 때문에, 많은 주석가들은 그리스도가 두 차례 "깨어 있으라"고 명령하셨다(3:2, 3a)는 사실을 중요하게 생각한다. 예를 들어, 마운스는 이렇게 주장한다(Mounce 1977: 110-11). "'깨어 있으라'는 경고는 사데에 특별히 더 무게가 실리는 표현이다. 사데의 역사를 보면, 도시의 수비를 맡은 이들의 경각심 부족으로 인해, 아크로폴리스가 적에게 함락된 일이 두 차례나 있었기 때문이다 … 역사에서와 마찬가지로 삶 속에서도 스스로 안전하다고 여기고 깨어 있지 못하면 재난을 초래하기 마련이다." 오스본 역시 이와 비슷한 주장을 펼친다(Osborne 2002: 174). "그 교회는 도시와 같았다. 도시는 두 차례나 함락된 바 있었다. 파수꾼들이 성벽을 지키지 않았고, 습격자들이 성벽을 타고 올라가 침략자들을 성내로 들였기 때문이었다. 교회도 이와 마찬가지로 경각심이 부족하다는 점에서 책망을 받고 있다." 키너는 그리스도가 "도둑같이" 사데에 올 것이라는 경고에 대해 다음과 같이 말한다(Keener 2000: 14). "이 경고는 어린 시절부터 학교에서 역사 교육을 받은 자부심 강한 사데 시민들에게 특별한 경각심을 불러일으켰을 것이다. 정복자들은 전통적인 방식이 아닌, 기습 공격을 통해 두 차례나 그 도시를 점령했다. 즉, 사데 시민들은 경계에 실패했다."

일부 학자들은 지역을 암시하는 표현에 대한 이러한 주장이 정말로 합당한 것인지 의문을 표하기도 했다. 우드는 다음과 같이 말했다(Wood 1961-62: 264). "아마도 사데의 그리스도인들은 (오늘날 우리가 생각하는 것처럼) 본문의 표현들이 3-500여 년 전에 일어났던 역사적 재난을 가리킨다고 여기진 않았을 것이다." 램지 마이클스는 그러한 지역적 암시는 "있을 법하지 않다"고 주장하며 "그 경고는 에베소나 라오디게아 혹은 어느 공동체든지, 신실하지 않았던 모든 이들에게 해당될 수 있다"고 말했다(Michaels 1997: 82). 허머는 그러한 회의적 입장에 반박하면서 고대 자료들이 크로이소스 전통을 언급하는 사례들을 정리했다(Hemer 1972-73). 여기에는 크로이소스 왕의 생애와 난공불락의 요새인 사데 아크로폴리스의 함락을 (다양한 방식으로) 언급하는 텍스트들도 포함된다. 그것들은 주후 1세기와 2세기 문헌들이며(따라서 요한계시록이 저술된 시기와 겹친다), 이교 자료뿐 아니라, 기독교와 유대 문헌도 있다. 실제로 크로이소스 전통이 언급된 사례가 너무나도 많기 때문에, "격언으로 쓰일 만큼 유명했다"고 말할 수 있다. 허머는 이후 다른 저서에서 다음과 같이 언급한다(Hemer 1986: 133). "사데 교회를 향한 서신에서 나타나는 역사적인 암시를 식별하는 일은 그 사건[크로이소스 전통]이 매우 중요하고 유명했다는 사실을 인정하는 것과 관련이 있다. 오늘날의 연구에서 문헌상의 증거를 재생산하는 것은 불가능하다. 그 증거가 너무나도 많기 때문이다."

일곱 설교 안에 지역을 암시하는 표현들이 존재한다고 해서 소아시아의 다른 지역 성도들, 즉 요한이 그의 메시지를 함께 듣길 기대한 사람들이 이해하거나 적용하는 데 한계가 있었던 것은 아니다(설교마다 반복되는 "들으라" 정형 문구에 복수형 "교회들"이 사용된다는 점을 기억하라: "귀 있는 자는 성령이 교회들에게 하시는 말씀을 들으라", 2:7a, 11a, 17a, 29; 3:6, 13, 22). 지역을 암시하는 표현들은 해당 지역 교회에게 특별히 강렬하고 깊은 연관이 있다고 받아들여졌겠지만, 동시에 소아시아의 모든 그리스도 공동체들 또한 그 표현들을 곧바로 이해할 수 있었을 것이다. 스코비는 다음과 같이 주장한다(Scobie 1993: 614-15).

서로 다른 공동체에 속한 구성원들이, 다른 공동체의 유명한 특징에 대해서도 잘 알고 있었다는 점을 의심할 이유는 없다. 일곱 개의 도시들은 서로 비교적 가까이 위치해 있었고, 서로 여행하고 의사소통하는 일은 수월했다. 자신이 속한 도시에 대해 높은 자긍심을 가졌다는 것과, 서로 간의 경쟁 의식이 오랫동안 전해져 내려왔다는 것은 이미 입증되었다. 이것은 분명 그리스도인들이 회심했다고 해서 곧바로 완벽히 없앨 만한 것은 아니었다.

따라서 앞으로 일곱 편의 설교를 해석하면서 지역을 암시하는 표현들을 자세히 확인할 것이다. 요한이 각 교회의 상황을 잘 알고 있었다는 점을 고려하면, 그러한 암시 표현들이 충분히 존재할 것으로 기대할 만하다. 래드는 이와 같이 지적한다(Ladd 1972: 36). "교회들이 위치한 지역의 역사, 지형, 조건 등을 암시하는 표현들이 존재한다는 것은, 요한이 개인적으로 그들과 친밀한 관계였음을 말해준다." 트레빌코 역시 비슷한 결론을 내린다(Trebilco 2004:

295). "각 공동체의 상황과 사람들에 대한 선포와, 그 세부 내용들 사이의 차이점을 감안해 볼 때 요한이 각 공동체의 상황을 잘 알고 있었다는 점은 의심의 여지가 (거의) 없다." 그럼에도 불구하고 우리는 본문의 특정한 측면을 해석하는 과정에서 지역의 상황과 연관되어 있다고 여겨지는 모든 표현들을 지나치게 성급히 받아들이지 않고, 그 중요성을 과장하지 않도록 주의해야 할 것이다. 요한계시록 2-3장의 주석가들 중 다수는 이해하기 어려운 이미지들과 표현들이 담긴 본문의 의미를 완벽하게 파악하고자 하는 순수한 열정 때문에 때때로 그러한 위험에 빠지고 만다. 따라서 우리는 지역을 암시하는 표현이라고 강조하는 주장들을 면밀히 검토하고 그것이 본문을 해석하는 데 실제로 연관이 있는지, 그 여부를 결정하기 위해 신중하게 근거들을 살펴볼 것이다.

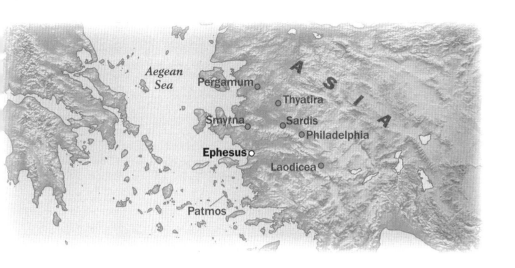

1

에베소 교회

제1장

에베소 교회: 사랑 없는 정통주의 교회

[1] 에베소 교회의 천사에게 편지하라 오른손에 일곱 별을 쥐고 일곱 금 촛대 사이를 거니시는 분이 이같이 말씀하신다 [2] 내가 너의 행위들, 곧 너의 수고와 인내를 안다 또 네가 악한 자들을 견딜 수 없는 것과 사도가 아니면서 사도라고 자칭하는 자들을 시험했고 그들이 거짓된 것을 밝혀낸 것도 안다 [3] 또 네가 인내하고 내 이름을 위하여 견디고 약해지지 않았다는 것을 안다 [4] 그러나 내가 너를 책망할 것이 있다 너는 네가 처음에 가졌던 사랑을 버렸다 [5] 그러므로 네가 어디서 떨어졌는지를 기억하라, 회개하라, 네가 처음에 했던 행위를 하라 그러나 만약 그러지 않는다면, 내가 네게 갈 것이다 그리고 네 촛대를 그 자리에서 옮길 것이다 만약 네가 회개하지 않는다면 [6] 그러나 네게 이것이 있다 곧 네가 니골라 당의 행위를 미워하는 것이다 그것은 나도 미워한다 [7] 귀 있는 자는 성령이 교회들에게 하시는 말씀을 들으라 이기는 자에게는 내가 하나님의 낙원에 있는 생명나무의 열매를 주어 먹게 할 것이다

그리스도의 칭호(2:1b)

오른손에 일곱 별을 쥐고, 일곱 금 촛대 사이를 거니시는 분이 이같이 말씀하신다(2:1b)

요한계시록 2-3장의 일곱 설교는 모두, 먼저 그리스도께서 스스로를 묘사하시는 칭호를 소개하고, 이후 특정한 교회 공동체를 향한 그리스도의 말씀을 (요한을 통해) 선포한다. 칭호는 대개 둘 이상이며, 사실상 모든 칭호는 요한계시록 1장에 있는 그리스도에 관한 환상에서 유래된 것이다(계 1:9-20).

에베소 교회를 향한 설교에 나타나는 2가지 칭호 가운데 첫 번째 칭호는 그리스도를 "오른손에 일곱 별을 쥐고(계신 분)"로 묘사한다. 이 칭호는 그리스도의 **권세**를 전달하고 있으며, 2가지 방식으로 그 권세를 강조하고 있다. 먼저 요한계시록 1:16의 환상은 그리스도가 일곱 별을 단순히 "갖고 있다"(에콘[echōn])라고 묘사하지만, 2:1에서는 일곱 별을 "쥐고"(크라톤[kratōn]) 계신다고 묘사한다. 이러한 동사 변화에는 중요한 의미가 담겨있다. 실제로 후자가 더 큰 권세를 내포하며, "어떤 이들, 혹은 무엇인가를 통제하다"(BDAG

564.3) 등의 의미를 가지고 있다. 그리스도는 그저 일곱 별을 소유한다는 차원에서 "갖고 있는" 것이 아니다. 일곱 별에 대해 통치권을 행사하신다는 차원에서 그 별들을 "쥐고" 계신다. 이를 통해 자신의 권세를 시각적으로 드러내는 것이다.

또한 그리스도가 일곱 별을 그의 "오른손에" 쥐고 계신다는 사실은 그리스도의 권세를 더욱 강조한다. 대부분의 사람들은 오른손잡이기 때문에 대개 왼손에 비해 오른손이 더 힘이 센 경우가 많다. 이러한 이유로 성경에서 오른쪽은 권세와 권위의 상징으로 사용된다. 실제로 구약성경과 신약성경모두 하나님의 주권적 통치와 권세를 나타낼 때 그분의 "오른쪽(우편)"을 언급한다(출 15:6; 시 16:11; 17:7; 18:35; 44:3; 45:4; 63:8; 98:1; 118:15; 139:10; 사 41:10; 48:13; 마 22:44; 행 2:35; 7:55; 롬 8:34; 히 1:3).

첫 번째 칭호에서 드러난 그리스도의 권세는 2:1 주절(main clause), 타데레게이(*tade legei*, "그가 이같이 말씀하신다")를 통해 한층 더 강조된다. 서론에서 언급한 바와 같이 이 정형화된 표현은 히브리어 문구, "(만군의) 여호와께서 이같이 말씀하신다"에 대한 칠십인역 번역어의 일부분이며, 칠십인역 안에서 250회 이상 사용된다. 하지만 요한의 시대에 이르러 이 표현은 고어체로 들렸을 것이며, 마치 오늘날에 "이같이 이르노니"(thus saith)와 같은 말처럼 느껴졌을 것이다(Aune 1997: 141). 따라서 "그가 이같이 말씀하신다"라는 표현은 요한의 청중들의 주의를 환기시켰을 것이다. 이는 단순히 고어체적 표현이기 때문만은 아니다. 또한 그 표현은 신적 권능을 연상시키기 때문이다. 즉, 구약성경 안에서 이 정형 문구(formula)를 말씀하시는 분과 같이, 그리스도역시 신적인 존재이며 권능을 가진 하나님이신 것이다. 일곱 편의 설교 모두 "그가 이같이 말씀하신다"라는 문구로 시작되긴 하지만, 에베소 설교 안에서는 특별히 더 첫 번째 칭호가 지닌 권세의 의미를 강조하는 기능을 한다고 볼 수 있다.

그리스도가 그의 강력한 오른손에 쥐고 계신 일곱 별의 의미가 무엇인지 확실하게 단정하기 어렵다. 혹자는 요한계시록 1장에 "일곱 별은 일곱 교회의 천사(사자)요"(1:20)라고 표현되어 있다고 대답하지만, 이러한 대답은 여기서 말하는 "천사"가 정확히 무엇인지에 관한 또 다른 논쟁을 일으킬 뿐이다. 신약성경 안에서 "천사"(앙겔로스[*angelos*])에 해당하는 그리스어 단어는 하나님의 특사(envoy) 역할을 맡은 천사를 가리키는 경우가 많다. 요한계시록 1:20에서는 크게 2가지로 의미로 볼 수 있다. (1) 인간들, 곧 각 교회를 향한 메신저(messenger), 혹은 교회의 지도자 (2) 초인적 존재들, 곧 각 교회를 이끌고 보호하는 수호천사, 혹은 각 교회에 만연한 영(spirit)에 상응하는 의인화된 천상의 존재. 여기서 중요하게 고려할 점은 요한계시록의 다른 구절들에서 앙겔로스는 항상(69회) 초인적 존재를 가리킨다는 사실이다. 또한 당대 유대 문헌들을 보면 천상의 천사들을 지상의 왕과 나라들의 행위를 지도하고 보호하는 역할을 맡은 존재들로 묘사하고 있다(예를 들어, 단 10:13, 20-21). 따라서 일곱 "천사"인 "일곱 별"은 각 공동체의 수호천사를 상징할 가능성이 높다(각 입장의 장단점에 관해 더욱 자세한 논의를 보려면, Aune 1997: 108-12; Osborne 2002: 98-99을 참조하라). 한 가지 다행인 것은, 그리스도의 첫 번째 칭호의 의미가 무엇인지를 밝히는 과정에서 이 문제를 꼭 해결하고 넘어가야 할 필요는 없다는 것이다. "일곱 별"이 무엇을 가리키는지와 관계없이 에베소 설교 안에서 그리스도의 칭호는 분명 그의 주권적 권세를 강조하기 위한 의도로 사용되었다. 이제 곧 말씀을 전하실 그리스도는 그의 강력한 오른손에 일곱 별을 (그저 갖고 있는 것이 아니라) 꽉 움켜쥐고 계신다.

그리스도의 첫 번째 칭호는 또한 그가 가진 권세를 부각시킴으로써 로마에 대한 강력한 저항을 드러내기도 한다. 로마의 황제들은 자신들을 가리켜 그 힘이 지구를 넘어 우주의 별들에까지 이르는 반인반신들(demigods)로 묘사하기를 즐겼고, 그러한 묘사를 동전에 새겨 넣는 것을 좋아했다. 도미티아누스(Domitian) 황제는 주후 83년에 자신의 10살 된 아들이 죽자, 그 아이가 신이 되었고 자신의 아내인 도미티아는 신의 어머니가 되었다고 선포했다. 도미티아누스 황제는 죽은 아들을 기리기 위

그림 1.1. 좌: 도미티아, 도미티아누스 황제의 아내.
우: 도미티아누스 황제의 죽은 아들이 일곱 별에 둘러쌓인 채 지구 위에 앉아 있다.

해 그 아이가 지구 위에 앉아 온 세계에 권력을 행사하는 모습을 묘사하는 동전을 발행했다(*RIC* 2:213). 아이가 팔을 뻗어 일곱 행성을 대표하는 일곱 별을 붙들고 있는 것은 곧 온 우주에 대한 신적 주권의 소유를 의미했다.

후대의 하드리아누스(Hadrian) 황제(주후 117-138년 재위)는 한 면에는 자신의 얼굴을, 또 다른 한 면에는 초승달과 일곱 별을 새긴 동전을 발행했다(*RIC* 2:202). 이를 통해 그가 땅에서 일어나는 일뿐만 아니라 하늘에서 달과 일곱 별들 가운데 일어나는 일들까지도 통제할 수 있을 만큼, 강력한 권세를 지니고 있다는 메시지를 전달하고자 했음을 알 수 있다.

따라서 그리스도의 첫 번째 칭호로 "오른손에 있는 일곱 별을 쥐고(계신1:16)"라는 표현을 사용한 것은 곧 로마의 권력에 대한 도전으로 이해되어야 할 것이다. 요한계시록 앞부분에서 이미 예수 그리스도를 가리켜 "땅의 왕들의 통치자"(1:5)라고 부른 것 또한 그의 우주적 권세가 로마를 능가함을 드러내는 것이다. 비슬리-머리(Beasley-Murray 1978: 70)가 언급한 바와 같이 "일곱 별이 그리스도의 오른손에 있다고 요한이 선포했을 때, 요한은 이 세상에 대한 주권이 로마 황제에게 있는 것이 아니라 교회의 주님에게 있음을 선포한 것이다"(로마에 대한 저항에 관해서는 Krodel 1989: 95; Beale 1999: 108을 보라).

그리스도의 두 번째 칭호는 "일곱 금 촛대 사이를 거니시는 분"이다. 첫

번째 칭호가 그리스
도의 권세(power)를
내포한다면, 두 번
째 칭호는 그리스
도의 임재(presence)
를 내포한다. 요한은
앞선 1:9-20의 환상을 미

그림 1.2. 좌: 화관을 쓴 하드리아누스 황제.
우: 일곱 별과 초승달

묘하게 변경시켜서 그리스도의 임재를 강조한다. 1:13에서 그리스도는 단순
히 일곱 금 촛대 사이에 있는 모습으로 포착되는데 반해(그리스어 본문에는 동사가
없다), 2:1에서는 촛대 사이를 "거니시는"(페리파톤[peripatōn]) 분으로 묘사된다.
그런데 앞선 1장의 환상에서는 일곱 촛대를 일곱 교회와 동일시하고 있다
(1:20). 따라서 두 번째 칭호는 예수 그리스도를 가리켜, 소아시아의 공동체들
가까이에 임재하시며 그들 사이를 거니시는 분으로 묘사하는 것이다. 그리
스도는 땅과 하늘에 살아가는 모든 생명에 대한 권세를 가지고 계시며, 그
의 주권은 로마 황제들의 주권을 능가한다. 동시에 그리스도는 멀리 떨어져
있는 분 혹은 단절된 통치자가 아니라, 에베소 공동체를 비롯한 그의 교회
들 가운데 임재하는 분이시다.

그리스도의 임재는 위로와 도전이라는 이중의 특징을 지니고 있다. 한편
으로, 에베소의 성도들은 그들이 혼자가 아니라는 사실에 위로를 받는다. 그
들이 거짓 사도들을 마주하거나, 잘못된 가르침을 접하거나, 혹은 영적인 건
강을 해치는 위협에 직면할 때, 전능하신 그리스도께서 그들 가운데 임재하
셔서 그들을 "돌보고" 있기 때문이다. 또 한편으로, 그들은 전능하신 그리스
도께서 임재하셔서 "지켜보고" 있다는 사실로 인해 도전을 받는다. 이러한
사실은 그리스도께서 그들의 영적 상태를 잘 아신다는 것과(2:2, "내가 … 알고"),
또 언젠가 그리스도께서 오셔서 촛대를 옮길 수도 있다는 경고와 연결된다.

그리스도께서 각 교회를 향해 말씀하실 때, 먼저 교회 구성원들이 잘하고 있는 일에 대한 칭찬으로 시작하는 것이 전형적인 패턴이라고 할 수 있다. 그런데 에베소 공동체를 향한 칭찬의 경우, 그리스도께서 정말로 하고 싶은 책망의 말씀 전에 이루어지는 그저 형식적인 절차 혹은 예의상의 언급 정도가 아니다. 이 설교에서 에베소 교회를 향해 과도하다 싶을 만큼의 칭찬이 표현된다는 사실을 간과해서는 안 된다(반면, Wall 1991: 69은 에베소 교회가 어쩌면 라오디게아 교회와 더불어 일곱 교회들 가운데 가장 심하게 책망을 받는다고 주장하기도 한다). 여기서 그리스도가 여러 칭찬들을 하고 있지만, 그 칭찬들의 연결고리는 에베소 성도들의 **정통주의**(orthodoxy), 즉 진실에 대한 그들의 열정과, 거짓 사도든 니골라 당이든 관계없이 악한 자들에게 현혹되지 않겠다는 적극적인 노력이다.

주요 칭찬(2:2-3)

> 내가 너의 행위들, 곧 너의 수고와 인내를 안다. 또 네가 악한 자들을 견딜 수 없는 것과 사도가 아니면서 사도라고 자칭하는 자들을 시험했고 그들이 거짓된 것을 밝혀낸 것도 안다. 또 네가 인내하고 내 이름을 위하여 견디고 약해지지 않았다는 거을 안다(2:2-3)

일곱 편의 설교 모두 표준 정형 문구, "내가 … 안다"로 칭찬을 시작한다. 학자들에 따라서 "안다"라는 단어가 사용된 것에 특별한 의미를 부여하기도 한다. 실제로 일부 학자들은 "안다"라는 의미를 가진 또 다른 그리스어 동사

(기노스코[ginōskō])가 "지식의 발전에 관해 말하다"를 뜻하는데 반해, 여기에 사용된 동사(오이다[oida])의 경우 "완전한 지식"이라는 의미를 가진다고 주장한다(Thomas 1992: 133). 그러나 요한계시록 나머지 부분에서 두 동사의 용례를 살펴보면 그러한 의미상의 구분은 지지를 받지 못한다(오이다: 2:2, 9, 13, 17, 19; 3:1, 8, 15, 17; 7:14; 12:12; 19:12; 기노스코: 2:23, 24; 3:3, 9). 또한 우리는 예수 그리스도가 "완전한 지식"을 갖고 계신다는 개념을 전달하려고 그 동사에 의존해서도 안 된다. 앞서 그리스도의 두 번째 칭호는 그를 일곱 교회인 "일곱 금 촛대 사이를 거니시는 분"으로 소개한 바 있는데, 이는 곧 그리스도가 각 교회의 상황을 완전히 파악하고 계심을 의미한다. 그렇기에 그리스도는 칭찬과 책망을 하실 자격이 충분하다. 이러한 파악과 지식의 목적어에 해당하는 것은 "너의 행위들(works)"이다. 이 목적어가 (두 편의 설교를 제외하고) 거의 모든 설교의 도입부에 사용되었다(2:9, 서머나; 2:14, 버가모). 개신교 성도들에게 "행위(들)"라는 단어는 "믿음"(faith)의 반대 개념처럼 들릴지도 모른다. "믿는다"와 대조적인 차원에서 "행한다", 즉 "공로(들)"를 떠올릴 수도 있다. 그러나 일곱 편의 설교 전체를 살펴보면, "행위"라는 단어가 둘 모두를 가리킨다는 것을 알 수 있다. 이는 우리의 행동이 믿음과 밀접하게 연관되어 있음을 감안해보면 충분히 이해될 만하다. 따라서 일곱 편의 설교 모두 옳고 그른 행동뿐만 아니라 그러한 행동의 이면에 있는 옳고 그른 생각까지도 다루고 있다.

그리스도가 잘 안다고 말씀하신 에베소 성도들의 행위들은 "너의 수고와 인내"라고 명시된다. 그리스어 본문은 세 명사를 그저 순서대로 나열하고 있는데, 문자 그대로 읽으면 다음과 같다. "내가 안다, 너의 행위들, 그리고 수고, 그리고 너의 인내(2:2)." 세 명사는 데살로니가전서 1:3에 동일한 순서로 나타나는데, 이러한 이유로 일부 학자들은 이 표현을 우연의 일치가 아닌 "전통적인 기독교 삼 단위법(triad)"(Beasley-Murray 1978: 74; 또한 Aune 1997: 142; Michaels 1997: 70을 보라.)으로 보기도 한다. 하지만 세 명사를 동일한 비중으로 그리스도가 알고 있는 대상으로 보기보다는, 두 번째와 세 번째 단어가 첫 번째 단어를 구체적으로 설명하는 것이라고 보는 것이 가장 설득력이 있다. (1) 일단 그리스어 본문을 보면 "행위들"이 "수고"나 "인내"와는 달리 복수형으로 표현되어 있다. (2) 이어지는 네 편의 설교 모두 그리스도가 "안다"는 동사의 목적어로 "행위들"을 언급하지만, 그럼에도 "수고"와 "인내"는 언급하지 않는다(2:19; 3:1, 8, 15을 보라). (3) 인칭대명사 "너의"(your)가 첫 번째("행위들")와 세 번째 단어("인내")에는 붙어 있지만, 두 번째 단어("수고")에는 붙어 있지 않다(그리스어에서 인칭대명사는 각 단어 뒤에 나온다 - 역주). 세 번째 단어("인내")에 붙은 인칭대명사의 경우 두 단어("수고"와 "인내") 모두를 수식하는 것이다. 이는 "수고"와 "인내", 두 단어를 하나의 단위로 볼 수 있음을 뜻한다. (4) 두 번째 단어("수고")와 세 번째 단어("인내")의 경우 이어지는 2:3에서 곧바로 재언급되지만, "행위들"은 다시 언급되지 않는다. 따라서 두 번째 단어("수고") 앞에 나오는 접속사 '카이'(kai)는 부연 기능(BDAG 495.1.c)을 하는 것으로 봐야 한다. 요컨대, 이 칭찬은 (다른 여러 주석가들이 동의하는 것처럼) 다음과 같이 읽어야 한다. "내가 네 행위들, 곧 네 수고와 인내를 안다."

이와 같은 결론은 단순히 기술적, 문법적 분석에 그치지 않으며, 이후 (에베소 교회를 향한 그리스도의) 칭찬 단락의 구조를 이해하는 데 중요한 실마리가 된다. "행위들"을 부연 설명하는 두 단어("수고"와 "인내")가 이후 더 자세히 설명되기 때문이다. "수고"는 정통주의에 도전하는 자들에 맞서는 교회의 적극적인 대응을 다루는 2:2의 후반부에서 설명되고, "인내"는 교회가 직면한 상황에 맞서는 소극적인 대응을 서술하는 2:3에서 설명된다(Charles 1928: 49; Thomas 1992: 133; Osborne 2002: 112). 이처럼 두 단어("수고"와 "인내")는 이후 구절들에서 재차 등장한다(2절의 그리스어 명사 "수고"는 3절의 동사 "약해지다"[개역개정: "게으르다"]와 어근이 동일하며, 2절의 명사 "인내"는 3절에서 명사 형태 그대로 반복된다[개역개정: "참고"]). 이외에 또 다른 단어의 중복 사용(2절의 "견디다"[개역개정: "용납하다"]가 3절에서 다시 언급된다)

을 통해서 에베소 설교 내 하위 단위(즉, 2:2-3의 칭찬 단락)가 어휘상 일관성을 이루고 있다. 이러한 관찰은 모두, 앞서 제시한 구조가 현대 주석가들이 지어낸 것이 아니라, 고대의 저자가 의도한 것이라는 주장을 뒷받침해준다. 두 부분으로 이루어진 칭찬은 다음과 같은 분석을 통해 더욱 쉽게 확인된다.

"수고"는 정통주의에 도전하는 이들에 대한 에베소 교회의 적극적인 대응을 가리키는 표현으로서, 2:2의 나머지 부분에서 그 의미가 설명된다. "또 네가 악한 자들을 견딜 수 없는 것과, 사도가 아니면서 사도라고 자칭하는 자들을 시험했고 그들이 거짓된 것을 밝혀낸 것도 안다"(2:2).

"인내"는 정통주의에 도전하는 자들에 대한 에베소 교회의 소극적인 대응을 가리키는 표현으로서, 3절(의 나머지 부분)에서 그 의미가 설명된다. "또 네가 인내하고 내 이름을 위하여 견디고 약해지지 않았다는 것을 안다"(2:3).

에베소 교회의 "수고"는 먼저 "네가 악한 자들을 견딜 수 없는 것"으로 설명된다. 정통주의에 대한 에베소 교회의 관심은 "악한 자"라고 불릴 만한 자들이라면 그 누구도 용납하지 않는다는 점에서 잘 드러난다. 에베소 공동체는 갈등을 회피하기 위해 그들 가운데 성품과 행실이 완악한 자들을 그저 감내하고 넘어가자는 유혹에 굴복하지 않았다. 진리를 향한 교회의 열정은 그런 자들을 견딜 수 없었다.

에베소 교회가 정통주의를 사수하고자 하는 열심은 "수고"에 대한 또 다른 설명에서 더욱 분명하게 드러난다. "사도가 아니면서 사도라고 자칭하는 자들을 시험했고"(2:2). "사도"라는 단어는 신약성경과 초기 기독교 문헌에서 3가지 의미를 갖고 있다. (1) 때로는 좁은 의미로 예수 그리스도의 12제자를 가리킨다(계 21:14을 보라). 하지만 이 의미가 2:2에는 해당되지 않는다. 왜냐하면 당시처럼 늦은 시기에, 초기 제자들 가운데 하나인 양 행세하려는 사람이 있었다고 보기는 어렵기 때문이다. 또한 그리스도가 그처럼 뻔한 거짓을 밝혀냈다는 이유로 에베소 교회를 칭찬한다고 보기도 어렵다. (2) 이따금씩 "사도"라는 단어는 단순히 메신저(messenger)를 가리킨다. 이 메신저는 임무를 부여해준 사람 혹은 교회의 권위 외에는 특별한 지위를 누리지 못했다(요 13:16; 빌 2:25; 고후 8:23). (3) 가장 빈번하게 "사도"라는 용어는 "하나님의 특사(envoy), 즉 특별한 역할을 수행하는 존경받는 성도"를 뜻한다(BDAG 122.2.c). 이러한 사도에는 바울, 야고보(갈 1:19), 바나바(행 14:14)와 같이 잘 알려진 지도자들뿐 아니라, 안드로니고와 유니아(롬 16:7)와 같이 다소 알려지지 않은 인물들도 포함된다. 또한 신적 사명과 권위를 부여받았다고 주장하는 익명의 인물들도 포함된다(고후 11:5; 12:11을 보라). 에베소 성도들이 시험했던 사람들이 바로 이 세 번째 범주에 속한다고 주장한 자들이었다. 그들은 단순한 메신저가 아니라 스스로를 "사도"라고 불렀던 선교사들이었다. 곧 자신들의 가르침에 신적인 권위를 부여했던 것이다.

에베소 교회가 직면한 이 위험은 초기 교회에서 흔한 일이었다. 요한2서는 수신자들에게 "예수 그리스도께서 육체로 오심을 부인하는" 순회 설교자들을 가정 교회 모임 안에 들이지 말라고 강하게 권면한다(요이 7; 요일 4:1-3a을 보라). 유다서는 교회 외부에서 "회중 가운데 은밀히 들어와" "하나님의 은혜를 도리어 방탕한 것으로 바꾼" 이들(유 4), 곧 "목자"(지도자, 유 12)의 문제를 다룬다. 베드로후서는 구약 시대에 하나님의 백성들 가운데 "거짓 선지자들"이 있었던 것처럼, "너희 중에도 거짓 선생들이 있다"(벧후 2:1)고 수신자들에게 경고한다. 1세기 후반 혹은 2세기 초반에 작성된 익명의 기독교 문헌인 디다케(Didache)의 경우, 교회에 방문한 사도들을 환대하는 방법과, 그들의 행동을 통해 진짜와 가짜 선지자를 구분할 수 있는 방법을 가르친다(Did. 11.3-11). 초기 교회에서 거짓 선지자들은 공통의 위험 요소였지만, 이는 사실 이미 예견된 문제이기도 했다. 앞서 40여 년 전 바울은 그의 고별사에서 에베소 교회의 장로들에게 다음과 같이 말한 바 있다. "내가 떠난 후에 사나운 이리가 여러분에게 들어와서 그 양 떼를 아끼지 아니하며"(행 20:29). 외부의 이단자들에 대한 바울의 예언적인 경고는 결국 현실로 이루어졌다. 다행히 에베소 교회는 순회 선교사들이 주장하는 사도권을 안이하게 수용하지 않고, 오히려 그들을 시험하여 거짓 사도임을 밝혀냈다(이러한 판단에 대해 설교의 저자 역시 동의한다. 이는 삽입절에서 드러난다["사도가 아니면서"]). 그리고 그 결과 그리스도로부터 칭찬을 받았다.

여기서 말하는 거짓 사도는 누구인가? 이 질문에 대한 대답은 다양하다. 어떤 학자들은 바울이 고린도에서 만났던 대적자들과 같은 율법주의자들(legalists)이라고 주장한다. 실제로 바울은 그들을 가리켜 "거짓 사도"라고 말한 바 있다(고후 11:13; Spitta 1889: 251; Hort 1908: 21을 보라). 반면, 정반대의 결론을 내리는 학자들도 있다. 그들의 견해에 따라 맥락을 살펴보면 "사도라고 자칭하는 자들은 율법주의자가 아닌 도덕률 폐기론자들(antinomian)이다"(Mounce 1977: 87; Hemer 1986: 40). 또한 이 거짓 사도들을 영지주의자들로 보는 학자들도 있다. 영지주의자들은 지상의 예수 대신 하늘의 그리스도에게 호소하며, 육체에 대한 부정적인 관점을 갖고 있었기 때문에, 무슨 일을 저지르든 상관없다는 식의 윤리관을 가지고 있었다. 학자들은 바로 이러한 점 때문에 그들을 "악한 자들"이라고 부르는 것이 정당하다고 말한다(Beasley-Murray 1978: 74). 하지만 이 3가지 주장 모두 결정적인 근거가 부족하다는 한계가 있다.

다수의 학자들은 거짓 사도를 에베소 설교 후반부에 언급되는 니골라 당과 연결시킨다. 그리고 두 그룹이 동일한 사람들이라고 주장한다(예를 들어, Charles 1920: 50; Thomas 1992: 136-38; Kistemaker 2001: 113). 하지만 이러한 주장 역시 설득력이 떨어진다. 첫째, 두 그룹은 서로 다른 시기에 에베소 교회에 위협이 된 것으로 보인다. 에베소 공동체는 방문한 사도들이 거짓됨을 "시험했고" "밝혀냈다"(과거 시제). 반면에, 에베소 공동체는 니골라 당의 행위를 "미워한다"(현재 시제). 둘째, 2:6을 시작하는 강렬한 역접 접속사 "그러나"(알라 [alla])는 2:3에서 언급된 거짓 사도에 관한 재진술이기 보다는, 칭찬을 하기 위해 새로운 근거를 제시하는 신호일 가능성이 더 크다(Aune 1997: 147). 셋째, 만약 니골라 당이 거짓 사도와 동일한 대상을 가리킨다면, 2:6이 불필요하게 된다. 즉, 앞서 2:2에서 "니골라 당"을 시험하고 거짓임을 밝혔다는 이유로 그리스도께서 에베소 교회를 칭찬하신 것이라면, 2:6에 와서 그들이 니골라 당의 행위를 미워한다는 이유로 또다시 칭찬하실 필요가 없기 때문이다. 넷째, 사도라고 자칭하는 자들은 에베소 교회의 외부에서 들어온 데 반해, 니골라 당은 내부의 이단자들로 보인다. 따라서 가장 가능성이 높은 해석은 "거짓 사도"와 "니골라 당"은, 에베소 교회가 견딜 수 없는 "악한 자들"이라는 큰 범주 내의 구별된 두 그룹이라는 것이다.

에베소 교회를 향한 칭찬 안에서 거짓 사도들의 정체를 밝혀내는 일은 에베소 성도들이 정통주의를 지키기 위해 지속적으로 노력해온 것에 비해 무게감이 떨어진다. 에베소 교회는 짧은 시기 동안이 아니라, 꽤 오랜 세월에 걸쳐 정통주의에 대한 열정을 유지해왔다. 과거에 에베소 교회는 거짓 사도들을 시험함으로써("시험했다"와 "밝혀냈다"는 모두 과거형이다) 그러한 열정을 드러냈고, 현재에는—심지어 미래에 이르기까지—큰 틀에서는 악한 자들을, 구체적으로는 니골라 당을 견디지 않음으로 그 열정을 드러내고 있다("견딜 수 없다"와 "미워하다"는 모두 현재형이다). 얼마 지나지 않아(아마도 10여 년 정도 후) 시리아 안디옥의 교부 이그나티우스(Ignatius) 역시 에베소의 감독 오네시무스(Onesimus)를 언급하며 에베소 교회를 칭찬한다. "여러분 모두는 진리에 따라 살아갑니다. 어떠한 이단도 여러분 가운데 머물지 못합니다. 여러분은 더 이상 누구의 말에도 귀 기울이지 않고, 오직 예수 그리스도에 대해 진실되게 말하는 이의 목소리에만 귀를 기울입니다"(Ign. *Eph.* 6.2; Ehrman 2003). 같은 서신에서 이그나티우스는 또한 다음과 같이 말한다. "저는 어떤 사람들이 악한 가르침을 가지고 그곳을 지나갔다는 이야기를 들었습니다. 하지만 여러분은 그들이 여러분에게 어떠한 씨앗도 뿌리지 못하게 막았고, 그들이 뿌린 것을 결코 받아들이지 않으려고 귀를 막았습니다"(Ign. *Eph.* 9.1; Ehrman 2003). 따라서 그리스도가 칭찬하신 에베소 교회의 "수고"는 그들의 정통주의, 즉 진리를 수호하기 위한 열정적이고 끈질긴 노력을 가리킨다고 할 수 있다.

이처럼 칭찬 단락은 핵심 단어, "수고"에 살을 덧붙인 후 또 다른 핵심 단어인 "인내"를 설명한다. "또 네가 인내하고 내 이름을 위하여 견디고 약해지지 않았다는 것을 안다"(2:3). "인내"(휘포모네[*hypomonē*])라는 단어는 요한계시록 안에서 6회(1:9; 2:2, 19; 3:10; 13:10; 14:12; 동사 형태는 나오지 않는다) 등장하는데, 기본적으로 "어려움에 직면했을 때 견디고 버티는 역량"을 뜻한다. 이 단어는 "참을성, 끈기, 꿋꿋함, 견고함, 인내" 등으로 다양하게 번역될 수 있다 (BDAG 1039). 2:2이 일반적인 차원의 용어, "수고"의 구체적인 의미를 바로 뒤에서 밝힌 것처럼, 2:3도 일반적인 차원의 용어, "인내"의 의미를 바로 뒤에서("네가 … 내 이름을 위하여 견디고") 더욱 분명하게 밝힌다. 동사 "견디다"는 2:2에서부터 반복되어 나오고 있다. 2:2에서는 이 동사의 목적어가 "악한 자들"이었지만, 2:3에서는 목적어가 따로 명시되어 있지 않다. 하지만 같은 단어를 목적어로 두고 있다고 추정해 볼 수 있다. "네가 … 내 이름을 위하여 악한 자들을 견디고." 따라서 에베소 성도들이 칭찬받은 "인내"는 (폭넓은 의미에서) 모든 종류의 고난(NIV)을 가리키는 것이 아니라, (구체적인 의미에서) 스스로를 권위 있는 사도라고 주장하는 방문 선교사들이나 순회 설교자들의 위험성을 가리키는 표현이다. 2:3의 마지막 절(clause)—"(네가)약해지지 않았다"의 경우 완료 시제(perfect tense)로 강조되어 있는데, 이는 다음과 같이 설명될 수 있다. "에베소 성도들이 직면한 거짓 교사들의 문제는 일시적인 위기가 아니라 복음에 대한 그들의 견고한 충성심에 주어진 심각한 시험이었다. 하지만 에베소 교회는 교리적인 순수성을 유지하는 데 탁월한 교회였다"(Ladd 1972: 39).

추가 칭찬(2:6)

> 그러나 네게 이것이 있다. 곧 네가 니골라 당의 행위를 미워하는 것이다. 그것
> 은 나도 역시 미워한다(2:6)

문학적 구조, 문법, 문맥 등 모든 요소들을 종합해 볼 때, 칭찬은 2:3에서 마무리된다고 볼 수 있다. 이에 대한 문학적인 근거는 핵심 단어, "수고"와 동일한 어근에서 유래한 단어들로 형성된 인클루지오(inclusio)에서 확인할 수 있다. 단어 "수고"의 명사 형태(코포스[kopos])는 2:2-3의 칭찬 단락을 여는 기능을 하고(2:2), 동사 형태(케코피아케스[kekopiakes], "약해지지 않았다")는 그 단락을 닫는 기능을 한다(2:3). 그리고 앞서 언급한 바와 같이 칭찬 단락은 또 다른 핵심 단어(명사 "인내"와 동사 "견디다")를 반복하여 어휘적인 일관성을 더하고 있다. 따라서 에베소 설교에서 새 단락은 2:4에서 시작된다고 볼 수 있다. 이 새로운 단락은 강렬한 역접 접속사, "그러나"(알라)를 활용하여 문법적인 표시를 보이며, 칭찬에서 책망으로 문맥을 전환한다("그러나 내가 너를 책망할 것이 있다"). 칭찬 단락의 범위가 이처럼 분명하게 표시되어 있기 때문에, 이후 2:6에서 에베소 교회에 대한 칭찬이 다시 등장한다는 사실이 다소 놀랍다. "그러나 네게 이것이 있다. 곧 네가 니골라 당의 행위를 미워하는 것이다. 그것은 나도 역시 미워한다"(2:6). 칭찬의 재개는 그리스도의 칭찬(표현)으로 드러날 뿐 아니라 또한 핵심적인 연결 단어, "행위"로도 표시되고 있다. 그리스도께서 잘 알며 ("내가 … 안다") 또한 2:2-3에서 칭찬의 근거가 된 "행위"에는, 니골라 당의 "행위"를 미워하는 것까지 포함되어 있다.

2:6에 추가된 칭찬은 에베소 교회가 정통성을 지키는 데 얼마나 몰두해 있었는지 그 깊이를 보여준다. 앞서 거짓을 따르는 자들에 대한 에베소 교회의 반응을 설명하는 부분과 비교해 볼 때, 진리에 대한 그들의 열정은 여기서 사용된 동사들의 강렬한 어조를 통해 더욱 분명하게 드러난다. 에베소 성도들은 악한 자들을 "견딜 수" 없기 때문에 자칭 사도라고 주장하는 자들을 능동적으로 "시험"했을 뿐만 아니라, 니골라 당의 행위를 적극적으로 미워하기까지 했다. 오스본이 언급한 바와 같이, 2:6의 언어는 "2:2-3의 언어보다 훨씬 더 강력하다. 2:2-3에서는 거짓 교사들이 '거짓'임을 밝혀내는 수준이었지만, 여기서는 니골라 당의 '행위'를 '미워한다'"(Osborne 2002: 119).

오늘날과 같은 다원주의, 상대주의 사회에서 이러한 반응은 자칫 비관용적인 태도로 보일 수도 있다. 또한 에베소 교회가 (니골라 당을) 미워하는 태도를 두고 이루어진 그리스도의 칭찬은, 2:4에 언급된 "[너는] 네가 처음에 가졌던 사랑을 버렸다"(2:4)라는 책망과 얼핏 모순되는 것처럼 보일 수도 있다. 그러나 그리스도께서 칭찬하시는 것은 니골라 당이 아닌, 니골라 당의 "행위"에 대한 에베소 성도들의 미움이다. 마치 이 설교가 "죄는 미워하되" "죄인은 사랑하라"는 구분—어떤 이들은 이를 두고 불합리하다고 비판하기도 하고, 또 어떤 이들은 이런 말만 번지르르하게 하면서 실천하지도 않는 것을 안다—을 지지하는 것처럼 보이기도 한다. 결국, 그리스도는 니골라 당의 행위를 미워하는 에베소 성도들을 칭찬하심과 동시에 에베소 성도들이 미워하는 것을 미워하시는 것이다. 신약성경의 그 어떠한 본문도 예수 그리스도께서 강조하신 이웃 사랑을, 그리스도께서 사람들이 저지르는 죄악된 행동을 미워하시는 것과 충돌시키지 않는다. 하나님은 그분의 아들을 향해 이렇게 말씀하신다. "주께서 의를 사랑하시고 불법을 미워하셨으니"(히 1:9). 제자들에게 원수를 미워하지 말고 "사랑하라"고 명령하신 예수 그리스도는(마 5:43-44) 훗날 다시 돌아와 사람들의 죄를 벌하실 "보복자"로 묘사되기도 한다(살전 4:6). 이처럼 예수 그리스도를 따르는 자들이 이웃을 사랑함과 동시에 죄악된 행위를 미워할 수 있는 길은 충분히 열려있다. 그렇기에 그리스도는 에베소 교회가 니골라 당의 행위를 미워함으로써 그들의 정통주의를 증명했음을 재차 칭찬하시는 것이다.

그런데 여기서 언급된 니골라 당은 과연 누구일까? 그리고 어떠한 행위 때문에 에베소 교회는 그들을 미워하게 되었을까? 니골라 당은 성경 전체에서 단 두 차례, 그것도 모두 요한계시록 2장에만 등장한다. 2:6에 언급된 "니골라 당의 행위"는 다소 난해한 표현이다. 물론 버가모 설교에 언급된 "니골라 당의 가르침"(2:15) 역시 난해하긴 마찬가지다. 2:6은 니골라 당의 정체에 대해 어떠한 단서도 제공하지 않지만, 2:14-15의 경우 니골라 당을 발람의 행위, 즉 이스라엘로 하여금 우상에게 바쳐진 제물을 먹게 하고(우상숭배) 음행을 저지르게 만든 일과 연결시키고 있다. 이후 두아디라 설교에서는 구약 성경에서 악명 높은 또 다른 인물, 이세벨이 언급되는데, 그녀는 발람과 마찬가지로 이스라엘로 하여금 2가지 죄를 짓게 만들었다(2:20-23; 2가지 죄의 순서가 바뀌어 있다). 따라서 두아디라 설교의 본문 또한 니골라 당의 정체를 이해하는 데 잠정적으로 도움이 된다.

요한계시록 안에서 니골라 당이 두 차례 언급된 이후에, 가장 먼저 니골라 당을 재언급한 사람이 바로 이레나이우스(Irenaeus)다. 그는 니골라 당이 사도행전 6:5에 나오는 일곱 "집사들" 가운데 한 사람인 "니골라"의 추종자들이며, 그 추종자들이 사람들의 삶을 "무제한적 방종"으로 이끌었다고 말한다(*Against Heresies* 1.26.3). 이레나이우스는 그 추종자들의 자유분방한 생활방식을 설명하는 가운데 요한계시록 2:14에서 언급된 2가지 죄를 인용한다. 이는 곧 이레나이우스에게 버가모 설교에서 주어진 정보 외에는 니골라 당에 관한 정보가 없었음을 뜻한다. 이후 다른 교부들 역시 니골라 당에 관해 언급하지만(Hilgenfeld 1963: 408-11 참고), 대개의 경우 "전설과 상상력의 과도한 혼합물"(Aune 1997: 149)을 담고 있어 소아시아 교회들 내 존재했던 니골라 당 그룹의 정체를 밝히는 데 큰 도움이 되지 않는다.

이레나이우스는 요한복음이 케린투스(Cerinthus)와 그의 잘못된 영지주의적 우주관을 반박하기 위해 작성되었다고 주장하는 가운데, 그러한 잘못이 "니골라 당이라고 불리는 자들에 의해 오래전부터 저질러졌으며, 그들이 바로 거짓된 '지식'의 시초이다"(*Against Heresies* 3.11.1, *ANF* 1:426)라고 말한다. "거짓된 '지식'"은 디모데전서 6:20을 암시한다. 그 지식은 본래 에베소에 퍼졌던 잘못된 가르침을 가리키며, 바울도 그것에 대해 디모데에게 경고한 바 있다. 앞서 언급한 것처럼 이레나이우스의 경우 그 지식(그노시스[*gnōsis*]) 혹은 거짓된 지식을 니골라 당에서 비롯된 것으로 본다. 두아디라 설교에서 언급된 "그들이 말하는 '사탄의 깊은 것'"(2:24)이 이세벨의 가르침뿐 아니라 니골라 당의 가르침도 아우르는 영지주의적(Gnostic) 배경을 가리키는 표현일 수 있다. 현대 학자들은 이러한 점들을 들어 니골라 당을 영지주의자들로 규정한다(Harnack 1923; Schüssler Fiorenza 1973; Prigent 1977; Beasley-Murray 1978: 74).

영지주의—좀 더 정확히 표현하자면 요한1, 2서와 목회서신이 반대한 원(proto)영지주의 사상에 가깝다—가 니골라 당의 특징일 수 있다고 말하더라도, 사실상 그 그룹의 가르침에 대한 확실한 정보는 거의 없다는 것을 인정해야 한다(Hemer 1986: 93-04; Aune 1997: 148-49에서 제기한 문제를 보라). 사실 영지주의 신학은 우리가 확실하게 알고 있는 내용, 다시 말해 니골라 당의 행위를 설명하는 데 굳이 필요하지도 않다. 버가모 설교(2:14-15)는 두아디라 설교(2:20)와 마찬가지로 니골라 당이 예루살렘 공의회에서 명백히 금지한 2가지 행위, 즉 우상에게 바쳐진 음식을 먹는 것(우상숭배의 죄)과 음행(행 15:20, 29를 보라)을 (함께 저지르도록) 다른 사람들에게 권한다는 사실을 밝히고 있다. 그러한 행위를 정당화하려는 니골라 당의 사고방식은 동일한 잘못을 저지른 고린도 성도들의 사고방식과 연결될 수 있다. 일부 고린도 성도들의 주장에 따르면 세상에는 오직 하나님 한 분만 계시며, 다른 모든 신들은 실제로 존재하지 않는다. 그리고 이와 같은 진리에 대한 지식을 가진 자들은 처벌을 면제받기 때문에 제의에 사용된 음식을 먹을 권리가 있다는 것이다(고전 8:1-11:1, 특히 8:4-6). 마운스는 니골라 당에 관해서 이렇게 언급한다(Mounce 1977: 89). "큰 틀에서 말하자면, 니골라 당은 그들이 살아가던 이교 사회에서 일종의 타협을 이루어 낸 것이다."

니골라 당의 명확한 정체에 관한 논쟁 중에 놓치지 말아야 할 사실은 에베소 교회가 그들의 행위를 미워했으며, 바로 그 미움 때문에 예수 그리스도로부터 칭찬을 받았다는 사실이다. 버가모 교회에 존재하던 "니골라 당의 가르침을 따르는 자들"(2:15), 그리고 두아디라 교회 안에 "여자 이세벨을 용납"(2:20)하고 니골라 당과 같은 행위를 용납한 자들과는 완전히 대조적으로, 에베소 교회의 경우 이단적인 그룹의 행위를 적극적으로 거부했다. 그들은 열정적으로 정통주의를 추구하고 있음을 증명해냈다.

책망(2:4)

> 그러나 내가 너를 책망할 것이 있다. 너는 네가 처음에 가졌던 사랑을 버렸다
> (2:4)

각 설교는 먼저 교회가 잘하고 있는 일에 대해 칭찬하고, 그다음 잘못하고 있는 일에 대해 책망한다. 칭찬에서 책망으로 전환될 때는 관용적인 표현, "그러나 내가 너를 책망할 것이 있다"(알라 에코 카타 수[alla echō kata sou])가 사용된다. 이 책망 정형 문구(formula)는 첫 번째(에베소), 세 번째(버가모), 네 번째 설교(두아디라)에 나오고(2:4, 14, 20), 다섯 번째(사데), 일곱 번째 설교(라오디게아)

에는 생략되어 있다. 사데와 라오디게아 설교에 생략된 이유는 두 설교에는 책망과 대조되는 칭찬조차 없기 때문이다. 그리스도는 두 교회를 향해서 곧바로 불만을 쏟아 내고 있다. 한편, 두 번째 설교(서머나)와 여섯 번째 설교(빌라델비아)에도 책망 정형 문구가 없는데, 이는 두 교회를 향해 비판할 거리가 없었기 때문이다.

에베소 교회를 향한 긴 칭찬에 이어 간결하지만 정곡을 찌르는 책망이 나온다. "그러나 내가 너를 책망할 것이 있다. 너는 네가 처음에 가졌던 사랑을 버렸다"(2:4). 이 구절을 둘러싼 주석상의 핵심은 버려진 사랑의 대상이 무엇인지에 관한 것이다. 에베소 교회는 하나님 혹은/그리고 그리스도를 향한 사랑을 버렸는가, 아니면 동료 그리스도인들을 향한 사랑을 버렸는가?

일부 주석가들, 특히 이전 세대 주석가들은 주로 전자의 입장을 취한다. 예를 들어, 타이트는 다음과 같이 주장한다(Tait 1884: 147). "지금 에베소 교회를 대표하는 천사는 에베소 교회가 초창기에 하나님께 어떻게 헌신했는지 다시 한번 상기하고 있다." 월부드는 에베소 공동체에 관해 유사 결론을 내린다(Walvoord 1966: 55). "그들이 하나님을 향한 사랑에서 완전히 떠나버린 것은 아니지만, 그들의 사랑에는 더 이상 과거에 가졌던 열정이나 깊이, 의미가 존재하지 않았다." 이러한 견해를 지지하는 학자들은 에베소 교회가 세워진 지 수년이 지났으며, 최초의 회심자들이 가졌던 열정을 이후 세대가 지니지 못했다는 사실을 지적한다. 헨드릭슨은 역사적인 정황을 다음과 같이 설명한다(Hendriksen 1940: 61).

그리스도가 이 서신을 구술했을 당시, 에베소 교회는 설립된 지 40년 이상 되었을 것이다. 이제 새로운 세대가 일어난 것이다. 어린 자녀들은 부모가 처음으로 복음을 접하게 되었을 때 가졌던 열정이나 자발성 같은 강렬한 감격을 경험해보지 못했다. 그뿐만 아니라 그들은 그리스도에게 부모 세대처럼 헌신하지 않았다. 이러한 상황이 과거 이스라엘 안에서 여호수아와 장로들의 시대가 지나고 난 뒤 발생한 적이 있다(삿 2:7, 10, 11). 결국 교회는 처음 사랑에서 떠나 버린 것이다.

토마스(Thomas 1992: 141)와 키스트메이커(Kistemaker 2001: 115) 역시 동일한 결론에 이른다.

어떤 학자들은 "처음" 사랑에 대한 언급이 "가장 큰 첫 계명", 즉 "네 마음을 다하고 목숨을 다하고 뜻을 다하여 주 너의 하나님을 사랑하라"(마 22:37-38, 개역개정)는 구절을 연상시킨다고 주장하기도 한다(Brighton 1999: 68n13).

이렇듯 전자의 입장("처음에 가졌던 사랑"은 하나님 혹은/그리고 그리스도를 향한 사랑을 가리킨다고 보는 입장)에 대한 가능성도 여전히 열려있긴 하지만, 그럼에도 후자의 입장(타인을 향한 사랑을 가리킨다고 보는 입장)을 지지하는 근거들이 보다 설득력이 있기 때문에, 우리는 에베소 공동체에게 일어난 문제가 동료 성도들을 향한 사랑의 상실이었다는 결론에 이르게 된다. 그 근거들을 보자.

첫째, 그리스도가 에베소 교회를 지나치다 싶을 만큼 크게 칭찬하셨다는 점이다(2:2-3, 6). 만약 에베소 교회가 하나님 혹은/그리고 그리스도에 대한 사랑을 잃었다면, 그리스도가 그토록 따뜻하게 에베소 교회를 칭찬하셨을 것 같지 않다. 또한 만약 에베소 교회가 하나님 혹은/그리고 그리스도를 향한 이전의 헌신을 저버렸다면, 교회가 악한 자들에 대해 그토록 격렬하게 부정적인 태도—거짓 사도들을 용납하지 않으며, 니골라 당의 행위를 미워한 것—를 갖지도 않았을 것이다. 하나님 혹은/그리고 그리스도를 향한 사랑이 식어버린 사람들은 대개 악에 대하여 좀 더 관대하거나 무심한 경향이 있기 때문이다.

둘째, 2:5a에 나오는 교정 단락의 내용은 하나님 혹은/그리고 그리스도를 향한 사랑의 상실(에 대한 처방)보다는, 이웃 사랑의 상실에 대한 처방으로 보는 것이 더 적절하다. 교정 단락에서 첫 번째와 두 번째 명령인 "기억하라"와 "회개하라"는 두 입장 모두에 적합하긴 하지만, 세 번째 명령, "네가 처음에 했던 행위를 하라"의 경우, 동료 성도들을 사랑하지 못한 것에 대한 반응으로 보인다. 하나님 혹은/그리고 그리스도를 사랑하지 못한 것이 문제였다면 교정 단락의 명령은 "하나님을 믿으라!" 혹은 "내게로 돌아오라!" 등이 되어야 했을 것이다. 또한 앞서 2:2에 나온 명사 "행위들"이 에베소 성도들의 (하나님이 아닌) 다른 사람들에 대한 행동을 가리킨다면, "네가 처음에 했던 행위를 하라"는 명령 또한 그 대상이 동일할 가능성이 높다.

셋째, 이웃 사랑은 요한문헌에서 강조되는 주제이다. 마태복음, 마가복음, 누가복음에는 나오지 않지만 유독 요한복음에서만 예수께서 다음과 같이 말씀하셨다. "새 계명을 너희에게 주노니 서로 사랑하라. 내가 너희를 사랑한 것 같이 너희도 서로 사랑하라. 너희가 서로 사랑하면 이로써 모든 사람이 너희가 내 제자인 줄 알리라"(요 13:34-35). 또한 요한1서는 독자들에게 동료 성도들에 대한 사랑을 보일 것을 강한 어조로 반복해서 촉구한다. "누구든지 하나님을 사랑하노라 하고 그 형제를 미워하면 이는 거짓말하는 자니 보는 바 그 형제를 사랑하지 아니하는 자는 보지 못하는 바 하나님을 사랑할 수 없느니라. 우리가 이 계명을 주께 받았나니 하나님을 사랑하는 자는 또한 그 형제를 사랑할지니라"(요일 4:20-21; 또한 2:9-11; 3:11-14; 4:16을 보라). 요한2서는 짧은 길이에도 불구하고 그와 같은 주제를 강력하게 선포한다. "부녀여, 내가 이제 네게 구하노니 서로 사랑하자. 이는 새 계명 같이 네게 쓰는 것이 아니요 처음부터 우리가 가진 것이라"(요이 5). 마찬가지로 짧은 서신인 요한3서에는 수신자인 가이오를 향해, 그가 신실한 순회 설교자들을 넘치는 사랑으로 환대한 것에 대해 칭찬하고 있다. "사랑하는 자여, 네가 무엇이든지 형제 곧 나그네 된 자들에게 행하는 것은 신실한 일이니 그들이 교회 앞에서 너의 사랑을 증언하였느니라"(요삼 5-6a).

넷째, 형용사 "처음"(first)은 시간("이전, 최초에," BDAG 892.1)을 의미할 수도 있고, 혹은 순위("맨 처음 위치한, 가장 중요한," BDAG 893.2)를 의미할 수도 있다. 그렇다면 (그리스어 본문의 문자적 해석인) "네 처음 사랑"은 2가지 의미일 수 있다. (1) 에베소 성도들이 과거에 가졌던 사랑("네가 처음에 가졌던 사랑") 또는 (2) 가장 중요한 사랑, 말하자면 하나님이나 예수 그리스도를 향한 에베소 성도들의 사랑이다. 바로 다음 절인 2:5에 나오는 형용사 "처음"(2:5a, "네가 처음에 했던 행위를 하라.")의 경우, 순위("가장 중요한 일을 하라")가 아닌 시간 순서("네가 처음에 한 일을 하라"; 사실상 모든 번역이 이를 따른다)를 의미하는 것이 거의 확실하다. 또한 2:4("처음 사랑")과 2:5("처음 행위") 간의 긴밀한 연관 관계(두 표현이 대구를 이룸)는 두 구절에서 형용사 "처음"이 시간을 의미함을 강력하게 지지한다.

다섯째, 가장 중요한 근거는 칭찬의 구체적인 내용—단순히 길이가 길거나 따뜻한 어조로 이루어졌기 때문이 아니라—이 후자의 입장을 지지한다는 사실이다. 앞서 살펴본 바와 같이, 칭찬 단락은 진리에 대한 에베소 교회의 열정을 보여 준다. 정통주의에 대한 헌신이 그리스도로부터 칭찬을 이끌어낸 에베소 교회의 미덕이었지만, 동시에 그 헌신은 공동체에게 악덕으로 작용하기도 했다. 이처럼 사람에게 발생하는 일은 교회에서도 발생한다. 그들의 최대 강점이 역설적으로 최대 약점이 되고 만 것이다. 에베소 교회는 악한 자들을 견딜 수 없(었)고 거짓 사도들을 밝혀내며, 니골라 당의 죄악된 행위를 거부하는 것에 지나치게 집착한 나머지, 다른 성도들 간의 관계에 있어서 의심과 불신의 분위기가 팽배했다. 더 이상 과거와 같이 서로 아끼고 배려하는 공동체가 될 수 없었다. 요컨대, 그들은 **사랑 없는 정통주의** 교회가 되어버린 것이다. 케어드는 그들의 상황을 이렇게 설명한다(Caird 1966: 31).

> 에베소 성도들에게 제기된 한 가지 문제는, 사도라고 사칭하는 것을 용납하지 못함, 지칠 줄 모르는 충성심, 이단에 대한 증오로 인해 서로 불신하는 풍조를

낳았다는 것이다. 결국 그들은 사랑을 위한 자리를 모두 잃어버렸다. 에베소 성도들은 신앙의 수호자로 출발했고, 스스로를 진리와 용기라는 영웅적 미덕으로 무장했으나, 결국 전투에서 패배하였고 다른 모든 것을 무익하게 만드는 상실 한 가지가 무엇인지 깨닫게 되었다.

래드는 에베소 교회의 문제를 다음과 같이 설명한다(Ladd 1972: 39).

> 주님은 서로 사랑하는 것이 그리스도인들의 교제의 보증이라고 가르치셨다(요 13:35). 초창기에 에베소 교회의 회심자들은 그러한 사랑이 무엇인지 알았다. 그러나 거짓 교사들과의 분투, 이단적 가르침에 대한 증오로 인해 서로에 대해 조차 나쁜 감정과 거친 태도를 보였고, 그것이 점차 자라나 결국 그리스도인들의 궁극적인 미덕인 사랑을 저버리기까지 했다. 교리적인 순수성에 대한 열정과 충성은 결코 사랑을 대체할 수 없다.

물론 동료 성도들을 향한 사랑이 하나님을 향한 사랑과 완전히 분리될 수는 없다. 사랑의 수직적 차원과 수평적 차원 사이에 긴밀한 관계는 그 유명한 율법의 요약문(마 22:37-39; 막 12:29-31; 눅 10:27), 그리고 요한1서 4:20-21 등과 같은 본문들에 명시되어 있다. 이러한 이유로 일부 주석가들은 에베소 교회를 향한 그리스도의 책망 안에 이 2가지 차원의 사랑 모두가 의도되어 있다고 주장한다. 예를 들어, 마이클스는 2:4이 "하나님을 향한 그들의 사랑과 서로를 향한 관대함"을 가리키며, "성경의 다른 모든 곳에서와 마찬가지로 이 본문에서도 하나님을 향한 사랑과 서로를 향한 사랑은 분리될 수 없다"고 주장한다(Michaels 1997: 71). 다른 주석가들 역시 사랑의 두 차원 모두를 강조하긴 하지만, 이 본문의 맥락에서는 이웃에 대한 사랑이 주된 관심사임을 올바로 인식하고 있다. 마운스는 다음과 같이 말한다(Mounce 1977: 69-70).

에베소 교회는 처음 사랑을 버렸다. 크게 보면 사랑이라는 표현에는 하나님에 대한 사랑과 인간에 대한 사랑 모두가 포함되어 있다. 하지만 이 본문에서는 주로 에베소 교회의 회심자들이 서로를 향해 가졌던 사랑을 의미하는 것으로 보인다(요이 1:5과 같이) … 다른 성도들을 향한 사랑은 그리스도 제자도의 독특한 표지와 같다. 하지만 에베소 교회가 이단을 증오하고 그들이 가진 신앙에 걸맞는 행위들을 광범위하게 확장한 것은, 하나님을 향한 그리고 서로를 향한 처음 사랑의 불꽃이 사그라들게 만들었다.

예수는 자신을 따르는 이들에게 2가지 위험이 닥쳐올 시대에 대해 경고하신 바 있다. "거짓 선지자가 많이 일어나 많은 사람을 미혹하겠으며", "많은 사람의 사랑이 식어지리라"(마 24:11-12, 개역개정). 에베소 교회는 첫 번째 위험을 신실하게 대응함으로 칭찬을 받았지만, 두 번째 위험에 대해서는 걸려 넘어짐으로 책망을 받게 되었다(Michaels 1997: 71). 교회 사역 전반에 있어 정통성은 중요하지만, 그렇다고 다른 이들을 사랑하는 일을 놓쳐서는 안 된다.

교정(2:5a)

그러므로 네가 어디서 떨어졌는지를 기억하라, 회개하라, 네가 처음에 했던 행위를 하라(2:5a)

그리스도는 그저 에베소 교회를 책망하고 그들을 죄 가운데 내버려 둔 채 그들 스스로 죄악된 상황을 고치라고 명하시지 않는다. 자비로우신 그리스도는 근본적인 문제에 대한 해결책을 제시하신다. "그러므로 네가 어디서 떨어졌는지를 기억하라, 회개하라, 네가 처음에 했던 행위를 하라"(2:5a).

교정과 책망 단락은 추론을 나타내는 불변화사 "그러므로"(운[oun])로 긴밀하게 연결되어 있다. "기억하라", "회개하라", "(행위를)하라"는 3가지 명령 모두 에베소 교회의 성도들이 과거에는 서로 사랑했으나 지금은 더 이상 사랑하지 못하는 문제와 논리적으로 연결되어 있다. 이 3단계 회복 프로그램의 첫 번째 명령은 "기억하라"이다. 과거를 기억하는 일은 도덕적인 변화를 일으키는 강력한 동인이 될 수 있다. 집을 떠난 한 탕자가 심하게 굶주린 나머지 자신이 먹이던 돼지의 음식이라도 먹고 싶어질 정도가 되었다. 그러자 집에서 풍요로움을 누리던 지난날을 떠올리게 되었고, 그때 비로소 "스스로 돌이켜" 잘못을 뉘우치며 아버지의 용서를 구할 마음을 먹고 집으로 돌아가게 되었다(눅 15:17-18). 바울은 할례 문제를 놓고 민족 간에 심각하게 분열된 에베소 교회를 연합시켜야 한다는 험난한 과제를 해결하는 과정에서, 이방인 독자들에게 그들의 이전 지위를 기억하라고 말한다. "그러므로 기억하라 … 그때에 너희는 그리스도 밖에 있었고 이스라엘 나라 밖의 사람이라. 약속의 언약들에 대하여는 외인이요, 세상에서 소망이 없고 하나님도 없는 자이더니"(엡 2:11-12,). 40여 년 후 에베소 교회는 다시금 그 과거를 "기억하라"는 명령을 듣게 된다. 이번에는 그리스도께서 직접 그 명령을 내리신다. 그리스도는 한때 공동체가 보였던 견고한 사랑의 행위—자비, 긍휼히 여김, 공감 —를 다시 되새길 것을 촉구하신다.

"기억하라"는 명령에 이어 나오는 의문 부사절의 경우 대부분의 번역본에는 "네가 얼마나 멀리(how far) 떨어졌는지"로 번역되어 있다. 이는 에베소 교회의 현 상태와 과거에 보여주었던 사랑 사이에 얼마나 큰 격차가 벌어졌는지를 보여 준다. 일부 주석가들은 이 격차를 다소 과장하여 시적으로 표현하기도 한다. "순전한 사랑은 절벽 위에 그대로 자리하고 있고, 그들[에베소 교회]은 저 아래 계곡 깊은 곳으로 떨어져 버렸다"(Thomas 1992: 142; 또한 Robertson 1933: 6.299을 보라). 그러나 에베소 교회가 서로 사랑하는 모습에 있어 과거와 현재가 심각한 차이가 보이는 것은 사실이지만, 그럼에도 이 의문 부사절의 의미는 "네가 어디서(from where) 떨어졌는지"이다(BDAG 838.1). 여기에 나오는 (사용 빈도가 매우 적은) 완료 시제(perfect tense)는 교회의 현 상태를 강조한다. 즉, 과거에 이루어진 사랑의 행위는 중단되었고, 그 중단된 상태가 현재까지 지속되고 있다는 것이다.

두 번째 명령은 "회개하라"이다. 이 그리스어 동사(메타노에오[metanoeō])는 두 부분으로 이루어져 있으며, 문자적인 의미는 "마음을 바꾸다"이다. 구어체 용법으로 보면, 정신적으로 돌아선다(U-turn)는 의미를 갖고 있다. 즉, "과거의 사고방식이 잘못되었으니 새로운 관점이 필요하다는 사실을 깨닫는다"는 의미이다. 에베소 교회에 있어 회개의 의미는 진리를 향한 열정이 아무리 칭찬받을 만하다고 할지라도 결코 이웃을 사랑하는 열정을 희생시켜서는 안 된다는 사실을 깨닫는 것이다. 인간이라면 누구나 자신의 실수를 인정하기 싫어하는 본성을 갖고 있지만, 그렇다고 해서 회개의 중요성이 간과되어서는 안 될 것이다. 사고방식의 변화는 필연적으로 행동의 변화를 가져온다. 에베소 성도들은 과거 그들의 사고방식이 잘못되었고 따라서 변화가 필요하다는 사실을 깨닫기 전까지, 사랑의 실천을 행동으로 옮기지 못할 것이다. 변화를 위해서 반드시 회개가 필요하다는 사실은, (문제가 있거나 건강하지 못하다고) 책망받은 다섯 교회 모두 "회개하라"는 명령을 받았다는 사실을 통해서도 잘 드러난다. 여기서 말하는 다섯 교회는 곧 에베소(2:5[2회]), 버가모(2:16), 두아디라(2:21[2회]), 사데(3:3), 라오디게아(3:19) 교회이다. 각 교회를 향한 구체적인 책망의 내용은 다르지만, 이를 교정하기 위한 권고의 내용은 동일하다. "회개하라!"

에베소 성도들이 사고방식의 변화를 이룬다면 자연스럽게 행위의 변화도 나타나게 되어 있다. 따라서 세 번째 명령이 "네가 처음에 했던 행위를 하라!"인 것은 놀랍지 않다. 3단계 회복 프로그램의 절정은 "믿으라"(혹은 다른 관계적 동사)가 아닌, "행하라"라는 권고이다. 이러한 사실은 그리스도께서 에베소 성도들에게 하나님 혹은/그리고 그리스도에 대한 사랑이 부족하다고 지적하시는 것이 아니라, 그들의 이웃 사랑이 부족함을 책망하시는 것이라는 결론을 뒷받침한다(그럼에도 이러한 사랑의 두 측면은 지나치게 예리하게 구분되어서는 안 될 것이다). 그리스어 본문은 에베소 교회가 행해야 할 "처음에 했던 행위"를 강조하기 위해 직접 목적어를 문장 첫머리에 두었다. 에베소 성도들은 그들의 행위에 사랑을 불어넣어야 한다. 본래 그들의 공동체 생활과 교제 가운데 흘렀던 긍휼과 자비를 다시 보여야 한다.

결과(2:5b, 7b)

모든 설교는 그리스도께서 각 교회들이 (그들의 행위로 인해) 맞이하게 될 2가지 잠재적인 결과를 말씀하시며 마무리된다. 하나는 부정적인 결과로서, 교회가 그리스도의 교정 권고를 따르지 않을 경우 받게 될 처벌을 이야기한다. 또 하나는 긍정적인 결과로서, 교회가 회개하고 그리스도의 도움으로 구체적인 죄를 이겨낼 때 받게 될 상을 이야기한다.

부정적인 결과(2:5b)

그러나 만약 그러지 않는다면, 내가 네게 갈 것이다. 그리고 네 촛대를 그 자리에서 옮길 것이다. 만약 네가 회개하지 않는다면(2:5b)

부정적인 결과는 2개의 조건절(만약 - 그러면)로 제시되며, 두 절(clauses) 중에서 두 번째 절은 역순으로 배치되어 교차대구(chiasm)를 이룬다.

A 그러나 만약 그러지 않는다면, (프로타시스)

　　B 내가 네게 갈 것이다 (아포도시스)

　　B' 그리고 네 촛대를 그 자리에서 옮길 것이다 (아포도시스)

A' 만약 네가 회개하지 않는다면 (프로타시스)

이 문학적인 패턴을 자세히 살펴보면 교차대구를 통해, 도입 정형 문구 (formula)—"그러나 만약 그러지 않는다면"—에서 생략된 동사가 무엇인지, 또 어떠한 동사를 암시하고 있는지에 대해 답을 얻을 수 있다. 이 문구는 고전 그리스어와 신약성경의 그리스어 모두에서 흔하게 나타나며, 또한 직전에 언급된 내용의 대안적 가능성을 제시하는 역할을 하기 때문에(BDF 376; BDAG 278.6, s.v. *ei*), 잠정적으로 앞서 주어진 3가지 명령(기억하라, 회개하라, 행하라) 모두를 가리킬 수 있다. 그런데 이 교차대구에서 대구절인 A'를 보면 도입절 A가 암시하는 동사가, 3가지 (명령)동사 가운데 두 번째인 "회개하라"임을 알 수 있다. 버가모 설교는 이러한 해석을 확증해 준다. 버가모 설교의 교정 단락에서도 "그러므로 회개하라!" 바로 다음에, 이와 동일하게 동사가 생략된 도입 정형 문구, "만약 그러지 않는다면"이 나오기 때문이다(2:16). 2:5a과 2:5b의 교정과 결과 내용 모두에서 회개가 (두 차례)언급된 것—만약 생략된 동사까지 포함하면 세 차례 언급한 셈이다—은, 죄악된 행위를 교정하기 위해서는 회개가 필수불가결하다는 우리의 결론에 더욱 힘을 실어준다.

　　부정적인 결과와 관련해서는 2가지 핵심적인 질문이 있다. 첫째, 에베소 교회에게 위협이 되는 심판의 본질은 무엇인가? 둘째, 그 심판의 시기는 언제인가?

위협적인 심판의 본질

첫째 질문은 그리스도의 경고("네 촛대를 그 자리에서 옮길 것이다")가 파괴를 뜻하는지, 증언의 상실을 뜻하는지, 아니면 에베소 교회를 옮긴다는 뜻인지에 관한 것이다. 요한계시록 1장은 일곱 촛대가 일곱 교회를 의미한다고 말한다(1:20). 이로 인해 주석가들 대부분은 촛대를 옮긴다는 표현을 에베소 교회가 **파괴된다는** 의미로 이해한다. 비슬리-머리는 다음과 같이 말한다(Beasley-Murray 1978: 75). "이 말씀의 차가운 어조는 극에 달했다 … 이는 곧 그리스도의 교회가 그 존재의 종말을 맞이하게 됨을 뜻한다." 오운도 이와 비슷한 언급을 한다(Aune 1997: 147). "이것은 그리스도인들의 공동체인 에베소 교회를 없애버리겠다는 위협과도 같다."

요한계시록의 중반부를 살펴보면, 두 증인이 1,260일 동안 "두 촛대"로서 예언할 것이라는 서술이 나온다(11:4). 증언과 관련된 등불 비유(막 4:21; 눅 8:16)와 함께 이 서술을 근거로, 일부 주석가들은 에베소 교회가 맞게 될 부정적인 결과는 곧 열방을 향한 **증언의 상실**이라고 주장한다(Beale, Campbell 2015: 56; A. Johnson 1981: 434-35; Thomas 1992: 146-47 참조). 에베소 교회가 파괴되면 당연히 그들의 증언 또한 사라지게 된다. 하지만 에베소 교회의 선교적 과업은 근접 문맥 그 어디에서도 발견되지 않는다.

대안적으로 동사 키네오(*kineō*, 2:5)의 문자적 의미를 부각시키는 해석이 있다. 그 동사의 의미를 파괴가 아닌 **이동**으로 보는 것이다. 키네오 동사의 사전적인 의미는 "어떤 사물을 있던 장소에서 다른 장소로 옮기는 것, **이사하다, 옮기다**"(BDAG 545.1)이다. 이러한 해석을 옹호한 학자로는 100여 년 전 활동한 램지가 있다. 램지는 교회를 향한 심판 선언의 배경에는 에베소라는 도시와 그 도시의 주요 항구가 세 차례나 위치를 변경한 역사가 놓여 있다고 주장했다(Ramsay 1904: 169-71, 184-86; 1994: 176-78). 카이스터 강의 퇴적물은 해상 운송에 끊임없이 차질을 빚게 만들었고, 그로 인해 도시는 여러 차례 위치를 옮겨야 했다. 그리고 결국 도시는 버려지게 되었다. 램지는 이러한 위치 변경의 역사를 살펴본 후 다음과 같은 결론을 내렸다(Ramsay 1994: 178).

교회를 본래 장소에서 옮기겠다는 경고는 에베소 성도들에게 도시의 위치를 다시 옮기겠다는 경고로 이해될 수밖에 없었을 것이다. 그리고 바로 이것이 저자의 의도였을 것이다. 에베소 도시와 에베소 교회는 새로운 장소로 옮겨져야 한다. 그곳에서 더 나은 정신으로 새롭게 사역을 시작해야 한다.

또 다른 주석가들은 에베소가 여러 차례 위치를 변경한 것을 염두에 두면서도, 에베소 교회를 향한 경고를 좀 더 은유적인 표현으로 해석한다. 허머는 다음과 같이 주장한다(Hemer 1986: 53). "(교회가 직면한)위험은 위대한 항구 도시와 역동적인 교회가 [아르테미스] 신전의 치명적인 권세 아래로 되돌아 갈 수도 있다는 것이었다." 윌슨은 이렇게 강조한다(Wilson 2002: 262). "조금 덜 가혹한, 그리고 어쩌면 더 나은 독해는 그리스도께서 에베소 교회의 촛대를 옮기신다는 말씀을, 에베소 교회가 아시아 교회들 가운데 사도적 교회로서 갖고 있던 리더십 지위를 박탈하고 그 권위를 다른 교회로 옮기신다는 뜻으로 이해하는 것이다."

이와 같이 심판을 다소 완화하여 읽으면 현대인의 감수성에는 좀 더 설득력 있게 다가올 수 있지만, 주후 1세기 후반에 에베소에서 살아가던 시민들이 생각했던 도시 위치 변경의 의미를 다소 과장할 수밖에 없게 된다. 에베소가 마지막으로 크게 "이동"한 것은 (요한계시록의 시기를 기준으로) 약 400여 년 전이었다. 그 이동은 알렉산더 대왕의 장군 리시마코스(Lysimachus)가 도시를 피온(Pion)산 이쪽 편에서 다른 편으로 이동시킨 것이었다. 비록 이동 후 새 장소에서도 에베소 항구는 계속해서 퇴적물의 문제를 겪었고 준설 작업―결국에는 쓸모없게 된 작업―을 해야 했지만, 그럼에도 항구의 위치는 그리스 후기와 로마 시대 동안 변하지 않았다. 한편, 램지 스스로가 "이동"에 대한 해석의 근거를 약화시킨 면도 있다. 그는 "네 촛대를 그 자리에서 옮길 것이다"라는 경고가 에베소 성도들에게는 "자연스럽고 평이한" 일이었지만, "일곱 도시 가운데 다른 어떤 도시도 그 말씀이 그토록 선명하고 유의미한 표현임을 깨닫지 못했을 것이다"라고 말했다(Ramsay 1994: 178). 한편, 동사 키네오는 박멸 혹은 파괴를 가리킬 수도 있다. 요세푸스는 그 단어를 활용하여, 유대인들로 하여금 그들의 율법을 "옮기는" 것이 아니라 "없애버리라고" 압박하는 유대 신앙의 비판자들을 묘사한 바 있다(*Against Apion* 2.272). R. H. 찰스는 한 세기 전에 다음과 같이 말했다(R. H. Charles 1920: 52). "이 본문에서 교회를 위협하는 것은 교회를 격하시키는 것도, 다른 곳으로 옮겨버리는 것도 아니다. 교회를 위협하는 것은 바로 파괴이다."

그리스도가 에베소 교회를 파괴하는 것은 분명 혹독한 심판이지만, 에베소 설교의 다른 부분—예를 들어, 니골라 당의 행위를 그리스도가 미워하고 증오하는 부분—이나, 다른 네 곳의 건강하지 못한 교회들의 설교에서 볼 수 있는 심판보다 더 가혹한 것은 아니다. 이를테면, 그리스도는 그의 입에서 나오는 검을 가지고 버가모에 있는 어떤 이들과 싸우고 전쟁을 벌이실 것이라 말씀하셨다. 또 두아디라에 있는 이세벨의 자녀들에게는 죽음을 내리실 것이라고 하셨다. 그리고 그리스도는 그의 입에서 라오디게아 교회를 토해낼 것이라고도 말씀하셨다. 현대의 독자들은 그처럼 강력한 심판 표현들에 놀라 상처를 받기보다는 그러한 표현을 강력한 일깨움으로, 곧 이웃을 사랑하라는 명령을 그리스도께서 얼마나 중요하게 여기셨는지를 되돌아보게 하는 일깨움으로 받아들여야 한다. 만약 "범죄에는 그에 따른 처벌이 뒤따른다"는 말이 맞다면, 에베소 교회가 파괴될 수도 있다는 처벌은 곧 서로 사랑함으로 그리스도의 몸을 이루는 것이 얼마나 중요한지를 반증하는 것이다.

위협적인 심판의 시기

이제 부정적인 결과로 인해 생겨난 둘째 질문을 살펴보자. 이는 곧 그리스도께서 "내가 네게 갈 것이다"라고 말씀하신 것이, 에베소 교회를 향한 심판의 시기에 관해 어떠한 단서를 제공하는지와 관련된 질문이다. 그런데 여기서 말하는 예수 그리스도의 오심은 파루시아(parousia), 곧 모든 사람을 향한 최후 심판을 위해, 종말의 때에 재림하시는 것을 뜻하는가, 아니면 에베소 교회만을 먼저 심판하기 위해 그가 특별히 더 일찍 오시는 것을 뜻하는가? 사실상 일곱 편의 설교 모두가 그리스도의 오심을 언급하고 있는데(2:5, 16, 25; 3:3, 11, 20), 대부분의 경우 그리스도의 오심은 신실한 교회를 위로하려는 목적보다는, 말을 듣지 않는 교회를 처벌하기 위한 목적을 띠고 있다. 따라서 시기에 관한 질문은 차후 이어지는 설교들에도 동일하게 적용된다. 앞서 언급한 심판의 시기에 관한 2가지 입장 모두 나름대로 설득력이 있다. 이에 따라 학자들의 견해 역시 반으로 갈라진다. 다만 최후의 파루시아와 구별되는 그리스도의 특별한 오심으로 조금 더 기울어져 있긴 하다(예를 들어, Charles 1920: 52; Lenski 1935: 90; Caird 1966: 32; Ladd 1972: 39-40; Mounce 1977: 89; Beasley-Murray 1978: 75; Kistemaker 2001: 116; Beale and Campbell 2015: 56-57). 이러한 논쟁 가운데서 우리는 오스본의 주장을 기억할 필요가 있다(Osborne 2002: 118). "학자들은 요한계시록에서 현재 심판과 미래 심판을 지나치게 이분법적으로 구분하는 경향이 있다. 이 구절과 같은 본문들은 심판이 이미 시작되었음을 보여준다. 심판을 위해 현재에 그리스도가 오신다는 것은 그가 마지막으로 오셔서 심판하실 사건에 대한 전조 역할을 한다. 이러한 맥락에서 보면 현재와 최후의 심판의 때 모두에서 그리스도의 분노를 느낄 수 있을 것이다."

긍정적인 결과(2:7b)

> 이기는 자에게는 내가 하나님의 낙원에 있는 생명나무의 열매를 주어 먹게 할 것이다(2:7b)

그림 1.3. 니케 대리석상. 날개 달린 승리의 여신이며, 뻗은 팔에 화관을 들고 있다. 에베소.

각각의 설교들은 부정적인 심판의 분위기가 아닌, 승리의 긍정적인 분위기에서 끝을 맺는다. 이 승리는 언제나 핵심 동사, 니카오(*nikaō*)로 표현되는데, 이는 "장애물을 극복하다, 승자가 되다, 정복하다, 이기다, 압도하다"(BDAG 673.1)라는 의미를 갖고 있다. 이 단어는 요한문헌에서 중요하게 사용되어 약 24회 등장하며(계 2:7b, 11b, 17b, 26a; 3:5, 12, 21[2회]; 5:5; 6:2[2회]; 11:7; 12:11; 13:7; 15:2; 17:14; 21:7; 요일 2:13, 14; 4:4; 5:4[2회], 5; 요 16:33), 그 외 신약성경에서도 4회나 더 나온다. 스베테는 이에 대한 용례 패턴을 연구했다(Swete 1911: 29). "바울문헌에서 믿음이 주요 주제인 것처럼, 요한문헌에서는 승리의 어조가 특히 두드러진다." 실제로 "승리"(니케/니카오[*nikē/nikaō*])라는 단어는 요한1서 5:4-5에서 "믿음"(피스티스/피스튜오[*pistis/pisteuō*])과 동일시되고 있다. "세상을 이기는 승리는 이것이니 우리의 믿음이니라. 예수께서 하나님의 아들이심을 믿는 자가 아니면 세상을 이기는 자가 누구냐?"(요일 5:4-5). 따라서 요한계시록 2:7b에 나오는 "이기는 자"는 예수 그리스도를 따른다는 이유로 생명을 잃은 순교자들과 같은 특별한 그리스도인들을 가리키는 것이 아니다(예를 들어, Charles

1920: 54; Mounce 1977: 33; Harrington 1993: 57). 또한 에베소나 다른 소아시아의 교회들에 속한 그리스도인들만을 가리키는 것도 아니다. 그 표현은 모든 (진정한)그리스도인들을 가리킨다. 2:7a에서 사용된 복수형—"성령이 '교회들'에게 하시는 말씀"—이 이를 분명히 드러내고 있다.

니카오는 운동 경기나 군사적 충돌 상황 모두를 의미하는 은유로 기능할 수 있다. 니카오 단어의 변형 가운데 하나가 바로, 고대 세계에서 그 형상이 자주 발견되는 승리의 여신, "니케"(*Nike*)이다. 니케는 언제나 그리고 어디든 날아다닐 수 있는 날개와 함께, 한 손에는 종려나무 가지, 또 다른 한 손에는 승리의 화관—승리를 거둔 운동선수나 정복에 성공한 장군에게 수여되는 화관—을 들고 있는 모습으로 그려진다(그림 1.3을 보라).

물론 소아시아 지역을 비롯한 고대 세계 전역에서 운동 경기는 엄청난 인기를 누렸지만, 요한계시록의 더 넓은 맥락을 고려해보면 2:7에서 군사적인 측면을 엿볼 수 있다(또한 Aune 1997: 151; Osborne 2002: 122을 보라). 실제로, 요한계시록은 곳곳에서 전투 장면들을 묘사하고 있다. 이를테면, 용과 여자의 아이와의 전투, 땅과 바다에서 나온 짐승들과 양의 전투, 하늘의 전사와 바벨론의 전투 등이다. 에베소 교회가 사랑 없는 정통주의라는 죄와 싸우는 것은 이처럼 더 큰 영적 전투의 단면이 드러난 것이다. 찰스는 다음과 같이 언급한다(Charles 1920: 53). "'니카오'라는 단어는 그리스도인의 삶이 결코 벗어날 수 없는 전투와 같다는 사실을 암시한다." 이러한 전투의 은유는 에베소 성도들에게 분명 충격적으로 다가왔을 것이다. 그럼에도 에베소 성도들은 그들이 승리를 거둘 수 있다는 말씀을 통해 용기를 얻었을 것이다.

그런데 그 승리는 에베소 성도들 스스로가 성취해낼 수 있는 유형의 승리가 아니었다. 그 승리는 그리스도께서 은혜를 베푸심으로 이루어지는 승리였다. 여기서 언급되는 승리가 인간이 이루어낼 수 있는 성질의 것이 아니라, 신의 선물로 주어지는 것이라는 생각은 2가지 방식으로 표현된다. 첫째,

"내가 … 주어(줄 것이다)"라는 표현에 명확히 서술되어 있다. 에베소 성도들이 최후에 거둘 승리는 그들의 재능이나 노력의 결과가 아니라 그리스도의 자비로우심 덕분이다. 렌스키는 "이기는 자"에 관해 다음과 같이 이야기한다(Lenski 1935: 95). "우리는 이러한 상을 이기는 자 스스로가 얻어냈다고 말하고 싶어질지도 모른다. 하지만 그것은 적으로부터 빼앗은 승리의 전리품이 아니라, 주님으로부터 받은 선물, 즉 은혜의 선물이다." 둘째, 승리에 관한 이와 같은 개념은 에베소 설교와 라오디게아 설교에 나오는 "승리 정형 문구들" 사이의 미묘하지만 중요한 차이점을 통해 암시적으로 드러난다. 일곱 편의 설교 모두 "이기는 자"를 언급하긴 하지만, 유독 마지막 라오디게아 설교에만 "내가 이긴 것과 같이"(3:21)라는 표현이 추가되어 있다. 다시 말해서, 성도들의 승리는 궁극적으로 그들 자신의 재능이나 인내 때문이 아니라, 그리스도께서 먼저 이전에 승리하셨기 때문에 가능하다는 것이다. 성도들은 오직 그리스도와의 관계, 그리고 그가 권세를 부여하신 성령과의 관계를 통해서만 죄를 이기고 승리를 거둘 수 있다.

그리스도께서 이기는 성도들에게 주실 상은 곧 생명나무의 열매를 먹는 것이다. 요한계시록의 원-청중들은 그와 같은 표현에서 연상되는 구약성경의 배경을 곧바로 알아차렸을 것이다. 곧 "생명나무의 열매"는 하나님께서 에덴 동산에 심으신 특별한 두 나무, "생명나무"와 "선악을 알게 하는 나무"(창 2:9) 가운데 하나를 가리킨다. 아담과 하와에게 생명나무의 열매를 따 먹는 것은 허락되었으나, 선악을 알게 하는 나무는 그 열매를 따먹는 것이 금지되었다(창 2:16-17). 그런데 그들이 하나님께 불순종하여 선악을 알게 하는 나무의 열매를 먹자, 결국 생명나무 열매를 먹는 것도 함께 금지되었다. 그리고 하나님께서는 아담과 하와를 동산 밖으로 내쫓으셨고, 그 입구에 천사(그룹)들과 불 칼을 두어 그들이 생명나무의 열매를 먹어 영생을 얻지 못하도록 하셨다(창 3:24). 훗날 유대 묵시 문헌들은 생명나무가 하나님의 백성들에

게 주어지는 영생의 복
을 상징하는 것으로
본다(에녹1서 24:3-25:6;
에녹2서 8:3; 에스드라2서
[에스라4서] 2:12; 8:60-62;
레위의 유언 18:9-11; 단의 유언
5:12; 에녹3서 23:18; 엘리야 묵
시록 5:6). 이것이 바로 요

그림 1.4. 에베소에서 발견된 테트라드라크마 동전(주전 390-380년),
아르테미스의 상징들인 꿀벌, 종려나무, 수사슴이 나타난다.

한계시록의 후반부에서 생명나무가 뜻하는 바이다. 요한계시록의 후반부에
서 생명나무는 새 하늘과 새 땅에 관한 묘사의 일부로 세 차례나 언급된다
(계 22:2, 14, 19). 따라서 생명나무의 열매를 먹는 것은 영생을 얻는 것 그 이상
을 뜻한다. 그것은 마지막 때의 복, 곧 하나님과 인간과 모든 피조물이 타락
이전에 있었던 완벽한 교제와 평화를 다시 누리게 되는 복에 영원히 동참하
는 것을 가리킨다.

생명나무의 이미지는 이교적인(pagan) 배경과도 연결된다. 이교의 배경
이 부차적이긴 하지만 그럼에도 에베소 성도들과 본문을 더 긴밀하게 연결
시키는 역할을 할 수 있다. 이를테면, 생명나무는 에베소 지역에서 아르테미
스 제의에 대항하는 성격을 지녔을 것이다. 본래 아르테미스 제의에는 나무
성소가 포함되었기 때문이다(특히 Hemer 1986: 41-47을 보라). 아르테미스 여신에
게 바쳐진 신전이 세워지기 전에는 성스러운 나무가 제의 장소로 사용되었
다. 알렉산드리아의 작가이자 사서인 칼리마코스(Callimachus, 대략 주전 300-240
년)는 아마존들(Amazons)이 아르테미스를 위한 형상을 세우고 참나무 아래
서 예배하는 장면을 묘사한 바 있다(Hymn to Artemis 237-39). 또한 디오니시우
스 페리게테스(Dionysius Periegetes)는 당대까지 알려져 있던 세계를 묘사하는
1,200행으로 이루어진 서사시를 썼는데(그 시기는 주전 2세기에서 주후 2세기 사이로 알

려져 있다), 그 또한 아마존들이 느릅나무가 서 있던 성지에 아르테미스 신전을 건축하는 과정을 묘사했다(*Description of the Inhabited Earth*, 825-829행). 그리고 로마 이전 시기에 속한 동전에, 에베소와 그 수호신 아르테미스의 상징으로 대추야자가—꿀벌과 수사슴 등 여신을 상징하는 다른 상징들과 더불어—등장한다는 사실 역시 감안해야 한다(그림 1.4.를 보라).

따라서 생명나무는 아르테미스 제의와 날카롭게 대조하려는 의도를 띠고, 특별히 에베소 교회와 관련된 상으로 제시되었을 가능성이 높다(Osborne 2002: 124도 그러하다). 다른 설교들이 교회가 속한 지역의 상황과 긍정적인 결과를 긴밀히 연결시킨 점을 감안하면, 에베소 설교 역시 에베소 지역의 상황과 연결되어 있을 가능성이 높다. 예를 들어, 죽음을 맞닥뜨린 서머나 성도들에게는 생명의 관이 상으로 주어지며, 우상에게 바쳐진 고기의 유혹을 극복한 버가모 성도들에게는 만나가 상으로 주어진다. 비일은 조심스럽게 다음과 같이 말한다(Beale 1999: 236). "아마도 구약의 생명나무는 그리스도인이 받게 될 상의 상징으로서 선택되었을 것이다. 나무 이미지가 여신 아르테미스 혹은 아르테미스 신전이 번성했던 에베소와 오랫동안 긴밀히 연결되어 왔기 때문이다. 이교가 약속한 것은 구약의 소망들의 성취인 기독교만이 이룰 수 있었다."

에베소 설교의 마지막 구절은 생명나무가 "하나님의 낙원"에 있음을 밝히고 있다. 생명나무와 마찬가지로 낙원 역시 구약의 배경을 먼저 고려하고 그다음에 이교적인 배경을 살펴봐야 한다. "낙원"이라는 단어는 칠십인역에서 에덴 동산을 가리키는 데 사용되었다. 따라서 생명나무와 함께 낙원이 언급된 것은 타락의 역전, 즉 아담과 하와가 동산에서 누렸던 삶의 모습을 구현하는 것이며, 그때의 복이 회복되는 장면을 떠오르게 하려는 것이다. 생명나무와 마찬가지로 "하나님의 낙원" 역시 에베소 지역에 횡행한 아르테미스 제의에 대항하려는 목적으로 사용되었던 것 같다. 아르테미스 여신을 위한 제의의 경우 처음에는 나무 성소 주위에서, 이후에는 (동일한 위치에 세워진) 신전에서 이루어졌다. 또 아르테미스 제의는 사람들이 아르테미스가 태어난 곳이라고 믿었던 에베소 근교 오르티기아(Ortygia) 숲(혹은 동산)에서 이루어지기도 했다. 성스러운 오르티기아 숲(혹은 동산)은 "낙원"이라고 불렸다. 에베소인들뿐 아니라 고대 세계 다른 지역의 사람들도 아르테미스의 출생 장소로 알려진 그 성스러운 숲에 대해 잘 알고 있었다. 주후 1세기 동안 그곳에서는 해마다 아르테미스 여신을 기념하는 대규모의 축제가 열렸으며 일년 내내 순례객들이 끊이질 않았다(Strabo, *Geography* 14.1.20). 그러므로 관계대명사절, "하나님의 낙원에 있는"은 생명나무에서 시작된 아르테미스 제의와의 대조를 더욱 명확하게 드러내는 역할을 한다. 2:7 안에 에베소의 수호 여신에 관한 어떠한 암시가 담겨 있는지가 궁금한 현대의 독자들이라면, 다음과 같은 사실을 분명히 기억해야 한다. "아르테미스는 에베소 시민들의 의식 깊숙이 자리잡고 있었으며, 그들의 집단적, 개인적 정체성의 근간을 이루고 있었다"(Murphy-O'Connor 2008: 16). 윌슨은 아르테미스의 성스러운 숲이 암시되고 있다는 가능성을 인지하며 다음과 같이 말했다(Wilson 2002: 263). "아르테미스를 숭배하는 이들에게 허락된 낙원은 다가올 하나님의 낙원과 비교할 때 그저 파리한 형체를 띨 뿐이었다."

우리를 향한 말씀

서론

"과유불급"(Too much of a good thing). 이 격언은 삶에서 좋은 것으로 여겨지는 일도 지나치면 좋지 않게 될 수 있다는 뜻입니다. 예를 들어, 운동은 좋은 것이고, 사람들은 대개 운동을 더 많이 해야 한다고 권합니다. 하지만 운동을 과도하게 하면 근육에 통증이 생기거나 다치게 되어 좋지 않은 것이 됩니다. 또 대개 후식도 좋은 것으로 여겨집니다. 어떤 이들은 식사에서 가장 좋은 부분이라고 생각하기도 합니다. 하지만 후식 역시 지나치게 많이 먹으면 결국 좋지 않은 것이 됩니다. 결국 앞서 언급한 운동을 심각하게 고려해야 할 상황이 되고 말지요.

"과유불급"이라는 격언은 에베소 교회를 향한 설교와 잘 어울립니다. 에베소 교회는 분명 좋은 일을 하고 있었습니다. 그들은 **정통주의**(orthodoxy)를 고수함으로 칭찬을 받았습니다. 이 거창한 단어 때문에 위축될 필요는 전혀 없습니다. "정통주의"란 그저 "올바른 믿음" 혹은 "참된 가르침"을 뜻할 뿐입니다. 그리스도는 에베소 공동체가 잘못된 개념으로 죄악된 행동을 하는 거짓 교사들에 맞선 것을 두고 칭찬을 건네십니다. 문제는 에베소 교회가 정통주의에 과도하게 집착했다는 것입니다. 에베소 교회는 거짓 교사들이 그들의 공동체에 부정적인 영향을 끼칠 것을 지나치게 염려했고 결국 공동체 안에 서로를 의심하는 분위기를 만들었습니다. 그리고 결국 에베소 교회는 처음에 가졌던 사랑을 잃어버렸습니다. 오늘날 에베소 교회를 여러분에게 소개한다면 아마도 이렇게 부를 수 있을 것 같습니다. "사랑 없는 정통주의 교회."

그리스도의 칭호(2:1b)

일곱 편의 설교를 하나씩 놓고 비교해 보면 모두가 동일한 구조를 가지고 있음을 알 수 있습니다. 각 설교의 첫 항목은 그리스도의 칭호입니다. 예수 그리스도는 요한을 통해 각 교회에게 말씀하시기 전에, 먼저 스스로에게 칭호들을 부여하십니다. 보통은 2가지 칭호가 나타나는데, 대부분의 경우 요한계시록 1장(1:9-20)에 묘사된 그리스도에 관한 환상에서 유래한 것입니다. 다시 말해, 요한은 1장에 있는 그리스도에 관한 환상으로 되돌아가 각 교회와 특별히 관련이 있는 칭호, 그리스도를 적절하게 설명해내는 칭호를 신중하게 고른 것입니다.

에베소 교회를 향한 설교 역시 어김없이 그리스도의 2가지 칭호로 시작됩니다. 첫 번째 칭호는 다음과 같습니다. "오른손에 일곱 별을 쥐고 … 분이 이같이 말씀하신다"(2:1b). 만약 여러분이 주후 1세기 에베소와 같은 도시에 살면서 이러한 표현을 들었다면, 그것이 그리스도의 **권세**를 주장하는 표현임을 곧바로 알아차렸을 것입니다. 우리는 앞서 1장의 환상에서는 그리스도가 오른손에 일곱 별을 그저 "갖고"(1:16) 있는 것에 반해, 에베소 교회를 향한 설교에서는 일곱 별을 오른손에 "쥐고" 계신다는 사실을 통해, 그리스도의 권세에 대한 주장이 펼쳐지고 있음을 알아차릴 수 있습니다. 무언가를 "갖고" 있는 것과 "쥐(시)고" 있는 것의 차이는 무엇입니까? 중요한 차이점이 있습니다. 그리스어에서 동사 "쥐다"는 단순히 그 대상의 소유만을 가리키는 것이 아니라 그에 대한 통제까지 의미합니다. 즉, 그 대상에 대한 권세를 지니고 있다는 의미입니다.

예수 그리스도의 권세는 그분이 "오른손"에 일곱 별을 쥐고 계신다는 구체적인 표현을 통해서 더욱 분명하게 드러납니다. 대부분의 사람들은 오른손잡이입니다. 어느 손을 사용해야 할지 고민되는 상황에서 대부분은 오른손을 사용합니다. 그래서 보통 오른손이 왼손보다 더 강하게 단련됩니다. 성경은 하나님의 오른손을 반복해서 언급함으로 하나님의 권세를 강조합니다. 이 본문에서도 그와 같은 이유로 그리스도의 오른손을 언급하고 있습니다.

첫 번째 그리스도의 칭호는 또한 로마와 로마의 권력에 대한 비판을 담아 그리스도의 권세를 강조하고 있습니다. 에베소 설교의 원청중들이 그리스도께서 일곱 별을 쥐고 계신다는 말을 들었을 때, 그들은 필시 로마 동전에 자주 등장했던 일곱 별의 이미지를 떠올렸을 것입니다. 로마 황제들은 동전의 한쪽 면에는 자신의 얼굴을 새기고, 다른 한쪽 면에는 일곱 별을 새기곤 했습니다. 그들은 사람들이 황제를 생각할 때 반은 사람이면서 반은 신적인 존재로 여기기를 바랐습니다. 즉, 일곱 별을 다스릴 만큼 큰 권세를 가진 반인반신의 존재로 받아들여지길 바랐던 것입니다. 주후 1세기 로마 제국 내 에베소와 같은 도시들 안에서, 동전은 로마와 그 지도자들이 땅에서뿐만 아니라 하늘에서도 강력한 존재임을 드러내는 도구였습니다.

그러던 어느 날 메신저가, 밧모섬에 있던 요한에게 건네질 예수 그리스도의 설교를 가지고 에베소 교회에 도착했습니다. 그 메신저는 설교를 전달하기 전에 먼저 그리스도를 가리켜 강력한 오른손으로 일곱 별을 "쥐고" 계신 분—"갖고" 계신 분이 아니라—으로 소개했습니다. 그리스도는 그 권세가 로마의 권세를 능가하여 땅에서뿐 아니라 하늘에서도 전능하신 분입니다. 그러니 고대 에베소의 그리스도인들뿐만 아니라, 오늘날의 그리스도인들 역시 전능하신 구원자께서 이제 무슨 말씀을 하시려고 하는지 주의를 기울여야 합니다!

그리스도의 두 번째 칭호는 이제 곧 말씀하실 분을 가리켜 "일곱 금 촛대 사이를 거니시는 분"으로 소개합니다. 첫 번째 칭호가 그리스도의 권세를 강조한다면, 두 번째 칭호는 그리스도의 임재를 강조합니다. 앞서 1장의 그리스도에 관한 환상에 따르면, 일곱 금 촛대는 곧 일곱 교회를 가리킵니다

(1:20). 따라서 두 번째 그리스도의 칭호는 예수 그리스도를 가리켜, 소아시아 지역의 여러 교회들 사이를 거니시며 그들 가까이에 임재하시는 분으로 묘사하는 것입니다. 그리스도는 땅과 하늘 모두를 다스리시며, 로마와 로마 황제들의 권세를 능가하시지만, 그렇다고 해서 멀리 떨어져 있는 통치자는 결코 아닙니다. 오히려 그리스도는 그분의 교회들과 아주 가까이 계시며, 그 사이에 임재하십니다.

그런데 그리스도의 임재는 위로가 되면서도 동시에 쉽지 않은 도전이 되기도 합니다. 한편으로, 에베소 성도들과 오늘날 우리는 우리가 홀로 내버려진 것이 아니며, 전능하신 예수 그리스도가 임재하셔서 우리를 지켜보고 계신다는 사실에 위로를 받습니다. 예수님은 우리가 어떠한 일을 겪고 있는지 알고 계십니다. 그분은 우리의 걱정과 두려움을 모두 알고 계십니다. 이 사실은 분명 큰 위로가 됩니다! 그런데 또 한편으로, 에베소 성도들과 오늘날 우리는 전능하신 예수 그리스도가 임재하셔서 우리를 지켜보고 계신다는 사실에 도전을 받기도 합니다. 다시 말해, 예수님은 우리의 실제 영적 상태, 그리고 우리가 그분의 제자로서 온전한 삶을 살지 못하고 있다는 사실을 알고 계십니다. 우리가 "처음에 가졌던 사랑"을 버린 것을 알고 계십니다. 이것이 바로 큰 도전입니다!

칭찬 (2:2-3, 6)

일곱 편의 설교 모두 그리스도의 칭호 이후 칭찬을 전달합니다. 예수님은 "좋은 말이 없다면, 아무 말도 하지 말라"는 격언을 훨씬 오래전부터 이미 알고 계셨던 것 같습니다. 그래서 모든 설교는 대개 좋은 말로 시작합니다. 다시 말해, 예수님은 먼저 각 교회가 잘하고 있는 일을 칭찬하십니다.

에베소 성도들이 잘하고 있는 일은 무엇입니까? 예수님은 무엇 때문에 그들을 칭찬하십니까? 간단하게 말하자면, 예수님은 에베소 성도들의 **정통**

주의(orthodoxy)를 향한 열정을 칭찬하셨습니다. 예수님은 에베소 교회를 향해 엄지손가락을 치켜드시며 다음과 같이 말씀하셨습니다. "진리를 지키고, 악한 자들의 거짓 가르침을 거부하며, 거짓 사도들을 밝혀 내고, 니골라 당의 죄악된 행위를 미워하는 너희의 열정을 사랑한다. 훌륭하다. 에베소 교회여!"

핵심적인 칭찬은 2:2-3에 있습니다. 먼저 진리를 향한 에베소 교회의 열정이 언급되는데요. "네가 악한 자들을 견딜 수 없는 것과 …." 오늘날 대부분의 교회 안에도 특정한 성도들, 곧 여러모로 미심쩍고 의심스러운 삶을 살지만 그럼에도 교회가 용납하고 견딜 수밖에 없는 성도들이 한두 사람 있기 마련입니다. 그러한 성도들은 매주 예배에 참석하지도 않고, 또 교회에 오더라도 대개 예배가 끝나자마자 곧바로 돌아갑니다. 솔직히 교회 입장에서는 그러한 성도들을 그저 내버려 두는 것이 더 편할 때가 많습니다. 하지만 에베소 교회는 그와 같은 상황에서 전혀 다르게 반응했습니다. 아주 보수적이었던 에베소 교회는 정통성을 엄격하게 따졌기에, "악한 자들을 견딜 수" 없었습니다.

또한 에베소의 성도들은 "사도라고 자칭하는 자들"을 시험함으로써 열정적으로 진리를 사수했습니다. 오늘날 대부분의 교회의 경우 누군가 와서 교회에 등록하려고 하기만 하면 곧바로 두 팔 벌려 환영하며 성도로 받아들입니다. 더욱이 등록하고자 하는 사람이 사회적으로 중요한 위치에 있는 사람이라면 더욱 열렬히 환영합니다. 하지만 에베소 교회는 달랐습니다. 사도라고 주장하는 중요한 지도자들이 방문했을 때에도 에베소 교회의 첫 반응은 환영이 아닌 질문하며 따져 묻기였습니다. 에베소 교회는 이렇게 말했습니다. "먼저 당신들에게 몇 가지 신학적인 질문을 드리고 싶습니다. 우리의 정통주의 시험에 통과해야만 우리의 일원으로 인정할 것입니다."

에베소 교회가 진리를 열정적으로 사수했다는 사실은 설교 후반부에서 예수 그리스도가 추가로 칭찬하신 부분에서도 분명하게 드러납니다. 2:6에서 예수님은 이렇게 말씀하십니다. "그러나 네게 이것이 있다. 곧 네가 니골라 당의 행위를 미워하는 것이다. 그것은 나도 역시 미워한다." 니골라 당의 정체가 무엇이고, 또 그들의 행위가 무엇인지를 확실하게 밝히기는 어렵습니다. 미약하지만 나름 추정해볼 수 있는 내용은 그들이 "타협하는 자들"이었을 것이라는 점입니다. 즉, 그들은 그리스도께서 금지하신 이교 풍습에 참여함으로써 신앙을 타협한 그룹이었을 것입니다. 정통주의에 집착하는 보수적인 에베소 교회로서는 니골라 당의 타협하는 신학이 설득력이 없다고 판단했으며, 그들이 하는 일에 대해 매우 부정적으로 반응했습니다. 실제로 2:6은 에베소 성도들이 니골라 당의 행위를 미워한다는 사실을 분명하게 진술하고 있습니다.

오늘날의 그리스도인들의 경우 "미워하다/증오하다"라는 다소 강한 언어에 얼굴을 찡그릴 수도 있고, 그러한 에베소 교회의 관용적이지 못한 반응을 불편하게 여길 수도 있습니다. 하지만 그리스도께서 에베소 교회의 그런 모습을 나무라시기는 커녕 오히려 칭찬하셨다는 사실을 간과해서는 안 됩니다. 어쨌거나 정통주의는 좋은 것입니다. 다른 사람들—더 나아가 지도자들—이 하는 말을 무비판적으로 수용하기보다는 진리를 수호하고, 그들의 주장을 시험해보며, 죄악된 행위로 이끄는 거짓 가르침에 대항하는 것은 오늘날의 교회에게도 변함없이 중요한 사명입니다.

책망(2:4)

모든 설교마다 칭찬 다음으로 나오는 항목이 바로 책망입니다. 예수님은 먼저 교회가 잘하고 있는 일을 칭찬하시고, 그다음에 잘못하고 있는 일을 책망하십니다. 에베소 교회를 향한 설교에도, 길고 풍성한 칭찬에 이어 짧지만 쓰디쓴 책망이 나타납니다. "그러나 내가 너를 책망할 것이 있다. 너는 네가 처음에 가졌던 사랑을 버렸다"(2:4).

이 구절을 해석하는 한 가지 방식은 에베소 교회가 하나님 혹은/그리고 그리스도를 향한 사랑을 버렸다는 이야기로 보는 것입니다. 이러한 해석에 따르면 하나님 혹은/그리고 그리스도를 향한 에베소 교회의 사랑은 과거와 같이 견고하거나 깊지 않아졌습니다. 지금의 에베소 교회는 처음 세워지고 난 뒤 4-50년 정도가 지난 상태의 교회이고, 첫 세대 성도들 다수가 죽고 이제 그 자리를 다른 성도들이 채운 상황입니다. 이러한 배경에서 하나님 혹은/그리고 그리스도를 향한 사랑이 교회가 처음 세워질 당시만큼 강렬하거나 열정적이지 않다고 말하는 것입니다.

이러한 해석의 가능성이 아예 없는 것은 아니지만, 그럼에도 그 개연성은 떨어진다고 할 수 있습니다. 실제로 이 책망이 에베소 교회가 (하나님 혹은/그리고 그리스도를 향한 사랑이 아닌) 이웃을 향한 사랑이 부족함을 말하는 것이라는 몇 가지 근거들이 있습니다. 그들은 과거와 같이 이웃을 사랑하고 돌보며 지지하는 공동체가 되지 못한 것입니다.

첫째, 사도 요한의 다른 문헌들에서 강조된 주제가 에베소 교회를 향한 설교에서도 나타나고 있습니다. 마태, 마가, 누가복음에는 없는 예수님의 말씀이 요한복음에만 나타나는데요. "새 계명을 너희에게 주노니 서로 사랑하라. 내가 너희를 사랑한 것 같이 너희도 서로 사랑하라. 너희가 서로 사랑하면 이로써 모든 사람이 너희가 내 제자인 줄 알리라"(요 13:34-35). 요한1서 역시 동료 그리스도인들에 대한 사랑을 보이라고 반복해서 강조합니다. "누구든지 하나님을 사랑하노라 하고 그 형제를 미워하면 이는 거짓말하는 자니 보는 바 그 형제를 사랑하지 아니하는 자는 보지 못하는 바 하나님을 사랑할 수 없느니라. 우리가 이 계명을 주께 받았나니 하나님을 사랑하는 자는 또한 그 형제를 사랑할지니라"(요일 4:20-21; 또한 2:9-11; 3:11-14; 4:16). 그리고 요한2서와 요한3서 또한 형제와 자매를 사랑하는 것이 얼마나 중요한지를 강조함니다(요이 1:5; 요삼 1:5-6).

둘째, 에베소 교회를 향한 칭찬이 유독 길고 과하다는 점입니다(계 2:2-3, 6). 만약 에베소 교회가 하나님 혹은/그리고 그리스도를 향한 사랑을 버렸다면, 예수님으로부터 그토록 큰 칭찬을 받았을 것 같지 않습니다. 또 만약 에베소 교회가 하나님 혹은/그리고 그리스도를 향한 헌신을 저버렸다면, 교회가 악한 자들을 향해 그토록 격렬하게 반대하는 태도—거짓 사도들을 용납하지 않고 니골라 당의 행위를 미워한 것—를 갖지도 않았을 것입니다. 하나님 혹은/그리고 그리스도를 향한 교회의 사랑이 약해지기 시작하면, 대개의 경우 과거에는 용납하지 못했던 사람들을 향해 무심해지기 마련이니까요.

셋째, 에베소 교회가 이웃 사랑을 상실한 것에 대해 책망을 받는 것이라는 해석을 뒷받침하는 마지막 근거가 중요합니다. 앞서 우리는 에베소 교회를 향한 칭찬이 정통주의를 고수하는 그들의 태도—진리를 수호하려는 열정, 악한 자들과 죄악된 행위에 대한 불관용—와 연결된 방식을 살펴본 바 있습니다. 그런데 에베소 성도들이 정통주의에 대한 고수로 칭찬을 받기는 했지만, 점차 그것이 지나쳐 "과유불급"의 상황이 되었고 결국 책망으로 이어졌습니다. 사람에게 적용되는 원리는 교회에도 적용될 수 있습니다. 즉, 그들의 최대 강점이 역설적으로 최대 약점이 되고 만 것입니다. 에베소 교회는 악한 자들을 견디지 않고 거짓 사도들을 밝혀내며 니골라 당의 죄악된 행위를 거부하는 일에 지나치게 집착한 나머지, 성도들 간의 관계에 있어서도 의심과 불신을 내보이고 말았습니다. 그들은 더 이상 과거와 같이 서로 아끼고 배려하는 공동체가 되지 못했습니다. 이 장의 제목이 표현하고 있는 것처럼, 그들은 "사랑 없는 정통주의 교회"가 되어버렸습니다.

물론 동료 성도들을 향한 사랑이 하나님 혹은/그리고 그리스도를 향한 사랑과 완전히 분리될 수 있는 것은 아닙니다. 우리가 이웃을 사랑하는 것은 하나님 혹은/그리고 그리스도를 사랑하는 것에서 비롯되는 자연스러운 결과입니다. 하나님께서 우리를 위해 하신 일에 대한 감사의 표현인 것입니다. 하지만 에베소 교회를 향한 설교에서 강조점은 분명 이웃을 향한 사랑에 있습니다. 즉, 하나님 혹은/그리고 그리스도를 향한 수직적인 차원의 사랑이 아니라, 우리 주위에 있는 이웃, 특히 영적 형제와 자매들을 향한 수평적인 차원의 사랑을 강조하고 있습니다.

지상에서 사역하시는 동안 예수님은 자신이 다시 올 때에 제자들이 직면하게 될 2가지 위험에 대해 경고하셨습니다. "거짓 선지자가 많이 일어나 많은 사람을 미혹하겠으며," "불법이 성하므로 많은 사람의 사랑이 식어지리라"(마 24:11-12). 그로부터 여러 해가 지난 후 예수님은 에베소 교회에게 전자의 위험에 대해 잘 대처했다고 칭찬하셨습니다. 하지만 후자의 위험에 대해서는 제대로 대처하지 못했다고 책망하셨습니다. 정통주의가 교회 사역 전반에 걸쳐 중요한 부분임은 분명하지만, 그렇다고 해서 이웃 사랑을 포기하면서까지 지켜내야 할 것은 결코 아닙니다.

교정(2:5a)

각 설교에서 그다음으로 나오는 항목이 바로 교정입니다. 그리스도는 각 교회가 잘못한 것을 지적만 하시지 않습니다. 교회가 잘못된 상황을 스스로 고치도록 내버려 두시지 않습니다. 그 대신 그리스도는 성도들의 영적 문제에 대한 해결책을 알려 주십니다. 에베소 설교 안에서 그리스도가 자비롭게 말씀하시는 교정의 내용은 이렇습니다. "그러므로 네가 어디서 떨어졌는지를 기억하라, 회개하라, 네가 처음에 했던 행위를 하라"(2:5a).

그리스도의 3단계 회복 프로그램 중 1단계는 바로 "기억하라"입니다. 우리는 과거의 어떤 일을 기억함으로써 현재의 행동을 변화시킬 수 있습니다. 이러한 사례를 돌아온 탕자 비유에서 찾아볼 수 있습니다(눅 15:11-32). 탕자는 향락을 즐기러 떠났다가 결국 모든 돈과 친구를 잃게 되었습니다. 어느 날 그는 너무나도 굶주린 나머지 돼지 먹이를 먹고 싶을 정도가 되었고, 그 순간 지난날을 떠올렸습니다. 편안한 집에서 고급스러운 음식을 먹던 지난날을 떠올리며, 아버지의 사랑을 기억했습니다. 그리고 그러한 과거의 기억 덕분에 현재의 행동을 변화시킬 수 있었습니다. 에베소 교회 역시 과거의 기억을 되살려야 합니다. 과거에 가졌던 사랑—즉, 친절함, 긍휼함, 자비 등 지난날 그들의 삶을 구성했던 것들—을 떠올리고 기억하여 그 사랑이 앞으로의 삶에도 선명하게 드러나도록 힘써야 합니다.

회복 프로그램의 2단계는 "회개하라"입니다. 우리 중 누구도 "회개하라"는 권고를 듣고 싶어하지 않을 것입니다. 그 말을 듣는다는 것은 곧 지금까지 자신이 잘못 살아왔음을 뜻하는 것이기 때문입니다. 하지만 우리가 다른 사람들을 온전히 사랑하지 못했다는 사실을 깨닫지 못하면, 결코 다르게 살 수도 없을 것입니다.

마지막 3단계는 "(행위를)하라"입니다. 그리스도는 "네가 처음에 했던 행위를 하라"고 명령하셨습니다. 에베소 성도들에게든 오늘날의 성도들에게든, 그저 사랑의 중요성을 역설하는 것만으로는 충분하지 않습니다. 그리스도는 우리에게 "(행위를)하라"고 명령하셨습니다. 그러므로 우리는 사랑을 실천해야 합니다. 다른 사람을 향한 우리의 긍휼을 피부에 와닿을 정도로 분명하게 행해야 합니다.

결과(2:5b, 7b)

모든 설교는 그리스도의 칭호와 칭찬, 책망과 교정을 다루고 그 후에 향후 교회에 닥칠 수 있는 결과를 이야기합니다. 결과는 항상 2가지가 제시됩니다. 하나는 주로 부정적인 결과로서, 교회가 회개하지 않고 그리스도의 교정 권고를 따르지 않을 경우 받게 될 처벌을 이야기합니다. 또 하나는 언제나 긍정적인 결과로서, 교회가 그리스도의 도움을 힘입어 회개하고 자신들의 특정한 죄를 이겨낼 경우 받게 될 상을 이야기합니다.

부정적인 결과(2:5b)

에베소 설교에서 부정적인 결과는 다음과 같이 제시됩니다. "그러나 만약 그러지 않는다면 내가 네게 갈 것이다. 그리고 네 촛대를 그 자리에서 옮길 것이다. 만약 네가 회개하지 않는다면"(2:5b). 요한계시록 1장은 "일곱 촛대는 일곱 교회"(1:20)라고 분명하게 밝히고 있습니다. 따라서 예수님께서 에베소 성도들에게 촛대를 옮길 수도 있다고 경고하신 것은 곧 교회를 옮길 수도 있다는 의미입니다. 이 말은 곧 교회가 죽어서 사라지게 될 수도 있다는 뜻입니다. 우리 대부분은 그처럼 부정적인 결과를 듣고 "너무나 가혹하다"고 생각할 수 있습니다. 물론 가혹한 처벌인 것은 맞습니다. 그러나 그것이 (범)죄에 합당한 처벌임을 감안한다면, 예수님께서 그만큼 "사랑"을 자신의 제자라면 마땅히 보여야 할 덕목으로 여기셨음을 반영한다고 볼 수도 있습니다. 우리는 우리의 마음과 뜻과 힘을 다해 하나님을 사랑해야 합니다. 그리고 우리는 우리 자신을 사랑하는 만큼 우리의 이웃을 사랑해야 합니다. 우리의 교회가 지속적으로 존속하느냐 마느냐의 문제는 곧 우리가 서로를 얼마나 사랑하는지에 달려 있습니다.

긍정적인 결과(2:7b)

감사하게도 각 설교는 심판이라는 부정적인 결과로 끝나지 않고 승리의 긍정적인 분위기로 끝이 납니다. 에베소 교회를 향한 설교 역시 긍정적인 결과로 마무리됩니다. "이기는 자에게는 내가 하나님의 낙원에 있는 생명나무의 열매를 주어 먹게 할 것이다"(2:7b). "이기는"에 해당하는 그리스어 단어는 스포츠 상품 기업명과 동일한, 니케(nikē)라는 단어와 관련이 있습니다. 스포츠 상품 기업 나이키(Nike)는 그들의 상품을 승리, 극복, 정복 등과 같은 개념과 연결시키고자 그 기업명을 선택했습니다. 그리고 그와 동일한 그리스어 단어가 일곱 설교의 종결부에 사용되었습니다. "이기는(니콘티[nikōnti]) 자에게는."

이 본문이 제기하는 중요한 질문은 바로 이것입니다. "여러분은 나이키 그리스도인입니까? 다시 말해, 여러분은 이기는 그리스도인입니까? 여러분은 '사랑 없는 정통주의'라는 죄를 극복하고 그리스도께서 우리를 부르신 부름대로 이웃을 돌보고 배려하는 공동체가 될 수 있습니까?" 복음의 좋은 소식은 곧 이 중요한 질문에 대해 자신 있게 "네!"라고 대답할 수 있다는 것입니다. 여러분은 이기는 그리스도인이 될 수 있고 또 승리를 거둘 수 있습니다. 이는 우리의 재능이 뛰어나서, 혹은 우리가 열심히 노력해서가 아닙니다. 그리스도께서 이미 승리를 거두셨기 때문입니다. 그리스도에게 속한 우리 가운데 그분의 성령이 거하시기 때문입니다. 거룩하신 성령은 우리가 사랑이 넘치는 그리스도인이 되도록, 사랑이 넘치는 교회가 될 수 있도록 힘을 주십니다.

그렇다면 그리스도께서 이기는 그리스도인들에게 약속하신 상은 무엇일까요? 그리스도는 우리에게 "생명나무의 열매"를 주어 먹게 할 것이라고 말씀하십니다. 2-3장의 일곱 설교뿐만 아니라 요한계시록 곳곳에서 구약성경에 대한 암시가 자주 나타나는데요. 지금 요한계시록의 본문에서도 우리는 창세기에 기록된 에덴 동산 이야기를 엿보게 됩니다. 하나님께서는 에덴 동산 중앙에 특별한 나무 두 그루, 곧 생명나무와 선악을 알게 하는 나무를 심으셨습니다(창 2:9). 그런데 아담과 하와가 하나님께 불순종하여 선악을 알게 하는 나무의 열매를 먹고 말았습니다. 그들은 결국 에덴 동산에서 쫓겨났고 생명나무의 열매를 먹는 것을 금지당했습니다. 타락한 인류는 요한계시록 후반부에 묘사된 미래의 특별한 때까지, 즉 그리스도께서 돌아오셔서 새 하늘과 새 땅을 세우실 때까지 생명나무의 열매를 먹지 못할 것입니다(계 21:1; 22:1-2, 14, 19). 그러므로 에베소 성도들이 받은 "생명나무의 열매를 먹게 할 것"이라는 약속은 미래에 대한 밝은 전망을 제시하는 것입니다. 그 미래는 비록 지금 단계에서는 상상조차 하기 어렵지만, 그럼에도 분명 그리스도를 따르는 자들이 누리게 될 시간, 곧 낙원의 삶을 누리게 될 복된 시간을 의미 합니다. 그때가 되면 하나님과 그리스도와 완벽한 연합을 이룰 뿐만 아니라 새롭게 회복된 창조 세계 안에서 다른 사람들과 서로 완벽한 교제를 누리게 될 것입니다.

생명나무의 열매를 먹게 될 것이라는 약속은 에베소 성도들에게 특별히 더 중요한 의미를 가졌을 것입니다. 생명나무는 에베소 지역의 아르테미스 제의를 의식한 표현이기 때문입니다. 아르테미스는 에베소 지역의 수호 여 신이었기 때문에, 그 여신을 섬기는 자들이 전 세계에서 에베소로 몰려와 아 르테미스 신전에 제물을 바쳤습니다. 아르테미스 신전은 기념비적인 건축 물이었습니다. 아테네에 있는 파르테논 신전보다 무려 4배나 더 큰 규모였 습니다. 심지어 고대 세계의 7대 불가사의 가운데 하나로 꼽힐 정도니까요. 에베소 시민들은 아르테미스를 아주 열성적으로 섬겼습니다. 한 날은 24,000석의 극장에 모여 2시간 내내 "위대하다, 에베소 사람의 아르테미스 여!"(행 19:28)라고 소리치기도 했습니다. 당시 사람들은 과거에 아르테미스 제 의가 이루어진 성스러운 나무가 있던 곳과 정확히 같은 지점에 신전이 세워 졌다고 믿었습니다. 그들은 과거에 나무 제단에서 아르테미스를 어떻게 기 념했는지를 이야기하곤 했습니다. 에베소에서 발견된 동전들을 살펴보면, 아르테미스가 성스러운 나무 곁에 사슴과 함께 서 있는 장면을 볼 수 있습 니다. 바로 이와 같은 배경에서 에베소의 그리스도인들은 특별한 나무를 상 으로 받게 되는 것입니다. 즉, 에베소의 수호 여신, 아르테미스의 나무가 아 니라, 오직 한 분이신 참 하나님의 생명나무를 받게 되는 것입니다.

결론

우리는 체온계를 가지고 우리 몸이 건강한지, 아닌지를 진단할 수 있습니다. 하지만 영적으로 건강한지, 아닌지는 어떻게 알 수 있을까요? 어떻게 우리의 지역 교회가 영적으로 건강한지 아닌지를 판단할 수 있을까요? 한 가지 효과적인 방법은 바로 "진리의 시험"입니다. 만약 우리가 하나님 말씀에 담긴 진리를 계속해서 배워 나가고, 진리를 말하며, 진리를 가르치고, 진리를 지키는 일에 열심을 낸다면, 그것은 곧 우리가 영적으로 건강하다는 신호입니다. 이처럼 진리, 그리고 정통주의에 관심을 기울이는 것은 분명 좋은 일입니다. 오늘날 우리가 거짓으로 점철된 사회에서 살아가고 있다는 점을 감안하면 더욱 그렇습니다. 오늘날의 문화가 우리에게 무엇이 중요한지, 우리의 시간과 노력을 어디에 투자해야 하는지에 대해 가르치는 메시지는 거짓인 경우가 대부분입니다. 이러한 맥락에서 정통주의는 분명 좋은 것입니다. 그리스도 역시 에베소 교회의 정통주의를 칭찬하셨습니다. 그리고 오늘날 우리에게도 진리에 대한 열정을 가지라고 말씀하십니다.

그러나 "과유불급"은 좋지 않습니다. 진리를 향한 우리의 열정이 자칫 이웃을 사랑하는 열정을 삼켜버릴 수도 있기 때문입니다. 우리가 영적으로 건강한지, 아닌지를 판단하는 또 다른 방법은 바로 "사랑의 시험"입니다. 우리는 우리 주위에 있는 사람들을 사랑하고 있습니까? 우리는 다른 사람들이 그들의 삶 속에서 받은 상처와 고통에 대해 이야기할 때 충분히 공감하며 듣고 있습니까? 또 그들이 도움을 필요로 할 때 기꺼이 도우며 섬기고 있습니까? 우리 교회는 사람을 돌보고 긍휼히 여기는 공동체입니까? 회개한 죄인들을 기꺼이 맞아들이며 교회의 구성원으로 따뜻하게 환대하고 있습니까? 에베소 교회가 사랑 많은 공동체로 되돌아가기를 요구하셨던 것처럼, 그리스도는 오늘날 우리에게도 이웃을 사랑하는 데 전력을 다할 것을 요구하십니다.

"귀 있는 자는 성령이 교회들에게 하시는 말씀을 들으라!" 고대 에베소 교회뿐 아니라 오늘날 예수 그리스도의 모든 교회에게 하시는 말씀입니다.

— 2 —
서머나 교회

제2장

서머나 교회: 박해 속에서 인내하는 교회

[8] 서머나 교회의 천사에게 편지하라 처음이며 마지막이요, 죽었다가 살아나신 분이 이같이 말씀하신다 [9] 내가 네 환난, 즉 네 궁핍을 안다 그러나 실상은 네가 부유한 자다 그리고 스스로를 유대인이라 칭하는 자들로부터 네가 받는 비방을 안다 그러나 그들은 유대인이 아니다 사탄의 회당이다 [10] 너는 장차 받을 그 어떤 고난도 결코 두려워하지 말라 보라 마귀가 장차 너희 가운데에서 몇 사람을 감옥에 던져 시험을 받게 하려고 한다 너희가 십 일 동안 환난을 받을 것이다 죽도록 충성하라 그리하면 내가 생명의 관을 너에게 줄 것이다 [11] 귀 있는 자는 성령이 교회들에게 하시는 말씀을 들으라 이기는 자는 둘째 사망의 해를 받지 않을 것이다

그리스도의 칭호(2:8b)

처음이며 마지막이요, 죽었다가 살아나신 분이 이같이 말씀하신다(2:8b)

서머나 교회를 향한 설교는 향후 말씀하실 그리스도를 향해 "처음이며 마지막", 그리고 "죽었다가 살아나신 분"이라는 두 가지 칭호를 사용한다. 사실상 그리스도를 향한 모든 칭호는 요한계시록 1:9-20에 기록된 (그리스도에 관한) 환상 가운데, 요한이 각 교회의 상황과 연관이 있다고 여긴 표현을 선택한 것이다. 즉, 앞서 언급한 두 칭호와 관련된 서머나 교회의 현실이 본문에 여실히 드러난다. 일단 두 칭호는 1:17b-18에 기록된 그리스도의 말씀에서 유래된 것이다. "두려워하지 말아라. 나는 처음이며 마지막이요, 살아 있는 자다. 내가 전에 죽었으나, 보라. 나는 영원무궁토록 살아 있어 …." 두 칭호는 그리스도에게 **주권**이 있음을 강조함과 동시에 서머나가 처한 특정한 상황을 다루고 있다. 여기서 말하는 그리스도의 주권이란 곧 서머나 교회의 성도들에게 일어날 수 있는 모든 일—박해나 순교—에 대해, 그리스도께서 통치권을 갖고 계심을 뜻한다.

그리스도의 첫 번째 칭호인 "처음이며 마지막"은 요한계시록 안에서 두 차례 더 나타난다(초반부[1:17]와 후반부[22:13]). 이는 분명 구약성경에서 하나님이 자신의 언약 백성, 곧 이스라엘 앞에서 스스로를 계시하신 사건을 가리킨다. 이사야 41:4에서 하나님은 다음과 같이 자문자답하셨다. "이 일을 누가 행하였느냐? 누가 이루었느냐? 누가 처음부터 만대를 불러내었느냐? 나 여호와라. 처음에도 나요 나중 있을 자에게도 내가 곧 그니라"(사 41:4). (이사야서에서) 몇 장 더 뒤로 가면 그와 동일한 신적 칭호가 반복된다. "나는 처음이요 나는 마지막이라. 나 외에 다른 신이 없느니라"(44:6). 또한 하나님은 자신의 백성을 향한 말씀을 시작하시며 다음과 같이 단언하신다. "나는 그니 나는 처음이요 또 나는 마지막이라"(48:12).

구약성경을 인용한 요한계시록 본문은 일반적인 의미와 구체적인 의미 모두를 담고 있다. 그리스도의 첫 번째 칭호를 일반적인 의미에서 보면, 예수 그리스도의 **신성**(deity)을 강력하게 주장한다고 볼 수 있다. 즉, 그리스도가 구약의 하나님과 동일한 칭호로 묘사되기 때문에, 하나님과 동일한 신성을 갖고 있다고 보는 것이다. 이는 특히 서머나 성도들을 안심시키는 표현이었을 것이다. 그들은 주로 그리스도의 신성을 부인하는 유대인들("사탄의 회당")로부터 박해를 받았기 때문이다. 따라서 우리는 이 그리스도의 칭호가 의도적으로 선택되었다고 결론을 내릴 수 있다. 이러한 결론은 빌라델비아 교회 설교 안에 있는 평행 본문을 통해 뒷받침된다. 그 평행 본문은 그리스도의 칭호 "거룩하신 분, 참되신 분"(계 3:7)으로 시작되며, 서머나(설교)와 마찬가지로 빌라델비아에서 박해를 주도했던 유대 공동체(이들 또한 "사탄의 회당"으로 지칭된다)를 논박하는 가운데 그리스도의 신성을 강력히 주장한다.

구체적인 의미에서 첫 번째 칭호는 그리스도의 **주권**을 강조하고 있다. "처음이며 마지막"을 언급한 것은 전체를 설명하기 위해 두 극단을 활용하는 수사학 장치, 곧 메리스무스(merismus)에 해당한다. 요한은 이 칭호를 부여함으로써 예수 그리스도는 태초부터 존재했으며, 종말의 때까지 존재할 것을 천명하는 것이다. 이사야 41:4과 연결시켜 보면, 첫 번째 칭호는 하나님께서 첫 세대 이스라엘 백성들과 함께 계셨던 것과 동일하게, 그리스도께서 서머나의 그리스도인들과 함께 계시며, 또한 종말의 때 마지막 세대에 이르기까지 계속해서 함께 계실 것임을 강조하는 것이다. 신학적인 용어로 표현하자면 예수 그리스도는 역사에 주권을 행사하시고, 자신의 백성들이 역사 가운데 경험하는 일들을 통치하신다는 점에서 구약의 하나님과 동일한 분이시다. 이는 서머나 교회에 일어나는 모든 일들—즉, 성도들이 박해를 받거나 죽임을 당하는 일까지—이 그리스도의 주권 안에 있음을 뜻한다. 요한계시록에서 구약성경을 암시하는 다수의 본문에 특별한 관심을 기울이는 비일은 다음과 같이 언급한다(Beale 1999: 213).

> ["처음"과 "마지막"]이라는 표현은 역사를 주관하시는 하나님의 주권을 가리킨다. 이는 특히 예언의 성취, 그리고 이 세상의 일들을 구원과 심판 가운데 절정으로 이끌어 가는 것을 뜻한다. 하나님은 시간을 초월한 분이시고, 역사가 움직이는 방향을 다스리신다. 그분은 시작과 종결을 통치하는 분이시기 때문이다 … 이 표현은 이사야서에서와 마찬가지로 요한과 그의 독자들로 하여금 세상에서 일어나는 일들이 아무리 좋지 않아 보여도 결국엔 그리스도가 역사를 통치하심을 확신시키는 기능을 한다.

그리스도의 두 번째 칭호인 "죽었다가 살아나신 분"은 첫 번째 칭호를 확장한 것이며, 서머나의 상황과 더욱 직접적이고 구체적으로 연결된다. 그리스도의 주권은 살아 있는 자들이 경험하는 역사적 사건들에 국한되지 않는다. 역사에 대한 그리스도의 통치 영역은 죽음에까지 이른다. 모든 역사적 사건에 대한 그의 궁극적인 권능은 절대적이어서, 죽임을 당했으나 생명을 되찾으셨고, 그렇게 죽음에까지 권능을 행사하셨다. 또한 두 번째 칭호는 서머나 성도들이 직면한 문제들을 염두에 두고 있다. 서머나의 성도들은 "**죽음에 이르기까지**"(2:10, "죽도록") 박해를 견디고 있기 때문이다. 만약 그들이 박해를 견뎌낸다면 "**생명의 관**"(2:10)을 상으로 받을 것이며, "**둘째 사망**"(2:11)으로부터 해를 입지 않을 것이다. 예수 그리스도는 두 번째 칭호를 통해, "내가 겪어 봤고, 또 해본 일이다!"라고 말씀하시는 것이다. 박해와 순교까지도 견뎌내고 있는 교회가 자신들이 겪고 있는 일을 그리스도께서 먼저 겪으셨을 뿐 아니라, 또한 그가 생명을 넘어 죽음에 이르기까지 모든 역사를 주관하고 계신다는 이야기를 들었다면 분명 큰 위로를 받았을 것이다.

두 그리스도의 칭호와, 설교 후반부에 나오는 "두려워하지 말아라"(2:10)는 명령 간에 논리적 관계 역시 간과해서는 안 된다. 이는 곧 예수 그리스도께서 역사 가운데 일어나는 모든 일에 대해 주권을 갖고 계심을 드러내는 것이다("처음이며 마지막이요"). 그의 주권의 범위는 생명과 관련된 일들뿐 아니라 죽음과 관련된 일까지 이르기 때문에("죽었다가 살아나신 분"), 서머나의 성도들은 박해나 순교를 두려워할 필요가 없다. 이러한 논리적 연결고리는 요한계시록 1:9-20의 그리스도 환상에서도 찾아볼 수 있다. 요한을 향한 예수 그리스도의 말씀은 다음과 같이 시작된다. "두려워하지 말아라!" 그리고 이 명령 다음에 곧바로 다음과 같은 내용이 선포된다. "나는 처음이며 마지막이요, 살아 있는 자다. 내가 전에 죽었으나, 보라. 나는 영원무궁토록 살아 있어, 사망과 하데스의 열쇠를 가지고 있다"(1:17b-18). 이처럼 두 칭호의 기능은 명확하다. 바로 두려움에 떨고 있는 서머나 성도들을 안심시키는 것이다.

어떤 주석가들은 그리스도의 두 칭호 모두 지역의 상황을 암시한다고 생각한다. 2가지 연관 관계가 있을 수 있다. 서머나는 스스로를 가리켜 "아시아의 처음", "미와 규모 면에서 아시아의 처음"이라고 동전에 새겨 넣었는데, 이는 인근에 위치한 아시아 도시들, 곧 에베소나 버가모와 경쟁 관계에 있었기 때문이다(*British Museum Coins Ionia*, Sm. Nos. 405, 413-14; Ramsay 1994: 185). 일부 주석가들은 서머나가 스스로를 "처음"이라고 자랑한 것이 첫 번째 칭호("처음이며 마지막")의 역사적인 배경이라고 주장하기도 한다. 예를 들어, 오스본은 다음과 같이 말한다(Osborne 2002: 128). "서머나가 자부심이 넘쳐 스스로를 아시아 도시들 가운데 '처음'이라고 불렀지만, 오직 예수 그리스도만이 '처음'이라고 불릴 수 있는 합당한 이유를 갖추셨다. 이는 심지어 우주적인 차원에서도 그러하다. 서머나 설교는 끔찍한 박해에 직면한 교회에게 특별히 적용되는 말씀이다. 그들은 예수 그리스도가 여전히 권세를 갖고 계시며, 그들을 지켜보고 계신다는 사실을 들어야 했다"(D. Johnson 2004: 65도 이와 같은 입장이다). 물론 그리스도의 첫 번째 칭호가 둘 이상의 배경을 가지고 있을 수도 있다. 즉, 구약성경과 서머나 지역의 상황 모두를 암시하는 것이다. 그렇지만 지역의 상황을 암시한다는 입장은 그리스도의 칭호에 "처음"이라는 단어만이 아니라, "처음이며 마지막"이라는 두 단어가 짝을 이루고 있다는 사실 때문에 그 설득력이 현저하게 떨어진다. 게다가 고대 도시들이 동전이나 비문에 스스로를 가리켜 "처음" 또는 "[지역에서] 첫째"라고 표현하는 일은 흔했다. 서머나가 그렇게 표현한 것이 그렇게 특별한 경우가 아니었다.

그럼에도 상당히 많은 주석가들은 그리스도의 두 번째 칭호와 서머나 지역 상황 사이에 모종의 관계가 있다고 생각한다. 서머나는 주전 600년에 리디아인들에 의해 파괴되었고, 300년 동안 버려진 상태로 있었다. 그리고 주전 290년에 알렉산더 대왕의 장군들, 안티고노스(Antigonus)와 리시마코스(Lysimachus)가 본래의 위치에서 남쪽으로 약 4-5킬로미터 떨어진 곳에 도시를 재건했다(Strabo, *Geography* 14.1.37; 또한 Pausanias, *Description of Greece* 7.5.1-3을 보라). 서머나에 살았던 유명한 로마인 연설가 아엘리우스 아리스티데스(Aelius Aristides, 주후 117-181년)는 서머나의 파괴와 재건된 모습을, 죽었다가 마법처럼 되살아나는 전설의 불사조 피닉스(phoenix)에 견주었다(*Orations* 21). 그렇기에 그리스도의 두 번째 칭호인 "죽었다가 살아나신 분"은 서머나의 역사 속 그러한 전통을 암시하는 것일 수 있다. 이러한 주장을 처음으로 펼친 램지는 다음과 같이 결론을 내린다(Ramsay 1994: 196-97). "모든 서머나인들은 그러한 칭호에 도시의 옛 역사가 비유되었음을 곧바로 알아차렸을 것이다 … 그 칭호를 가진 분과 같이 서머나는 말 그대로 '죽었다가 살아났다'"(Hemer 1986: 60-65을 보라. 그는 램지의 논거를 재검토하고 잠정적으로 그것을 수용한다. 또한 Morris 1969: 63; Osborne 2002: 128; D. Johnson 2004: 65도 그러하다). 하지만 서머나가 주전 600년에 파괴되고 그 인구가 상당히 감소했음에도, 그 정체성과 전통을 지속적으로 유지했고 극적으로 "죽음"을 맞이한 것은 아니었다는 증거가 존재한다. 또한 서머나는 주전 290년에 재건되었는데, 이는 요한계시록이 작성되기 거의 4세기 전이다. 따라서 주후 1세기 청중이 그 정도의 과거 사건과 그리스도의 칭호를 연결시킬 수 있었을 것 같진 않다. 이 2가지 지적을 감안하면, 서머나의 성도들이 그리스도의 두 번째 칭호를 "듣자 마자" 도시의 역사를 떠올렸을 것이라는 램지의 주장은 다소 과장된 측면이 있는 것 같다. 그럼에도 불구하고 아리스티데스가 주후 2세기경에 서머나의 역사를 피닉스에 비유한 것은, 서머나 시민들이 도시의 파괴와 재탄생에 대한 기억을 어느 정도는 갖고 있었음을 보여 준다. 따라서 도시의 사건들과 그리스도의 두 번째 칭호 간의 연관성은 확실하지는 않아도 어느 정도 가능성이 있다.

칭찬(2:9)

내가 네 환난, 곧 네 궁핍을 안다. 그러나 실상은 네가 부유한 자다. 그리고 스스로를 유대인이라 칭하는 자들로부터 네가 받는 비방을 안다. 그러나 그들은 유대인이 아니다. 사탄의 회당이다(2:9)

서머나 설교 역시 그리스도의 칭호에서 칭찬으로 전환할 때 예상대로 "내가 안다" 정형 문구를 사용한다. 예상과 다른 부분은 서머나 교회에 관해 그리스도께서 아는 부분이다. 보통 그리스도는 각 교회의 "행위"를 안다고 말씀하셨다(2:2, 19; 3:1, 8, 15; 그러나 버가모의 경우는 예외이다. 2:13을 보라). 하지만 여기서 는 서머나의 "환난"을 안다고 말씀하신다. 이러한 차이는 서머나 설교의 근본적인 주제를 드러낸다. 이는 이번 장의 제목에도 반영되어 있다. "서머나, 박해 속에서 인내하는 교회."

이 설교에서 가장 우선시되는 문제가 "환난"이기는 하지만, 그것이 "내가 안다" 문구의 유일한 목적어는 아니다. 그리스도는 서머나 교회가 "궁핍" 과 "비방" 속에 있다는 사실 또한 아신다. 이 세 명사가 중요성과 강조점에 있어서 동등한 것은 아니다. "환난"이 일반적인 개념으로서 칭찬 단락을 도입하는 역할을 하는 데 반해, "궁핍"과 "비방"은 교회가 당하고 있는 환난의 유형을 알려 주며 칭찬의 구체적인 내용을 전달하고 있다. 이는 앞서 에베소 설교와 같은 칭찬 패턴을 반복하는 것이다(2:2). 즉, 먼저 일반적인 용어("행위들")를 제시하고, 이어서 두 번째와 세 번째 용어("수고", "인내")가 좀 더 구체적인 표현으로 그 내용을 설명하는 것이다. 여기 2:9에서도 두 번째 용어("궁핍") 앞에 나오는 접속사(카이[kai])가 (앞서 나온 "환난"에 대해) 구체적으로 부연 설명을 하는 것처럼 보인다(BDAG 495.1.c). 따라서 이 칭찬은 다음과 같이 읽어야 한 다. "내가 네 환난, 즉 네 궁핍을 안다 … 그리고 스스로를 유대인이라 칭하 는 자들로부터 네가 받는 비방을 안다"(2:9). 일부 주석가들, 이를테면 토마스 는 이렇게 말한다(Thomas 1992: 162). "이 세 단어들[명사들] 간에 관계 문제는 첫 번째 단어("환난")가 일반적인 의미를 지니고 있고, 두 번째("궁핍")와 세 번째 단어("비방")가 그것을 구체적으로 설명하는 형태로 보는 것이 적절하다."

일반적인 칭찬("환난")의 내용을 구체적으로 밝히는 두 명사("궁핍", "비방")는 이어지는 삽입어구를 통해 보정된다. 즉, 두 번째 용어("궁핍")는 "실상은 네가 부유한 자다"를 통해, 그리고 세 번째 용어("비방")는 "그러나 그들은 유대인이 아니다. 사탄의 회당이다"로 보정된다.

일반적인 칭찬: "환난"

그리스도는 먼저 서머나 교회가 박해를 견디는 모습을 칭찬하신다. "내가 네 환난(틀립시스[thlipsis])을 안다." 틀립시스라는 단어는 사람들이 위기나 어려움을 겪는 동안 내면에서 일어나는 근심을 뜻한다(BDAG 457.2). 하지만 여기서는 훨씬 더 일반적인 의미로, 외부의 "압제, 환난, 고난"을 뜻한다(BDAG 457.1). 다시 말해서, 서머나의 그리스도인들이 견딘 환난은 그들의 믿음과 관련된 내면의 불안이 아니라, 그들이 그리스도의 이름을 지녔다는 이유로 외부에서 가해지던 박해였다. 그렇다면 이 맥락에서 틀립시스는 타락한 세상에서 살아가는 모든 인류에게 가해지는 일반적인 고통이 아니라, 그리스도인으로서 정체성을 지키는 데서 비롯된 특정한 고통을 의미한다고 볼 수 있다.

분명 서머나의 성도들은 평범한 사람들로서, 그리스도에게 받는 칭찬의 핵심 단어로 "환난"이 사용되기를 바라진 않았을 것이다. 그럼에도 불구하고 그들은 예수 그리스도의 제자로 살아가는 삶에 박해가 주어진다는 사실에 그다지 놀라지도 않았을 것이다. 이는 "처음이며 마지막"이신 분이 지상에서의 사역 가운데 그것을 분명하게 언급하셨기 때문이다. "너희가 내 이름으로 말미암아 모든 사람에게 미움을 받을 것이나"(마 10:22). 사도 바울 역시 상당히 직설적으로 언급하고 있다. "무릇 그리스도 예수 안에서 경건하게 살고자 하는 자는 박해를 받으리라"(딤후 3:12). 베드로는 그리스도인이라는 이유로 고난을 당하고 있는 사람들을 격려했다. "사랑하는 자들아, 너희를 연단하려고 오는 불 시험을 이상한 일 당하는 것 같이 이상히 여기지 말고"(벧전 4:12). 히브리서 저자는 청중들에게 그들의 믿음 때문에 당한 사회적 배척, 투옥, 재산 박탈 등의 고난을 상기시킨다. "전날에 너희가 빛을 받은 후에 고난의 큰 싸움을 견디어 낸 것을 생각하라. 혹은 비방과 환난(틀립시스)으로써 사람에게 구경거리가 되고 혹은 이런 형편에 있는 자들과 사귀는 자가 되었으니 너희가 갇힌 자를 동정하고 너희 소유를 빼앗기는 것도 기쁘게 당한 것은 …"(히 10:32-34). 이 본문들을 포함한 신약성경의 여러 본문들은, 그리스도인의 삶에 환난이 따를 수 있음을 분명히 명시하고 있다. 그리고 서머나의 그리스도인들은 이러한 진리를 믿음으로 감내하며 받아들였다.

구체적인 칭찬: "궁핍"

일반적인 칭찬에 이은 구체적인 칭찬은 서머나의 성도들이 믿음으로 인해 당하는 환난을 구체적으로 설명한다. 곧 그들은 궁핍(프토케이아[ptōcheia]) 가운데 있었다. 일부 학자들은 이 단어와, (연관 단어) 페네스(penēs)를 구분하기도 하는데, 여기서 굳이 그렇게까지 할 이유는 없어 보인다. 그 학자들에 따르면 프토케이아는 소유한 것이 아무것도 없는 상태를 가리키는 데 반해(즉, 극심한 빈곤), 페네스는 잉여 소유가 없는 상태를 가리킨다(즉, 중간 수준의 빈곤; Trench 1880: 128-129; Thomas 1992: 163; Mounce 1998: 74). 그리스어 용법에서 어느 정도 그러한 구분의 근거를 찾을 수도 있지만, 신약성경은 두 용어를 딱히 구분하지 않는다(Osborne 2002: 129n2). 바울은 마게도냐 성도들의 극심한 빈곤을 강조하는 데 있어, 프토케이아만 따로 사용하는 대신, "극심한 빈곤"이라는 의미의 전치사구, 카타 바뚜스(kata bathous)를 덧붙였다(고후 8:2). 물론 믿음 때문에 서머나의 성도들이 겪은 궁핍이 평가절하되어서는 안 된다. 다른 여섯 교회들의 설교에서는 경제적인 문제가 언급되지 않았다. 이 말은 곧 서머나 교회가 겪는 빈곤이 비정상적이며, 어쩌면 매우 극심했다는 의미이다.

서머나의 성도들이 궁핍하게 된 원인에 대해서 다음과 같은 근거들이 제시되었다. 물론 어떤 근거는 다른 근거들보다 더욱 개연성이 있을 것이다.

1. 초기 그리스도인들 대다수는 하층민으로 구성되었던 것으로 보인다(고전 1:26; 약 2:5). 따라서 서머나의 그리스도인들은 그리스도의 제자가 되기 이전부터 가난했을 수도 있다. 하지만 초기 교회의 구성원에 대한 이러한 견해는 지나치게 단순화된 견해이고, 비록 소수였을지라도 상류층이 존재했음을 반영하지 못한 견해이다. 게다가 서머나의 그리스도인들의 궁핍은 그들의 낮은 사회적 지위 때문이 아니라, 그리스도를 믿음으로 인한 부정적인 결과로 겪게 된 환난이다.

2. 그들이 궁핍에 처한 원인은 마게도냐 그리스도인들의 사례와 같이(고후 8:2-5; Swete 1907: 32) 자신들보다 더 어려운 형편에 있는 사람들에게 재물을 과도하게 나눠주었기 때문일 수 있다. 그러나 이러한 설명은 바울이 고린도 독자들을 부끄럽게 하려고 사용한 과장법을 인지하지 못한 것이다. 고린도 성도들은 그때까지도 다른 성도들에게 재정적인 도움을 주지 않았다. 이는 또한 앞선 견해와 마찬가지로, 서머나 성도들이 겪고 있는 궁핍을 그들에게 가해진 박해와 연결시키지 못하고 있다.

3. 그들에게 적대적인 주위 사람들, 유대인 혹은 이교도들에게 재산을 몰수당했고, 물건을 도난당했다는 견해이다. 이 견해는 히브리서 10:34("너희 소유를 빼앗기는 것도 기쁘게 당한 것은")과 같은 본문뿐만 아니라, 인류 역사 속에서 소외된 그룹(그리스도인이든 유대인이든, 혹은 다른 어떤 이들이든 관계없이)은 기득권층에게 물리적으로 위협을 받기 마련이라는 사례들을 통해서도 지지를 받는다.

4. 서머나에서 현실과 타협하지 않은 성도들은 적대적인 이교도 환경에서 경제적으로 성공하기 힘들었을 것이다(다수의 주석가들, 예를 들어 Charles 1920: 56; Caird 1966: 35; Thomas 1992: 163; Aune 1997: 161; Fanning 2020: 127n6을 보라). 당

시 노동자들은 대개 무역 조합(trade guild)에 속해 있었는데, 그런 단체의 조합원으로서 지위를 유지하기 위해서는 그리스도인에게 금지되었던 다양한 이교적 종교 행사에 참여해야 했을 것이다. 따라서 예수의 제자들은 힘든 결정을 내려야 했을 것이다. 조합원 자격을 유지하고 일자리를 지키기 위해 신앙을 타협할 것인가, 아니면 이교도 제의에 참여하기를 거부하고 실업과 궁핍의 위험을 무릅쓸 것인가(Schüssler Fiorenza 1991: 56; Witherington 2003: 98).

5. 성도들 중 일부는 징역형에 처해졌고, 죽을 위기에 놓이기도 했다(2:10). 이는 분명 그들이 부양해야 할 성도들과 가족 구성원들에게는 심각한 경제적 타격을 입혔을 것이다.

서머나 성도들이 겪은 궁핍의 원인으로 넷째 견해가 가장 가능성이 높아 보이긴 하지만, 한 가지 이상의 원인이 복합적으로 작용했을 수도 있다. 아마도 셋째, 넷째, 다섯째 견해가 제시하는 원인들이 혼합되었을 것이다. 어쨌든 한 가지 분명한 것은 경제적 어려움이 곧 서머나 성도들이 믿음 때문에 겪은 환난의 한 방식이라는 사실이다. 서머나 교회에는 번영과 부유의 복음이 없었다. 그리고 그리스도는 서머나 교회의 궁핍을 칭찬하셨다.

칭찬은 삽입어구로 보정된다. "그러나 실상은 네가 부유한 자다"(2:9). 이 삽입어구는 강한 역접 접속사, "그러나"(그리스어 알라[alla])로 시작되며, 겉으로 보이는 서머나 성도들의 궁핍을 강력한 어조로 뒤바꾸고 있다. 세상은 그들을 경제적으로 가난한 사람들이라고 보지만, 그리스도는 그들을 영적으로 부유한 사람들로 보신다! 따라서 이러한 보정은 고난을 당하는 서머나 성도들로 하여금 비천한 처지 속에서도 인내하고 믿음으로 살아가게 하며 어려운 일을 당하더라도 견딜 수 있게 하는 칭찬과도 같다. 또한 이 보정은 라오디게아 교회가 경제적으로 부유하나 영적으로는 궁핍한 상태에 있는 모습

(3:17, "너는 말하기를, '나는 부자다. 부유하여 부족한 것이 없다'라고 한다. 그러나 너는 네가 곤고하고 불쌍하고 가난하고 눈이 멀고 벌거벗은 것을 알지 못한다")과 날카로운 대조를 이룬다.

구체적인 칭찬: "비방"

그리스도의 칭찬은 서머나의 성도들이 믿음 때문에 겪는 환난의 또 다른 방식을 통해 구체적으로 드러난다. "그리고 스스로를 유대인이라 칭하는 자들로부터 네가 받는 비방을 안다"(2:9). 요한계시록 안에서 명사 블라스페미아(blasphēmia)는 동사 형태인 블라스페메오(blasphēmeō)와 더불어 신약성경 안에서 기본적인 의미로—"신성모독"(blasphemy), 즉 하나님께 반하는 무례하고 비방적인 말이라는 의미로—사용된다(13:1, 5, 6; 16:9, 11, 21; 17:3). 그러나 요한계시록 2:9에서 이 단어는 서머나의 그리스도인들을 향한 무례하고 비방적인 말을 뜻한다. 이 비방은 2가지 방식으로 이해될 수 있다. (1) 넓은 의미로 서머나의 그리스도인들에 대해 거짓 소문이나 악의적인 풍문을 퍼뜨리는 것을 뜻한다. (2) 좁은 의미로 그리스도인들을 시 당국에 공적으로 고발하는 행위를 뜻한다(이 2가지 가능성을 분명하게 구분하는 학자들 중 하나는 Aune 1997: 162이다).

1. 언어적 비방. 여기서 "비방"이라는 단어가 넓은 의미로 유대인들이 서머나 그리스도인들에 관해 거짓 소문을 퍼뜨리는 것을 뜻할 가능성은, 사도행전에서 동사 블라스페메오가 2가지 사건에서 사용된 것을 근거로 삼을 수 있다. 첫 번째 사건은 바울의 제1차 선교 여행 중 비시디아 안디옥에서 일어난 사건이다. 사도 바울의 말을 듣기 위해 많은 사람들이 몰려드는 것을 보고 그 지역의 유대인들은 "시기가 가득하여 바울이 말한 것을 반박하고 비방"했다(행 13:45). 두 번째 사건은 바울의 제2차 선교여행 중 고린도에서 일어난 사건이다. 바울은 그곳 회당에서 강론을 하고 있었는데, 그로 인해 유대인들이 "대적하여 비방"하는 일이 발생했다(18:6). 비록 동사 블라스페메오가 사용되진 않았지만, 세 번째 사건은 이고니온에서 일어났다. 곧 그리스도를

믿지 않는 유대인들이 바울과 바나바를 향해 악감정을 품도록 이방인들의 "마음을 선동"했다(14:2). 비방이 넓은 의미로 사용된 용례는 교부들의 글에도 나타난다. 교부들은 기독교 초기부터 이미 유대인들이 그리스도인들에 대해 악의적 소문을 퍼뜨렸다고 말했다(Justin, *Dialogue with Trypho* 17.1; 108:2; 117.3; Tertullian, *To the Nations* 1.14; Origen, *Against Celsus* 6.27; 추가로 Aune 1997: 162을 보라). 그리스도인들을 비방하려는 목적으로 내뱉는 거짓말 중에는 식인(주님의 살과 피를 먹는 것), 근친상간("형제들"과 "자매들"에 대한 사랑을 표현하는 것과 서로 입맞춤으로 인사하는 것), 무신론(하나님 한 분 외 모든 신들에 대한 경배를 거부), 반역(황제와 로마 제국에 대한 충성심을 그리스도와 그의 나라에 대한 충성심으로 대체) 등이 포함되어 있다.

2. 고발. 서머나 교회가 받은 비방은 좁은 의미에서, 그리스도인들에게 공적인 혐의를 씌워 도시의 정치 지도자들을 통해 고발을 제기하는 것을 뜻할 수도 있다. 이러한 고발의 사례는 바울의 제2차 선교여행 중 고린도에서 일어났다. 유대인들은 바울을 "법정"(베마[*bēma*])으로 데려가 아가야 총독 갈리오에게 고발했다(행 18:12-13). 유대인들이 그리스도인들을 고발한 또 다른 사례는 서머나에서 발생했다. 이로 인해 주후 155년 폴리캅은 순교까지 하게 되었다. 서머나의 유대인들은 총독 앞에서 당시 86세였던 폴리캅을 다음과 같이 고발했다. "이 사람은 아시아의 교사이자, 그리스도인들의 아버지이며, 우리 신들의 타도자로서 많은 사람들을 잘못 가르쳐 신들에게 제물을 바치거나 경배하지 못하도록 했습니다"(*Martyrdom of Polycarp* 12.2). 좁은 의미에서의 고발을 지지하는 근거는 또한 서머나 설교에서도 찾아볼 수 있다. 그리스도는 성도들에게 "마귀가 장차 너희 가운데에서 몇 사람을 옥에 던져"라고 말씀하시고는, 이어서 그 성도들에게 "죽도록 충성하라"고 명령하신다(2:10). 징역형과 사형은 그리스도인들에게 제기되는 구체적인 고발에 의해서만 가능했을 것이며, 악의적 풍문이나 거짓 소문으로는 이루어질 수 없었을 것이다.

비방을 고발로 해석할 수 있는 또 다른 근거는 소(小) 플리니우스(Pliny the Younger)가 주후 111-112년 폰투스(Pontus)와 비두니아(Bithynia)의 총독이었던 시절, 트라야누스(Trajan) 황제와 주고 받았던 서신에서 찾아볼 수 있다. 이 서신을 보면 당시 서머나로부터 제법 가까운 곳에서, 그리스도인들을 향해 이루어진 고발 문제가 매우 심각한 문제였음을 알 수 있다. 플리니우스는 트라야누스 황제에게 그리스도인들에 대한 재판을 어떻게 진행해야 할지, 지침을 달라고 요구하면서 다음과 같이 기록했다.

한편, 그리스도인이라면서 저에게 **고발**된 자들의 경우 저는 다음과 같은 절차를 따랐습니다. 먼저 그들에게 그리스도인 여부를 심문했습니다. "그렇다"고 고백한 자들은 두 번째, 세 번째 심문을 진행했습니다. 처벌하겠다고 위협을 했고, 끝까지 버틴 자들은 처형하도록 지시했습니다 …

수사가 진행되는 과정에서 종종 경험하는 바와 같이 고발 건이 점점 늘어났고, 몇 가지 사건이 발생했습니다. 많은 사람들의 이름이 담긴 익명의 문건이 게시된 것입니다. 자신이 현재, 혹은 과거에 그리스도인이었음을 부인하는 자들의 경우, 제가 불러주는 대로 신들의 이름을 부르고, 폐하의 형상(이를 위해 신들의 조각상과 함께 가져오도록 했습니다) 앞에 향을 피우고 술을 따르며 기도하고, 그리스도를 저주한다면(이러한 일들은 진정한 그리스도인들이라면 강제로 시켜도 결코 하지 않는다고 합니다), 석방되어도 괜찮다고 생각합니다. **정보원을 통해 지명된** 다른 이들은 자신들이 그리스도인임을 밝혔으나, 곧 그 사실을 부인했습니다. 그러면서 과거에는 그리스도인이었으나 배교했다고 합니다. 그들 중 일부는 2-3년 전에 그리했다고 하고, 또 일부는 수년 전에 그리했다고 하며, 또 일부는 25년쯤 전에 그렇게 했다고 합니다. 그들은 모두 폐하의 형상과 신들의 석상에 경배했고, 그리스도를 저주했습니다. (*Letters* 10.96, 강조는 추가)

트라야누스 황제는 플리니우스 총독이 그리스도인들에 대한 고발을 다루는 방식을 인정했다.

> 친애하는 플리니우스 총독, 총독은 그리스도인으로 고발된 자들의 사건을 면밀히 조사하면서 적법한 절차를 준수했습니다. 이러한 사건들을 처리함에 있어 고정된 기준으로 적용할 만한 일반적인 법률을 제정하기는 불가능합니다. 그들[그리스도인들]을 수색해서 찾아내서는 안 됩니다. 만약 그들이 고발되어 유죄임이 드러나면 처벌을 받아야 합니다. 단, 자신이 그리스도인이라는 사실을 부인하고 우리의 신들을 경배함으로써 그것을 증명한다면 과거에 혐의를 받았다고 할지라도 회개를 통해 사면을 받아야 할 것입니다. 그러나 익명으로 게시된 고발장이 기소의 근거로 사용되어서는 안 됩니다. 이것은 위험한 선례를 남길 수 있고, 또 우리 시대의 정신과도 맞지 않기 때문입니다. (*Letters* 10.97)

플리니우스는 "정보원을 통해 지명된" 그리스도인들을 언급하는데, 이 정보원은 그리스도인들에 관해 단순히 악의적 소문을 퍼뜨린 사람이 아니라 총독에게 공식적으로 고발한 사람을 가리킨다. 키너는 이렇게 말한다 (Keener 2000: 116). "이 비방은 로마인들이 고소인(*delatores*)이라고 부르는 '정보원'(의 고발)을 가리킬 가능성이 높다. 로마의 관료들은 어떤 사건을 기소하기에 앞서 대개 정보원들을 고발자로서 의존했는데, 이는 요한계시록의 저술 직후 수십 년이 지난 뒤 아시아의 그리스도인들이 기소를 당할 때 일어났던 일이다."

플리니우스는 그리스도인들에 관한 정보를 제공한 사람의 신원을 밝히지 않았지만, 서머나 설교는 "스스로를 유대인이라 칭하는 자들"이라며 그 정체를 밝히고 있다. 요한계시록이 기록된 시대에 유대인들의 정치적 상황은 매우 위태로웠고, 그 때문에 유대인들은 로마 당국에 그리스도인들을 고발했다. 로마는 유대교를 합법적인 종교로 인정하고 유대인들이 모임을 가지는 것을 허용했을 뿐 아니라, 유대인들이 우상숭배의 죄를 짓지 않도록 황제 숭배나 다른 이교도 제의에 참여해야 하는 의무를 특별히 면제해 주었다. 그러나 제1차 유대인 반란(주후 66-73년)은 이러한 특권을 빼앗길 위험을 일으켰다. 유대인들은 예루살렘 성전을 지원하기 위해 내는 연례 성전세를 내지 못하게 되었고, 그 대신 로마를 위해 새로운 주피터 신전 건설을 지원해야 했다. 주후 70년 이후와 같은 정치적 상황에서 서머나의 유대인들은 유대 그리스도인들의 외견상 반-로마적 행동으로 인해, 자칫 지역 당국이 회당에 제재를 가할 수도 있음을 우려했으며, 이러한 이유로 그들의 공동체 안에서 그리스도인들을 축출했다. 위더링턴은 다음과 같이 말한다(Witherington 2003: 99-100). "이에 소아시아와 다른 곳에 있던 유대인들이 그들의 사회적 지위를 위기에 빠뜨릴 수도 있는 모든 메시아닉 유대인들 혹은 개종자들을 뿌리 뽑는 것은 당연한 일이었다." 이와 유사하게 키너는 다음과 같이 언급한다(Keener 2000: 115). 서머나의 유대인들은 "그들을 내버려 둘 여유가 없었고, 많은 아시아의 유대인 지도자들은 아마도 기독교와 같은 선지자적, 메시아닉 운동과 연관되는 것을 염려했을 것이다"(또한 Fanning 2020: 128).

　유대인들이 정치적인 상황 때문에 서머나의 그리스도인들을 고발했을 수도 있지만, 시 당국 역시 그러한 고발을 심각하게 다뤄야 할 정치적인 이유가 있었다. 서머나는 로마를 향해 충성을 바친 전례가 있었다. 로마의 패권이 확립되기 전 주전 193년경, 서머나는 로마 여신에게 신전을 바친 아시아의 첫 번째 도시가 되었다(Tacitus, *Annals* 4.56). 당시 상황을 보면 로마의 숙적이었던 카르타고가 최종적으로 승리를 거둘 가능성도 있었고, 아시아 인근에 서머나가 기댈 만한 강력한 왕들도 있었다(예를 들어, 버가모의 아탈리드[Attalid] 왕조 등). 주전 84년 로마 장군 술라(Sulla)와 그의 군대는 서머나에서 제대로 된 복장을 갖추지 못한 채 혹독한 겨울을 맞이하게 되었는데, 이 상황을 전해 듣고, 서머나 도시의 시민들은 자발적으로 외투를 벗어 절박한 상황에 처한 군대에게 보냈다(Tacitus, *Annals* 4.56.3). 이에 로마의 원로원 의원인 키케로(Cicero, 주전 106-43년)는 서머나를 가리켜 "우리의 가장 신실하고 오래된 동맹 가운데 하나"라고 불렀다(*Philippic Orations* 11.2.5). 리비우스(Livy, 주전 59년-주후 17년)는 로마가 서머나의 "특별한 충성심" 때문에 서머나에 존경심을 갖고 있다고 기록했다(*History of Rome* 38.39.11). 이처럼 로마와 오래되고 끈끈한 관계 때문에 주후 26년 티베리우스(Tiberius) 황제는 아시아의 다른 10개 도시를 제쳐 두고 서머나를 선택해, 죽은 전임 황제 아우구스투스(Augustus)와 그의 아내 리비아(Livia), 원로원을 기리는 두 번째 황제 신전(첫 번째 신전은 버가모에 있었다)을 건설하고, 그 "신전의 수호자"(네오코로스[*neōkoros*])가 되는 영예를 부여했다. 서머나가 로마에 충성했다는 견해의 또 다른 근거는 도시에서 주조된 네로(Nero) 황제를 새긴 동전, 티투스(Titus)와 도미티아누스(Domitian) 황제에게 바쳐진 헌물, 도미티아누스와 트라야누스, 하드리아누스 황제의 조각상 등이다(Yamauchi 1980: 58). 로마는 서머나에게 "신전의 수호자"(네오코로스)라는 칭호를 두 차례 더 부여했는데, 이는 하드리아누스 황제 통치 시기에, 그리고 이후에 카라칼라(Caracalla) 황제 통치 시기에 이루어졌다.

이 모든 것은 서머나 시 당국이, 그리스도인들을 향한 유대인들의 고발에 적극적으로 반응했을 것이라는 점을 암시한다. 마운스는 이렇게 말한다(Mounce 1977: 93). "서머나와 같이 로마와 강력하게 연결된 도시에서는 시 당국이 조치를 취하도록 선동하는 것이 제법 간단한 일이었을 것이다."

궁핍을 견뎌내는 일에 대한 두 번째 칭찬과 마찬가지로, 고발을 견뎌내는 일에 대한 세 번째 칭찬 역시 곧바로 보정이 뒤따른다. 하지만 그리스도는 비방 그 자체를 보정하지 않고 비방의 출처를 밝히신다. "스스로를 유대인이라 칭하는 자들"의 경우 뒤이어 그 정체가 밝혀진다. "그들은 유대인이 아니다. 사탄의 회당이다." 강력한 역접 접속사("그러나"[*alla*])로 시작하는 부정문("유대인이 아니다")은 앞 구절과 날카로운 대조를 이룬다. 이를 통해 요한은 시 당국에 그리스도인들을 고발한 유대인들이 민족과 종교적인 측면에서는 유대인일지 모르지만 결코 진정한 유대인은 아니라고 강조하는 것이다. 교회를 박해하는 자들의 행위는 곧 그들이 "사탄의 회당"임을 드러내는 것이다. 이 충격적인 구절은 이후 빌라델비아 설교에도 나타나는데(3:9), 성경의 다른 곳에서는 전혀 나타나지 않는다. 이처럼 빌라델비아 설교는 서머나 설교와 몇 가지 중요한 공통점을 가지고 있다. 일단 "사탄의 회당"과 "스스로를 유대인이라 칭하나 실상은 그렇지 않다"라는 식의 표현이 공통으로 사용된다. 또한 두 설교에는 모두 책망 단락이 빠져 있다. 그리고 서론에서 살펴본 것처럼, 일곱 설교의 교차대구 구조에서 서로 마주보는 위치에 놓여 있다(두 번째 설교[B], 그리고 여섯 번째 설교[B']). "사탄의 회당"은 서머나 교회의 적대자들에게 특별히 더 잘 어울리는 칭호이다. 왜냐하면 "사탄"이라는 이름(히브리어 싸탄[šāṭān]에서 유래) 자체가 "적대자" 혹은 "반대자"를 뜻하기 때문이다. "사탄"이라는 이름은 요한계시록 중반부에서 "마귀"(12:9)라는 별칭과 함께 나타나며, "우리 형제들을 참소하던 자, 곧 우리 하나님 앞에서 밤낮 참소하던 자"(12:10)로 묘사된다. 로마 당국에 그리스도인들을 고발하던 서머나의 유대인들은 그와 같은 행동을 함으로써 그들이 진정한 유대인(즉, 하나님의 언약 백성)이 아니라, (비방과 참소의 근원인) 사탄의 손에 붙들린 도구임을 증명한 것이다.

대다수 주석가들에 따르면, 요한은 서머나의 유대인들이 진정한 유대인이 아니라고 **직접적으로** 서술함으로써, 진정한 유대인이 누구인지 **간접적으로** 암시하고 있다. 진정한 유대인은 바로 서머나의 그리스도인들, 즉 교회이다. 예를 들어, 허머는 다음과 같이 말한다(Hemer 1986: 67). "[요한계시록의] 저자는 '유대인'이라는 용어를 자신만의 방식으로 활용한다. 그는 진정한 하나님의 백성은 민족 그룹이 아니라 영적인 열방이라고 주장한다. 이제 그리스도인들이 진정한 유대인인 것이다." 비일과 캠벨도 유사한 주장을 펼친다

(Beale, Campbell 2015: 62). "유대 공동체가 거짓 유대인으로, '사탄의 회당'으로 여겨졌다는 것은 곧 그리스도에게 진정한 하나님의 백성(진정한 이스라엘)으로 받아들여진 것은 바로 교회였음을 확증한다." 교회가 진정한 이스라엘이라는 개념은 앞서 요한계시록 초반부에서 언급되었다. 요한은 그리스도께서 일곱 교회를 "아버지 하나님을 위하여 (우리를) 나라와 제사장"(1:6)으로 삼으셨다고 말하며, 과거에 하나님께서 이스라엘을 "제사장 나라 거룩한 백성"(출 19:6)으로 부르신 일을 반향한다. 이 개념은 요한계시록 1:17, 2:8, 2:10에서 재차 암시된다. "처음이며 마지막"(2:8), "두려워하지 말아라"(2:10)는 표현은, 이사야서에서 하나님이 이스라엘 백성에게 하신 말씀(사 41:4, 10; 44:2, 6, 8)을 반향하는 것이다. 이사야 시대에 하나님이 이스라엘에게 사용하신 표현을, 이제 그리스도가 서머나의 성도들에게 말씀하셨다는 것은 곧 교회가 진정한 이스라엘을 구성한다는 의미이다(Beale, Campbell 2015: 62).

이 중요한 개념은 바울서신을 통해 더욱 뒷받침된다. 바울은 로마서 2:28-29에서 진정한 유대인은 유대 민족이나 할례와 같은 표면적 특성으로 구분되는 것이 아니라, 하나님과 하나님의 아들을 믿는 믿음과 같은 이면적, 영적 특성으로 구분된다고 말한다. 바울은 로마서 후반부에서 (믿지 않음으로) 꺾여버린 감람나무의 원가지로 이스라엘을 묘사하는 반면, 이방인들은 "돌감람나무" 임에도 접붙임을 받았다고 말한다(롬 11:17-21). 바울은 빌립보서에서도 이방인들(교회)이 진정한 이스라엘을 이루고 있다고 서술한다. 바울은 유대인의 할례 관습에 호소하는 이들에 반대하며 다음과 같이 말한다. "하나님의 성령으로 봉사하며 그리스도 예수로 자랑하고 육체를 신뢰하지 아니하는 우리가 곧 할례파라"(빌 3:3). 바울은 또한 갈라디아서에서 상당한 분량을 할애하여 그의 이방인 독자들이 온전한 아브라함의 후손임을 언급한다(갈 3:6-9, 14, 15-18, 26-29; 4:21-31). 또한 후반부(6:11-18)에서는 그들을 향해 "하나님의 이스라엘"(6:16)이라는 표현을 사용함으로써 그들이 이미 진정한 이스라엘 혹은 종말의 때에 하나님의 백성으로서의 지위를 획득했음을 암시한다(이 논란이 많은 표현에 대한 논의는 Weima 2016: 172-75을 보라).

책망-없음!

그리스도는 매 설교마다 먼저 교회가 잘하고 있는 일을 칭찬하시고, 그 다음에 교회가 잘못하고 있는 일을 책망하신다. 칭찬에서 책망으로 전환될 때는 정형화된 표현, "그러나 내가 너를 책망할 것이 있다"(알라 에코 카타 수[*alla echō kata sou*]; 2:4, 에베소; 2:14, 버가모; 2:20, 두아디라)가 사용된다. 어떤 경우에는 이 책망 정형 문구(formula)가 생략되기도 한다. 즉, 책망과 대조되는 칭찬이 없기에 곧바로 그리스도가 교회를 꾸짖는 부분으로 넘어간다(사데와 라오디게아 설교의 경우). 따라서 서머나 설교에 책망 정형 문구 혹은 책망 단락이 생략되었다는 사실은 주의를 기울일 필요가 있다(여섯 번째인 빌라델비아 설교 역시 책망이 빠져 있다). 보통 성경 말씀은 각 구절이 말하는 내용이 중요하지만, 간혹 **말하지 않는 부분**이 더 중요한 경우도 있다. 책망이 완전히 생략되었다는 것은 곧 그리스도가 서머나의 그리스도인들(그리고 그들이 박해 가운데 인내하는 것)을 얼마나 높게 평가하시는지를 말해준다.

교정(2:10a)

너는 장차 받을 그 어떤 고난도 결코 두려워하지 말라. 보라, 마귀가 장차 너희 가운데에서 몇 사람을 감옥에 던져 시험을 받게 하려고 한다. 너희가 십 일 동안 환난을 받을 것이다(2:10a)

책망의 부재는 교정 단락에도 영향을 미친다. 서머나의 성도들을 향해서 어떠한 잘못도 지적되지 않기 때문에, 에베소(2:5), 버가모(2:16), 두아디라(2:21), 사데(3:3), 라오디게아(3:19; 빌라델비아 설교는 서머나 설교와 유사하다) 설교와는 달리 서머나 설교 안에는 "회개하라"는 명령—그리고 책망 단락에서 구체적으로 지적받은 내용과 정반대로 살아가라는 명령—이 없다. 그 대신 교정 단락에서 그리스도는 환난과 관련하여 서머나 성도들을 칭찬한 내용에 뒤이어, 장차 받을 고난을 두려워하지 말라고 명령하신다. "너는 장차 받을 고난을 두려워하지 말아라"(2:10).

과거에 그리스어 문법학자들은 부정과거 가정법(aorist subjunctive) 형태로 표현된 금지(부정 명령)와, 현재 명령법(present imperative)으로 표현된 금지 사이에 차이가 있다고 주장했다. 곧 전자는 아직 시작되지 않은 행위에 대해 경고하는 것이고("… 를 시작하지 말아라!"), 후자는 이미 진행 중인 행위에 대한 경고라고 보았다("계속해서 … 하지 말아라!"). 이러한 맥락에서 (요한계시록 2:10에 나오는 금지 표현은 현재 명령법이기 때문에) 일부 주석가들은 그리스도인들이 이미 두려움으로 가득 차 있었으며, 따라서 더 이상 두려워하지 말라는 명령을 의미한다고 생각했다(Brighton 1999: 72; 또한 Mounce 1977: 93n27; Thomas 1992: 166n37). 그러나 최근의 문법 연구들은 두 형태의 금지를 구별하는 것이 적절하지 않으며, 그 의미는 오직 문맥을 바탕으로 결정될 수 있음을 설득력 있게 논증한다(Fanning 1990: 335-40; Porter 1992: 220-29; Wallace 1996: 485, 714-17). 그럼에도 불구하고 두 형태 사이에는 의미상 차이가 존재한다. 현재 명령법은 행위가 진행되고 있는 속성을 좀 더 강조한다. 그렇다면 다음과 같이 번역함으로써 그 의미를 어느 정도 포착할 수 있을 것이다. "**결코** 두려워하지 말아라(Don't ever fear)." 그리스어 본문은 단순 부정 표현인 메(mē) 대신, 부정 수사 메덴(mēden, 하나도 아닌, 어떤 것도 아닌)을 사용함으로써 그 명령을 한층 더 강조하고 있다. 1:17에서 그리스도는 요한에게 "두려워하지 말아라"고 명령하신다. 그리고 2:10에서 그리스도는 더욱 강조된 표현으로 서머나의 성도들에게 명령하신다. "너는 장차 받을 그 어떤 고난도 결코 두려워하지 말아라"(2:10).

"네가 장차 받을 그 어떤 고난"이라는 표현이 서머나의 성도들의 귀에는 불길하게 들렸을 것이다. 그들은 이미 궁핍과 비방이라는 고난을 겪고 있었기 때문이다. 그런데 또 어떠한 고난이 기다리고 있다는 것일까? 그리스도는 감탄사 "보라"(이두[idou])로 말씀을 이어가신다. 이 감탄사는 앞으로 하실 말씀에 주의를 집중시킨다. (요한계시록에 이두는 26회 나오며, 그중 6회는 일곱 설교에 나온다: 2:10, 22; 3:8, 9[2회], 20.) "마귀가 장차 너희 가운데에서 몇 사람을 감옥에 던져 시험을 받게 하려고 한다"(2:10). 교회의 구성원 중 일부가 앞으로 감당해야 할 고난은 좀 더 강렬한 형태의 환난, 즉 순교를 가리킨다. 일반적으로 로마의 법률 제도는 범법자에게 징역형을 처벌로 내리지 않았다. 왜냐하면 범죄자들을 장기간 감옥에 가두는 일은 지나치게 많은 노력과 비용을 발생시켰기 때문이다(Ramsay 1994: 199; 또한 Hemer 1986: 68). 오운(Aune 1997: 166)은 고대 로마법에 관한 법률 서적 개요서, 다이제스트(Digest 48.8.9; 48.19.29; 48.19.35)에서 3가지 내용을 인용한다. 먼저 "감옥"은 재판을 기다리는 동안 예비적으로, 즉 임시 단계로 머무르는 곳이었다. 처벌은 벌금형 혹은 유배형(로마 시민권자 혹은 힘 있는 인물만이 유배형을 받을 자격이 되었다)에서부터 사형(가장 흔한 결과였다)에 이르기까지 다양했다. 서머나 설교는 서머나의 성도들 중 일부가 당할 더욱 심각한 환난이 곧 순교임을 분명히 밝히고 있다. 이를테면, "죽음"을 설교의 도입부와(2:8, "죽었다가"), 종결부에서(2:11, "둘째 사망") 언급하고 있다. 또한 "죽도록 충성하라"(2:10b)와 같은 명령도 나온다. 이에 대한 성경 외적인 근거로는 플리니우스 총독이 트라야누스 황제에게 보낸 서신이 있다. 이 서신은 그리스도인이라고 고발된 사람을 플리니우스가 세 차례 심문한 후 결국 처형을 명하는 모습을 이야기한다(Letters 10.96).

서머나의 성도들이 궁핍과 비방뿐 아니라 죽임을 당할 위기에 직면한 상황에서, 어떻게 그리스도께서는 그들이 "두려워하지 말아라"는 명령에 순종할 것을 기대하실 수 있었을까? 그리스도께서는 순교로 이어질 가능성이 높은 투옥을 두려워하지 말아야 할 한 가지 이유를 이미 알려주신 바 있다. 즉, 그리스도의 주권이 역사 가운데 일어나는 모든 사건을 주관하기 때문에 서머나 성도들이 당하는 고난조차 그의 통치 영역 바깥에서 일어나는 일이 아닌 것이다. 그리스도의 통치권은 죽음에서 부활하심으로 가장 분명하게 드러난 바 있다(2:8, 그리스도의 두 칭호에 대한 논의를 보라).

그리스도께서는 제자들에게 고난을 두려워하지 말아야 할 이유를 2가지 더 말씀하신다. 하나는 앞서 언급된 이유와 밀접한 연관이 있다. 일단 서머나 교회가 고난을 당하고 있는 이유는 2:10의 목적절에 암시되어 있다. "너희 가운데서 … 시험을 받게"(드물게 나타나는 2인칭 복수형["너희"] 동사가 이곳과, 곧바로 이어 나오는 동사["너희가 받을 것이다"]에 사용되었음을 주목하라. 이와 대조적으로 일곱 설교 전반에 걸쳐서는 대부분 집합 단수형[collective singular]이 사용된다). 그리고 시험의 주체가 명시되지 않은 채 수동태가 사용되고 있다. 이것은 이 장면의 배후에 존재하는 주된 행위자가 하나님이심을 가리킨다. 요한계시록 곳곳에서 이 신적 수동태(divine passive)가 빈번하게 사용되기 때문에 여기서도 그러한 수동태가 사용되었을 가능성이 높다(Osborne 2002: 133). 토마스는 이러한 견해에 대해 몇 가지 반론을 제시하면서도(Thomas 1992: 168), "행위자 하나님이 존재하는 강력한 사례"임은 인정한다. 또한 동사 "하려고 한다"(멜로[mellō])가 이 구절에서 두 차례 나타나는데, 이 동사는 하나님이 정하신 일을 소개하는 데 자주 사용된다(BDAG 628.2, "현재 부정사[inf.]와 함께 사용될 경우 신적인 결정에 필히 뒤따르는 일을 가리킨다." 또한 계 1:19; 12:5을 보라). 케어드는 서머나의 그리스도인들에 대해 다음과 같이 서술한다(Caird 1966: 36). "그들이 받게 될 고난은 또한 하나님의 뜻 가운데 그들의 믿음을 둘러싸고 일어날 시험이 될 것이다. 사탄이 유혹하려는 의도를 가져도 하나님은 그것을 시험으로 사용하신다. 요한계시록 전반에 걸쳐 요한은 사탄의 손(행위)이 이 세상의 일들 가운데 어떻게 감지될 수 있는지 보여주고자 한다. 그리고 결국 요한이 주장하는 것은 사탄이 하나님의 허락 없이 할 수 있는 일은 아무것도 없으며, 하나님은 사탄의 가장 교묘한 책략까지도 하나님이 설계한 뜻을 확장하는 데 사용하신다는 점이다."

서머나의 성도들이 "두려워하지 말아라"는 그리스도의 명령을 지킬 수 있다는 또 다른 근거는, 그들이 받는 고난이 짧은 기간 동안만 지속될 것이며, 또 결국 그들이 승리를 거둘 것이라는 데 있다. "너희가 십 일 동안 환난을 받을 것이다"(2:10, 여기서 사용된 시간의 속격[genitive of time]은 대개 어떤 일이 일어나고 있는 범위 내의 시간[during]을 가리키며, 목적격/대격의 경우 시간의 길이("동안에", for)를 가리키는데, 이 둘의 차이를 굳이 강조할 필요는 없다). "10일"을 문자 그대로 받아들일 수도 있다 (Thomas 1992: 170). 하지만 요한계시록 전반에 걸쳐 숫자 10을 포함한(12:3; 13:1; 17:3, 7, 12, 16), 여러 숫자들을 상징적으로 사용하고 있다는 점에서 2:10에서의 시간 언급도 다른 의미일 가능성이 높다. 대부분의 주석가들은 "10일"을 짧은 기간으로 이해한다. 래드는 이러한 대다수의 의견을 대표하는 학자이다 (Ladd 1972: 44). "'10일'이라는 숫자는 박해가 상대적으로 단기간 이루어질 것이라는 의미 외에는 특별히 더 상징적인 의미를 지니고 있지 않다 … 요한은 박해가 광범위하게 일어나기보다는 단기간 일정 지역 내에서 일어날 것이라고 보았다"(예를 들어, Hendriksen 1940: 65; Caird 1966: 35; Beasley-Murray 1978: 82; Aune 1997: 166; Osborne 2002: 134; Witherington 2003: 101).

"10일"이 다니엘서를 반향한다고 본다면 위와 같은 해석을 지지하는 추가적인 근거를 발견할 수 있다. 다니엘서는 다니엘이 세 친구와 함께 몸을 더럽히지 않기 위해 바벨론 왕의 음식을 먹지 않게 해달라고 요청하는 내용으로 시작한다(단 1:8-16). 그들이 (왕의 음식이 아닌) 다른 음식을 먹는 시험의 기간은 10일인데, 그 기간이 1장에서만 세 차례나 언급되며 강조되고 있다(단 1:12, 14, 15). 또한 다니엘과 세 친구가 다른 음식을 먹는 것이 곧 시험(페이라조

[peirazō]: 단 1:12, 14 칠십인역)이라고 두 차례나 언급되는데, 이 동사는 요한계시록 2:10에도 사용되었다. 요한계시록은 여러 차례 다니엘의 예언을 암시하는데(Charles 1920: lxviii-lxxxi에 따르면 27회), 이는 곧 요한은 자신의 청중들이 구약성경을 잘 알고 있기 때문에(Beale 1984; Moyise 1995: 45-63을 보라) 구약성경에 대한 암시를 쉽게 알아차릴 것이라 생각했음을 의미한다. 서머나의 성도들은 그들이 받게 될 시험이 다니엘과 세 친구가 받았던 시험과 같을 것이고, 짧은 시험의 기간 동안 그들의 주권자 하나님께서 자신들을 보호하실 것—다니엘과 세 친구를 보호하셨던 것처럼—이라는 사실을 깨닫고 위로를 얻었을 것이다. 윌슨은 다음과 같이 말한다(Wilson 2002: 263). "10일은 짧은 기간을 상징한다. 다니엘과 친구들은 더럽혀진 바벨론의 음식을 거부하고, 10일 동안 시험을 받았다. 그리고 그 기간이 지나갔을 때 그들의 정당함이 입증되었는데(단 1:12-15), 서머나의 성도들 또한 그렇게 될 것으로 기대된다"(Keener 2000: 116; Osborne 2002: 134; Fanning 2020: 129을 보라).

다니엘 1장에 대한 암시는 음식과 우상숭배 간의 관계 때문에 사용된 것일 수도 있다. 이는 서머나 교회를 비롯한 요한계시록의 모든 원-독자들이 직면했던 강렬한 유혹, 곧 우상에게 바쳐진 음식을 먹는 것과 평행을 이룬다. 다니엘이 음식으로 몸을 더럽히지 않으려 했던 것은 느부갓네살 왕의 음식이 바벨론의 신들에게 바쳐진 것이고, 따라서 그것을 먹는 것은 곧 우상숭배로 이어질 수 있기 때문이었다(칠십인역 단 1:8에서 사용된 동사 "더럽히다," 곧 알리스게오[alisgeō]는 우상숭배와 연결되어 있다. 행 15:20을 보라). 그렇다면 이 구약성경의 이야기는 우상에게 바쳐진 음식을 먹는 죄—그리스도가 다음 두 교회를 책망하시는 이유이다[버가모 2:14; 두아디라 2:20])—를 두고 자신들의 믿음을 시험받고 있는 소아시아의 교회들에게 강력한 본보기로 작용했을 것이다. 비일과 캠벨은 "10일"이 다니엘 1장과 우상숭배에 대한 유혹 모두를 암시한다고 주장한다(Beale, Campbell 2015: 63).

10일 동안의 박해가 문자 그대로의 10일을 의미할 필요는 없다. 이것은 다니엘과 친구들이 "시험받은" 10일을 암시하기 때문이다. 다니엘은 우상숭배에 타협하도록 유혹을 받았고, 아마도 그 때문에 그가 왕의 식탁에서 먹기를 거절했을 것이다. 그곳에서 제공되는 음식은 우상에게 바쳐졌던 것이었기 때문이다 (단 1:2; 5:1-4를 보라). 10일이 문자 그대로 10일이든 아니든, 중요한 점은 서머나의 성도들 또한 과거의 다니엘처럼 우상숭배에 타협해서는 안 된다는 점이다.

결과(2:10b, 11b)

이 설교의 구조에서 책망 단락이 생략된 것은 교정 단락뿐만 아니라 결과 단락에도 영향을 끼친다. 모든 설교는 그리스도께서 각 교회들이 (그들의 행위로 인해) 맞이하게 될 2가지 잠재적인 결과를 말씀하시며 마무리된다. 하나는 부정적인 결과로서, 교회가 그리스도의 교정 권고를 따르지 않을 경우 받게 될 처벌을 이야기한다. 또 하나는 긍정적인 결과로서 교회가 회개하고 그리스도의 도움으로 구체적인 죄를 이겨낼 때 받게 될 상을 이야기한다. 그리스도는 서머나 교회를 향해 아무런 책망을 하지 않으셨기에, 처벌에 대한 경고 대신 또 다른 상을 언급하시며 그들을 위로하신다. 따라서 서머나 설교는 2가지 긍정적인 결과로 마무리된다.

첫 번째 긍정적인 결과(2:10b)

죽도록 충성하라. 그리하면 내가 생명의 관을 너에게 줄 것이다(2:10b)

첫 번째 결과에는 역설이 포함되어 있다. 만약 서머나 성도들이 **죽기까지**

박해를 견뎌 낸다면 그들은 영원한 **생명**을 상으로 받게 될 것이다. 그리스도는 이렇게 약속하신다. "죽도록 충성하라. 그리하면 내가 생명의 관을 너에게 줄 것이다"(2:10). 앞서 나온 2개의 동사는 복수형이었지만("너희 가운데에서 … 시험을 받게 하려고 한다", "너희가 … 환난을 받을 것이다"), 여기서 "충성하라!"(기누 피스토스[*ginou pistos*])는 명령은 다시 집합 단수형으로 표현된다. 이는 감옥에 갇혀 죽임까지 당하는 박해를 겪게 될 사람들 외에도 교회 전체를 (그 대상으로) 염두에 두고 있기 때문이다. 첫 번째 결과가 특별히 순교를 앞둔 사람들에게 더 위로가 되었겠지만, 그럼에도 그리스도는 믿음의 영웅들에게만 아니라 그의 제자들 **모두**에게 생명의 관을 주실 것이다(약 1:12, "주께서 자기를 사랑하는 자들에게 약속하신 생명의 관").

일부 주석가들은 "충성하라"는 명령이 곧 서머나 도시가 수 세기에 걸쳐 로마에 보인 충성심을 암시하는 표현으로 본다(특히 Hemer 1986: 70-71; Ramsay 1994: 200-202을 보라). 서머나 도시가 로마에게 높은 충성도를 보인 것은 사실이다(앞서 2:9b에 관한 논의 참고). 하지만 "충성[신실]하다"(피스토스[*pistos*])는 요한계시록 전체에 걸쳐 흔하게 나타나는 용어이다. 따라서 로마에 대한 서머나 도시의 충성심을 암시하려는 의도가 내포되어 있을 가능성은 낮고, (소아시아의 다른 지역은 차치하고서라도) 서머나 사람들이 그러한 의미로 이해했을 가능성도 낮다. 그 용어는 주로 그리스도인들을 향한 예수 그리스도의 신실하심(1:5; 3:14; 19:11; 또한 14:12도 가능성 있음)과, 묵시의 말씀(21:5; 22:6)을 설명하는 데 사용된다. 또한 서머나 설교에서처럼 그리스도인들에게 적용되면, 박해와 죽음을 앞둔 상황 속에서도 하나님과 그리스도와 복음을 향해 충성[신실]하는 것을 가리킨다(2:10, 13; 또한 17:14을 보라). 트라야누스 황제에게 보낸 플리니우스의 서신을 보면, 서머나의 그리스도인들은 충성(신실)했기 때문에 이방 신들의 이름을 부르는 것과, 로마 황제의 형상에 분향하고 술을 따르는 것, 그리스도를 저주하는 것을 모두 거부하고 결국 순교를 당했다고 한다. 전치사구 "죽도록[죽기까지]"은 사람의 충성(신실함)에는 한계가 없음을 밝히고 있다(전치사 아크리[*achri*]는 "~까지"라는 의미뿐 아니라 "~을 포함하여"라는 의미도 지니고 있다; BDAG 160.1.b; 행 22:4; Hemer 1986: 71을 보라). 복음서도 이와 동일한 주제를 다루고 있다. 그리스도께서는 제자들을 부르시면서, "자기 십자가를 지고 따르라"고 말씀하셨다(마 10:38; 16:24; 막 8:34; 눅 9:23; 14:27). 이는 자기 부인에 대한 단순한 은유가 아니라, 무슨 일이 있어도, 심지어 죽기까지 그에게 "충성[신실]하라"는 직접적인 도전이다(Osborne 2002: 135).

순종에는 큰 대가가 따르고 심지어 때론 죽음에 이를 수도 있다. 하지만 그에 따른 상은 더욱더 크다. 그리스도께서는 박해 속에서 인내하는 서머나의 성도들에게 "생명의 관"을 주실 것이라고 말씀하신다(동격[appositional]의 속격이든 보충 설명[epexegetical]의 속격이든 직역하면, "관, 곧 생명"이다). 이 관은 왕과 왕비가 쓰는 왕관(디아데마[*diadēma*])이 아니라, 승리한 운동선수와 개선장군이 쓰는 화관(스테파노스[*stephanos*])을 가리킨다. 요한계시록 안에서는 2종류의 관이 모두 언급된다. 먼저 "왕관"(diadem)이 사용된 대상을 보면, 머리가 일곱 달린 용(12:3), 뿔이 열 개 달린 바다 짐승(13:1), 그리스도(19:12) 등이 있는데, 주로 왕권을 주장하는 맥락에서 사용된다. 그보다 더 자주 나타나는 "화관"(wreath)의 경우, 영적 대결/전투에서 승리한 자들의 머리를 장식하는 군사적 이미지로 사용되거나(6:2; 9:7; 12:1; 14:14), 혹은 운동 경기 은유 안에서 신실한 성도들이 받을 신앙의 상을 가리키는 데 사용된다(2:10; 3:11; 4:4, 10). 당시에 화관은 종려나무와 같은 나무의 가지, 꽃, 혹은 다른 식물 형태(예를 들어, 셀러리나 파슬리 등)를 엮어 만들어졌다. 따라서 당시 관 혹은 화관은 성도들에게 주어지는 "썩지 않는"(고전 9:25), "시들지 않는"(벧전 5:4) 관과는 대조적으로 금세 시들어 버렸다. 현대 사회와 마찬가지로 고대 사회는 스포츠에 열광했는데, 실제로 로마 제국 전역에 걸쳐 운동 경기가 열렸다. (요한이 설교에서 다룬) 일곱 도시들 가운데 두아디라를 제외한 나머지 모든 도시들 안에서 그러한 경기가 열렸다는 기록이 존재한다(Wilson 2002: 265). 또한 파우사니아스(Pausanias)는 서머나가 주관한 이오니아(Ionian) 경기를 언급하기도 했다(*Description of Greece* 6.14.3). 이러한 운동 경기와 연관된 승리의 화관은 "로마 제국 내 아시아에서 모든 성인과 대부분의 어린이에게 친숙한 상징"이었다(Keener 2000: 117). 그리고 그 상징이 그처럼 널리 알려져 있었다는 것은 곧 서머나의 성도들이 승리의 화관의 은유와, 그것이 가리키는 영생의 약속을 곧바로 알아차렸음을 의미한다. 한편, 에베소 설교와 평행을 이루는 부분 역시 간과할 수 없다. "생명나무"가 에베소 성도들을 기다리고 있는 (생명의)종말론적 축복을 상징하는 것처럼, "생명의 관" 또한 서머나 성도들에게 종말에 주어질 상을 가리키고 있다.

이 화관 은유 안에는 지역을 암시하는 의미가 한 가지 더 담겨있다. 일부 고대 작가들은 화관 은유를 활용하여 서머나의 아크로폴리스가 위치한 파

고스(Pagos)산을 원형으로 둘러싸고 있는 웅장한 건물들을 묘사한 바 있다. 이를테면, 생애 대부분의 시간을 서머나에서 보낸 그리스 연설가 아엘리우스 아리스티데스(Aelius Aristides, 주후 117-181년)는 서머나가 대지진을 겪고 난 후 복구되는 과정을 묘사하면서 화관 은유를 활용한 바 있다. "이오니아는 자신의 화관을 지켜냈다"(*Orations*

그림 2.1. 승리의 화관을 쓴 채 달리는 운동선수.
서머나의 북쪽에 위치한 에게해 해안 키메(Kyme)에서 발견된 실제 크기 청동상. 후기 헬레니즘 시대(주전 2-1세기). 튀르키예, 이즈미르, 고고학 박물관.

22.443). 아리스티데스는 또 다른 구절에서 서머나의 아름다움을 "아리아드네 (Ariadne)의 화관"과 비교할 뿐만 아니라, 그 화관을 "도시의 상징"이라고까지 표현했다(*Orations* 15.374). 또한 그리스 철학자 아폴로니우스(Apollonius, 주후 1세기)는 서머나의 시민들에게 도시의 아름다움보다 그들 자신에 대해 더 큰 자부심을 가지라고 촉구한 바 있다. "주랑(포르티코[porticoes], 즉 건물)의 화관보다 사람의 화관이 훨씬 더 매력적이다"(*Life of Apollonius* 4.7). 이와 같은 고대 기록들을 토대로 램지는 다음과 같이 주장한다(Ramsay 1994: 186). "'서머나의 화관'은 서머나인들에게 친숙한 표현이었으며, 그 표현은 의심의 여지없이 파고스 언덕의 외양에서 유래한 것이다. 파고스 언덕의 둥근 상단에는 위풍 당당한 공공 건물들이 자리하고 있었고, 도시는 언덕의 경사면을 원형으로 (따라)내려가는 가운데 펼쳐져 있었다." 화관이 서머나의 상징으로 기능했다는 또 다른 근거는 화관 문양을 지닌 지역 비문들(발굴된 것의 약 20퍼센트에 해당)에서 찾아볼 수 있다(Horsley 1983: 52, §17). 따라서 "생명의 관"이라는 표현은 운동 경기에서의 승리를 은유하는 일반적인 용례 때문만 아니라, 또한 서머나의 성도들과 특별한 연관이 있기 때문에 선택된 것이다(Hemer 1986: 73-75; Keener 2000: 117; Wilson 2002: 264-65; Witherington 2003: 101). 도시의 상징이 화관인 곳에서 살다가 감옥에 갇히고 죽음까지 코앞에 들이닥친 상황에 놓인 이들에게, "생명의 관"은 특히 더 의미 있는 약속이었을 것이다. 화관 은유는 고대 사회 어디에서나 흔하게 사용되었기 때문에, 그 표현이 지역을 암시한다고 단정짓기보다는 그럴 가능성이 있다는 정도로 결론을 내리는 것이 적절할 것 같다(Aune 1997: 168의 비판을 보라). 그럼에도 앞서 언급한 증거를 감안해보면, "생명나무"가 특별히 더 에베소 교회에 어울리는 상이었던 것과 같이, "생명의 관" 역시 서머나의 박해받는 성도들에게 특별히 더 어울리는 상이라 할 수 있다.

두 번째 긍정적인 결과(2:11b)

> 이기는 자는 둘째 사망의 해를 받지 않을 것이다(2:11b).

교회가 영적으로 건강하든(서머나와 같이), 병들어 있든(다른 대부분의 교회들 같이) 상관없이 모든 설교는 항상 승리에 대한 약속으로 마무리된다. "이기는 자는 둘째 사망의 해를 받지 않을 것이다"(2:11b). 다른 교회에서와 마찬가지로 이 승리는 인간의 성취가 아니라, 신적인 선물이다. (요한문헌 안에서 동사 "승리하다"의 중요성에 대한 자세한 설명은 2:7b에 관한 주석을 참조하라.) 그리스도께서 승리하는 성도들에게 주실 상은, 앞의 구절에서 약속하신 것과 전혀 다른 무언가가 아닌, 그 약속과 대칭하는 것이다. 즉, 앞에서는 서머나의 성도들이 "생명의 관"(즉, 영원한 생명)을 받을 것이라는 긍정문이 사용되었다면, 여기서는 "둘째 사망"(즉, 영원한 죽음)을 받지 않을 것이라는 부정문이 사용되었다.

구약성경 안에 정확하게 "둘째 사망"이라는 표현은 나오지 않는다. 그 표현은 유대교(Judaism)에 뿌리를 두고 있으며, 타르굼(targum, 히브리 성경을 아람어로 번역한 것이다)에서도 언급된다. 신명기 33:6의 타르굼은 "둘째 사망"이라는 표현을 사용할 뿐 아니라 몇 가지 설명까지 덧붙이고 있다. "르우벤이 이 세상에서 살기를 바라며, 그가 '둘째 사망'으로 죽지 않기를 바란다. 그것은 앞으로 다가올 세상에서 죽는 악한 죽음이니"(타르굼 옹켈로스 신 33:6; 또한 타르굼 사 22:14; 65:5-6, 15; 타르굼 네오피티 신 33:6; 타르굼 렘 51:39, 57을 보라). 요한계시록 2:11b은 "둘째 사망"의 개념을 가리키며, 악인이 물리적인 죽음("첫째 사망")을 당한 후에 받는 영적인 처벌로 묘사한다. 이는 요한계시록 후반부의 세 구절(20:6, 14; 21:8)에서 반복되어 강조된다. 이 중 마지막 두 구절은 "둘째 사망"을 악인의 최종 목적지인 "불못"(lake of fire)으로 칭한다. "그러나 비겁한 자들과 신실하지 못한 자들과 가증한 자들과 살인자들과 음행하는 자들과 마술쟁이들과 우상숭배자들과 모든 거짓말쟁이들은 불과 유황이 타오르는 못에 던져질 것이며, 이것이 둘째 사망이다"(21:8).

어떤 이들은 요한이 이처럼 흔하지 않은 표현을 선택한 것은, 적대적인 지역 유대인들, 즉 그리스도인들을 지역 당국에 고발하거나, 물리적인 죽음 후에 영원한 처벌이 기다리고 있다고 위협하며 조롱하는 이들에게 응답하기 위함이라고 추측하기도 한다(Hemer 1986: 76, 77). 그러나 요한이 "둘째 사망"이라는 표현을 선택한 의도는 논쟁을 벌이려는 의도보다는 순교에 직면한 이들에게 상으로 약속된 "생명의 관"과 대조를 이루기 위한 의도였을 가능성이 더 높다. 서머나의 성도들은 둘째 사망이 자신들을 "전혀" 해하지 못할 것이라는 약속에 위로를 받았을 것이다. (부정과거 가정법[aorist subjunctive]과 함께 사용된 이중 부정 구조 우 메[ou mē]는 그리스어에서 가능한 가장 강력한 형태의 부정이며[BDF 365], 여기서는 약속을 강조하는 기능을 한다.) 다시 말해, 서머나의 성도들은 상대적으로 남들보다 빨리 "첫째 사망"과 같은 물리적인 고통을 당할 수도 있지만, 그보다 훨씬 더 큰 고통인 영적인 사망, 영원한 "둘째 사망"은 절대로 겪지 않을 것을 확신하게 된 것이다.

우리를 향한 말씀

서론

성경 외 자료들 가운데서 발견되는 가장 이른 시기의 순교 이야기는 '폴리캅'이라는 교부에 관한 이야기입니다. 그는 본래 사도 요한의 제자였는데, 요한이 죽은 후에는 서머나 교회의 감독이 되었습니다. 서머나 교회는 오늘 우리가 함께 살펴본 설교, 곧 예수님께서 보내신 설교를 받은 교회입니다. 주후 155년 폴리캅은 시 관료들 앞에 끌려가 무신론자라는 죄목으로 고발을 당했습니다. 어떻게 그리스도인이 신의 존재를 믿지 않는다는 혐의를 받을 수 있었는지 의아할 수도 있지만, 그 혐의가 사실 어떤 면에서는 말이 되기도 합니다. 그리스도인들은 고대 그리스인들과 로마인들이 숭배했던 여러 신들(혹은 여신들)을 믿지 않았고, 그와 같은 이유에서 무신론자로 여겨졌습니다. 그리스도인들이 다른 신을 섬기는 것 때문에 곤란을 겪게 된 것이 아닙니다. 그리스도인들이 주위 이교도들을 자극한 부분은, 참 하나님 한 분을 믿으면서, 다른 모든 신들을 거부한 배타성이었습니다. 그래서 그리스도인들의 지도자이자, 서머나 교회의 감독이었던 폴리캅은 무신론자라는 죄목으로 화형에 처해지게 된 것입니다.

이 비극적인 사건이 일어날 당시 폴리캅의 나이는 86세였습니다. 그래서 서머나의 한 관료는 이 늙고 연약한 그리스도인들의 지도자를 보고 측은한 마음이 들었고, 그가 고통스러운 사형을 피할 방법을 찾아보려 했습니다. 그는 폴리캅에게 제안했습니다. "그저 '황제가 주님이시다'라고 한마디만 하고 황제의 형상에 바쳐진 이 제단에 분향하는 것이 어떻겠습니까? 그러면 당신을 보내 드리겠습니다." 이때 폴리캅은 그의 순교를 영원히 기리도록 만든 말로 응답했습니다. "저는 86년 동안 그리스도를 섬겼고, 그분은 저에게 단 한 번도 해를 끼치신 적이 없습니다. 그런데 제가 어찌 저를 구원하신 왕을 모독하겠습니까?"

폴리캅의 순교 이야기는 일곱 편의 설교 중 두 번째 설교, 즉 서머나 교회를 향한 설교를 이해하는 데 도움이 됩니다. 폴리캅처럼 서머나 교회의 성도들은 그리스도를 믿는 신앙 때문에 박해를 받았습니다. 또한 그들은 폴리캅처럼 박해를 받는 상황 속에서도 자신들의 신앙을 부인하지 않았고, 오히려 죽기까지 인내했습니다. 따라서 오늘날 이 메시지를 통해 여러분에게 소개 드리고 싶은 교회가 바로 이 서머나 교회, 아니 좀 더 정확히 말하자면 "박해 속에서 인내하는 교회"입니다.

그리스도의 칭호(2:8b)

일곱 편의 설교 가운데 가장 처음으로 나오는 항목은 언제나 그리스도의 칭호입니다. 마찬가지로 그리스도께서 서머나 교회를 향해 말씀하시기 전에, 먼저 그분에 대한 2가지 칭호가 소개됩니다. 요한은 1장의 그리스도 환상(1:9-20)으로 되돌아가서 그리스도에 대한 묘사 가운데 특별히 서머나의 상황에 부합하는 2가지 내용을 골랐습니다.

첫 번째 칭호는 그리스도를 가리켜 "처음이며 마지막"(2:8b)이라고 표현합니다. 서머나의 성도들은 분명 그 칭호가 구약성경을 암시하는 표현임을 알았을 것입니다. 그들은 그들 자신에게 이렇게 말했을 것입니다. "이것은 하나님께서 스스로를 가리킬 때 사용하시는 이름이다! 하나님께서는 이사야의 예언에서 당신이 '처음이며 마지막'이라고 여러 번 말씀하셨다"(사 41:4; 44:6; 48:12). 구약성경에서 하나님을 가리키는 표현이 그리스도의 칭호로 사용된 것은 곧 예수 그리스도에 관한 뭔가 중요한 내용을 전달하려는 의도입니다. 그것은 바로 예수님도 하나님이시라는 사실입니다. 이러한 사실이 이미 그리스도의 신성을 믿고 있는 오늘날의 그리스도인들에게는 그다지 중요하게 보이지 않을 수 있습니다. 그러나 서머나의 성도들에게 그것은 너무나도 중요한 문제였습니다. 우리는 서머나의 성도들이 주위의 이교도들과 유대인들로부터 박해를 받았음을 알고 있습니다. 그 유대인들은 예수님이 사람일 뿐 아니라 또한 하나님이기도 하다는 주장에 특히 분노했습니다.

그런데 그리스도의 첫 번째 칭호는 예수님의 신성을 주장하는 것 그 이상의 의미를 지닙니다. 그 칭호는 또한 예수님의 주권을 선포합니다. "처음이며 마지막"이라는 칭호에는 "메리스무스"(merismus)라고 불리는 특별한 수사학 장치가 담겨 있습니다. 이는 전체를 설명하기 위해 양극단을 언급하는 방식을 뜻하는데, 예를 들어 구약의 시편 기자들은 "아침"을 언급했다가, 다음 행에서 곧바로 "밤"을 언급했습니다. 하루 중 상반된 두 시간대를 언급하는 것은 오후를 배제하기 위함이 아니라, 아침과 밤 사이에 있는 모든 시간, 즉 하루 전체를 아우르기 위함이었습니다. 그런데 사실은 우리 역시 일상 속에서 이러한 화법을 활용하고 있습니다. 이를테면, 자동차 영업사원은 고객에게 "이 자동차는 이쪽 범퍼에서 저쪽 범퍼까지 품질 보증이 됩니다"라고 말하곤 합니다. 자동차의 양 끝을 언급함으로써 차량 전체에 보증이 적용된다는 사실을 강조하는 것이죠. 혹 이렇게 말하기도 합니다. "저는 머리부터 발끝까지 다 아파요." 곧 몸의 두 끝을 가리켜 온 몸이 아프다는 것을 표현하는 것입니다.

이와 유사한 방식으로 예수님을 가리켜 "처음이며 마지막"이라는 표현을 사용한 것입니다. 즉, 예수님은 시간이 시작되는 순간부터 존재하셨고, 시간이 끝날 때까지 존재하신다는 사실을 역설하는 것입니다. 더 구체적으로 말하자면, 여기서 이사야 41:4을 인용한 것은 서머나 교회가 박해를 당하고 있고 또 순교의 위기에 놓여 있기도 하지만, 그럼에도 예수님께서 시간이 시작되는 순간부터 끝나는 순간까지 서머나의 성도들과 함께 하시며, 지금 서머나 교회에서 일어나는 모든 일에 대해 통치권과 주권을 갖고 계신다는 사실을 강조하는 것입니다. 서머나의 박해받는 성도들에게, 그들의 구원자 예수님께서 "처음이며 마지막"이라는 사실, 그리고 그들이 처한 힘든 상황을 포함하여 그 무엇도 그분의 통제 밖에 있지 않다는 사실은 분명 큰 위로가 되었을 것입니다.

그리스도의 두 번째 칭호는 서머나 교회가 직면하고 있는 어려움과 한층 더 직접적으로 연결되어 있습니다. 예수님은 "죽었다가 살아나신 분"(2:8b)으로 불리고 있는데요. 만약 여러분이 서머나에 살고 있는 그리스도인이고, 그리스도를 믿는 신앙 때문에 이교도들과 유대인들 모두에게 박해를 받고 있는 상황이라면, 그리고 그 박해가 심해져 심지어 체포를 당하고 죽을 수도 있는 상황이라면, 예수님의 말씀, "나는 죽었다가 살아난 자다. 내가 그곳에 있었으며, 그 일을 겪어 보았다!"를 듣고 분명 큰 위로를 받았을 것입니다. 예수님 역시 죽음에 이르는 박해를 직접 겪어 보셨습니다. 그리고 그보다 더 중요한 사실은 예수님은 죽음을 이기고 다시 살아나셨다는 것, 그리고 무덤에 대한 권세를 가지셨다는 것입니다. 고대 서머나에서 박해를 받으면서도 인내하는 성도들뿐 아니라, 오늘날 이런저런 박해 속에서 인내하고 있는 성도들 역시, 우리의 주님이자 구원자이신 예수 그리스도께서 우리가 겪고 있는 것과 동일한 어려움을 겪으신 적이 있다는 사실에 큰 위로를 받을 것입니다. 심지어 우리가 겪는 고통이 죽음에까지 이른다 하더라도, 그리스도의 부활은 우리 또한 생명을 회복하게 될 것을 보장합니다.

칭찬(2:9)

일곱 설교는 칭호 다음에 칭찬을 전합니다. 예수님은 먼저 서머나 교회가 잘하고 있는 부분에 대해 칭찬하십니다. "내가 네 환난, 즉 네 궁핍을 안다. 그러나 실상은 네가 부유한 자다. 그리고 스스로를 유대인이라 칭하는 자들로부터 네가 받는 비방을 안다. 그러나 그들은 유대인이 아니다. 사탄의 회당이다"(2:9). 예수님이 서머나 교회를 칭찬하신 내용은 3가지입니다. 곧 그들이 겪는 환난, 궁핍, 그리고 비방입니다.

예수님은 먼저 그들이 당한 "환난"을 두고 칭찬하십니다. 이 단어는 그리스도인의 고통을 가리킵니다. 즉, 다른 이유가 아니라 예수님의 제자이기 때문에 당하는 고통이라는 뜻입니다. 이것은 일반적인 고통, 즉 누구나 겪는 고통, 신앙과 관계없이 죄악 되고 타락한 세상 가운데 살아가면서 누구나 견뎌야 하는 그런 고통과는 다릅니다. 만약 여러분이 직장을 잃는다면 당연히 고통스러울 것입니다. 하지만 이것은 그리스도인으로서 겪는 고통은 아닙니다. 만약 여러분이 병원에 가서 암이라는 진단을 받는다면 당연히 고통스러울 것입니다. 하지만 이것 역시 그리스도인으로서 겪는 고통은 아닙니다. 예수님은 서머나 교회가 겪는 "환난"에 대해 칭찬하십니다. 서머나 교회가 환난의 고통을 겪은 것에 다른 이유는 없습니다. 그저 그리스도의 이름을 지니고 있다는 이유였습니다.

또한 예수님은 서머나 교회가 겪고 있는 "궁핍"에 대해서 칭찬하십니다. 이것은 서머나 교회가 겪고 있는 환난 가운데 하나입니다. 서머나의 성도들이 예수님의 제자로 살아가면서 경제적으로 고통을 당했을 모습을 머릿속으로 그려 보는 일은 어렵지 않습니다. 이를테면, 여러분이 서머나에 사는 농부이고 수확한 농작물을 팔려고 한다고 상상해 봅시다. 도시의 모든 시민들은 여러분이 그리스도인인 것을 알고 있고, 농업의 여신 데메테르(Demeter)에게 마땅한 희생제물을 바치지 않았다는 사실을 알고 있습니다. 여러분의 농작물은 데메테르로부터 축복을 받지 않았기 때문에, 잠재적인 구매자들은 상품이 유통기한보다 일찍 썩어 버리거나 혹 맛이 없을까봐 우려합니다. 그래서 그들은 그리스도인이 아닌 농부에게 작물을 구매합니다. 또한 여러분이 서머나에 사는 그리스도인이고, 근처 에베소에 있는 다른 그리스도인을 방문한다고 상상해 봅시다. 이교도 이웃들의 경우 잠시 외부로 출타하더라도 그 누구도 그들의 집을 엿보거나 물건을 훔치지 않습니다. 하지만 그리스도인인 여러분의 경우, 출타 후 집으로 돌아오면 집에 도둑이 들었다는 사실을 발견하게 될 것입니다(히 10:34). 이러한 사례들은 서머나 교회가 예수님을 따르는 대가로 겪어야 했던 여러 가지 경제적 고통들 가운데 일부에 지나지 않습니다. 사실 지금 다루는 본문에서나 혹 성경 어디에서도 건강하고 부유한 복음에 대한 근거를 찾아보기 힘듭니다. 예수님 역시 서머나의 성도들에게 부자가 될 것이라고 약속하지 않으셨습니다. 예수님은 오히려 그들의 궁핍함을 칭찬하셨습니다.

예수님은 서머나 교회가 "비방"을 견딘 것에 대해서도 칭찬하십니다. 더 구체적으로 말하면, "스스로를 유대인이라 칭하는 자들로부터 받는 비방"(2:9)을 견딘 것을 칭찬하십니다. 여기서 "비방"은 2가지 의미로 해석될 수 있습니다. 넓은 의미로 보면, 서머나 교회의 구성원들에 대한 거짓 소문이나 악의적 풍문을 퍼뜨리는 것을 말합니다. 이보다 조금 더 가능성 높은 경우는 좁은 의미로서, 시 당국에 그리스도인들을 고발하는 것을 뜻합니다. 2가지 비방 사이의 차이점은 고린도에서 사도 바울에게 일어난 사건을 통해 파악할 수 있습니다. 바울이 고린도에서 18개월 동안 머물며 사역하던 중에 지역 회당의 유대인들은 바울의 신학과 선교 활동의 성공에 분개해 그를 "비방"했습니다(행 18:6). 그 말은 곧 그들이 바울의 명예를 훼손하려 했고, 그에 대한 악의적 거짓말을 유포했다는 의미입니다. 이후에 그 유대인들은 더욱 공격적으로 비방하기 위해 아가야 지방의 총독 갈리오에게 바울을 고발하기에 이릅니다(18:12-13).

이 2가지 비방 가운데 서머나의 성도들에게 가해진 비방은 어떤 것일까요? 보다 심각한 유형인 후자의 방식이었음을 지지하는 강력한 근거가 있습니다. 서머나 설교의 후반부에서 우리는 서머나의 성도들이 감옥에 갇히고 사형까지 당할 위기에 처해 있음을 보게 됩니다. 그리고 투옥과 사형, 이 2

가지는 공적인 고발이 이루어져야만 가능한 일입니다. 앞서 주후 155년 폴리캅이 무신론자라는 명목으로 고발을 당해 결국 순교까지 당하게 된 이야기를 나눈 바 있습니다. 이 사건은 요한계시록이 묘사하고 있는 사건들이 있은 후 몇 십 년이 지나 벌어진 일입니다. 실제로 소아시아 속주 총독이었던 소(小) 플리니우스와 트라야누스 황제 사이에 오갔던 서신들을 보면, 요한계시록이 작성되고 몇 년이 지난 주후 111-112년에 지역 그리스도인들을 상대로 고발이 이루어졌다는 사실을 알 수 있습니다.

따라서 서머나 교회의 상황이 고통스러웠던 것은 분명합니다. 서머나의 성도들은 환난과 경제적 궁핍을 견디고 있었을 뿐 아니라, 예수님을 하나님의 아들로 인정하기를 거부하는 지역 유대인들로부터 (시 당국에)고발까지 당하고 있는 상태였습니다. 서머나의 성도들은 감옥에 갇히기도 하고 심지어 사형에 처할 위기에 놓이기도 했습니다. 그러나 그들은 그리스도를 믿는 신앙을 부인하지 않았습니다. 그들은 마땅히 "박해 속에서 인내하는 교회"라고 불릴 자격이 있습니다.

책망-없음!

모든 설교마다 그다음으로 등장하는 항목은 바로 책망입니다. 예수님은 대개 교회가 잘하고 있는 일에 대해 칭찬하신 다음, 이후 잘못하고 있는 일에 대해 책망하십니다. 그렇기에 서머나 설교 안에서 칭찬 다음에 나오는 내용, 더 정확하게 말하면 나오지 않는 내용이 매우 중요합니다. 즉, 서머나 설교에는 책망 단락이 빠져 있습니다! 예수님은 서머나 교회에 대해 어떠한 책망도 하지 않으셨습니다. 보통 성경을 해석할 때는 본문이 말하는 내용이 중요하지만, 지금 이 경우는 이례적으로 본문이 말하지 않는 내용이 더 중요합니다. 일곱 교회 가운데 오직 두 교회만이 영적으로 건강했고, 그러한 까닭에 그 교회들은 아무런 책망도 받지 않았습니다. 하지만 대부분의 교회들은 영적으로 병든 상태였고, 심각한 문제들을 안고 있었습니다. 이러한 맥락에서 책망이 생략되어 있다는 것은 곧 서머나 교회는 우리가 닮아야 할 소수의 건강한 교회라는 것입니다. 따라서 우리 또한 어떠한 고난이 닥치더라도 끝까지 인내하며 그리스도로부터 어떠한 책망도 받지 않도록 신실하게 살아야 합니다. 우리는 그러한 삶을 살도록 부르심을 받았습니다.

교정(2:10a)

서머나 설교에는 책망이 생략되어 있기 때문에, 책망의 부재는 자연스럽게 교정 단락에까지 영향을 미칩니다. 서머나 교회가 아무런 잘못도 하지 않았기 때문에 그리스도께서 굳이 다른 삶의 방식을 명령하실 필요가 없었던 것입니다. 대신에 그리스도는 앞서 칭찬하신 내용, 곧 박해 속에서도 계속해서 인내하라고 말씀하십니다. 2:10을 보면 다음과 같은 명령이 나옵니다. "너는 장차 받을 그 어떤 고난도 두려워하지 말라. 보라, 마귀가 장차 너희 가운데에서 몇 사람을 옥에 던져 시험을 받게 하려고 한다. 너희가 십 일 동안 환난을 받을 것이다"(2:10).

그리스도를 향한 신앙 때문에 서머나 교회는 환난을 겪고 있었습니다. 그들은 빈곤에 허덕였고(그리스도를 따르는 대가를 경제적으로 지불), 또한 비방을 당했습니다(시 당국에 공적 고발을 당함). 그런데 마치 이것마저 그렇게 나쁜 일은 아니라는 듯이, 이제 예수님은 그들 가운데 몇 사람은 감옥에 가게 될 수도 있다고 말씀하시는 것입니다! 물론 이것은 그저 나쁜 일 정도가 아니라, 심지어 죽임을 당할 수도 있는 아주 치명적인 위험이었습니다. 현대 사회의 경우 징역형을 처벌의 일종으로 사용하는데, 때로는 몇 년의 징역형을 내리기도 합니다. 하지만 고대 로마는 죄수들에게 오랜 기간 동안 숙식을 제공하는 비용을 아끼기 위해, 죄수가 재판을 받을 때까지 단기간 동안만 감옥에 가두었습니다. 그런데 부유하거나 권력이 있어서 판사에게 뇌물을 주거나 압박을 가할 수 있는 경우가 아니라면, 잠시 감옥에 머물다가 불공정한 재판을 거쳐 유죄 판결을 받아 사형에 처해질 가능성이 높았습니다. 이러한 상황에서 예수님은 궁핍한 형편 속에 고발까지 당하고, 심지어 감옥에 가서 죽게 될 수도 있는 성도들에게 "두려워하지 말라!"는 명령을 내리신 것입니다.

언뜻 보기에 이것은 순종하기가 도저히 불가능한 명령처럼 보이기도 합니다. 아무리 믿음이 강하다고 해도 도대체 어떤 그리스도인이 그런 상황에서 두려워하지 않을 수 있겠습니까? 그런데 예수님은 그것이 가능한 2가지 이유를 말씀하셨습니다. 먼저, 예수님은 설교 초반부에서 자신의 칭호를 통해서 서머나 교회와 오늘날 교회에게 2가지 중요한 사실을 상기시켜 주셨습니다. 첫째로, 예수님은 "처음이며 마지막"(2:8)이십니다. 따라서 이 세상에서 일어나는 모든 일, 심지어 예수님의 제자라면 종종 겪기 마련인 박해조차도 그분의 주권적 통치 아래 있습니다. 둘째로, 예수님은 "죽었다가 살아나신 분"(2:8)이십니다. 제자들이 박해를 당하고 심지어 죽음에까지 이를 때, 예수님은 "나도 그곳에 있었으며, 그 일을 겪어 보았다"고 말씀하십니다. 무엇보다 예수님의 부활은 우리의 부활을 보장합니다.

예수님은 2:10에서 박해 가운데서도 두려워하지 않을 수 있는 또 다른 이유를 말씀하셨습니다. 곧 서머나의 성도들이 겪고 있는 박해는 짧은 기간 동안만 지속될 것이며, 결국 그들이 승리하게 될 것이라는 말씀이었습니다. 이는 "… 시험을 받게 하려고 한다. 너희가 십 일 동안 환난을 받을 것이다"(2:10)라는 구절에 표현되어 있습니다. "10일" 동안 환난을 받는다는 말은 다니엘서를 암시할 가능성이 높습니다. 다니엘서의 첫 장면을 보면, 바벨론 왕궁에서 살고 있던 다니엘과 세 친구가 이방 신에게 바쳐진 음식을 먹어 더럽혀지는 것을 피하기 위해 왕의 음식 먹기를 거부하는 장면이 나옵니다. 그리고 그들이 택한 식사는 두 차례에 걸쳐 시험으로 묘사됩니다(단 1:12, 14). 또한 세 차례에 걸쳐 그 시험이 1일 동안 이루어졌다고 말합니다(1:12, 14, 15).

이 구약 본문의 그리스어 번역에서 "시험"과 "10일"에 해당하는 단어들은, 서머나 설교에 사용된 단어들과 일치합니다. 결국 10일 후에 다니엘과 세 친구에게는 어떤 일이 일어났습니까? 시험 기간을 거치고 나서 뼈만 앙상하게 남아 굶어 죽을 지경에 이르렀습니까? 아니요, 전혀 그렇지 않습니다! 그들은 시험 기간 동안 살아남았을 뿐만 아니라, 심지어 더욱 건강해졌습니다. 왕궁에 있던 다른 모든 소년들보다 훨씬 더 건강해졌습니다. 그러므로 서머나의 성도들 역시 두려워할 필요가 없습니다. 그들에게 닥칠 더욱 극심한 박해는 다니엘과 세 친구가 받았던 시험과 같을 것이기 때문입니다. 시험은 짧은 기간 동안에만 이루어질 것이고, 주권자께서 그들을 지키시고 계시기 때문입니다. 결국 그들은 승리하게 될 것입니다.

결과(2:10b, 11b)

요한계시록의 모든 설교는 교회가 맞이하게 될 결과로 마무리됩니다. 이 결과는 항상 2가지가 제시됩니다. 하나는 주로 부정적인 결과로서, 교회가 회개하지 않고 그리스도의 교정 권고를 따르지 않을 경우 받게 될 처벌을 이야기합니다. 또 하나는 언제나 긍정적인 결과로서, 교회가 회개하고 그리스도의 도움으로 자신들의 특정한 죄를 이겨내면 받게 될 상을 이야기합니다. 그러나 앞서 살펴본 것처럼 서머나 설교에는 책망 부분이 없습니다. 서머나 교회는 아무런 잘못도 저지르지 않았기 때문입니다. 그렇다면 그리스도께서 그들에게 처벌의 내용으로 경고하시는 대신 또 다른 상으로 그들을 위로하시는 것은 당연한 수순이라 하겠습니다. 실제로 서머나 설교는 다음과 같은 2가지 긍정적인 결과로 마무리됩니다.

첫 번째 긍정적인 결과(2:10b)

첫 번째 결과에는 관 은유가 나옵니다. "죽도록 충성하라. 그리하면 내가 생명의 관을 너에게 줄 것이다"(2:10b). 현대인들은 자칫 이 은유를 오해할 수 있습니다. 우리는 "관"이라는 단어를 들으면 곧바로 금과 보석으로 치장된 관, 즉 왕과 왕비가 쓰는 관을 떠올리곤 합니다. 하지만 그리스어에는 그러한 종류의 관을 가리키는 특정한 단어가 있습니다. 영어 단어 "왕관"(diadem)이 그 단어에서 유래하기도 했고요. 그러나 지금 이 본문에서는 다른 그리스어 단어가 사용되었습니다. 본문에 기록된 그리스어 단어는 운동 경기에서 승리한 사람, 혹은 개선 장군이 쓰는 관, 곧 종려나무 가지와 같은 식물로 엮어 만든 승리의 화관을 가리킵니다. 당시 서머나를 비롯한 대부분의 주요 도시들에서는 자주 운동 경기가 열렸습니다. 이 말은 곧 서머나의 설교를 듣는 서머나의 성도들, 그리고 소아시아에 사는 성도들 모두는 "생명의 관" 은유가 승리의 화관을 의미하며, 영원한 생명을 약속한다는 사실을 알고 있었음을 의미합니다. 다른 이유 없이, 오직 그리스도의 이름을 지녔다는 이유만으로 궁핍과 비방, 투옥과 죽음까지 감내한 이들에게, 박해 속에서도 계속해서 인내하면 결국 영원한 생명의 화관을 받게 될 것이라는 약속이 주어진 것입니다.

두 번째 긍정적인 결과(2:11b)

일곱 편의 설교는 모두 "이기는 자에게" 주어질 약속으로 마무리되는데, 서머나 교회를 향한 설교 역시 박해 속에서 인내하는 것에 대한 긍정적인 결과로 마무리됩니다. "이기는 자는 둘째 사망의 해를 받지 않을 것이다"(2:11b). "이기는"에 해당하는 그리스어 단어가 유명한 스포츠 상품 기업인 나이키(Nike)의 이름과 관련이 있다는 사실을 기억하면 좋겠습니다. 여기에는 여러분이 나이키 용품을 사용하거나 나이키 의류를 입는다면 곧 승리를 하게 될 것이라는 의미가 내포되어 있는 것입니다.

이 본문이 제기하는 중요한 질문은 바로 이것입니다. "여러분은 나이키 그리스도인입니까?" 다시 말해, 여러분은 이기는 그리스도인입니까? 여러분은 어떠한 박해가 와도 그 속에서 인내할 수 있습니까? 복음의 좋은 소식은 곧 이 중요한 질문에 대해 자신 있게 "네!"라고 대답할 수 있다는 것입니다. 여러분은 이기는 그리스도인이 될 수 있고 또 승리를 거둘 수 있습니다. 이는 우리의 재능이 뛰어나서, 혹은 우리가 열심히 노력해서가 아닙니다. 그리스도께서 이미 승리를 거두셨기 때문입니다. 그리스도에게 속한 우리 가운데 그분의 성령이 거하시기 때문입니다. 믿음을 따라 살아가는 과정에서 우리 앞을 가로막는 박해가 나타난다고 해도, 우리가 위축되지 않고 두려워하지 않도록 힘을 주시는 분이 바로 거룩하신 성령입니다.

그렇다면 이기는 그리스도인에게 주어지는 상은 무엇입니까? 그리스도는 "둘째 사망의 해를 받지 않을 것"이라고 말씀하시며 보호를 약속하십니다. 모든 사람은 한 번이 아닌 두 번의 죽음을 맞이하게 됩니다. 첫째 죽음은 육신의 죽음으로서 호흡이 멎고 몸이 죽는 순간을 뜻합니다. 그러나 첫째 죽음보다 훨씬 더 나쁜 둘째 죽음이 있습니다. 요한계시록은 이 둘째 죽음을 두 차례에 걸쳐 "불못"(20:14; 21:8)으로 부르는데, 이는 곧 악인의 최종 목적지를 가리킵니다. 하지만 여기서 좋은 소식은 이기는 그리스도인의 경우 이 둘째 사망으로 인해 해를 입지 않을 것이라는 사실입니다. 박해 속에서도 인내한 그리스도 예수의 제자들은 생명의 화관을 받을 뿐 아니라, 공포스러운 둘째 사망으로부터 안전하게 보호를 받습니다.

결론

고대 교회, 서머나 교회를 향한 설교를 통해 하나님께서는 오늘날 우리에게 어떠한 말씀을 하시려는 것일까요? 이 물음에 답하기에 앞서, "큰" 박해와 "작은" 박해를 구분하는 것이 유용할 것 같습니다.

우리 그리스도인들 대부분은 감사하게도 큰 박해에 대해서는 걱정할 필요가 없습니다. 우리가 그저 그리스도의 이름을 지니고 있다는 이유로 극심한 고난을 겪는 일은 흔치 않습니다. 우리 대부분은 그리스도를 믿는 신앙 때문에 가난하게 되지도, 비방을 받지도, 감옥에 갇히지도, 죽임을 당하지도 않습니다. 하지만 슬프게도 세계 교회로 눈을 돌려보면, 수많은 그리스도인들이 그와 같은 일들을 겪고 있습니다. 어떤 나라에서는 기독교가 공식적으로는 허용됨에도 불구하고, 실제 일상 속에서는 허용되지 않습니다. 그리스도인이라는 이유로 체포를 당하진 않더라도, 이웃들로부터 무시를 당하거나, 친척들로부터 버림을 받거나, 혹은 혐오 범죄의 대상이 되기도 합니다. 어떤 나라들은 구직 지원서에 종교를 쓰라고 요구하는데, 거기에 그리스도인 것을 밝힌다면 취업을 하지 못하는 경우도 있습니다. 지역 정부 관료들이 건물에서 십자가를 내리도록 강요하거나, 건물주가 예배를 위한 교회 공간 임대 계약을 갱신해 주지 않기도 합니다. 또한 목회자가 자칫 설교 내용으로 인하여 체포의 위협을 받기도 합니다. 이것은 오늘날 전 세계 수많은 그리스도인들이 단지 그리스도를 믿는 믿음 때문에 겪는 일상 속 박해들 중 몇 가지 사례에 지나지 않습니다.

뉴스를 통해 그러한 일들에 대한 소식을 듣기는 어렵지만, 그럼에도 우리는 박해받는 동료 그리스도인들을 향해 마땅한 책임감을 가져야 합니다. 히브리서의 저자는 다음과 같이 명령합니다. "너희도 함께 갇힌 것 같이 갇힌 자를 생각하고 너희도 몸을 가졌은즉 학대 받는 자를 생각하라"(히 13:3). 우리는 큰 박해를 당하고 있는 전 세계 형제와 자매들을 기억하고, 기도하며, 돕도록 부르심을 받았습니다.

반면, 우리의 생활은 어떻습니까? 우리도 종종 작은 박해를 겪습니다. 신앙으로 인한 고난을 겪기도 합니다. 직업 혹은 사업에 종사하면서 그리스도인으로서 비윤리적인 일에 참여하기를 거부할 때, 경제적인 어려움을 겪기도 합니다. 또 남들처럼 빨리 승진하지 못할 때도 있고, 우리와 동일한 도덕적 기준을 따르지 않는 기업들과 힘든 경쟁을 펼쳐야 할 때도 있습니다. 그리스도인으로서 우리 또한 신앙 때문에 공격을 받거나 사회적인 고통을 겪기도 합니다. 성(sexuality)에 대한 우리의 태도로 인해 모욕을 당하기도 합니다. 텔레비전과 영화 안에서 자기 의에 도취된 사람들, 심한 편견에 사로 잡혀 있는 사람들, 그리고 위선적인 사람들로 묘사되기도 합니다. 현실을 직시하자면, 이제 우리 사회는 점차 덜 기독교적으로 변화되는 정도가 아니라, 빠르게 반(anti)기독교적으로 변화되고 있습니다.

우리의 믿음이 시험을 받고 또 우리 앞에 박해가 놓였을 때 우리는 어떻게 반응해야 할까요? 우리 모두 그리스도와 성령을 힘입어 박해 속에서도 인내한 교회, 서머나 교회와 같은 교회가 되어야 합니다. 폴리캅의 순교를 유명하게 만들어준 그의 마지막 말을 따라해 봅시다. "… 년 동안 저는 그리스도를 섬겼고, 그분은 저에게 단 한 번도 해를 끼친 적이 없습니다. 그런데 제가 어떻게 저를 구원하신 왕을 모독하겠습니까?"

"귀 있는 자는 성령이 교회들에게 하시는 말씀을 들으라!" 이것은 고대 서머나 교회뿐 아니라 오늘날 예수 그리스도의 모든 교회에게 하시는 말씀입니다.

--- 3 ---

버가모 교회

제3장

버가모 교회: 우상숭배에 타협한 교회

[12] 버가모 교회의 천사에게 편지하라 날카로운 양날 검을 가지신 분이 이같이 말씀하신다 [13] 나는 네가 사는 곳을 안다 그곳은 사탄의 왕좌가 있는 곳이다 그러나 네가 내 이름을 굳게 잡았다 또 내 충성된 증인 안디바가 너희 가운데 곧 사탄이 사는 곳에서 죽임을 당한 때에도 네가 나를 믿는 믿음을 부인하지 않았다 [14] 그러나 내가 너를 책망할 것이 몇 가지 있다 너희 가운데는 발람의 가르침을 따르는 자들이 있다 발람은 발락을 가르쳐 이스라엘 자손 앞에 걸림돌을 놓아 우상의 제물을 먹게 하였고 또 음행을 저지르게 하였다 [15] 이와 같이 네게도 또한 마찬가지로 니골라 당의 가르침을 따르는 자들이 있다 [16] 그러므로 회개하라 그러나 만약 그러지 않는다면 내가 속히 네게 가서 내 입의 검으로 그들과 싸울 것이다 [17] 귀 있는 자는 성령이 교회들에게 하시는 말씀을 들으라 이기는 자에게는 내가 감춰진 만나를 줄 것이다 그리고 내가 그에게는 흰 돌을 줄 것이다 그 돌에는 새 이름이 적혀 있는데 그 돌을 받는 자 외에는 아무도 그것을 알지 못한다.

그리스도의 칭호(2:12b)

날카로운 양날 검을 가지신 분이 이같이 말씀하신다(2:12b)

다른 여섯 편의 설교들의 도입부를 살펴보면, 화자인 그리스도를 가리키는 칭호가 둘 이상 사용된다는 사실을 알 수 있다. 반면, 버가모 교회를 향한 설교에는 그리스도를 가리키는 칭호가 단 하나 밖에 나오지 않는다. 또한 버가모 설교 속 칭호는 일곱 편의 설교들에 사용된 칭호들 중 가장 짧으면서도 거칠다. "날카로운 양날 검을 가지신 분이 이같이 말씀하신다"(계 2:12b). 다른 칭호들과 마찬가지로, 이 거친 칭호는 요한계시록 1:9-20에 기록된 그리스도에 관한 환상에서 유래했다. 다음의 구절을 보면 검의 위치를 더욱 정확하게 파악할 수 있다. "그의 입에서 날카로운 양날 검이 나오고"(1:16). 그렇다면 버가모 교회에는 상당히 위협적인 그리스도의 이미지가 제시된 것이라 할 수 있다. 그리스도는 치명적인 무기를 손에 쥐고 있을 뿐만 아니라, 심지어 그 무기는 그의 입에서 나오고 있다. 이러한 이미지는 또다시 검을 언급하는 버가모 설교 후반부에서 강조된다(2:16b, "내 입의 검으로 그들과 싸울 것이다").

버가모 설교 속 그리스도의 칭호가 가진 의미를 파악하려면, 먼저 그 칭호가 암시된 구약성경의 두 본문을 살펴봐야 한다. 두 본문은 모두 이사야서에 나오는데, "여호와의 종", 즉 오실 메시아를 다루고 있다. "내 입을 날카로운 검 같이 만드시고"(사 49:2), "그의 입의 막대기로 세상을 치며 그의 입술의 기운으로 악인을 죽일 것이며"(11:4). 요한이 이사야서의 두 본문을 염두에 두고 있다는 사실은 요한계시록 후반부에서 더욱 분명하게 드러난다. 이를테면, 짐승을 무찌르는 용사 메시아의 입에서 나오는 날카로운 검(49:2)이라는 개념과 악인을 죽이는 행위(11:4)가 결합되어 나온다. "그의 입에서 예리한 검이 나오니 그것으로 민족들을 치겠고"(계 19:15). 그렇다면 버가모 설교에 사용된 그리스도의 칭호는 무엇을 의미하는가? 그것은 그리스도 예수가 약속된 메시아라는 일반적인 진리를 의미할 뿐 아니라, 또한 보다 구체적으로 그가 종말론적 심판자임을 뜻한다. 버가모 설교 전체의 문맥 안에서 구약성경에 대한 암시들은, 그리스도를 가리키며 세상 속의 악인들(이미 그리스도의 신실한 증인 안디바를 죽였고, 다른 그리스도인들을 지속적으로 박해하는 버가모의 시민들)과, 교회 내 악인들(발람과 니골라 당의 가르침을 따르는 이들)에게 벌을 내릴 정의로운 종말의 심판자로 제시하고 있다.

그와 같은 이미지는 구약성경만을 배경으로 하는 것이 아니라, 당대 이방 지역의 상황까지도 반영하는 것이다. 토마스는 "날카로운 양날 검"의 이미지가 갖는 의미를 다음과 같이 설명한다(Thomas 1992: 181). "요한계시록 1장에서 그리스도가 환상 가운데 요한에게 현현하는 방식은, 당시 교회들이 처한 특정한 상황뿐 아니라, (그리스도가 환상 가운데 묘사되는 방식의 원출처인) 구약성경의 표현들을 반영한다." 검은 죽음을 내릴 수 있는 무기이므로 자연스럽게 권력을 상징한다. 로마 황제들은 자신들에게 통치하고 판결을 내리는 권력이 있음을 대중들에게 과시하기 위한 목적으로 검이나 단도를 항상 지니고 다녔다(Tacitus, *History* 3.68; Suetonius, *Galba* 11; Cassius Dio, *Roman History* 42.37). 로마 제국 아시아 속주의 수도인 버가모는 총독(프로콘술)이 주재하던 도시였고 (Hemer 1986: 82-84에 인용된 근거를 확인하라), 그곳에서 총독은 "검의 권리(right)"(라틴 어로 이우스 글라디[*ius gladii*]), 즉 로마 제국의 적을 처형할 수 있는 권리를 포함 하여 삶의 전 영역을 통치할 권력을 행사했다. 바울은 로마에 있는 그리스도 인들에게 보낸 서신에서 검으로 상징되는 권력을 이렇게 묘사한다. "그 통 치자가 이유 없이 검을 차고 있는 것이 아닙니다. 그는 하나님의 일꾼, 진노 의 중개자로서 악을 행하는 자에게 벌을 내리는 사람입니다"(롬 13:4).

"날카로운 양날 검"을 언급하는 그리스도의 칭호는 로마를 대표하는 자 의 직접적인 통치 아래 살았던 버가모 그리스도인들—외부로부터 신앙을 공격받고, 내부적으로는 교회 안에서 그리스도인으로서의 생활 양식을 뒤 흔드는 거짓 교사들의 압박에 직면했던 이들—에게 특별히 더 어울리는 칭 호였다. 바로 이러한 배경에서 이제 곧 그들에게 칭찬과 책망의 말씀을 전하 실 그리스도가 먼저 "날카로운 양날 검을 가지신 분"으로 소개되고 있는 것 이다. 이것은 곧 생명과 죽음에 대해 최종적인 권세를 가진 이는 로마(의 황제) 가 아닌 예수 그리스도임을 뜻하는 것이다. 램지는 이 칭호가 버가모 교회에 특별히 더 적절한 이유를 다음과 같이 강조한다(Ramsay 1994: 213).

> 이 서신에서 교회와 도시의 긴밀한 관계, 그리고 교회를 향한 도입부가 … 특 별히 더 적절하다는 사실은 앞선 두 서신보다 더욱 분명하게 드러난다. "날카 로운 양날 검을 가지신 분이 이같이 말씀하신다." 저자는 절대 권한의 상징을 지닌 분, 삶과 죽음을 결정지을 수 있는 권세를 가진 분의 말씀을 전하고 있다. 이것이 바로 고대 왕국에서, 그리고 로마 제국에서 권한의 중추였던 속주의 수 도에 그가 소개된 방식이다. 이와 같은 도입부는 다른 일곱 도시들 중 그 어디 에도 어울리지 않는다. 하지만 버가모에는 완전히 적절하다. 절대적이고도 우 주적인 권한을 가진 분이 공적인 권력이 자리잡은 도시 속 교회에 말씀하신다.

"날카로운 양날 검"이 전달하는 이미지, 심판자로서의 권세와 권위를 드러내는 이미지는 그리스도의 입으로부터 나오는 검의 구체적인 유형을 통해 더욱 강조되고 있다. 요한계시록에는 2가지 형태의 검이 등장한다. 하나는 로마 군인들이 일반적으로 사용하는 약 45센티미터 길이의 마카이라(*machaira*)라는 검이다(계 6:4; 13:10, 14). 또 하나는 오늘날 그리스 동북부 지역에 살았던 트라키아족 전사들이 사용했던 롬

그림 3.1. 트라야누스 황제의 승리 기둥(주후 113년) 양각이 롬파이아 검을 쥐고 있는 적군 병사를 묘사하고 있다.

파이아(*rhomphaia*)라는 더욱 긴 길이의 검이다(1:16; 2:12, 16; 6:8; 19:15, 21). 롬파이아 검은 조금 굴곡진 약 90센티미터 길이의 날에, 약 60센티미터 길이의 나무 손잡이가 붙어 있어, 찌르기와 베기가 모두 가능했다. 이 검은 손잡이도 길고 전체 길이도 길어서 두 손을 모두 사용해서 휘둘러야 했고, 강한 일격으로 적의 방패를 두 동강 낼 수 있었다. 이러한 특성으로 인해 롬파이아는 특히 더 무시무시한 무기로 인식되었다.

그렇기에 그리스도께서 지니신 검이 마카이라가 아닌 롬파이아라는 사실은 중요하다. 즉, 그리스도가 요한을 통해 버가모 교회에 스스로를 드러내신 이미지는, 오늘날의 주일학교가 이야기하는 부드러운 이미지—어린아이들을 무릎에 앉힌 그리스도 주위에 양 떼가 머무는 이미지—와는 전혀 다르다. 버가모 설교 안에서 그리스도는 검이 상징하는 완전한 권세와 권위를 지닌 종말의 심판자로 오신다. 버가모 교회에도 몇 가지 긍정적인 측면이 있었

음에도 불구하고(아래의 칭찬 단락을 보라), 롬파이아 검이 입에서 나오는 그리스도의 위협적인 이미지(설교 후반부에 또다시 등장하는 이미지)를 드러내는 칭호는, 그가 버가모 교회의 우상숭배를 얼마나 부정적으로 판단하고 있는지를 보여 준다.

이 검의 이미지는 버가모 설교 후반부에 언급되는 구약성경의 발람 이야기를 통해 그 모습이 더욱 분명하게 드러난다. 발람의 당나귀는 여호와의 천사가 "손에 검(롬파이아)을 든 채" 길 한가운데에 서 있는 모습을 보고 길에서 벗어나 밭으로 들어가 버린다(민 22:23, 칠십인역). 잠시 후 그 길이 또다시 천사에 의해 가로막히자 당나귀는 앞으로 나아가기를 거부한다. 이러한 사정을 모르는 발람은 화를 내며 당나귀에게 호통을 친다. "내 손에 검(마카이라)이 있었다면, 너를 곧바로 죽였을 것이다"(22:29, 칠십인역). 그러자 하나님께서는 발람의 눈을 밝히셨고, "그는 손에 검(마카이라)을 빼든 채 길에 서 있는 하나님의 천사를 보았다"(22:31, 칠십인역). 훗날 이스라엘 사람들이 발람의 계략으로 인해 우상숭배와 성적 타락이라는 죄에 빠지자, 이 이방인 선지자는 그의 행위로 인해 "검(롬파이아)"으로 죽임을 당한다(31:8). 요한은 분명 그리스도의 칭호(롬파이아 검)와, 설교 후반부에서 그가 인용한 발람 이야기 간에 논리적인 연결고리를 염두에 두었을 것이다.

칭찬(2:13)

나는 네가 사는 곳을 안다. 그곳은 사탄의 왕좌가 있는 곳이다. 그러나 네가 내 이름을 굳게 잡았다. 또 내 충성된 증인 안디바가 너희 가운데 곧 사탄이 사는 곳에서 죽임을 당한 때에도 네가 나를 믿는 믿음을 부인하지 않았다(2:13)

그리스도의 칭호에서 칭찬으로 전환되는 신호로, "내가 안다"라는 정형 문구(formula)가 사용된다. 버가모 성도들을 향한 그리스도의 칭찬이 나오는 단락은 인클루지오(수미상관)로 구성되어 있다. 그리고 이 단락의 경계는 3가지 핵심 단어, 즉 부사 "어디에"와 동사 "살다", 그리고 고유명사 "사탄"으로 구분된다.

> 여는말: "나는 네가 사는 곳을 안다. 그곳은 사탄의 왕좌가 있는 곳이다."
>
> 맺음말: "… 사탄이 사는 곳"

이 인클루지오 안에 2개의 절(clause)이 샌드위치 구조를 이루고 있다. 2개의 절은 긍정문("그러나 네가 내 이름을 굳게 잡았다")과 부정문("네가 나를 믿는 믿음을 부인하지 않았다")의 형식을 모두 활용하여, 버가모 교회가 사탄이 활개치는 우상숭배의 도시 안에 있음에도 계속해서 신실함을 유지하고 있음을 확증한다. 버가모 교회를 향한 사탄의 박해가 얼마나 심각했는지는 그 교회의 순교자를 언급하는 구절에서 잘 드러난다. "또 내 충성된 증인 안디바가 너희 가운데 … 죽임을 당한 때에도." 요한이 이러한 방식으로 칭찬 단락을 배치한 것은 인클루지오 중심에 있는 2개의 절에 주의를 집중시킴으로써, 극심한 박해를 견딘 버가모 교회가 그리스도로부터 칭찬을 받았음을 강조하기 위함이다.

여는말은 버가모 교회가 직면하고 있는 문제를 밝히고 있다. 버가모 교회는 사탄의 왕좌가 있는 곳에 있다. "나는 네가 사는 곳을 안다. 그곳은 사탄의 왕좌가 있는 곳이다." "사는"에 해당하는 동사 카토이케이스(katoikeis)는 일시적이 아닌 영구적인 거주를 가리킨다. 그리고 그리스도께서 말씀하시는 대상은 사탄의 왕좌가 있는 위험한 환경의 도시, 버가모에 터를 잡고 살아가는 사람들이다. 한편, 왕좌는 통치자들과 권세자들이 차지하는 것이기 때문에, 날카로운 양날 검과 마찬가지로 권력의 이미지를 지니고 있다.

따라서 "사탄의 왕좌"는 사탄이 그리스도와 그리스도인들을 대적하기 위해 악의적으로 사용하는 권력을 은유적으로 나타낸다. 서머나 설교에 나오는 "사탄의 회당"이라는 표현과 마찬가지로 여기서도 사탄은 그리스도인들의 대적으로 등장한다. 안디바의 순교와 버가모 성도들이 현재 견디고 있는 박해가, 표면상으로는 도시의 관료들이나 적대적인 이교도들이 취한 조치로 보이지만, 궁극적으로는 사탄이 배후에서 정치 제도와 주변 사람들을 활용하여 그리스도인들에게 해를 끼치는 것이다. 또한 "사탄의 왕좌"는 바울의 말―"우리의 씨름은 혈과 육을 상대하는 것이 아니요 통치자들과 권세들과 이 어둠의 세상 주관자들과 하늘에 있는 악의 영들을 상대함이라"(엡 6:12)―이 진리임을 드러내는 은유이다. 위장된 대적 활동은 모두 "마귀의 간계"이다(6:11).

"사탄의 왕좌" 은유는 버가모와 구체적인 연관성을 가졌던 것으로 보인다. 특히 "사탄의 그(the) 왕좌"라고 언급될 때는 그 연관성이 더욱 두드러진다. 오운은 다음과 같이 설명한다(Aune 1997: 182). "트로노스(*thronos*)에 관사가 있다는 사실은 저자가 (문자적으로든 비유적으로든) 특정한 왕좌를 암시하고 있으며, 독자들이 그것을 인지하길 기대하고 있음을 뜻한다." "사탄의 왕좌"가 정확히 무엇을 뜻하는지에 관한 몇 가지 해석들이 있다(다음과 같은 유용한 연구들을 살펴보라. Hemer 1986: 84-85; Thomas 1992: 182-85; Aune 1997: 182-82). 그 가운데 5가지 해석을 소개하고자 한다.

1. 버가모의 아크로폴리스. 서머나에서 버가모로 이동하게 되면 자연스럽게 남쪽에서 버가모로 진입하게 된다. 버가모의 아크로폴리스는 사탄이 앉아서 아래에 있는 도시를 다스릴 것 같은 거대한 왕좌처럼 보인다(Wood 1961-62: 264). 하지만 일부 고대 자료에서 "왕관"이라고 불렸던 서머나의 파고스 산과는 달리, 버가모의 아크로폴리스를 가리켜 "왕좌"라고 부른 문헌은 발견되지 않았다. 게다가 버가모의 아크로폴리스의 경우 가파르고 눈에 잘 띄

기는 하지만 그럼에도 딱히 특별하다고 할만한 점은 없다. 대부분의 주요 도시들이 높은 언덕 주위에 자리잡고 있기 때문이다.

2. **구원자 제우스의 대제단.** 구원자 제우스(제우스 소테르[*zeus sōtēr*])에게 바쳐진 U자 형태의 대형 제단은, 버가모의 가장 중요한 왕들 가운데 한 명인 에우메네스 2세(Eumenes II, 주전 197-159년)의 통치 기간 중 주전 190년 골족(Gauls) 약탈자들을 무찌른 기념으로 아크로폴리스에 세워졌다. 너비가 약 36미터, 폭이 약 34미터(전면에서 후면까지)에 달하는 이 거대한 제단은 올림피아의 신들(질서를 대표)과, 다리 대신 뱀의 꼬리를 가진 거인들(혼돈을 대표) 간의 전투를 묘사하는 장엄한 프리즈(띠 모양의 장식 - 역주)로 장식되어 있다. 일부 주석가들은 몇 가지 근거들을 바탕으로 요한이 이 제단을 염두에 두고 "사탄의 왕좌"라는 표현을 사용했다고 주장한다. 이를테면, 이 제단의 U자 형태는 왕좌를 닮았다고 말한다. 고대 사회에서 제단이 왕좌와 동일시되는 일은 흔했다. 또한 거인이 가진 뱀의 꼬리는 그리스도인들에게 사탄을 떠오르게 했을 것이다 (계 12:9, 14, 15; 20:2). 제우스에게 붙인 "구원자"(소테르)라는 칭호의 경우, 그것이

그림 3.3. 구원자 제우스의 대제단. 버가모 박물관, 베를린.

오직 하나님과 그리스도에게만 적합한 칭호라고 생각하는 그리스도인들을 자극했을 것이다. 하지만 버가모에는 뱀의 이미지, "구원자"라는 칭호와 연관된 다른 제의들도 분명 존재했는데(아래의 "아스클레피오스 진료소" 항목을 보라), 이러한 이유 때문에 제우스 제단을 "사탄의 왕좌"로 보는 해석은 다소 설득력이 떨어진다.

3. 아스클레피오스 진료소. 버가모는 고대 세계에서 치유의 신 아스클레피오스(Asclepius) 진료소가 있는 도시들 가운데, 펠로폰네소스의 에피다우로스(Epidauros), 그리고 코스(Kos)섬에 이어 셋째 가는 지위에 있었다. 치유의 신을 섬기는 제의 장소가 있었던 장소들이 대개 그렇듯이, 진료소(고대의 메이오 클리닉[Mayo Clinic, 미국에 있는 종합병원])는 도시 외곽에 위치해 있었고, 길이 약 800미터, 폭 18미터의 "신성한 길"(Via Tecta)을 통해 접근할 수 있었다. 이 진료소에는 앞마당과 여러 건물들이 있었다. 또한 큰 안뜰은 기둥들이 설치된 통로(주랑)들로 삼면이 둘러싸여 있었다. 그리고 도서관과 3,500석 규모의 극장, 진료소와 신성한 연못을 연결하는 약 80미터 길이의 지하 터널, 아스클레피오스 신전이 있었다. 흔히 아스클레피오스는 뱀이 휘감고 있는 신의 지

팡이를 지닌 모습으로 그려진다. 진료소의 앞마당 중앙에는 뱀들이 새겨져 있는 제단이 있었다. 버가모의 신전은 소테르(구원자) 아스클레피오스에게 바쳐졌는데, 실제로 신전 유적지에서 "구원자 아스클레피오스에게"라고 새겨진 귀 모양의 금 헌물(votive offering, 치유를 기원하는 의미에서 아픈 부위를 형상화하여 신에게 바치는 헌물 - 역주)이 발견되었다. 아스클레피오스가 뱀의 이미지와 "구원자"라는 칭호와 연결된다는 점, 그리고 그 장소가 고대 사회에서 유명했다는 점을 근거로, 아스클레피오스 진료소를 요한계시록의 "사탄의 왕좌"로 보는 견해가 만들어졌다. 그러나 앞서 언급한 바와 같이 제우스의 대제단 역시 동일한 근거를 갖고 있기 때문에, 이 해석만의 차별점이 다소 명확하지 않다고 할 수 있다.

그림 3.4. 치유의 신 아스클레피오스의 대리석상. 뱀이 그의 지팡이를 휘감고 있다. 국립 고고학 박물관, 아테네.

4. 황제 제의. 버가모는 로마 제국과 로마 황제를 숭배하는 황제 제의가 발달한 도시였다. 아시아 속주민들은 아우구스투스 황제에게 봉헌할 신전 건립을 허가해 달라고 청원했고, 주전 29년 황제는 속주의 주요 도시인 버가모에 신전을 건설하도록 승인했다. 이 신전의 정확한 위치는 아직 발견되지 않았으나, 버가모와 아시아 속주에서 발견된 동전들에 신전의 모습이 새겨져 있다. 버가모가 황제 제의의 요충지로 기능했다는 또 다른 근거로는, 버가모가 네오코로스(neōkoros, 신전 책임자) 지위를 획득했다는 사실을 들 수 있다. 이 일 역시 요한계시록이 기록되고 얼마 지나지 않은 시점에 이루어졌다. 두 번째로 황제에게 바쳐진 신전은 주후 114년 트라야누스 황제에게 헌정되어 아크로폴리스에 세워진 신전이다. 이에

관하여 현대 주석가들 대부분은 래드(Ladd 1972: 46)의 논리를 따른다. "요한이 '사탄의 왕좌'라는 표현을 사용한 이유는 버가모가 황제 제의의 중심지

그림 3.5. 좌: 아우구스투스 황제. 우: 버가모의 로마 신전. 아시아 속주 동전.

였고, 그리스도인 교회에 가장 큰 위협이 되었기 때문이다"(또한 Charles 1920: 61; Mounce 1977: 96-97; Hemer 1986: 82-87; Keener 2000: 123; Kistemaker 2001: 128-20; Osborne 2002: 141; Witherington 2003: 102). 그러나 다음의 3가지 사실 때문에 이러한 해석의 근거가 다소 설득력을 잃는다. 첫째, 로마 여신에게 바쳐진 신전이 아우구스투스 황제에게 바쳐진 신전이 버가모에 세워지기 훨씬 이전인 주전 197년 서머나에 세워졌다. 둘째, 주후 26년 버가모는 티베리우스 황제로부터 황제 신전을 건설하기 위한 허락을 받고자 아시아의 11개 도시들과 경쟁했고, 로마와 오랜 관계를 유지했던 서머나에게 (경쟁에서)밀리고 말았다. 셋째, 요한계시록이 작성되었을 당시 아시아의 다른 도시들 역시 황제 신전을 건설할 권리를 획득했다. 일곱 설교에서 다룬 도시들 중 두 도시(서머나와 에베소)에도 신전이 건립되었다. 이러한 배경에서 버가모가 특별히 "사탄의 왕좌"로 불릴 만한 남다른 이유가 있는지 의문이 생긴다.

5. **기독교 박해의 중심지, 버가모.** 일곱 설교 가운데 버가모는 그리스도를 믿는 신앙 때문에 순교자가 나온 장소로 묘사되는 유일한 도시이다(안디바, 계 2:13b). 그리스도인들은 사탄의 권세를 뜻하는 "사탄의 왕좌"의 무게감에 압도되었을 것이다. 속주의 주요 도시였던 버가모의 총독(프로콘술)만이 로마 제국을 대표하여 "검의 권리"(이우스 글라디)를 가졌기 때문에, 아마도 총독이 안디바의 죽음에도 어느 정도 연루되었을 것이다. 이를 통해 버가모 설교에

단 하나의 그리스도의 칭호만이
나오는 이유를 어느 정도 파악할
수 있다. 곧 그리스도께서 지니신
롬파이아 검을 통하여, 그리스도
의 권세가 로마 당국자의 "검의 권
리"보다 크다는 것을 효과적으로
드러내어 강조하려는 것이다. 이
러한 해석은 잠정적으로 다른 주
요 해석들과도 통한다. 즉, 버가모
도시 안에서 일부 그리스도인들
이, 버가모에 있는 여러 이교도 신
전들(구원자 제우스 대제단, 구원자 아스클
레피오스 제의, 황제 제의를 포함한 다른 여러

그림 3.6. "놋쇠로 만든 황소" 안에서 순교를 당한 안디바

이교도 신들에 대한 숭배)을 향해 참배하기를 거부했다는 이유로 무신론, 반역, 적
대 행위의 명목으로 고발되었다. 이에 버가모가 아시아 가운데 박해의 중심
지가 되었고, "사탄의 왕좌"가 되었다는 것이다. 오운은 다음과 같이 말한다
(Aune 1997: 183-84). "'사탄의 왕좌'를 버가모의 특정한 건축물과 연결해서는 안
된다 … 오히려 초기 기독교에 대한 **로마의 박해**와 연결해야 한다. 이것이 바
로 요한계시록(2-3장)의 저자가 그 도시 안에서 특별히 악하다고 인식한 부분
이다"(원저자의 강조 표시).

　"사탄의 왕좌"가 정확하게 무엇을 뜻하는지를 확정하기는 어렵지만 이
충격적인 표현이 칭찬에서 어떠한 기능을 하는지는 분명히 알 수 있다. 그
표현은 곧 버가모 교회를 향한 그리스도의 칭찬을 훨씬 더 돋보이게 하는
역할을 한다. 버가모 교회의 성도들은 "사탄의 왕좌"가 있는 곳, 즉 "사탄이
사는" 도시에서 살아가고 있다. 이러한 상황에서 인클루지오의 중심에 있는

2개의 절이 다음과 같은 사실을 강조하고 있다. "그러나 네가 내 이름을 굳게 잡았다 … 네가 나를 믿는 믿음을 부인하지 않았다."

2개의 절 중에서 앞에 나온 긍정문은 동사 크라테오(*krateō*)를 사용하는데, 이 단어의 주된 의미는 "권력을 행사하다"(BDAG 564), 혹은 "강하게 움켜쥐다, 붙잡다"이다. 이 동사의 목적어가 "내(그리스도) 이름"이기 때문에 여기서는 "견고하게 버티다" 혹은 "굳게 잡다"라는 비유적 의미를 지닌다고 볼 수 있다. 버가모에서는 사탄의 왕좌, 즉 사탄의 권세가 그리스도인들을 심하게 핍박했기 때문에 성도들 가운데 일부는 신앙을 버리고 우상숭배와 성적 타락의 행위를 저지르게 되었을 것이다(2:14의 책망을 보라). 하지만 그러한 도시에 살아감에도 대다수의 성도들은 그리스도의 이름을 "굳게 잡고", 그 이름을 가진 자로서 새로운 정체성에 부합하는 삶의 방식을 고수했다. 이러한 칭찬이 호소하는 기능을 가지고 있음을 간과해서는 안 된다. 사람들은 대개 타인으로부터 받는 칭찬에 부응하며 살려고 하는 경향이 있다. 요한은 버가모의 성도들이 극심한 핍박 속에서도 그리스도의 이름을 굳게 붙잡고 있다고 칭찬함으로써, 앞으로도 (신앙 때문에 겪을 핍박 가운데서도) 칭찬받을 만한 행동을 계속해서 실천하도록 힘을 실어주려는 것이다.

이어서 나오는 부정문에는 앞선 칭찬과 평행을 이루는 칭찬이 나온다. 다만 두 칭찬 사이에 눈에 띄는 차이점은, 현재에서 과거로 시점이 이동했다는 것이다. "네가 나를 믿는 믿음을 부인하지 않았다"(속격 무[*mou*]는 소유의 속격 ["나의 믿음" 즉, 그리스도인의 신앙]이 아니라 목적격적 속격["나를 믿는 믿음"]이다. 계 14:12도 동일하다). 그들이 현재 감내하고 있는 박해는 가까운 과거에도 있었던 일이다. 이전에 당한 박해의 구체적인 내용은 드러나지 않지만, 그리스도께서 버가모의 성도들을 칭찬하시는 내용으로 미루어 보아 아마도 그리스도를 믿는 믿음을 부인하라는 핍박을 받은 것으로 보인다. 소(小) 플리니우스(Pliny the Younger)가 트라야누스 황제에게 보낸 서신과, 황제의 답신(중요한 두 서신의 내용에 관해서는 계 2:9 주석을 보라), 그리고 서머나에서 있었던 폴리캅의 순교 이야기를 보면, 일부 지역들 가운데 그리스도인들을 고발하는 경우가 왕왕 있었던 것 같다. 그렇게 그리스도인이라고 정체가 밝혀진 이들은 신앙을 부인하고 황제에게 희생 제물을 바치며 그리스도를 저주함으로써 배교의 진정성을 증명해야 했다. 그리고 그것을 거부한 이들은 사형에 처해졌다.

그것은 버가모 교회의 성도들 가운데 한 사람에게 일어난 일이기도 했다. 그리스도는 "내 충성된 증인 안디바가 너희 가운데 … 죽임을 당한 때에도" 자신의 이름을 부인하지 않았다며 버가모 교회를 칭찬하신다. 안디바는 요한계시록 전체에서 이름이 언급된 유일한 순교자임에도 불구하고 막상 그에 관한 구체적인 정보는 거의 없다. 일부 주석가들은 그의 이름이 "모두에 대항하여"라는 의미이며, 그 이름이 모든 악에 맞서는 영웅적인 자세를 반영한다는 식의 잘못된 주장을 하기도 했다(예를 들어 Walvoord 1966: 67). 이처럼 이상적으로 미화된 주장과는 달리, 사실 안디바는 흔한 그리스 이름, 안티파트로스(Antipatros)를 줄인 형태이다(Josephus, *Ant.* 14.1.3). 또 다른 주석가들은 초기 2세기 동안 버가모와 연결된 순교자들의 명단에 안디바가 포함되어 있지 않다는 사실에 주목하기도 한다(예를 들어, Thomas 1992: 186). 하지만 이러한 사실이 그렇게 중요한 것이 아니다. 그 순교자들은 단 3명에 불과한 데다가, 3명 모두 안디바가 죽은 후 1세기 이상이 지나서야 일어난 사건에 연루되어 있기 때문이다(Eusebius, *Church History* 4.15.48을 보라). 오히려 주목할 만한 사실은 그리스도께서 안디바를 "내 충성된 증인"으로 부르셨다는 사실이다. 그 칭호는 요한계시록의 초반부에서 그리스도 자신에게 붙은 칭호였다(계 1:5). 따라서 안디바는 그리스도와 아주 중요한 연관성이 있다. 바로 둘 모두 복음의 진리를 죽음에 이르기까지 신실하게 증언했다는 것이다.

그리스도 예수는 십자가에 달려 죽임을 당하셨다. 안디바 역시 잔인한 방식으로 죽임을 당한 것으로 보인다. 비잔틴 전기(傳記) 작가들에 따르면 안디바는 "놋쇠로 만든 황소" 안에서 죽임을 당했다. 이것은 고대 그리스에서 고안된 기구인데, 이후 로마인들도 고문과 처형의 방식으로 사용했다. 그 기구를 통해 처형이 집행될 때면, 죄수는 실물 크기의 텅 빈 놋쇠 황소 안에 들어가게 된다. 그리고 그 아래에서 불을 지피면 황소 안에서 열기 가운데 서서히 죽게 된다. 이처럼 끔찍한 처형 방식은 놋쇠 황소 안에 있는 복잡한 장치를 통해 더 공포스럽게 전해진다. 곧 죄수가 고통 속에 비명을 지르면 마치 성난 황소가 울부짖는 것 같은 소리로 바뀌는데, 당시 구경꾼들은 그 끔찍한 광경을 즐기기도 했다. 물론 이것이 정말 안디바가 죽임을 당한 방식인지 확신하기는 어렵다. 중요한 사실은 그리스도께서 안디바를 가리켜 "내 충성된 증인"이라고 부르셨다는 사실이다. 그리고 그 부르심으로 인해 그의 이름이 영원히 기념되었다는 사실이다. 그리스도는 안디바를 가리키며, 사탄이 사는 도시에 살아가는 버가모 성도들이 따라야 할 모범으로, 곧 그가 죽음에 이르기까지 인내한 것을 따라야 할 모범으로 내세우셨다.

책망(2:14-15)

> 그러나 내가 너를 책망할 것이 몇 가지 있다. 너희 가운데는 발람의 가르침을 따르는 자들이 있다. 발람은 발락을 가르쳐 이스라엘 자손 앞에 걸림돌을 놓아 우상의 제물을 먹게 하였고 또 음행을 저지르게 하였다. 이와 같이 네게도 또한 마찬가지로 니골라 당의 가르침을 따르는 자들이 있다(2:14-15)

칭찬에서 책망으로 넘어갈 때는 정형 어구—"그러나 내가 너를 책망할 것이 몇 가지 있다"(참조 2:4, 에베소; 2:20, 두아디라)—가 사용된다. "몇 가지"(올리가[oliga])는 **상대적인 중요도**를 나타내는 것이 아니라, 책망할 내용의 수를 가리킨다(대조적으로 Aune 1997: 185, 그는 이 구절을 "그러나 나는 네게 책망할 사소한 문제가 있다"로 번역한다). 버가모 설교의 나머지 부분들이 상황의 심각성을 더욱 분명하게 드러낸다. 교회가 회개하여 상황을 바로잡지 못하면 그리스도께서 그의 입에서 나오는 날카로운 양날 검, 롬파이아를 가지고 와서 그들과 전쟁을 벌이실 것이다(2:16; 참조. 2:12 그리스도의 칭호). 그리스어 형용사 올리고스(*oligos*)는 일곱 설교 다른 곳에서는 단 한 차례만 사용된다(3:4, "몇 사람들이 네게 있고"). 두 용례 모두, 초점은 상대적인 중요도가 아닌 수(number)에 맞춰져 있다(요한계시록 나머지 부분들에서도 마찬가지다: 12:12; 17:10). 이 복수형 숫자가 대상 하나를 포괄적으로 가리킨다고 보기보다는(Charles 1920: 62), 그냥 문자 그대로 이해하는 것이 더 낫다. 특히 이 단락의 나머지 부분에서 2가지 이상의 책망이 나올 때는 문자 그대로 이해하는 것이 더 낫다. "몇 가지"는 그리스도께서 버가모의 성도들 일부에게 궁극적으로 제기하시는 2가지 혐의를 가리킨다. 즉, 그들은 "우상의 제물을 먹었고"(즉, 우상숭배의 죄), 또한 "음행을 저질렀다."

요한은 2가지 책망을 언급하면서 구약의 거짓 선지자, 발람의 이야기를 활용한다. "너희 가운데는 발람의 가르침을 따르는 자들이 있다. 발람은 발락을 가르쳐 이스라엘 자손 앞에 걸림돌을 놓아 우상의 제물을 먹게 하였고 또 음행을 저지르게 하였다"(2:14). 요한이 일곱 설교에서 구약성경을 여러 차례 인용하거나 암시한 것은, 소아시아의 2세대와 3세대 그리스도인들이 구약의 이야기들을 잘 알고 있어서 굳이 자세히 설명하지 않아도 될 것이라고 생각했기 때문이다. 그러나 다수의 현대 독자들은 그러한 배경지식이 없기 때문에, 발람의 이야기를 따로 배우고 들어야 그것이 버가모의 상황과 어떻게 맞물리는지 이해할 수 있다.

이스라엘 백성들은 광야에서 40년 동안 방황하고 난 뒤에야 마침내 모압 평지에 이르러 요단강 서편과 약속의 땅 가나안을 볼 수 있게 되었다. 모압 왕 발락은 이들에게 위협을 느껴 이교도 선지자 발람에게 거금을 주기로 약속하고 이스라엘 백성들을 저주하게 했다. 하지만 처음부터 그 계획은 처참하게 실패하고 말았다. 말하는 당나귀 사건을 비롯한 일련의 사건들을 겪은 후 발람은 오히려 이스라엘을 여러 차례 축복했다(민 22-24장). 하지만 발람의 축복에도 불구하고 이스라엘 백성들은 결국 성적 타락과 우상숭배의 죄에 빠지게 되었다. "이스라엘이 싯딤에 머물러 있더니 그 백성이 모압 여자들과 음행하기를 시작하니라. 그 여자들이 자기 신들에게 제사할 때에 이스라엘 백성을 청하매 백성이 먹고 그들의 신들에게 절하므로"(민 25:1-2). 하나님께서는 당신이 선택한 백성이 부도덕한 행위와 우상숭배에 빠지자 역병을 보내셨고 결국 그로 인해 24,000명이 죽음을 맞이하게 된다. 이후 이스라엘 역사에서 그처럼 수치스러운 사건에 발람이 연관되어 있었다는 사실이 드러난다. 하나님의 백성의 죄악된 행동은 "발람의 꾀"(31:16)로 인한 것이었다. 후대에 유대 저자들은 발람이 발락에게 모압의 가장 아름다운 여인들로 이스라엘 남자들을 유혹하여, 그들이 이방 여인들과 음행을 저지르고 모압 신들을 향한 우상숭배에 동참하게 만들었다는 통설을 확증해 주었다(Philo, *Life of Moses* 294-96; Josephus, *Ant.* 4.6.6). 이후 신약 시대에 이르러 발람은 거짓 선지자의 원형이 된다(벧후 2:15-16; 유 11).

그리스도께서 요한계시록 2:14에서 버가모 교회의 일부 그룹이 "발람의 가르침을 따른다"고 책망하셨을 때 염두에 두신 대상은, 과거 구약의 거짓 선지자처럼 거짓된 가르침으로 하나님의 백성들의 신앙을 망가뜨리고, 우상숭배와 음행이라는 죄를 범하게 만드는 자들이었다. 당시에도 발람은 악명이 높았기 때문에 그리스도로부터 책망을 받은 그룹은, 자신들을 가리켜 발람을 따르는 자들이라고 부르지 않았을 것이고, 또한 그런 취급을 받는 것에도 분개했을 것이다. 굳이 "발람"이라는 이름을 언급한 이유 중 하나는— 두아디라 설교에서 "이세벨"(2:20)을 언급한 것과 같이—그 그룹이 전파하는 가르침이 거짓되며 타인을 현혹시키는 특성을 가졌다는 점을 드러내기 위함이었을 것이다. 물론 발람이라는 이름을 사용한 주된 이유는 2가지의 죄를 중심으로 하여 구약의 이야기와 버가모 교회의 상황이 평행을 이루었기 때문일 것이다. 곧 발람은 하나님의 백성을 속여 그들이 2가지의 죄─우상에게 바쳐진 음식을 먹는 것과 음행─를 범하게 만들었는데, 이것이 바로 일부 버가모 성도들이 속아 저지르게 된 죄들이었다.

첫 번째 책망: 우상에게 바쳐진 음식을 먹음

오늘날 독자들은 당시 우상에게 바쳐진 음식을 먹는 것이 초기 그리스도인들에게 얼마나 강렬한 유혹이었는지를 제대로 이해하기 어렵다. 고대 사회의 제의 의식에서 음식은 매우 중요한 역할을 했다. 요한이 사용한 그리스어(에이돌로디톤[*eidōlothyton*])는 이교의 신에게 바쳐진 음식을 뜻하는 말로서, 곡물, 포도주, 고기 등이 이에 해당된다. 제의 가운데 고기는 매우 적은 분량만 바쳐졌고, 불로 고기 전체를 태우는 번제도 아주 드물었다. 사람들은 남는 고기를 2가지 방법으로 처리했다. 먼저, 시장에 내다 파는 방법이 있었다. 팔아서 얻게 된 돈은 고기가 나온 신전의 유지 비용으로 사용되었다(Pliny the Younger, *Letters* 10.96.10, "제물로 바쳐진 고기는 어디서나 팔립니다"). 이러한 유형의 고기는 신약성경에서 마켈론(*makellon*), 즉 "시장에서 파는 고기"(고전 10:25)라고 불렸으며, 그리스도인들이 먹어도 되는 것으로 여겨졌다(10:23-30). 또 다른 방법은 제의에 참여한 사람들이 신전, 혹은 신과 관련된 건물의 식당에서 남은 고기를 함께 먹는 것이었다. 신약성경은 이러한 고기를 에이돌로디톤, 즉 "우상의 제물"(행 15:29; 21:25; 고전 8:1, 4, 7, 10; 10:19, 28[이문]; 계 2:14, 20)로 불렀고, 이것을 먹으면 우상숭배의 죄를 범하는 것이라고 명시했다. 따라서 그리스도인들이 먹는 것은 금지되었다. 핵심적인 차이점은 고기를 먹는 상황이 제의적 상황인지 아닌지 여부였다. 만약 종교적 상황에서 식사가 이루어진다면 평범한 식사가 아니라 **제의적인** 식사가 되기 때문이었다. 우상에게 바쳐진 음식과 우상숭배의 죄의 관계는 초기 기독교 문헌(주후 1세기 혹은 2세기 초), 디다케(Didache)에 기록되어 있다. "우상에게 바쳐진 음식을 철저히 피하라. 그것을 먹는 것은 곧 죽은 신들을 섬기는 일이기 때문이다"(6.3).

제의 식사는 제의를 바치는 것만큼이나 주요한 숭배 행위로 여겨졌다. 이것은 고대 세계 어느 지역에서나 동일했으며, 이러한 경향은 수 세기 동안 이어졌다. 케인은 이러한 상황을 잘 요약한다(Kane 1975: 321, Willis 1985: 15가 인용).

> 제의 식사는 그리스 종교 축제의 필수 요소 가운데 하나로서, 신들에게 바쳐진 식사, 신들이 주관하는 식사, 신들과 함께하는 식사의 형태로 진행되었다. 보통 고기나 다른 음식이 신에게 바쳐지면 따로 남겨둔 부분을 제외하고는 참석자들이 함께 먹었다. 도시 국가 혹은 보다 작은 단위의 정치 및 사회 그룹 - 공적 기관이든 민간 단체이든 - 이 주관하는 공적 축제의 경우가 이에 해당한다. 이는 전-고전 시대(pre-Classical), 고전 시대(Classical), 헬레니즘 시대(Hellenistic), 로마 시대(Roman periods) 모두 마찬가지였다(강조 추가됨).

이러한 종교 혹은 제의 식사에 초대하는 간략한 파피루스 초대장들이 이집트에서 발굴되었다. 지금까지 발굴된 초대장들은 20개에 불과하지만, 그럼에도 초대장들은 매우 일관된 서식을 나타내고 있다(Kim 1975을 보라). 이러한 일관성은 그러한 글쓰기가 고대 사회에서 흔했다는 점, 그리고 제의 식사에 참석하는 것이 매우 일상적이었다는 점을 암시한다. 초대장들 가운데 16개는 이집트의 남성 주신, 세라피스(Serapis) 제의와 관련이 있으며, 나머지 4개는 세라피스의 쌍둥이 여동생 이시스(Isis)와 관련이 있다. 파피루스 초대장들 가운데 길이도 간략하고 서식도 일관적인 견본이 하나 있는데 그 내용은 다음과 같다(P.Oxy. 2791). "디오게네스가 내일 세라파에움[세라피스 신전]

에서 열리는 딸의 첫 번째 생일 저녁 식사에 당신을 초대합니다. 시간은 내일 곧 아홉째 달(Pachon, 고대 이집트 월력에서 아홉째 달이며 대략 5월경이다 - 역주) 26일, 제8시입니다"(Coles 1970).

초대장들 가운데 일부는 생일이나 성인식과 관련이 있기 때문에 일부 학자들은 (참가자들의 관점에서 볼 때) 이러한 식사 자리가 종교적인 기능을 했던 것이 아니라, 단순히 사교적인 목적만 띠고 있었다고 주장한다. 예를 들어, 윌리스는 "파피루스[저녁식사 초대장]에 언급된 식사들은 주로 같은 종교를 가진 사람들끼리 모이는 사교 모임이었으며, 즐거운 대화가 오가는 연회였다"고 강조한다(Willis 1985: 44-45). 그러나 그러한 식사가 순전히 사교적인 기능만 했다고 보는 해석은 (고대든 현대든) 가장 중요한 부동산의 원리이자 보편적인 진리에 따라 마땅히 폐기되어야 한다. 그 진리는 바로 "위치이다!" 식사가 이루어지는 식당의 "위치"는 신전 경내인 경우가 많았는데—특히 이전에 동일한 음식이 신에게 제의로 바쳐졌을 경우에는—이는 자연스럽게 그곳에서 음식을 먹는 일과 신전의 신을 숭배하는 일을 연결시켰다. 머피-오코너는 이렇게 말한다(Murphy-O'Connor 1983: 172). "식당의 위치로 인해 그곳에서 열리는 파티는 필연적으로 종교적인 성격을 띨 수밖에 없다." 또 한 가지 놀라운 점은 어떠한 초대장의 경우, 식사의 주최자가 인간이 아닌 신이었다는 사실이다. "신께서 당신을 식사 자리에 초대합니다. 식사는 타와레트(Thoeris) 신전에서 내일 제9시에 시작됩니다"(P.Colon. 2555). 호슬리는 이 파피루스 초대장에 대해 "이러한 연회가 근본적으로 종교적인 성격을 지녔다는 가장 명백한 근거이다"라고 언급한다(Horsley 1982: 6). 고린도전서 8:1-11:1에서 언급된 내용을 살펴보면, 바울도 분명 신전 내 식당에서 음식을 먹는 행위가 종교적인 기능을 띤다고 여겼음을 알 수 있다. 바울은 몇몇 고린도 성도들을 향해 다음과 같은 우려를 표현하기도 했다. "그러나 이 지식은 모든 사람에게 있는 것은 아니므로 어떤 이들은 지금까지 우상에 대한 습관이 있

그림 3.7. 버가모의 제의 식당(기단실).

어 우상의 제물로 알고 먹는 고로 그들의 양심이 약하여지고 더러워지느니라"(고전 8:7).

버가모의 중앙 지점인 아크로폴리스에서 발굴된 제의 식당(Radt 1988: 307-13을 보라)은 당시 도시의 상황과 긴밀한 연관이 있다. 또한 그것은 "우상의 제물을 먹는다"는 이유로 그리스도께서 일부 성도들을 책망하신 것과 연관이 있다. 독특한 구조를 가진 그 식당 건물은 1미터 높이의 기단(낮은 벽, 이 때문에 고고학자들은 이 방을 "기단실"[Podium Hall]이라고 부른다)이 있는 방 하나로 이루어져 있고, 이 방은 약 2미터 깊이에, 사면은 건물 외벽으로 둘러싸여 있다. 이러한 구조로 인해 최대 70명의 사람들이 계단을 통해 기단으로 올라가서, 발을 벽 바깥쪽에 두고 머리는 안쪽에 둔 채 기단에 기대어 비스듬히 누울 수 있었다. 참고로 이것은 그레코-로만 세계에서 전통적인 식사 자세(고전 8:10, 카타케이마이[katakeimai])였다. 기단의 안쪽 모서리 부분은 다른 부분에 비해 조금 더 낮으며 또한 대리석으로 덮여 있었는데, 이 부분은 약 30센티미터 넓

이로 되어 있어 기단에 기대고 있는 사람들이 먹는 음식을 보관하는 기능을
했다. 한편, 방의 중앙에는 제단이 2개 세워져 있었는데, 하나는 아우구스투
스 황제 제의를 위한 것이었고, 다른 하나는 디오니소스 제의를 위한 것이었
다. 그리고 후자의 제단에 제의 음식 일부를 바쳤다. 벽에는 포도나무 가지
와 잎, 포도송이가 그려져 있는데, 이 모두는 디오니소스와 연관된 그림들이
다.

　이러한 사실을 종합해 보면 제의 식사는 고대 세계에서 종교적인 체험
가운데 매우 중요한 역할을 했음을 알 수 있다. 또한 이를 통해 우리는 초기
그리스도인들에게 그러한 식사가 강력한 유혹이 된 이유를 가늠할 수 있다.
갈랜드는 다음과 같이 언급한다(Garland 2003: 347-48).

　　우상과 관련해서 혹은 우상의 신전 경내에서 식사를 하는 경우가 셀 수도 없이
　　많았다. 상당수의 제의 축제들은 시민 사회 생활과 밀접하게 연결되어 있었는
　　데, 그 이유는 고대 헬레니즘 시대의 도시 생활에서 종교와 정치는 불가분의
　　관계에 있었기 때문이다. 그리스도인들이 시민으로서 생활하고자 했다면, 축
　　제 중 제의 식사에 어떠한 형태로든 참여하도록 요구받았을 것이다.

　이방 그리스도인들의 경우, 그리스도의 제자가 되기로 회심하기 전에는
제의 식사에 참여했을 것이고, 심지어 회심 후에도 상당수는 그러한 관습을
계속해서 지키고 싶어했을 것이다. 실제로 그러한 일이 있었음을 지지하는
근거들을 신약의 본문들, 특히 우상의 제물을 먹는 문제를 다루는 본문들 가
운데서 찾아 볼 수 있다. 이를테면, 할례 문제를 논의하기 위해 예루살렘에
모인 유대 그리스도인 지도자들은, 이방인 형제와 자매들에게 따로 서신(소
위 사도의 규례[Apostolic Decree])을 써서 그들이 자연스럽게 행하던 일에 더 이상
참여하지 못하게 했다. 소위 사도의 규례의 첫 번째 항목은 "우상의 제물을

멀리하라"(행 15:29)였다. 제의 식사에 참여하고자 하는 유혹은 고린도 성도들에게도 상당히 중요한 문제였다. 이 때문에 사도 바울은 그 문제를 다루는데 무려 세 장이나 지면을 할애했다(고전 8:1-11:1). 버가모 교회(계 2:14)와 두아디라 교회(2:20)를 향한 그리스도의 책망은 우상의 제물을 먹고자 하는 유혹이 주후 1세기 후반까지도 교회를 잠식하고 있었음을 보여 준다.

그렇다면 "발람의 가르침"(2:14)에 속아 넘어간 버가모 성도들이 제의 식사에 참여하는 것을 정당화하기 위해 사용한 논거나 논리는 과연 무엇이었을까? 버가모 설교나 두아디라 설교 모두 이 물음에 대한 명확한 답을 주지는 않는다. 다만 같은 문제가 발생했던 고린도 교회의 상황을 바탕으로 합리적인 답을 추론해 볼 수는 있을 것 같다. 아마도 그들은 "지식", 특히 세상에는 오직 하나님 한 분만이 계시고 우상들은 실제로 존재하지 않는다는 지식에 호소했을 것이다. 그러한 지식으로 무장한 그리스도인의 경우 신전 식당에서, 혹은 이교도의 신에게 바쳐진 건물 내에서 식사를 할 수 있었고, 그것을 우상숭배의 죄로 여기지 않았다(고전 8:1-13에서 "지식"이라는 단어가 수차례 반복해서 나오고, 그 단어가 핵심적인 역할을 한다는 점을 기억하라). 버가모 성도들 중 일부는 그들 자신에게, 그리고 다른 성도들에게 아마도 이렇게 말했을 것이다. "세상에는 오직 진리의 하나님 한 분만 계시지 않습니까? 아테네, 제우스, 디오니소스, 아스클레피오스—버가모에서 숭배하는 주요 신들 넷—모두는 실제로 존재하지도 않으면서 단순히 신을 흉내내는 것에 불과하지 않습니까? 이러한 중요한 진리를 알고 있는데 제의 식사에 참여하지 못할 이유가 무엇입니까? 이 신들은 우리 그리스도인들에게 아무런 의미도 없습니다!"

두 번째 책망: 음행

그리스도께서 버가모 교회를 책망하시는 또 다른 이유는 바로 그들이 "음행"을 저질렀기 때문이다. 여러 주석가들이 주장하는 바에 따르면 이것

은 문자 그대로, 즉 실제 성적인 죄를 의미하는 것이 아니라 우상숭배를 은
유적으로 표현한 것이다. 따라서 결과적으로 버가모 교회는 2가지 죄를 범
한 것이 아니라 우상숭배의 죄 1가지만 범한 것이다(예를 들어 Caird 1966: 39;
Beale 1999: 250; Keener 2000: 124; Koester 2014: 288-89; Beale and Campbell 2015: 67; Fan-
ning 2020: 138, 140). 주석가들은 이러한 해석을 뒷받침하기 위해 3가지를 근거
로 제시한다. 첫째, 구약성경 안에서 이스라엘을, 다른 신들에게 몸을 파는
음란한 아내로 비유하는 표현이 빈번하게 나타난다(왕하 9:22; 사 57:3, 8; 렘 3:9;
13:27; 겔 16:15-36; 23:7-35; 호 1:2; 2:2-13; 4:12; 5:4; 나 3:4; 또한 계 17:1, 15-16에서 "음녀"[prosti-
tute]를 언급한다는 사실을 기억하라). 둘째, 본문에서 "음행"을 가리키는 데 사용된
단어(동사 포르뉴오[porneuō]; 명사형은 포르네이아[porneia])가 요한계시록 다른 곳에서
는 은유적인 의미로 사용되고 있다(계 14:8; 17:2, 4; 18:3, 9). 셋째, "음행"으로 인
한 책망은 두아디라 설교(2:20)에서도 구약의 이세벨 이야기와 함께 나타난
다. 그런데 이세벨은 언제나 우상숭배와 연결된 반면, (주석가들에 따르면) 음행
과는 딱히 연결된 적이 없다.

위와 같이 "음행"을 은유로 해석할 여지도 있지만, 그것을 문자 그대로
의 의미로 해석해야 할 더욱 설득력 있는 근거들이 있다. 첫째로, 지금 본문
에서 "음행"에 사용된 단어(그리고 그 동족어)의 경우, 요한계시록 안에서 은유적
인 의미로 사용되기도 하지만, 반대로 문자적인 의미로 사용된 경우도 분명
히 있다(9:21; 21:8; 22:15). 따라서 2:14에서도 실제 성적인 죄를 의미할 수 있다.
둘째로, 본문의 문맥을 보면 구약의 발람 이야기가 나오는데, 그는 하나님의
백성들로 하여금 우상숭배의 죄뿐만 아니라 음행의 죄까지 범하도록 만든
책임이 있다. 민수기 25:1-2은 그것을 분명히 명시하고 있다. "이스라엘이 싯
딤에 머물러 있더니 그 백성이 모압 여자들과 음행하기를 시작하니라. 그 여
자들이 자기 신들에게 제사할 때에 이스라엘 백성을 청하매 백성이 먹고 그
들의 신들에게 절하므로"(민 25:1-2). 셋째로, 2가지 행위("우상의 제물을 먹는 것"과

"음행") 중 전자의 행위만이 문자적인 의미를 지니고 있고, 후자의 행위는 은유적인 표현이라면, 굳이 두 행위를 나란히 배치할 필요가 없어 보인다. 물론 수사학적으로도 그다지 효과적이지 않다. 넷째로, 앞서 언급한 바와 같이 그리스도께서 버가모 교회에게 책망하실 것이 "몇 가지" 있다고 할 때, 복수형이 사용되었기 때문에, (그리스도께서)우상숭배의 죄 1가지만 책망하셨다고 보기 어렵다. 따라서 분명히 우상숭배와 음행, 2가지 문제에 대해 책망하신 것이다. 다섯째로, 신약성경 안에서 요한계시록 외 세 군데에서 "음행"이라는 단어가 "우상의 제물"과 짝을 이루어 사용되는데(행 15:29; 21:25; 고전 10:7-8), 그 본문들의 문맥을 보면 분명 문자적인 의미로 사용되고 있다.

여섯째로, 고대 사회에서 성적 행위는 연회나 공식 식사, 그리고 제의 식사와 연결되는 경우가 많았다. 세네카(Seneca)는 공적 식사 자리에서 시중을 들다가 참석자들에게 성폭행을 당한 "운 나쁜 노예 소년들"을 언급한 바 있다(*Epistles* 95.24). 세네카는 다른 서신에서 주인에게 성적 학대를 당하며, 포도주 시중을 드는 노예들을 언급하기도 했다. "포도주를 따르는 노예는 여자처럼 옷을 입어야 하는데, 나이가 들어가면서 고생이 심해지네 … 그는 밤새 깨어 있으면서 주인의 술주정과 욕망을 모두 받아내야 한다네"(*Epistles* 47.7). 퀸틸리아누스(Quintilian)는 어린아이들이 보는 가운데 벌어지는 부적절한 행위를 질타했다. "어린아이들이 우리의 여자 애인들과 남자 애첩들을 보게 된다. 저녁 파티는 매번 더러운 노래로 시끌벅적하고, 입에 담기도 부끄러운 일들이 그들[어린아이들]의 눈에 띈다"(*Institutes of Oratory* 1.2.6-8). 연회와 공식 식사 자리에 창녀(헤타이라이[*hetairai*])들이 참석하는 경우도 많았다. 여성들은 피리와 하프를 연주했는데, 음악 이상의 것으로 참석자들을 만족시키곤 했다(Juvenal, *Satires* 11.162-70; Cicero, *For Murena* 13; Plutarch, *Table Talk* 613C). 이러한 문헌들을 비롯한 고전 문헌들을 바탕으로 포토풀로스(Fotopoulos 2003: 149)는 다음과 같이 말한다. "그레코-로만 시대, 공식 식사 자리의 일반적인 특징 가운데 하나는 식사가 개인의 집에서 이루어지든 이교도 신전에서 이루어지든 관계없이, 그 자리에 성관계를 포함한 여흥이 동반되었다는 사실이다."

그런데 지금 책망을 받는 그룹은 하나의 그룹일까, 아니면 두 그룹일까? 책망 단락을 살펴보면, 버가모 교회 내에 발람의 가르침을 지키는 자들 외에도 또 다른 그룹의 이름이 언급된다. "이와 같이 네게도 또한 마찬가지로 니골라 당의 가르침을 따르는 자들이 있다"(2:15). 이 그룹은 발람의 가르침을 지키는 자들과 유사하지만, 그럼에도 그들과 구별되는 별도의 그룹이었을까? 버가모 교회에는 2개의 구별된 그룹이 있었던 것일까(발람의 가르침을 따르는 자들과 니골라 당의 가르침을 따르는 자들)? 아니면 두 그룹이 사실은 동일한 사람들을 가리키며, 교회 내에는 단 하나의 그룹만이 존재했던 것일까? 이것은 좀 복잡한 문제이다. 이 구절의 문법이 3가지 표현 때문에 다소 어색하고 혼란스럽게 들리기 때문이다. 그 3가지 표현은 바로 처음에 나오는 "이와 같이"(후토스 [houtōs]), 중간에 있는 "네게도 또한"(카이 쉬[kai sy]), 그리고 끝에 나오는 "마찬가지로"(호모이오스[homoiōs])이다(그리스어상 순서를 가리킨다 - 역주).

"이와 같이"는 자연스럽게 바로 앞의 진술을 가리키며(BDAG 741.1), "발람의 가르침"이 "니골라 당의 가르침"과 동일함을 말하고 있다(대부분의 주석가들이 이와 같은 입장이다. 반대 입장은 MacKay 1973; Thomas 1992: 193; Coutsoumpos 1997: 24). 이 두 그룹이 사실상 동일한 하나의 그룹이라는 견해는 두 그룹의 지지자들을 묘사하는 데 동일한 동사가 사용되었다는 사실을 그 근거로 삼는다. 곧 그들은 발람의 가르침을 "따르는"(크라테오[krateō]) 자들과 니골라 당의 가르침을 "따르는"(크라테오) 자들이다. 두 그룹은 그 이름의 뜻이 본질적으로 같은 의미라는 점에서도 하나의 그룹으로 간주될 수 있다. 발람은 히브리어로 "백성을 사로잡는 자, 혹은 백성 위에서 다스리는 자"라는 의미이고, 니골라는 그리스어로 "백성을 정복하는 자"라는 의미이다(Hemer 1986: 89; Michaels 1997: 76; Beale, Campbell 2015: 67). 오스본은 다음과 같이 결론을 내린다(Osborne

2002: 145). "가장 좋은 해결책은 이것을 유사한 2가지 운동 간의 비교로 보는 것이 아니라, 단일한 운동(니골라 당)과, 발람에 관한 유대 전통 간의 비교로 보는 것이다. '발람이 이스라엘 백성들을 몰락시켰던 것과 같은 방식으로 이 거짓 교사들은 여러분을 몰락시키려 하고 있습니다'와 같이 해석하는 것이다." 케어드는 다음과 같이 간결하게 말한다(Caird 1966: 38-39). "버가모에는 2가지가 아닌 오직 1가지 유형의 문제만 있었다. '발람의 가르침'은 '니골라 당의 가르침'을 요한이 모욕적인 칭호로 부른 것에 지나지 않는다." 문장 중간에 위치한 부사 "네게도 또한"은 에베소 교회를 염두에 두고 말한 표현이다. 에베소 교회를 향한 설교에 명시된 것처럼, 그들 "또한" 니골라 당의 도전에 직면했다(2:6을 보라). 마지막 부사인 "마찬가지로" 역시 에베소 교회의 상황을 염두에 둔 것이다. 버가모의 성도들 가운데 일부는 니골라 당의 우상숭배를 유발하는 가르침을 따르고 있었는데, 이는 에베소에서 일부 성도들이 그와 동일한 그룹의 거짓 가르침을 따른 것을 상기시킨다.

에베소 설교를 다룰 때 우리는 상당한 분량을 할애하여 니골라 당의 정체와 가르침에 대해 살펴본 바 있다. 여기서는 앞서 내린 결론만 간단하게 언급하고자 한다. 니골라 당은 성도들로 하여금 그들의 신앙을 버리고 이교도의 활동에 참여하게 함으로, 우상숭배와 음행의 죄를 범하게 만드는 가르침을 전했다.

교정(2:16a)

그러므로 회개하라(2:16a)

책망 단락에서 교정 단락으로 전환될 때는 "그러므로 회개하라!"(2:16a)는 명령이 사용된다. 건강하지 않은 모든 교회들을 향한 설교의 교정 단락에 그와 같은 핵심 동사가 사용된다(에베소 2:5a, 5b; 두아디라 2:21b; 사데 3:3; 라오디게아 3:19b). 이 "회개하다"라는 동사가 서머나와 빌라델비아 설교에는 빠져 있다. 그 교회들은 건강한 교회들로서 책망이나 교정이 따로 필요하지 않았기 때문이다. 그리스도는 버가모 교회가 회개해야 할 죄를 구체적으로 따로 말씀하시진 않는다. 추론 불변화사 "그러므로"(운[oun])가 교정 단락을 앞선 책망 단락과 긴밀히 연결함으로써, 교회가 제의 식사에 참여하는 것을 정당화하며 성도들이 우상숭배와 음행이라는 죄에 빠지게 만든 니골라 당의 절충 신학으로부터 나와 회개해야 함을 분명히 밝히고 있다. 동사 "회개하다"(메타노에오[metanoeō])는 문자적인 의미로 "어떤 사람의 마음을 바꾸다"(BDAG 650.1)라는 의미이다. 그러므로 그리스도는 버가모 교회로 하여금 그들이 한 일에 대해 단순히 후회하거나 안타까워하기를 촉구하고 계신 것이 아니다. 그리스도는 니골라 당의 가르침이 거짓임을, 그리고 그러한 잘못된 가르침으로 인해 성도들이 우상숭배와 음행이라는 심각한 죄를 저지르게 되었다는 상황을 새롭게 인식하라고 명령하시는 것이다.

그리스도는 니골라 당의 가르침을 따르는 자들뿐 아니라 공동체 전체—심지어 앞서 버가모에서 "사탄"의 핍박에도 불구하고 그리스도의 이름을 굳게 잡고 또 그리스도를 부인하지 않았다는 이유로 칭찬을 받은 이들까지도(2:13)—를 향해 회개하라고 명령하신다. 버가모 교회의 일부만이 발람과 같은 니골라 당의 가르침에 속아 넘어갔지만, 그 일부(그룹)가 우상숭배와 음행을 저지르게 내버려 둔 것에 대해선 공동체 전체의 책임이 있다는 것이다. 그렇다면 버가모 교회의 상황은 에베소 교회와 정반대라고 할 수 있다. 에베소 교회의 경우 니골라 당의 가르침을 거부했고 그들의 악한 행위를 미워했으나, 그리스도는 그들이 동료 성도들을 사랑하지 않았다고 책망하셨다. 이와 대조적으로 버가모 교회는 니골라 당의 거짓된 가르침을 받아들였고, 그리스도는 동료 성도들이 제의 식사에 참여하고 우상숭배와 음행의 죄를 짓는 것을 막지 못했다는 이유로 책망하셨다.

결과(2:16b, 17b)

버가모 설교는 교회가 그리스도의 "회개하라"는 말씀에 어떻게 반응하는지에 따라 달라지는 2가지 결과를 제시하며(전형적인 방식) 마무리된다. 하나는 부정적인 결과로서, 버가모 공동체가 그리스도의 교정 권고를 따르지 않을 경우 받게 될 처벌을 이야기한다. 두 번째는 긍정적인 결과로서, 교회가 회개하고 그리스도의 도움으로 자신들의 죄를 이겨내면 받게 될 상을 이야기한다.

부정적인 결과(2:16b)

> 그러나 만약 그러지 않는다면 내가 속히 네게 가서 내 입의 검으로 그들과 싸울 것이다(2:16b)

부정적인 결과는 앞서 (그리스도의)칭호에서 제시된 종말론적 심판자로서의 그리스도의 이미지를 반복한다. "그러나 만약 그러지 않는다면 내가 속히 네게 가서 내 입의 검으로 그들과 싸울 것이다"(2:16b). 이 조건문의 조건절에는 관용어구인 "그러지 않는다면"이 나오는데, 이는 "만약 네가 회개하지 않는다면"을 축약한 표현이다. 이것은 바로 앞에 나온 명령, "그러므로 회개하라"에서 암시된다. 또한 앞선 에베소 설교를 살펴보면, "그러지 않는다면"이 나오고, 곧바로 이어서 "만약 네가 회개하지 않는다면"(2:5)이라는 더욱 상세한 표현이 나오는 것을 알 수 있다. 이를 통해서도 앞서 언급한 관용어구가 축약된 표현이라는 사실을 분명하게 알 수 있다.

이 조건문의 귀결절은 "내가 속히 네게 가서"라고 그리스도께서 오시는 장면을 묘사한다. 물론 이러한 표현이 나오는 것이 그렇게 특별한 일은 아니다. 사실상 모든 설교의 결과 단락이 그리스도께서 오신다는 것을 언급하고 있기 때문이다(2:5, 16, 25; 3:3, 11, 20). 이 본문에서와 같이 대부분의 경우 그리스도는 건강하지 않은 교회를 심판하러 오시지만, 때로는 신실한 교회를 위로하기 위해 오시는 경우도 있다. 부사 "속히"는 그리스도께서 오시는 일이 임박했음을 강조한다. 앞서 2:5에서 그리스도께서 오시는 일에 대한 언급을 두고 논의한 바와 같이, 여기서도 그리스도께서 오신다는 것이 종말의 때에 모든 사람을 최종적으로 심판하시기 위해 두 번째로 오신다는 것인지, 아니면 버가모 교회만 예비적으로 심판하시기 위해 특별히 오신다는 것인지에 관한 의문이 발생한다. 다만 이 2가지 경우를 엄격하게 구분하지는 말아야 한다. 비록 이 본문이 그리스도의 예비적 심판을 염두에 두고 있을 가능성이 더 높아 보이긴 하지만, 동시에 파루시아 때 일어날 최후 심판의 전조 역할도 하는 것처럼 보이기 때문이다.

그리스도께서 종말론적 심판자로 오시는 것은 분명 두려운 일이며, 이는 귀결절의 두 번째 절(clause)에서도 강조된다. "내 입의 검으로 그들과 싸울 것이다." 동사 "싸우다"(혹은 "전쟁을 일으키다", 폴레메오[polemeō])는 신약성경 안에서 야고보서의 본문 한 곳을 제외하면(약 4:2), 모두 공격적이고 폭력적인 행위를 가리킨다(계 12:7[2회]; 13:4; 17:14; 19:11). 악한 길에서 돌이켜 회개하기를 거부하는 자들과 싸우기 위해 종말의 전사로 오시는 그리스도의 위협적인 이미지는 그가 전쟁에서 사용하시는 무기, 곧 "내 입의 검"으로 인해 더욱 강조되고 있다. 초반부에 나온 그리스도의 칭호와 같이 여기서도 그 검은 마카이라(machaira)—로마 병사들이 주로 사용하는 45센티미터 길이의 단검 혹은 단도—가 아닌, 롬파이아(*rhomphaia*)—트라키아 전사들이 사용하는 훨씬 더 길고 굴곡진 검—이다. 앞서 그리스도의 칭호에서는 그 검이 가진 "날카로운 양날"이라는 특징이 강조되었다. 하지만 여기서는 "내 입의" 검으로 묘사되는 가운데, 요한계시록 초반부에 나오는 그리스도의 이미지(계 1:9-20)를 상기시킨다. "**그의 입에서 날카로운 양날 검이 나오고**"(1:16b). 따라서 이 검은, 그리스도께서 종말론적 심판자로서 정의로운 판결을 내리실 때 사용하는 혀와 말씀에 대한 은유이다. 마카이라가 아닌 롬파이아 검을 언급한 것은, 그 검을 통해 "입에서 흘러나오는 거대한 '혀'의 기괴한 형상"(Osborne 2002: 92n10)을 그려냄으로써 그리스도의 정의로운 심판이 두려운 일임을 강조하려는 것이다.

그렇다면 그리스도의 정의로운 심판의 말씀은 누구를 대상으로 하는가? 그 말씀 속에서 2인칭("내가 속히 네게 가서")에서 3인칭("그들과 싸울 것이다")으로 전환된 것은, 그리스도의 심판에 관한 말씀이 오로지 니골라 당원들, 그리고 버가모 성도들 가운데 그 거짓 가르침을 받아들인 일부 사람들에게만 해당하는 말씀이기 때문일지도 모른다. 하지만 이러한 결론에 반하는 근거들 역시 존재한다. "회개하라"는 명령이 교회 전체에게 주어졌기 때문에 그리스도가 심판을 선포하시기 위해 오신다는 경고 역시 마찬가지로, 버가모 교회의 성도 전체를 향한 것일 가능성이 있는 것이다. 우리가 살아가는 현대 사회는 판단을 꺼리는 문화를 가지고 있기 때문에 이와 같은 그리스도의 오심이 지나치게 가혹하고 또 정죄하는 모습으로 보일 수 있다. 그러나 이것은 사실 그리스도께서 당시 상황을 얼마나 심각하게 판단하셨는지를 드러내는 것이다. 즉, 그리스도는 버가모 교회의 일부 성도들이 저지른 우상숭배와 음행의 죄를 심판하실 뿐 아니라, 거짓 가르침에 대해 교회의 나머지 성도들이 보여준 부적절한 관용까지도 문제 삼으시는 것이다.

긍정적인 결과(2:17b)

> 이기는 자에게는 내가 감춰진 만나를 줄 것이다. 그리고 내가 그에게는 흰 돌
> 을 줄 것이다. 그 돌에는 새 이름이 적혀 있는데, 그 돌을 받는 자 외에는 아무
> 도 그것을 알지 못한다(2:17b)

버가모 설교는 다른 모든 설교와 동일한 방식으로 마무리된다. 즉, 종결
부에서 "승리 정형 문구"가 사용된다. 그리고 그 문구에는 "장애물을 극복하
다, 승자가 되다, 정복하다, 이기다, 압도하다"(BDAG 673.1)라는 의미를 가진
동사 니카오(nikaō)가 사용되고 있다. 앞서 에베소와 서머나 설교에서도 다룬
바 있지만, 여기서 한 번 더 반복할 만큼 아주 중요한 내용이 있다. 그것은
바로 여기서 말하는 승리가 인간적인 성취가 아닌 신적 선물이라는 것이다.
이처럼 중요한 신학적 핵심은 2:17b에서 "내가 … 을 줄 것이다"라는 표현이
두 차례 나오는 것을 통해 분명하게 전달된다. 감춰진 만나와 흰 돌은 적으
로부터 취하는 승리의 전리품이 아니라 그리스도로부터 오는 은혜의 선물
이다. 한편, 버가모 설교의 승리 정형 문구와, (일곱 설교 중 마지막인)라오디게아
설교의 승리 정형 문구를 대조해 보면, 동일한 요점이 암시적으로 드러남을
알 수 있다. 라오디게아 설교에는 핵심 동사 니카오가 두 차례 나온다. "이기
는 자에게는 …, 내가 이긴 것과 같이"(3:21). 일곱 번째이자 가장 건강하지 않은
라오디게아 교회를 향해 극적인 방식으로 선포된 이 말씀은 버가모 교회에
도 동일하게 적용될 수 있다. 니골라 당의 거짓 가르침을 용납하는 위험을
극복할 수 있는 능력은 그들의 재능이나 끊임없는 노력에서 나오는 것이 아
니라, 그리스도가 이전에 승리하셨다는 사실로부터 나온다. 그리스도인들은
그리스도와의 관계, 그리고 성령의 임재를 통해서만 그들의 죄를 극복하고
승리할 수 있다.

감춰진 만나

그리스도가 승리한 성도들에게 주시는 2가지 선물 중 하나가 바로 "감춰진 만나"이다. "이기는 자에게는 내가 감춰진 만나를 줄 것이다"(2:17b). 만나는 이스라엘 백성들이 광야에서 40년 동안 방황할 때, 하나님께서 기적적인 방식으로 공급해 주신 음식이다(출 16:1-36). 이스라엘 백성들은 애굽(이집트)에서 탈출하자마자 먹을 것이 없어 불평하기 시작했고, 고기 가마 옆에 둘러 앉아 마음껏 먹을 수 있었다는 애굽에서의 옛 생활을 그리워했다. 하나님께서는 그들의 불평과 불신에 대해 벌을 내리시지 않고, 오히려 그들에게 하늘에서부터 가루로 된 떡을 내려 주시는 자비를 베푸셨다. "만나"라는 단어는 히브리어 표현인 만후(*mān hû*)에서 유래한 것으로 "이것이 무엇이냐?"라는 의미를 갖고 있다. "이스라엘 자손이 보고 그것이 무엇인지 알지 못하여 서로 이르되 이것이 무엇이냐 하니"(출 16:15; Josephus, *Ant.* 3.32).

신약 시대의 유대인들에게, 하나님께서 초자연적인 방식으로 음식을 공급하신 구약의 이야기는 미래의 메시아 시대에 대한 상징 혹은 은유로 받아들여졌다. 즉, 미래에 하나님의 왕국이 도래하면 하나님께서 당신의 백성들에게 다시금 기적적으로 음식을 베풀어 주실 것이라는 믿음이, 당시 유대인들 사이에 퍼져 있었다. 예를 들어, 바룩2서는 이렇게 말한다. "그때에 또다시 만나의 보고가 위에서 내려와 사람들이 그것을 먹게 될 것이다. 그들은 때의 종말까지 도달한 사람들이다"(29:8). 시빌라 신탁(Sibylline Oracles)은 미래의 왕국에서 하나님의 백성들이 누릴 복 가운데 하나로 "그들이 하얀 치아로 이슬 같은 만나를 먹을 것"(7:149)을 이야기한다. 유대교의 고전 시대(주후 300-500년)에 작성된 종교적 텍스트, 창세기 랍바(Genesis Rabbah)는 만나를 가리켜 "다가올 시대의 양식"이라고 칭한다(82.8). 하나님께서 메시아 시대에 만나와 같은 음식을 제공하실 것이라는 유대인들의 기대감은 그리스도 예수가 오천 명을 먹인 기적에 대한 군중의 반응에서 엿볼 수 있다. "그 사람들이 예수께서 행하신 이 표적을 보고 말하되 이는 참으로 세상에 오실 그 선지자[즉 메시아]라 하더라"(요 6:14).

따라서 버가모 교회의 이기는 그리스도인에게 선물로 주어질 만나는 곧 다가올 메시아 시대의 복을 누리게 될 것이라는 약속의 표현이다. 생명나무의 열매를 먹는 것이 에베소 교회에게 '낙원의 복에 참여하게 될 것'이라는 강렬한 은유로 작용했던 것처럼, 만나를 먹는 것 역시 다가올 시대에 버가모 교회에 약속된 강력한 상징이라고 할 수 있다. 만나는 앞서 언급된 발람, 그리고 40년 동안의 광야 생활과 자연스럽게 연결된다. 발람 사건과 만나가 내려온 사건이 모두 동일한 시기에 일어났기 때문이다. 무엇보다 만나가 본문의 맥락과 잘 어울리는 이유는 그리스도가 버가모 교회를 책망하신 내용 때문이다. 그것은 곧 만약 그들이 우상에게 바친 제물을 먹고자 하는 유혹을 극복한다면 더 나은 음식을 상으로 받게 될 것을 가리킨다.

버가모 교회의 이기는 그리스도인들이 받게 될 만나는 "감춰진" 것으로 묘사된다. 흔치 않은 완료 시제(케크림메누[kekrymmenou])가 사용된 것은 이 종말론적 음식의 숨겨진 특징을 강조하기 위해서이다. 즉, 이 시제는 만나가 과거의 어느 시점에 감춰졌고, 현재에 이르기까지 계속해서 감춰진 상태로 있다는 점을 가리킨다. 이러한 "감춰짐"의 중요성은 다양한 방식으로 설명될 수 있다. 일부 학자들은 요한복음 6:35(그리고 6:48)에서 그리스도가 스스로를 가리켜 "생명의 떡"이라고 부르신 것을 근거로 하여, 만나를 그리스도로 간주한다. 그리스도는 믿지 않는 자들로부터 "감춰진" 진리라는 것이다(Hendriksen 1940: 67; Vincent 1924: 450; Wong 1998: 348-49). 또 다른 학자들은 앞서 관찰한 바와 같이 메시아 시대에 하나님께서 만나를 다시 공급하실 것이라는 유대인들의 기대감을 언급한다. 그들은 이 종말론적 음식이 이기는 그리스도인들에게만 허락되고, 그 외에 사람들에게는 "감춰진" 상태로 있을 것을 지적한다(예를 들어 Walvoord 1966: 70; Morris 1969: 68).

하지만 대다수의 주석가들은 만나가 감춰졌다고 묘사되는 이유를 유대 전통의 관점, 즉 언약궤에 보관된 만나 항아리에 관한 유대 전통의 관점으로 설명한다. 하나님께서는 모세와 아론에게 하루 분량의 만나를 항아리에 담아 증거판과 함께 언약궤에 넣어 "여호와 앞에" 보관하라고 명령하셨다(출 16:32-34; 히 9:4). 오랜 세월이 흐른 후 바벨론 왕 느부갓네살이 예루살렘을 점령했을 때 그는 성전뿐 아니라 그 안에 있던 물건들을 모두 파괴했는데, 만나를 담은 항아리가 들어 있던 언약궤도 이때 함께 파괴되었다. 하지만 유대 전승은 언약궤와 그 내용물들이 예루살렘 함락 직전에 다른 곳으로 옮겨져서 메시아가 오실 때까지 안전하게 숨겨졌다가, 예루살렘의 새 성전에 다시 돌아오게 될 것이라고 주장한다. 이러한 전승 가운데 선지자 예레미야가 느보산의 어느 동굴에 언약궤를 숨겼다는 전승도 있다(마카비2서 2:4-6). 요한계시록 시대에 또 다른 전승에 따르면, 천사가 성전에 보관되어 있던 언약궤와 다른 성물을 가져 갔고, 땅은 그것들을 삼켜 결국 어딘지 알 수 없는 곳에 감춰졌다고 한다(바룩2서 6:7-10). 주후 2세기경 한 전승에서는 하나님께서 예레미야와 그의 비서 바룩에게 성전의 성물들을 안전한 곳으로 가져가라고 명령하신다. 그러자 땅이 창조자의 명령에 따라 성물들을 집어삼켰고 메시아의 시대에 포로생활에서 귀환할 때까지 감추어 두었다고 말한다(바룩4서 3:10-19). 이 전승들 가운데 어떤 전승도 만나를 담은 항아리를 명시적으로 언급하진 않지만, 항아리가 유대 전승에 포함된다는 점이 히브리서 9:4에 암시되어 있고, 또한 후기 랍비 문헌에도 기록되어 있다(Hemer 1986: 95). 이러한 설명은 만나 은유의 종말론적 의미를 재확인시켜 준다. 감춰진 만나를 먹는다는 것은 곧 메시아가 오셨으며, 그의 오심으로 종말의 복을 이기고 승리한 자들—우상에게 바쳐진 고기를 먹으라는 우상숭배의 유혹을 극복한 자들—이 누리게 될 것을 의미한다.

흰 돌

그리스도가 승리한 성도들에게 주실 2가지 선물 중 또 다른 하나는 바로 흰 돌이다. "그리고 내가 그에게는 흰 돌을 줄 것이다. 그 돌에는 새 이름이 적혀 있는데, 그 돌을 받는 자 외에는 아무도 그것을 알지 못한다"(2:17c). 이 은유의 정확한 의미를 파악하는 일은, 요한계시록 2-3장의 일곱 설교에 나오는 수많은 해석상의 쟁점들 가운데서도 가장 어려운 일이다. 이러한 해석상의 어려움은 그 의미가 최소 10개가 제시되었다는 사실에서도 미루어 알 수 있다(Hemer의 광범위한 연구를 보라. 그는 "흰 돌"의 표현의 의미에 대해 본문에서 7가지를 검토했고[1986: 96-104], 미주에서 3가지를 더 다루었다[1986: 24n85]).

"흰 돌"의 의미는 주로 다음과 같은 질문들에 어떻게 대답하는지에 따라 달라진다. 새 이름은 누구를 가리키는 것인가? 그것은 이기는 그리스도인인가, 아니면 하나님 혹은/그리고 그리스도인가? 흰 돌에 관한 해석들 중 가장 많이 받아들여지는 4가지 견해를 살펴보기 전에, 먼저 새 이름의 대상이 누구인지 검토해 볼 것이다. 빌라델비아 설교에서 그리스도는 이렇게 말씀하신다. "나는 내 하나님의 이름 ⋯ 또 나의 새 이름을 그 위에 쓸 것이다"(3:12). 요한계시록의 후반부는 그리스도를 가리켜 다음과 같이 설명한다. "그 밖에는 아무도 알지 못하는 이름이 그에게 적혀 있습니다"(19:12). 이러한 본문들을 감안해 보면, 버가모 설교에 나오는 "새 이름"은 하나님의 이름, 혹은 (더 가능성 높게는) 그리스도의 이름을 가리키는 것일 수 있다. 하지만 이러한 해석은 사실 그 뒤의 구절—"그 돌을 받는 자 외에는 아무도 그것을 알지 못한다"—과 그다지 잘 어울리지 않는다. 허머는 다음과 같이 주장한다(Hemer 1986: 102). "그 이름[3:12]은 모든 이기는 자에게 약속된 것이지만, 이 이름[2:17]은 각 사람이 특정하게 소유한다." 오스본도 다음과 같이 주장한다(Osborne 2002: 149). "하나님의 이름이나 그리스도의 이름이 이기는 자에게만 알려질 것이라고 보기는 어렵다. 그보다는 이기는 자에게 그리스도로부터 '새 이름'이 주어질 가능성이 더 크다." 이러한 해석은 하나님께서 메시아 시대에 당신의 백성에게 영원히 지속될 "새로운" 혹은 "다른" 이름을 주겠다고 약속하신 구약성경의 평행 본문을 통해 입증된다. "내가 그들에게 영원한 이름을 주어 끊어지지 아니하게 할 것이며"(사 56:5). "너는 여호와의 입으로 정하실 새 이름으로 일컬음이 될 것이며"(62:2). "또 너희가 남겨 놓은 이름은 내가 택한 자의 저줏거리가 될 것이니라. 주 여호와 내가 너를 죽이고 내 종들은 다른 이름으로 부르리라"(65:15).

그렇다면 이제 새 이름에 이어, 과연 흰 돌은 무엇을 의미하는 것인지 살펴보도록 하자.

1. **보석.** "흰 돌"을 보석으로 보는 3가지의 해석은 서로 밀접하게 연관되어 있다. 첫 번째 해석은 메시아 시대에 귀중한 돌 혹은 보석이 하늘에서 만나와 함께 내려올 것이라고 말하는 후기 유대 문헌을 근거로 삼는다(Midrash Ps. 78.4; b. Yoma 75a). 두 번째와 세 번째 해석은 모두 흰 돌을 대제사장의 제의(祭衣)와 연결시킨다. 실제로 대제사장의 에봇(민소매 의복)의 어깨받이에 붙어 있는 2개의 호마노 보석에는 12지파의 이름이 각 보석마다 6개씩 새겨져 있다(출 28:9-12; Stuart 1843: 472-74; Chilton 1987: 110). 혹은 우림(출 28:30)으로 보는 해석도 있는데, 이것은 하나님의 이름이 새겨진 다이아몬드로 간주된다(Trench 1867: 135-38).

이 3가지 해석 모두 감춰진 만나와 잘 어울린다. 왜냐하면 대제사장의 의복이 언약궤 속의 만나 항아리와 함께 숨겨졌으며, 메시아 시대에 다시 나타날 것으로 기대되었기 때문이다. 하지만 첫 번째 해석과 관련된 전승의 경우 그다지 잘 알려져 있지 않을 뿐더러, 보석이 하나가 아닌 여럿이라고 묘사하고 있다. 또한 보석들에 새겨진 이름도 언급하지 않는다. 두 번째 해석의 경우 돌이 하나가 아닌 2개이며, 둘 다 흰 색이 아니다. 그리고 2개의 돌 위에 새겨진 이름들이 잘 알려진 12지파의 이름이기 때문에 본문의 맥락과도 맞지 않다. 세 번째 해석은 우림이 과연 다이아몬드인지에 대한 의문의 여지가 있다. 또한 우림에 이름이 새겨져 있었다는 증거도 없고, 대제사장의 상징이 어떻게 이기는 그리스도인에게 주어지는 상이 될 수 있는지도 설명하기 어렵다.

2. 부적(amulet). 흰 돌이 마술 주문 혹은 신의 이름이 새겨진 부적을 가리킬 가능성도 있다. 즉, 그것을 지닌 사람에게 행운을 가져다 주고, 악으로부터 지켜준다는 것이다(예를 들어 Moffatt 1910: 358; Beckwith 1919: 461-63; Charles 1920: 66-67; Lohmeyer 1970: 27; Lohse 1976: 29; Aune 1997: 190-91). 보통 부적에는 한쪽 면에는 그림이, 다른 한쪽 면에는 마술 주문이 새겨져 있었다. 부적을 착용할 때는 다른 사람들에게 그림이 보이게 하고, 주문은 보이지 않게 가렸다. 당시 세계관 안에서 사람들은 초자연적인 힘이 인간에게 해를 끼칠 수 있지만, 적절한 주술이나 마술 주문을 통해 그러한 해를 통제하거나 최소화시킬 수 있다고 믿었다. 부적은 이교도들 사이에서만 유행한 것이 아니라 유대인들 사이에서도 유행했고, 이후에는 그리스도인들 사이에서도 퍼져나갔다(Aune 1997: 191에서 인용한 자료를 보라). 요한계시록 2:17에서 "돌"(프세포스[psēphos])을 뜻하는 단어가 부적을 가리킨다는 해석의 근거는 주후 2세기 에베소의 선지자 아르테미도로스(Artemidorus)의 글에서 찾아 볼 수 있다. 그 글은 이집트의 신 세라피스의 이름이 새겨진 동판을 목에 걸고 있는 사람에 대해 묘사하고 있다(Onirocritica 5.26). 당시에 사람들은 신의 이름을 알고 있는 자는 그 신에게 도움을 요청할 권리가 있다고 믿었다. 그러한 해석에 따르면 흰 돌, 혹은 부적에 새겨진 "새 이름"은 곧 (그것을 가진 사람을) 이교도의 적들과 신들로부터 보호해 주시는 하나님 또는 그리스도의 이름이라고 할 수 있다. 그리고 그 이름이 "새로운" 이유는 "부적과 마술용 보석들에서 발견되는 다양한 초자연적 존재들의 옛 이교도 이름과 대조되는 이름이기 때문일 것이다"(Aune 1997: 191).

일부 주석가들은 이러한 해석을 거부한다. "그리스도께서 세속적인 관계들에 대해 그토록 강력하게 경고하시는 메시지에서, 자신을 상징하는 도구로 이교도의 물건을 사용하셨다는 주장은 납득하기 어렵다"(Thomas 1992: 199; 또한 Hendriksen 1940: 68; Worth 1999: 148: "요한이 왜 굳이 그의 신앙과 신학적 필요에 위배된 모습을 보이겠는가?"). 물론 요한계시록에서 이교도의 상징을 다수 사용한다는 점은 그러한 거부에 맞서는 근거가 되기도 한다. 더욱이, 돌을 부적으로 보는 해석을 마술용 부적들의 사용을 **반대하는** 논쟁으로 볼 수도 있다. 마술용 부적들에는 유일하신 참 하나님의 "새" 이름이 쓰여 있지 않기 때문이다. 오히려 이러한 해석의 약점은 "그 돌에는 새 이름이 적혀 있는데, 그 돌을 받는 자 외에는 아무도 그것을 알지 못한다"는 구절에 나오는 "새 이름"이 하나님 혹은 그리스도가 아니라, 이기는 그리스도인을 가리킬 가능성이 있다는 데 있다.

3. **무죄 투표.** 흰 돌은 "투표용 조약돌"(BDAG 1098.1)을 가리킬 수 있다. 고대 법정의 배심원들은 무죄에 투표할 때는 흰 돌을, 유죄에 투표할 때는 검은 돌을 사용했다(Aeschylus [주전 5세기], *Eumenides* 737-56; Ovid [주후 1세기], *Metamorphoses* 15.41-42; Plutarch [주후 46-120년], *Alcibiades* 22.2; Plutarch, *Moralia* 186e). 이를테면, 사도행전 26:10에서 "돌/조약돌"(프세포스[*psēphos*])이 이와 같은 의미로 사용되었다. 바울이 가이사랴 마리티마(Caesarea Maritima, 행 23:33; 24:27, 가이사랴)에서 2년 동안 가택 연금을 당하던 중 아그립바를 만났을 때, 바울은 이전에 자신이 그리스도인들을 박해할 때 "그들에게 반대하는 돌/조약돌"을 던졌다고 진술한다(행 26:10, "예루살렘에서 이런 일을 행하여 대제사장들에게서 권한을 받아 가지고 많은 성도를 옥에 가두며 또 죽일 때에 내가 찬성 투표를 하였고"). 이는 곧 "(그들에게)반대표를 던졌다"는 의미이다. 이러한 용례는 그리스도인들이 유죄 판결로 이어질 수 있는 고발을 당한 경우와 특별히 관련이 있다.

이와 같은 해석을 지지하는 근거로는, 성경의 다른 곳에서 "돌/조약돌"

이 투표용 조약돌이라는 의미로 사용되었다는 점, 그리고 고대 사회에서 흰색 투표용 조약돌이 꽤 친숙한 개념이었다는 점을 들 수 있다. 하지만 여기에도 몇 가지 문제점이 있다. 일단 투표용 조약돌은 항아리 속에 던지는 것이지 법정에서 소송 당사자에게 주어지는 것이 아니었다. 버가모 설교 본문에는 투표용 조약돌이 하나만 나오는데, 하나님 혹은 예수 그리스도 중에서 한 분으로 구성된 1인 배심원 상황이라면, 사실 어떤 사람의 유무죄를 결정하는 투표 절차 자체가 불필요하다. 가장 큰 문제점은 아무도 알지 못하는 "새 이름"을 제대로 설명할 수 없다는 점이다. 당시 고발을 당한 성도가 무죄를 선고받기 위해서는 그 사람의 이름이 대중에게 공개되어야 했기 때문이다.

4. **입장권.** 그레코-로만 세계 안에서 작은 돌, 조약돌, 작은 나무 조각, 뼛조각 등은 인식표(테세라[tessera]), 상품권, 입장권 등으로 사용되었다(특히 Hemer 1986: 98-99을 보라). 또한 표(token)는 우정 관계나 계약 관계에서 사용되기도 했다. 이때 두 사람은 표를 두 조각으로 쪼개어 각각 절반씩 가졌고, 이후 당사자들 혹은 그 후손들이 상대방에게 반쪽을 보여주며 과거에 맺은 관계의 효력을 요구했다. 한편, 운동 경기에서 승리한 선수들에게 상품권처럼 주어지는 경우도 있었다. 즉, 공공의 예산으로 승리한 선수들에게 상처럼 주었다. 보다 흔한 경우는 대중 집회나 축제의 입장권으로 표가 사용된 것이다. 따라서 일부 주석가들은 흰 돌을 메시아의 잔치(연회)에 들어가게 해주는 입장권으로 간주한다. 다시 말해, 감춰진 만나와 더불어 종말의 시대에 이기는 그리스도인이 누리게 될 복으로 해석하는 것이다. 예를 들어, 케어드는 다음과 같이 말한다(Caird 1966: 42). "흰 돌은 승리자가 천상의 연회에 들어갈 수 있게 해주는 입장권, 즉 영원한 향연으로 들어갈 수 있게 해주는 영구적인 표를 의미한다"(또한 Ladd 1972: 49; Ford 1975: 399-400; Beasley-Murray 1978: 88; Efird 1989: 57).

이러한 해석의 강점은 감춰진 만나와 흰 돌이라는 두 선물을 짝으로 설명할 수 있는 점이다. 2가지 선물이 상징하는 종말의 때가 되면, 성도들은 하늘의 음식을 공급받고 메시아의 연회에 들어가게 될 것이다. 물론 당시 표가 반드시 흰 색인 것도 아니었고, 또 항상 글자가 새겨져 있는 것도 아니었다. 하지만 조약돌이나 작은 돌이 그러한 특징들을 가졌을 것이라고 설명하는 일은 어렵지 않다. "흰 색"의 경우 요한계시록에서 영생이나 죄로부터의 정결함을 상징하는 데 사용되고 있다(계 3:4-5, 18; 4:4; 6:11; 7:9, 13-14). 그리고 새겨진 이름은 입장권을 개인의 소유로 한정하며, 그 이름을 가진 사람 외에는 다른 사람이 사용할 수 없음을 확증하고 있다.

"흰 돌"을 정확하게 해석하기 어렵다는 사실은 곧 우리로 하여금 중요한 해석의 원칙을 되새기게 해준다. 즉, 우리는 성경이 크게 소리치라고 말하면, 확신 있게 소리쳐야 하지만, 반대로 성경이 속삭이라고 말하면 그저 속삭이며 말하는 정도로 만족해야 한다는 것이다. 물론 성경이 명확하게 다루는 주제들도 분명 있다. 그러한 주제들에 관해서는 설교자나 교사 모두 크게 외쳐야 한다. 그러나 성경이 간혹 불명확하게 다루는 주제들에 관해서 말할 때, 우리는 작은 목소리로 속삭여야 할 것이다. 따라서 "흰 돌"의 정확한 의미에 관해서 우리는 작은 목소리로 속삭여야 한다. 이때 "속삭인다"는 말은 하나님의 말씀을 미온적인 태도로 불투명하게 다루겠다는 것이 아니라, 성경 본문이 허락하는 것 이상을 단정지어 말하지 않음으로써, 하나님의 말씀을 존중하는 태도를 보이겠다는 것이다. 그럼에도 2:17b에 대한 신중한 연구에 기초하여 우리가 자신 있게 말할 수 있는 것은 곧, 감춰진 만나와 흰 돌이 이기는 그리스도인을 기다리고 있는 종말의 복의 상징이라는 것이다. 이것이야말로 오늘날 설교자들과 교사들이 교회에 담대하게 "외쳐야 할" 긍정적인 결과이다.

우리를 향한 말씀

서론

대부분의 경우 타협은 긍정적인 결과를 기대하며 이루어집니다. 결혼을 예로 들어 봅시다. 만약 남편과 아내가 항상 자신만의 방식을 내세우고 배우자가 바라는 대로는 행동하지 않는다면, 당연히 갈등은 끊이지 않을 것이며 결혼 생활도 행복하지 않을 것입니다. 그렇다면 타협은 좋은 결혼 생활을 이루는 데 있어 필수적인 요소라고 할 수 있습니다. 또한 정치에 대해 생각해 봅시다. 만약 정치인들이 늘상 자신이 속한 정당의 입장만을 주장하고 다른 정당과는 어떠한 타협도 하지 않으려고 한다면, 그저 교착 상태에만 빠져 있을 수밖에 없고, 결국 아무런 일도 일어나지 않을 것입니다. 그렇다면 타협은 좋은 정치에 있어서도 필수적입니다.

그러나 경우에 따라서 타협은 긍정적인 결과가 아니라 파멸적인 결과를 초래하기도 합니다. 어떤 사안들은 너무나도 중요한 문제여서, 아주 작은 양보와 타협조차 생각하지 말아야 하기도 합니다. 이것이 바로 버가모의 그리스도인들이 직면한 상황이었습니다. 버가모의 그리스도인들은 당시 유행하던 일, 그들 주위의 모든 이교도들이 하던 일, 하지만 그리스도인으로서 하기에는 명백히 잘못된 일 앞에 흔들렸습니다. 결국 그들 가운데 다수는 신앙에 있어 타협을 시도했고, 이는 끔찍한 결과를 초래했습니다. 곧 우상숭배의 죄를 범하게 된 것입니다. 오늘 제가 여러분에게 소개하고 싶은 교회가 바로 이 버가모 교회, 즉 "우상숭배에 타협한 교회"입니다.

그리스도의 칭호(2:12b)

일곱 교회를 향한 모든 설교가 가장 먼저 다루는 것은 바로 그리스도의 칭호입니다. 버가모 설교는 그리스도의 칭호를 짧지만 신랄하게 이야기합니다. "날카로운 양날 검을 가지신 분이 이같이 말씀하신다"(계 2:12b). 그리스도는 버가모 교회에게 본격적으로 말씀하시기 전에, 먼저 스스로를 이처럼 위협적으로 묘사하셨습니다. 어떤 설교자가 강단에 올라서서 설교를 하기 전에 먼저 총을 꺼내 들었다고 상상해 봅시다. 회중들은 두려움에 숨이 막힐 것입니다. 당시 검은 오늘날의 총과 마찬가지로 아주 치명적인 무기였습니다. 버가모의 성도들이 날카로운 양날 검을 가지신 그리스도의 위협적인 이미지를 떠올렸을 때, 그들은 그것이 무슨 의미인지 생각하며 두려움에 휩싸였을 것입니다. 그들은 그 칭호에 선지자 이사야가 여호와의 종(사 11:4; 49:2)을 묘사할 때 사용한 표현이 암시되었다고 생각했습니다. 곧, 악한 자들을 심판하기 위해 입에 검을 물고 오시는 메시아 말입니다.

심판을 하기 위해 검을 가지고 오는 위협적인 이미지는 그리스도가 지니신 검의 종류 때문에 더욱 두려움을 일으킵니다. 요한계시록에는 2종류의 검이 언급됩니다. 하나는 약 45센티미터 길이의 단도인 **마카이라**입니다. 마카이라는 로마 군인들이 주로 사용했던 검입니다. 또 하나는 **롬파이아**입니다. 롬파이아는 그리스 동북부 트라키아 지방의 전사들이 주로 사용했던 검입니다. 롬파이아는 전체 길이가 약 150센티미터에 달했고, 60센티미터의 손잡이에 90센티미터의 굴곡진 날이 달려 있었습니다. 손잡이도 길고 전체 길이도 길었기 때문에 검사는 두 손으로 검을 휘둘러 일격에 적의 방패를 쪼개 버릴 수 있었습니다. 그리스도의 칭호에 언급된 검은 더욱 치명적이었던 롬파이아 검입니다. 오늘날의 상황에 비유하자면, 강단에 선 설교자가 권총 대신 기관총을 꺼내든 것과 같습니다.

사랑하는 여러분, 버가모의 성도들과 오늘날 우리에게 말씀하시는 예수님은 부드럽고 낭만적인 예수님, 주위에 어린양 떼가 뛰놀고 또 어린아이들을 무릎 위에 앉히시는 주일학교 버전의 예수님이 아닙니다. 예수님은 옛 선지자 이사야가 묘사한 바와 같이 심판자입니다. 다시 말해, 여호와의 종으로서 심판을 하기 위해 오시는 분입니다. 더욱이, 예수님은 롬파이아 검이 상징하는 완전한 권세와 권위를 가지신 종말의 심판자이십니다. 이러한 분이 버가모 교회를 향해 과연 어떠한 심판을 내리실까요? 그리고 우리에게는 과연 어떠한 심판을 내리실까요?

칭찬(2:13)

칭호 다음으로 나오는 내용은 칭찬입니다. 먼저 예수님은 버가모 교회가 잘한 일에 대해서 칭찬하십니다. "나는 네가 사는 곳을 안다. 그곳은 사탄의 왕좌가 있는 곳이다. 그러나 네가 내 이름을 굳게 잡았다. 또 내 충성된 증인 안디바가 너희 가운데 곧 사탄이 사는 곳에서 죽임을 당한 때에도 네가 나를 믿는 믿음을 부인하지 않았다"(2:13).

칭찬 단락에는 그리스도의 칭호에 묘사된 롬파이아의 위협적인 이미지에 이어, 또 다른 위협적인 이미지가 나타납니다. 그것은 바로 "사탄의 왕좌"입니다. 버가모는 사탄이 왕좌에 앉아서, 마치 왕과 같이 통치권과 영향력을 행사하는 도시였습니다. 사탄은 버가모의 기관들과 개인들을 총동원하여 그리스도인들을 핍박하며 그들의 신앙을 무너뜨리려 했습니다. 심지어 그러한 사탄의 핍박이 너무나도 거세진 나머지 버가모 교회의 안디바는 순교를 당하기까지 했습니다. 버가모 교회 안에는 그와 같이 그리스도를 신실하게 따르는 성도들이 있었습니다. 예수님은 그러한 성도들을 향해 엄지손가락을 치켜올리며 말씀하십니다. "잘하였다! 버가모 교회야! 사탄의 왕좌가 있는 도시에서 살아가면서도 신실함을 잃지 않았구나!"

이 "사탄의 왕좌"는 구체적으로 버가모 안의 무엇을 가리키는 말일까요? "사탄의 왕좌"의 정확한 이미지를 당시 버가모에 살던 그리스도인이라면 곧바로 알았겠지만, 오늘날 우리는 명확히 알 수 없습니다. 몇 가지 흥미로운 가설들이 있기는 하지만 어느 것도 확신할 수는 없습니다. 그렇다고 실망할 필요까진 없습니다. 그 위협적인 이미지가 강조하려는 내용은 분명히 알 수 있기 때문입니다. 그것은 바로 버가모의 성도들이 예수님의 제자로서 살아가기 힘든 곳에 있다는 사실입니다. 이것은 마치 오늘날 어떤 그리스도인이 새로운 곳으로 이사를 갔는데, 그 동네의 입구에 "사탄의 구역"이라는 푯말이 떳떳하게 걸려 있는 상황과 같습니다. 사탄의 권세 아래 적대적인 환경 속에서도 버가모의 성도들 가운데 일부는 계속해서 신실하게 반응했고, 예수님은 바로 그러한 모습을 칭찬하셨습니다. "네가 내 이름을 굳게 잡았다 … 나를 믿는 믿음을 부인하지 않았다."

책망(2:14-15)

좋은 소식(칭찬) 다음에는 나쁜 소식(책망)이 이어집니다. 안타깝게도 예수님은 버가모 교회를 향하여 심각한 책망의 말씀을 전하십니다. "그러나 내가 너를 책망할 것이 몇 가지 있다. 너희 가운데는 발람의 가르침을 따르는 자들이 있다. 발람은 발락을 가르쳐 이스라엘 자손 앞에 걸림돌을 놓아 우상의 제물을 먹게 하였고 또 음행을 저지르게 하였다. 이와 같이 네게도 또한 마찬가지로 니골라 당의 가르침을 따르는 자들이 있다"(2:14-15).

이 책망의 핵심을 놓쳐서는 안 됩니다. 핵심은 바로 "우상의 제물을 먹는 것"입니다. 오늘날의 그리스도인들은 "우상의 제물을 먹는 것"이라는 표현이 의미하는 바를 제대로 파악하기가 어렵습니다. 그러한 관습이 고대 세계에서 얼마나 일상적이었는지, 또 초기 그리스도인들에게 얼마나 강렬한 유혹이었는지 제대로 파악하기가 어렵습니다. 당시 사람들은 일상적으로 제물을 가지고 이교도 신전에 출입했습니다. 여기서 제물은 그 신전에서 섬기는 남신이나 여신에게 바치는 음식을 말합니다. 제물로 바치는 음식에는 곡물이나 포도주 같이 간단한 음식이 사용되기도 했지만, 보통은 고기 종류가 더 선호되었습니다. 제물로 가져온 고기 중 일부만이 제단에서 바쳐졌고, 나머지 대부분의 고기는 남겨 두었습니다.

남은 고기를 처리하는 방식은 2가지였습니다. 첫째, 남은 고기를 시장에 판매하는 방식입니다. 판매하여 얻은 대금은 신전 건물 유지나 운영에 사용했습니다. 둘째, 제물을 바친 사람이 고기를 신전의 식당으로 가져가서 가족이나 친구들과 함께 먹는 방식입니다. 그리스도께서 버가모 설교에서 지적하신 것은 바로 이 두 번째 방식입니다. 두 번째 방식의 식사는 종교적인 의미를 지니고 있었기 때문입니다. 그렇기에 이교도들의 생활 속에서는 일상적이고 평범한 일이었지만, 그리스도인들에게는 금지되었습니다. 이교도 신에게 바쳐진 신전 안에서, 종교적인 식사 자리에 참여하는 것은 곧 그 이교도 신과 관계를 맺는 것이고 결국 우상숭배의 죄를 범하는 것이었습니다. 이것이 바로 그리스도께서 버가모 교회의 성도들(일부)을 책망하신 결정적인 이유입니다. 그들은 우상에게 바쳐진 고기를 먹었고, 그로 인해 우상숭배의 죄를 범하고 만 것입니다.

신약성경을 살펴보면, 그와 같은 종교적인 식사 자리에 참여하고픈 유혹에 시달린 것이 버가모 교회만이 아니었음을 알 수 있습니다. 사실 "우상의 제물을 먹는 것"은 초기 교회 곳곳에 퍼진 문제였습니다. 여러분은 아마 사도행전 15장, 즉 할례 문제를 논의하기 위해 모인 예루살렘 공의회에 대해서 들어보셨을 것입니다. 그런데 그 공의회에서 유대 그리스도인 지도자들이 모든 이방 교회에 서신을 보내어 우상에게 바쳐진 고기를 먹는 것에 대해 경고를 했다는 사실도 알고 있습니까(행 15:29; 21:25)? 또한 고린도의 그리스도인들이 앞서 언급한 종교적인 식사 자리에 참여하고픈 유혹에 시달린 나머지, 사도 바울이 무려 세 장이나 할애하여 그러한 우상숭배를 근절시켰다는 사실도 알고 있습니까(고전 8:1-11:1)? 그리고 인근에 있는 두아디라 교회를 향한 네 번째 설교에서도 그리스도는 우상에게 바쳐진 고기를 먹는 것에 대해 책망하셨다는 사실을 알고 있습니까(계 2:20)? 버가모의 성도들만이 우상에게 바쳐진 고기를 먹고 우상숭배의 죄를 범하는 유혹과 싸운 것은 아니었습니다.

만약 당시 그리스도인들에게 그러한 종교적인 식사 자리에 참석하는 것이 허용되지 않았다면, 어째서 버가모 교회의 성도들(일부)은 자신들에게 허용되지 않은 그 자리에 참석했을까요? 그리고 어떻게 그토록 명확히 금지된 일을 정당화했을까요? 요한계시록 본문은 이 질문에 대한 답을 제시하지 않습니다. 하지만 아마도 그들은 고린도의 성도들이 우상숭배와 연관된 식사 자리에 참여하는 것을 정당화하는 데 사용한 변명과 똑같은 변명을 말했을 것입니다. 곧, 자신들은 뛰어난 지식을 갖고 있다고 주장했을 것입니다(고전 8:1-13). 그들은 아마도 다음과 논리를 펼쳤을 것입니다. "우리와 같은 예수 그리스도의 제자들은 유일하신 하나님, 참 하나님 한 분만을 알고 있습니다. 우리는 아테네와 제우스, 디오니소스, 아스클레피오스를 비롯한 이 도시가 숭배하는 신들이 모두 가짜이며, 실제로는 존재하지 않는다는 사실을 알고 있습니다. 우리는 이처럼 중요한 진리를 알고 있기 때문에 종교적인 식사 자리에 얼마든지 참석할 수 있습니다. 그러한 자리가 우리에게 아무런 영향을 끼치지 못하기 때문입니다!"

버가모 성도들 중 일부가 이교도의 종교적인 식사 자리에 참석하기 위해 신앙을 타협하고 우상숭배의 죄를 범한 것에 대해, 그리스도께서 책망하시는 것만 해도 충분히 안타까운 일입니다. 그런데 거기서 끝이 아니었습니다. 그들은 성적으로 부도덕한 행위, 곧 음행을 저질렀습니다. 그러한 제의 식사 자리에서는 단순히 먹는 것 이상의 일이 일어날 때가 많았습니다. 즉, 자주 성관계까지 이루어지곤 했습니다. 유흥을 제공하기 위해 여성들이 동원되었고, 결국 성행위로 이어질 때가 많았던 것입니다. 따라서 "우상의 제물을 먹는 것"과 "음행"이라는 죄는 서로 짝을 이루며 긴밀히 연결되어 있습니다.

사실 성경은 "우상의 제물을 먹는" 죄를 언급할 때마다 언제나 "음행"의 죄도 함께 언급하곤 합니다(행 15:29; 21:25; 고전 10:7-8; 계 2:20).

이 2가지 죄는 책망의 도입부에 사용된 구약의 발람 이야기와도 연결되어 있습니다. 발람의 이야기의 경우, 하나님의 백성들에게 치명적인 결과만 초래하지 않았어도, 그저 흥미로운 이야기에 불과했을 것입니다. 이스라엘 백성들이 모압 평야에 도착한 시기는 그들이 광야에서 40년 동안 방황했던 생활을 마칠 무렵이었습니다. 모압 왕 발락은 자신의 땅에 다른 거대한 민족이 들어오는 것을 보고 큰 충격에 빠졌습니다. 그래서 발람이라는 거짓 선지자의 도움을 구했습니다. 발락 왕은 발람에게 이스라엘 백성을 저주하는 대가로 막대한 금과 은을 약속했습니다. 하지만 처음부터 그 계획은 실패했습니다. 발람은 말하는 당나귀 사건을 비롯한 일련의 사건들을 겪은 후, 이스라엘을 저주하기는커녕 오히려 여러 차례 축복하고 말았습니다. 하지만 최후에 웃는 것은 결국 발람이었습니다. 그는 발락 왕에게 모압의 아름다운 여인들로 이스라엘 남자들을 유혹하라고 조언했고, 그 계획은 큰 성공을 거두었습니다. 이것은 이스라엘 역사에서 가장 수치스러운 사건 가운데 하나입니다. 이스라엘 남자들 중 다수가 모압 여인들과 어울렸고, 훗날 버가모 교회가 저지르게 될 2가지 죄를 앞서 저질렀습니다. 즉, 그들은 모압의 신들에게 바쳐진 음식을 먹는 우상숭배의 죄를 저질렀고, 또 모압 여인들과 성관계를 맺음으로 음행의 죄를 저질렀습니다(민 25:1-2).

따라서 그리스도께서 버가모 교회에게 책망하신 2가지 죄는 서로 긴밀히 연결되어 있습니다. 첫 번째 죄이자 가장 중요한 죄는, 그들이 신앙을 타협하여 우상에게 바쳐진 제물을 먹고 우상숭배를 저질렀다는 것입니다. 그리고 두 번째 죄는 그들이 성적으로 부도덕한 일을 저질렀다는 것입니다. 우리의 설교 제목을 빌려 말하자면 버가모 교회는 "우상숭배에 타협한 교회"였습니다.

교정(2:16a)

그러나 그리스도께서는 버가모 교회를 포기하지 않으셨습니다. 그리스도께서는 그들이 처벌을 받도록 내버려 두지 않으시고, 우상숭배의 죄를 고치기에 늦지 않았음을 일깨워 주셨습니다. 그리고 그러한 과정에서 그들에게 중요한 명령을 내리셨습니다. "그러므로 회개하라!"(2:16a).

"회개"라는 단어의 문자적인 의미는 "마음을 바꾸다", 즉 급진적으로 새로운 사고방식을 택한다는 것입니다. 버가모의 성도들은 자신들에게, 그리고 동료 성도들에게 다음과 같이 말해야 했습니다. "제가 잘못했습니다. 이교도의 신들은 가짜이고 실제로 존재하지 않기 때문에 이교도의 신전에 가서 그곳에서 식사하는 일이 별 것 아니라고 여긴 것이 잘못이었습니다. 이제는 다른 사람들이 하는 일을 따르기 위해, 저의 신앙을 타협했다는 것을 인정합니다. 이제 제가 했던 일이 우상숭배의 죄였음을 깨달았습니다. 이 자리에서 공개적으로 밝힙니다. 저는 더 이상 제의 식사 자리나 그 자리와 이어진 성관계에 연루되지 않겠습니다. 저는 그러한 일을 저질렀음을 회개합니다!"

결과(2:16b, 17b)

버가모 설교는 다른 모든 설교와 같은 방식으로 마무리됩니다. 즉, 그리스도께서 우상숭배에 빠진 교회가 맞이하게 될 2가지 결과를 말씀하시는 것으로 마무리됩니다.

부정적인 결과(2:16b)

먼저 부정적인 결과는 이렇습니다. "그러나 만약 그러지 않는다면 내가 속히 네게 가서 내 입의 검으로 그들과 싸울 것이다"(2:16b). 버가모 설교 도입부에서 나타난 검을 가지신 그리스도의 위협적인 이미지가 종결부에서도 반복됩니다. 사실 뛰어난 연사는 같은 말을 반복하지 않습니다 … 다만 자신이 하는 말을 강조하고 싶을 때는 예외입니다. 즉, 요한은 두 차례 "검"을 언급함으로써, 우상숭배와 음행을 저지르는 버가모의 성도들과 싸우실 예수님의 위협적인 모습을 강조하는 것입니다. 예수님의 위협적인 모습은 그분이 사용하시는 검을 통해 더욱 강조됩니다. 그 검은 로마 군인들이 사용하던 짤막한 단검이 아닌, 150센티미터 길이의 무시무시한 롬파이아입니다. 심지어 그 치명적인 검이 그리스도의 입에서 나온다고 합니다! 그렇다면 "검"은 죄악된 행동을 회개하지 않는 버가모 성도들을 향해, 예수님께서 전하실 심판의 말씀에 대한 은유라고 할 수 있습니다.

열린 마음과 관용적인 문화 속에서 살아가는 오늘날의 사람들에게 이와 같은 위협적인 이미지는 지나치게 가혹한 심판자의 모습으로 보일 수도 있습니다. 150센티미터짜리 무기가 입에서 나오는 예수님의 모습을 상상하기가 쉽지 않은 것입니다. 여러분이 주일학교 버전의 예수님, 즉 어린아이들을 무릎 위에 앉히고, 그 누구에게도 화를 내지 않으며, 결코 언성을 높이는 일이 없는, 그런 버전의 예수님을 바라는 것도 어찌보면 당연합니다. 하지만 우리는 버가모 설교에서 만나는 예수님만을 불편하게 생각할 것이 아니라, 예수님께서 그토록 엄중한 심판의 말씀을 하게끔 만든 죄에 대해 불편하게 여겨야 합니다. 우상숭배와 음행은 예수님께서 분명하게 심판하실 심각한 죄입니다. 거짓 신들에 대한 숭배와 성의 잘못된 사용은 그리스도인의 삶 가운데—1세기에 살든 21세기에 살든 관계없이—자리잡을 곳이 없습니다.

긍정적인 결과(2:17b)

각 설교의 마지막은 죄에 대한 심판이 아닌, 죄에 대한 승리의 말씀으로 이루어져 있습니다. 버가모 교회를 향한 설교 역시 예상대로 승리 정형 문구—"이기는 자에게"—로 마무리됩니다. 여러분은 여기서 "이기는"에 해당하는 그리스어 단어가 유명한 스포츠 용품 회사인 나이키의 이름이기도 하다는 사실을 기억할 것입니다. 나이키 회사는 그 이름을 통해 소비자들이 제품과 승리를 연결시키길 바랐습니다. 버가모 설교 종결부에 사용된 그리스어 단어, "이기는 자에게"는 일곱 설교 모두에 사용되었습니다.

이 본문이 제기하는 중요한 질문은 바로 이것입니다. "여러분은 나이키 그리스도인입니까? 다시 말해, 여러분은 이기는 그리스도인입니까? 여러분은 우상숭배의 죄를 극복할 수 있습니까?" 복음의 좋은 소식은 곧 이 중요한 질문에 대해 자신 있게 "네!"라고 대답할 수 있다는 것입니다. 여러분은 이기는 그리스도인이 될 수 있고 또 승리를 거둘 수 있습니다. 이는 우리의 재능이 뛰어나서, 혹은 열심히 노력해서가 아닙니다. 그리스도께서 이미 승리를 거두셨기 때문입니다. 그리스도에게 속한 우리 가운데 그분의 성령이 거하시기 때문입니다. 우리가 신앙을 타협하여 우상숭배에 빠지게 되는 일이 없도록 힘을 주시는 분이 바로 거룩하신 성령입니다.

그렇다면 이기는 그리스도인들에게 약속된 상은 무엇입니까? 그리스도께서 주시는 2가지 상 가운데 하나는 먹는 것입니다. "이기는 자에게는 내가 감춰진 만나를 줄 것이다." 만나는 하나님께서 이스라엘 백성들이 광야에서 생활하던 40년 동안 매일 아침마다 내려주시던 음식을 가리킵니다. 신약 시대에 이르러 하나님께서 기적적으로 음식을 내려 주신 이야기는 미래의 메시아 시대와 연결되었습니다. 즉, 메시아의 오심으로 메시아 시대가 시작되면, 하나님께서 당신의 백성들에게 또다시 음식을 내려 주실 것이라는 기대가 널리 퍼져 있었습니다. 이러한 기대감은 예수님께서 오천 명을 먹이시는 기적에 대한 사람들의 반응을 통해서도 분명히 알 수 있습니다. 사람들은 예수님께서 초자연적으로 음식을 공급하신 사건을 통해, 그분이 메시아이며, 복된 메시아의 시대가 시작되고 있다고 해석했습니다(요 6:14-15). 따라서 버가모의 이기는 그리스도인들에게 주어지는 "만나"라는 선물은 곧 그들이 복된 메시아 시대 속에서 살게 될 것이라는 분명한 표시입니다. 만약 그들이 이기는 그리스도인이라면, 만약 그리스도의 성령의 힘으로 우상에게 바쳐진 고기를 먹는 유혹을 떨칠 수 있다면, 그들은 복된 메시아 시대 속에서 "만나"를 상으로 받게 될 것입니다.

이기는 그리스도인들은 아무런 만나가 아니라, 감춰진 만나를 받게 됩니다. 과거에 하나님께서는 모세와 아론에게, 하루치 분량의 만나를 금 항아리에 넣고 그 항아리를 언약궤 안에 두어 미래 세대로 하여금 하나님께서 이스라엘 백성들에게 어떻게 음식을 공급하셨는지를 기념하라고 말씀하셨습니다. 오랜 세월이 흐른 후 바벨론 왕 느부갓네살이 예루살렘 성전과 그 안에 있던 모든 물건들을 파괴했을 때, 만나가 들어 있던 항아리와 언약궤까지 모두 파괴되어 버렸습니다. 그러나 유대 전승은 언약궤, 그리고 만나가 들어 있는 항아리를 비롯해 그 안에 들어 있던 모든 성물이 느부갓네살이 성전을 파괴하기 직전에 비밀리에 성전에서 옮겨졌다고 말합니다. 곧 성물들은 안전한 곳에 숨겨졌으며, 메시아가 오셔서 복된 메시아의 왕국으로 인도하실 때까지 그대로 있을 것이라고 말합니다. 만약 버가모의 성도들이 "감춰진" 만나를 받게 된다면, 그것은 곧 메시아가 오셨고 이기는 그리스도인이 그분과 함께 복된 메시아의 나라에서의 생명을 누리게 될 것을 의미합니다.

그리스도께서 버가모의 이기는 성도들에게 약속하신 또 다른 상은 바로 흰 돌입니다. "그리고 내가 그에게는 흰 돌을 줄 것이다. 그 돌에는 새 이름이 적혀 있는데, 그 돌을 받는 자 외에는 아무도 그것을 알지 못한다"(2:17c). "흰 돌"의 정확한 의미를 파악하기는 어렵습니다. 사실 요한계시록 2-3장의 일곱 설교를 둘러싼 논쟁들 가운데 해석하기가 가장 어려운 문제일지도 모릅니다. 흰 돌의 의미에 대해서 무려 10가지의 해석이 있을 정도입니다. 하지만 "사탄의 왕좌"와 같이 흰 돌의 정확한 의미를 파악하기 어렵다고 해서 낙심할 필요는 없습니다. 흰 돌에 대해서 확신 있게 말할 수 있는 부분도 있기 때문입니다. 즉, "감춰진 만나"와 마찬가지로 "흰 돌"은 그리스도의 성령의 힘으로 우상숭배와 음행의 유혹을 극복한 이기는 그리스도인에게 주어질 종말의 복을 상징합니다.

결론

어쩌면 버가모 교회를 향한 설교가 오늘날 우리와는 무관하게 보일 수도 있습니다. 우리는 이교도 신전에서 제의 식사를 할 일이 없으므로, 그리스도께서 버가모 성도들을 책망하신 것이 우리에게는 특별한 의미가 없다고 생각할 수도 있습니다. 하지만 사실은 그렇지 않습니다.

버가모 교회를 향한 설교는 아시아의 수많은 그리스도인들과 직접적으로 연결됩니다. 아시아 사람들의 경우 가족 문화의 상당 부분이 조상 숭배와 연결됩니다. 상당수 아시아 사람들은 죽은 가족 구성원이 계속해서 존재하며, 그 영혼이 살아 있는 가족들에게 복을 가져다 줄 수 있다고 생각합니다. 그래서 대개 아시아 국가들은 종교가 다른 친척이나 친구들과 마주칠 수밖에 없는 특정한 종교적 기념일을 갖고 있습니다. 그 특정한 날이 되면 집에서 돌아가신 부모님이나 조부모님의 사진을 꺼내 놓고, 특별하게 마련된 음식을 차려서 함께 식사합니다. 이처럼 아시아의 그리스도인들은 고대 버가모의 그리스도인들과 마찬가지로 신앙을 타협하게 만드는 유혹, 그들의 문화 속에서 다른 사람들이 일상적으로 하는 일에 참여하도록 만드는 유혹, 그리고 종교적인 식사 자리에 참여하도록 만드는 유혹을 받습니다. 어쩌면 버가모의 그리스도인들처럼, 아시아의 그리스도인들도 다음과 같이 말하며 그러한 유혹을 정당화시킬지도 모르겠습니다. "우리는 돌아가신 조상님들이 실제로는 살아 있지 않고 또 우리와 함께 하지 않는다는 사실도 알고 있습니다. 그렇다면 그 음식을 먹는 것이 도대체 왜 문제가 됩니까?" 그러나 문제는 하나님 한 분 외에 다른 어떤 대상을 숭배함으로써 우상숭배의 죄를 범할 가능성이 있다는 데 있습니다.

이교도의 종교적인 식사 자리에 참여하게 만드는 유혹 외에도, 버가모 교회를 향한 설교는 우리 시대 수많은 신들에게 붙잡혀 우상숭배의 죄의 유혹을 받고 있는 모든 그리스도인들과 관련이 있습니다. 예를 들어, 오늘날에는 돈의 "신"이 있습니다. 물론 우리가 돈에게 경배하거나 기도하는 것은 아니지만, 그럼에도 돈은 우리 삶에서 가장 중요한 그 무엇이 될 수 있습니다. 돈을 많이 주는가, 적게 주는가에 따라 우리가 내리는 중대한 결정이 달라지기도 하고, 또 우리가 가진 돈의 액수 때문에 행복하거나 불행해지기도 합니다. 어떤 사람들은 심지어 돈을 향해 신적인 단어를 붙이기도 합니다. 이를테면, "돈은 전능하다"라고 말하는 식입니다. 고대 버가모의 그리스도인들이 그랬던 것처럼, 우리 역시 돈에 대한 사랑을 정당화하려고 할지도 모르겠습니다. "사실 성경은 돈이 모든 악의 뿌리라고 말하지 않고 돈에 대한 사랑이 모든 악의 뿌리라고 말합니다. 그렇기에 돈 자체는 악이 아니며 나쁜 것이 아닙니다. 더욱이 저는 제 돈으로 교회와 하나님 나라 사역을 향해 헌금도 합니다!" 그러나 이러한 자기 정당화 논리가 아무리 그럴듯하게 들릴지라도 여전히 의문은 남습니다. 오히려 그렇게까지 할 만큼 돈에 대해 집착함으로 결국 우상숭배의 죄를 범하고 있는 것은 아닙니까?

또한 일의 "신"이 있습니다. 우리 중에는 권력과 특혜를 얻기 위해 직업을 활용하는 사람들이 있습니다. 어떤 사람들은 자기 일에 너무 몰두한 나머지 하나님과 관계를 맺을 시간을 갖지 못합니다. 하나님께 기도를 하거나, 하나님께서 말씀하시는 것에 귀를 기울이거나, 혹 다른 사람들을 섬김으로써 하나님을 섬길 시간을 전혀 갖지 못합니다. 심지어 자신의 일에 지나치게 헌신한 나머지 배우자나 자녀들을 위한 시간마저 갖지 못하는 경우도 있습니다. 일 자체가 인생에서 가장 중요한 그 무엇이 되어버린 것입니다. 고대 버가모의 그리스도인들이 그랬던 것처럼, 우리 역시 일에 대한 집착을 정당화 하려고 할지도 모르겠습니다. "저는 생활비를 위해 돈을 벌어야 합니다. 그렇지 않습니까? 더욱이 하나님께서 주신 달란트를 활용하여 제 능력을 최대한 발휘해야 하지 않겠습니까? 저는 제 일을 통해 제가 그리스도인이며, 가정생활에서뿐만 아니라 직장 생활에서도 예수님을 섬긴다는 사실을 보여 주고 싶습니다!" 그러나 이러한 자기 정당화 논리가 아무리 그럴듯하게 들릴지라도 여전히 의문은 남습니다. 오히려 그렇게까지 할 만큼 일에 대해 집착함으로 결국 우상숭배의 죄를 범하고 있는 것은 아닙니까?

우리에게는 스포츠의 "신"도 존재합니다. 특정한 팀이나 선수에 대한 응원이 지나친 나머지 스포츠가 거의 종교에 가깝게 될 수 있습니다. 이를테면, 주말마다 여가 시간은 운동 경기로 채워집니다. 금요일에는 고등학교 스포츠에, 토요일에는 대학교 스포츠에, 일요일에는 프로 스포츠에 열광하는 것입니다. 우상인 선수들의 이름이나 번호가 새겨진 모자, 셔츠, 점퍼 등에 기꺼이 큰 돈을 씁니다. 또 스포츠가 우리 삶에서 점차 우선순위를 차지하기 시작해서, 주일에 예배를 빼먹기까지 합니다. 아들의 야구 경기나 딸의 농구 시합에 가는 것이 더 중요하다고 생각하기 때문입니다. 고대 버가모의 그리스도인들이 그랬던 것처럼, 우리 역시 스포츠에 대한 집착을 정당화하려고 할지도 모르겠습니다. "디모데전서 4:8에서 바울도 '육체의 연단은 약간의 유익이 있다'고 말하지 않습니까? 게다가 운동 경기를 통해 아이들에게 규칙을 지키는 일의 중요성, 스스로를 단련하며 친구들과 협동하는 일의 중요성을 가르칠 수 있습니다!" 그러나 이러한 자기 정당화 논리가 아무리 그럴듯하게 들릴지라도 여전히 의문은 남습니다. 오히려 그렇게까지 할 만큼 스포츠에 대해 집착함으로 결국 우상숭배의 죄를 범하고 있는 것은 아닙니까?

이처럼 우리로부터 시간과 노력을 훔쳐가는 수많은 잠재적 "신들"이 있습니다. 우리가 참 하나님 한 분과만 집중적으로 관계를 맺는 것을 방해하는 거짓 "신들" 말입니다. 버가모를 향한 그리스도의 설교는 당대의 그리스도인들뿐만 아니라 또한 오늘날 우리에게도 "우상숭배의 죄를 경계하라"는 강력한 경고입니다. 우리는 이기는 그리스도인이 되어야 합니다. 성령의 힘으로 우상숭배를 회개해야 합니다. 하나님과 그 아들이신 예수 그리스도를 우리 삶에 최우선 순위로 모셔야 합니다. 아니 우리 삶에 유일한 한 분으로 모셔야 합니다!

"귀 있는 자는 성령이 교회들에게 하시는 말씀을 들으라!" 고대 버가모 교회뿐 아니라 오늘날 예수 그리스도의 모든 교회에게 하시는 말씀입니다.

Aegean
Sea

Pergamum

A S I A

○ Thyatira

Smyrna ○ Sardis
○ Philadelphia

Ephesus ○

Laodicea ○

Patmos

—— 4 ——

두아디라 교회

제4장

두아디라 교회: 우상숭배에 타협한 교회

¹⁸ 두아디라 교회의 천사에게 편지하라 하나님의 아들, 곧 그 눈이 불꽃과 같고 그 발이 빛난 청동과 같은 분이 이같이 말씀하신다 ¹⁹ 내가 너의 행위들, 곧 너의 사랑과 믿음과 섬김과 인내를 안다 너의 나중 행위가 처음 행위보다 더 대단하다 ²⁰ 그러나 내가 너를 책망할 것이 있다 너는 자칭 선지자라 하는 여자 이세벨을 용납하고 있다 그녀는 내 종들을 가르치고 미혹하여, 음행을 저지르게 하고 우상의 제물을 먹게 하였다 ²¹ 내가 이세벨에게 회개할 기회를 주었으나, 그녀는 자기 음행을 회개하려고 하지 않았다 ²² 보라, 내가 이세벨을 침상에 던질 것이다 또 내가 그녀와 더불어 간음한 자들도, 만약 그녀의 행위를 회개하지 않으면, 큰 환난 가운데에 던질 것이다 ²³ 그리고 내가 이세벨의 자녀들을 사망으로 죽일 것이다 모든 교회들은 내가 뜻과 마음을 살피는 자인 줄을 알게 될 것이다 내가 너희 각 사람의 행위대로 갚아 줄 것이다 ²⁴ 그러나 내가 두아디라에 남은 자들, 곧 그 가르침을 받아들이지 않고 그들이 말하는 사탄의 깊은 것을 알지 못하는 너희에게 말한다 나는 너희 위에 다른 짐을 지우지 않을 것이다 ²⁵ 다만 너희가 가진 것을 내가 올 때까지 굳게 잡으라 ²⁶ 이기는 자와 끝까지 내 행위를 지키는 자에게 내가 민족들을 다스릴 권세를 줄 것이다 ²⁷ 그가 철장으로 그들을 다스릴 것이다 마치 질그릇을 깨뜨리는 것과 같이 나도 내 아버지에게 권세를 받은 것과 같이 ²⁸ 내가 또 그에게 새벽 별을 줄 것이다 ²⁹ 귀 있는 자는 성령이 교회들에게 하시는 말씀을 들으라

그리스도의 칭호(2:18b)

하나님의 아들, 곧 그 눈이 불꽃과 같고 그 발이 빛난 청동과 같은 분이 이같이 말씀하신다(2:18b)

일곱 설교는 대개 그리스도께서 교회를 향해 본격적으로 말씀하시기 전에, 먼저 그리스도를 2가지 칭호로 묘사한다. 두아디라 설교는 그리스도를 2가지 칭호로 묘사하는 것에서도 멈추지 않고, 또 다른 칭호를 추가함으로써 일반적인 패턴에서 벗어난다. "하나님의 아들 곧 그 눈이 불꽃과 같고 그 발이 빛난 청동과 같은 분이 이같이 말씀하신다"(계 2:18). 여기서 "하나님의 아들"이라는 칭호는 4가지 방식으로 강조되고 있다. 첫째, "하나님의 아들" 칭호 자체가 강조된 표현이다. 다른 대부분의 설교들은 화자를 이처럼 명확히 밝히지 않는다. 하지만 두아디라 설교는 "하나님의 아들"이라고 화자의 정체를 명확하게 드러낸다(예외적으로 라오디게아 설교 역시 화자를 명확하게 밝힌다. "아멘이신 분"[3:14]). 둘째, 그리스도에 대한 2가지 칭호, 즉 "그 눈이 불꽃과 같고", "그 발이 빛난 청동과 같은 분"은 일곱 설교에 나오는 거의 모든 그리스도의 칭호들과 마찬가지로 요한계시록 1:9-20에서 유래한 것이다(1:14b, 15a을 보라). 하지만 "하나님의 아들"이라는 칭호는 1:9-20에서 유래한 것이 아니며, 이는 곧 그리스도에 대한 2가지 칭호만으로는 의도하는 바가 충분히 전달되지 않기 때문에 저자가 따로 추가했음을 뜻한다. 셋째, "하나님의 아들" 칭호는 요한계시록 안에서 이곳에만 유일하게 사용되었다. "하나님의 아들"이라는 칭호는 요한계시록 외 신약성경에서 폭넓게 사용되지만(46회), 정작 요한계시록 안에서는 2:18 외에 전혀 사용되지 않는다(1:6; 2:28; 3:5, 21; 14:1에서 하나님이 그리스도의 아버지라고 불리긴 한다). 넷째, "하나님의 아들"이라는 칭호는 그리스도의 다른 두 칭호보다 순서상 앞에 나와 강조되는 위치에 놓여 있다.

그렇다면 요한이 "하나님의 아들"이라는 칭호를 통해 강조하고자 하는 메시지는 무엇인가? 해답은 그 표현이 암시하는 시편 2:7에 있다. "내가 여호와의 명령을 전하노라. 여호와께서 내게 이르시되 너는 내 아들이라 오늘 내가 너를 낳았도다"(시 2:7). "하나님의 아들" 칭호가 시편 2:7을 암시한다는 것은, 두아디라 설교의 후반부("그가 철장으로 그들을 깨뜨릴 것이다. 마치 질그릇을 깨뜨리는 것과 같이"[계 2:27])가 시편 2:9을 인용하고 있다는 사실을 통해 확인된다. "하나님의 아들"이라는 칭호는 **심판자로서의** 그리스도의 역할을 강조하는데, 이는 시편 2편 안에서 하나님의 아들이 맡은 주요 역할이기도 하다. 그는 하나님과 기름 부음 받은 자를 향해 계략과 음모를 꾸미는 세상의 왕들과 통치자들을 심판하기 위해 올 것이다. 심판자로서의 그리스도의 역할은 이어지는 (그리스도에 대한) 묘사를 통해서도 강조되고 있다. "그 눈이 불꽃과 같고 그 발이 빛난 청동과 같은 분"(계 2:18). 이 표현은 다니엘 10:6에서 유래한 것인데, 거기서 하늘의 사람은 선지자의 환상 가운데 하나님의 백성, 이스라엘의 대적이 당하게 될 심판을 계시한다(단 10:1-12:13).

요한계시록에서 사용된 이미지, 칭호, 표현 가운데 다수는 구약성경을 배경으로 할 뿐만 아니라, 또한 해당 지역의 이교(도)적 환경을 암시하기도

한다. "하나님의 아
들"이라는 그리
스도의 칭호 또
한 여기에 해당
한다. 이를테면,
"하나님의 아들"
칭호는 아마도 두아
디라의 수호신, 아폴

그림 4.1. 두아디라 동전. 좌: 월계관을 쓴 트라야누스 황제(주후 98-117년), 얼굴이 오른쪽을 향함, 망토가 살짝 보임. 우: 아폴로 튀림노스, 화관을 쓰고 나체에 망토를 걸치고 있으며, 월계수 가지와 양날 도끼를 쥐고 있다.

로 튀림노스(Apollo Tyrimnos)와 황제 숭배를 향한 비판을 담고 있는 것처럼 보인다. 튀림노스는 고대 리디아의 태양신(두아디라는 과거 리디아 지역에 위치하고 있었다)으로, 이후에 그리스 신 아폴로에 동화되었다. 두아디라에서 발견된 동전 중에 그의 이름이 새겨진 것은 없지만, 그의 이미지가 새겨진 것은 많다. 튀림노스는 대개 나체로 그려지는데(그의 신적 지위를 상징), 목 주위로 망토를 걸친 상태에서 브로치를 하고 있고, 양날 도끼(바이페니스[bipennis], 두아디라와 같은 군사 요충지에 적합한 상징물)를 쥐고서 적들을 동강 내버릴 태세를 취하고 있다. 아폴로는 제우스의 아들로 널리 알려져 있었기 때문에 두아디라 설교 도입부에서 그리스도를 "하나님의 아들"로 언급한 것은, 곧 두아디라 지역의 신 아폴로 튀림노스에 대한 비판의 목적을 띠고 있을 수 있다. 이러한 상관관계는 그리스도의 칭호 가운데 "그 발이 빛난 청동과 같은 분"이라는 칭호를 통해 더욱 개연성을 얻는다. 이 이미지는 아폴로 튀림노스를 수호신으로 섬기는 상업 조합(trade guilds)이 제작했던 두아디라 고유의 청동 제품을 가리키는 것일 수 있다(Hemer 1986: 116; 또한 아래의 "빛난 청동"에 관한 설명을 보라).

　　"하나님의 아들"이라는 칭호는 또한 황제 제의에 대한 반대의 의미를 지닐 수 있다. 당시 황제 제의에는 로마 제국에 대한 숭배(여성으로 의인화된 "로마")와 사후 황제를 신격화하여 숭배하는 일까지 포함되어 있었다. 로마의 황제들은 일반적으로 서신이나 칙령에 스스로를 "신의 아들"로 표기하기도 했다. 예를 들어, 아우구스투스 황제는 에베소로 보내는 서신의 도입부에 다음과 같이 기록했다. "황제 카이사르, 신 율리우스의 아들"(Aune 1997: 202). 키너는 다음과 같이 말한다(Keener 2000: 133). "아시아 교회들은 그리스도의 칭호 '하나님의 아들'을 황제 제의에 대한 정면 도전으로 이해했을 것이다"(또한 Fanning 2020: 148을 보라). 1세기 황제들 중 다수가 (자신들이) 아폴로 신과 연결되어 있다고 강조했고, 때로는 자신들이 아폴로의 후손이라고 말하기까지 했다. 이러한 사실은 아폴로 숭배—두아디라의 아폴로 튀림노스 숭배까지 포함해서—가 황제 숭배와 긴밀히 연결되어 있음을 의미한다(Schüssler Fiorenza 1991: 54). 이후 두아디라의 황제 제의는 아폴로 튀림노스 제의와 결합되었다. 아폴로 튀림노스를 기리는 연례 축제는 황제의 칭호인 "세바스타"("숭배되는"[Sebasta]; Worth 1999: 158)를 추가하여, 신격화된 황제들까지 포함하도록 확장되었다. 또 두아디라에서 열린 어느 제의에서는 아폴로 튀림노스와 신격화된 황제들 모두에게 기도와 제물을 바치기도 했다(Price 1980: 32). 이와 관련하여 램지는 카라칼라 황제(주후 198-217년) 치하에서 발행된 두아디라 동전을 근거—비록 요한계시록의 저술 시기보다 한 세기 이후의 증거이긴 하지만—로, 황제 제의와 아폴로 튀림노스 숭배 간에 긴밀한 관계가 있음을 논증하기도 했다(Ramsay 1994: 235-36).

이와 같은 역사적인 배경을 통해 그리스도의 칭호, "하나님의 아들"이 구약 본문을 바탕으로 그리스도를 심판자로 간주함과 동시에 당시 시대 상황에 대항하는 성격을 지니고 있음을 알 수 있다. 마운스는 다음과 같이 주장한다(Mounce 1977: 102). "이 칭호는 두아디라 지역의 아폴로 튀림노스 숭배와 강력한 대조를 이루고 있다. 아폴로 튀림노스 숭배가 (아폴로의 현신인) 황제 숭배와 결합됨으로, 결국 아폴로와 황제 모두 제우스의 아들이라는 칭호를 얻었기 때문이다. 하지만 황제 혹은 두아디라의 수호신이 아닌 부활하신 그리스도가 진정한 하나님의 아들이다." 비일 역시 유사한 결론을 내린다 (Beale 1999: 259). "이 칭호는 지역 신인 아폴로 튀림노스와 신격화된 황제, 즉 제우스 신의 아들로 불리는 존재들과 대조하려는 의도를 갖고 있다. 독자들은 오직 그리스도에게만 경배해야 한다. 그들의 경제적 형편에 있어서도 그리스도를 신뢰해야 한다. 그리스도 예수만이 진정한 하나님의 아들이기 때문이다."

앞서 언급한 바와 같이 그리스도의 칭호 "그 눈이 불꽃과 같고 그 발이 빛난 청동과 같은 분"은 요한계시록 1:9-20에서 가져온 것이지만(계 1:14b-15a 를 보라), 근본적으로는 다니엘 10:1-12:13의 환상에서 가져온 것이라고 할 수 있다. 다니엘 10:6은 하늘에서 온 사람의 "눈은 횃불 같고 발은 빛난 청동과 같다"(단 10:6)고 묘사한다. 이 구약 본문은 **심판자로서의** 그리스도의 역할을 설명함에 있어 중요한 본문이다. 이 본문의 본래 맥락을 살펴보면, 하늘의 사람이 선지자 다니엘에게, 하나님께서 당신과 당신이 선택하신 백성에게 대적하는 이들에게 반드시 심판을 내리신다는 것을 밝히고 있기 때문이다. 그리스도의 "불꽃과 같은 눈"이 강조하는 것은 곧 그의 통찰력, 모든 것을 관통하는 시선으로, 두아디라 교회의 성도들(중 일부)을 잘못된 길로 인도하는 이세벨의 거짓 주장을 꿰뚫어 보신다는 것이다. 이것은 설교 후반부에 나올 말씀을 예고하는 표현이기도 하다. "내가 뜻과 마음을 살피는 자 …"(계 2:23). 그리스도의 "빛난 청동과 같은 발"은 이세벨과, 두아디라 교회 안에서 그녀의 거짓된 영향력 아래 놓인 이들이 보이는 모든 적대 행위를 짓밟아 궤멸시킬 수 있는 권능을 재차 강조하는 표현이다.

한편, 빛나는 청동으로 만들어진 발의 이미지는 두아디라 지역과 관련이 있어 보인다. 여기서 사용된 그리스어 단어, 칼콜리바노스(*chalkolibanos*)는 매우 드물게 나타나는 표현으로서, 이곳과 1:15에만 나타나고 성경의 다른 곳이나 그 어떤 그리스어 문헌에도 나타나지 않는다. 결론적으로 어떤 종류의 금속을 염두에 둔 표현인지 정확하게 알 수는 없다. 놋쇠(구리와 아연의 합금)일 수도 있고, 청동(구리와 주석의 합금; Hemer 1986: 111-17; Aune 1997: 96을 보라)일 수도 있다. 우리가 아는 것은 요한이 다니엘 10:6 칠십인역에 나오는 칼콜스(*chalkos*)라는 용어를 쓰지 않고 매우 드문 합성어인 칼콜리바노스(*chalkolibanos*)를 썼다는 사실, 그리고 요한이 자신의 독자들이 잘 모르는 용어는 쓰지 않았을 것이라는 사실이다. 결국 그 단어가 두아디라에서 생산된 어떤 특정한 금속 종류를 가리키며, 지역의 상업 조합과 연관된 기술적인 용어라고 결론을 내릴 수 있다(Kiddle 1940: 37; Caird 1966: 43; Hemer 1986: 111-17; Osborne 2002: 153; Fanning 2020: 148). 그리고 만약 이것이 맞다면 그리스도의 칭호를 통해 비판을 가하려는 의도, 즉 제우스의 아들이며 지역 상업 조합의 수호신인 아폴로 튀림노스와, 하나님의 아들을 맞붙게 하려는 의도가 더욱 부각된다고 말할 수 있다. 허머는 칼콜리바노스라는 독특한 용어에 대한 논의를 다음과 같이 마무리한다(Hemer 1986: 116-17).

> 만약 본문의 맥락이 지역 산업과 관련이 있다고 한다면, 요한은 지역의 수호신 아폴로 튀림노스를 염두에 두었을 것 같다 … 그리스도의 칭호["하나님의 아들"]는 그 도시에서 인정하는 신들과 그리스도 예수의 위격을 동일시하려는 적대적인 (종교적)주장들 혹은 혼합주의적 시도에 대항하기 위해 선택된 것일 수 있다 … 두아디라의 그리스도인들은 조직화된 이교도 신앙의 지배를 받았으나, 실상 시편 2편과 같이 땅에서 압제하는 권세자들의 주인은 바로 여호와이다. "하나님의 아들"을 통해 교회는 진정한 승리자, 곧 도시의 용광로에서 정제된 금속과 같이 번쩍이는 갑옷을 입고 있는 분을 가진 것이다.

그리스도의 칭호를 통해, 그리스도께서 스스로를 드러내는 이미지는 두아디라 교회를 흔들어 깨우는 기능을 한다. 먼저, 그리스도는 하나님의 아들로서 시편 2편에서 하나님의 아들에게 주어진 역할과 같은 심판자로서 오신다. 그리고 "하나님의 아들"이라는 칭호는 그리스도께서 지역의 수호신 아폴로 튀림노스나 로마 황제 등 다른 모든 신의 아들들보다 탁월하심을 확증한다. 그리스도의 불꽃과 같은 눈은 심판자로서의 그의 역할을 더욱 강조한다. 그리고 그 눈을 통해 모든 사람의 뜻과 마음에 감춰진 의도―두아디라 교회 안에 있는 이세벨, 그리고 그녀에게 속은 추종자들의 의도까지도―를 꿰뚫어 보신다. 심판자로서 그리스도의 역할은 빛난 청동과 같은 그의 발을 통해 더욱 강조된다. 그 발은 그의 통치에 반대하는 모든 적대자들을 짓밟는다. 물론 두아디라 교회에도 몇 가지 긍정적인 측면들이 있다(아래 칭찬 단락을 보라). 하지만 두아디라 설교 도입부에 나오는 그리스도의 칭호는, 두아디라 교회가 우상숭배에 타협한 일 때문에, 그리스도는 전반적으로 교회를 부정적으로 판단하고 계심을 드러낸다.

칭찬(2:19)

> 내가 너의 행위들, 곧 너의 사랑과 믿음과 섬김과 인내를 안다. 너의 나중 행위가 처음 행위보다 더 대단하다(2:19)

두아디라 교회를 향한 그리스도의 책망이라는 "나쁜 소식"에 앞서 "내가 안다" 문구로 시작되는 칭찬의 "좋은 소식"이 나온다. 그리스도께서 두아디라 교회에 대해 "안다"고 말씀하신 내용은 다른 4곳의 교회에서 "안다"고 말씀하신 내용―즉, "너의 행위들"(계 2:2 에베소; 3:1 사데; 3:8 빌라델비아; 3:15 라오디게아)―과 동일하다. 단 하나의 경우를 제외하면(3:8), 요한은 "너의 행위들"을 언급할 때 다음 구절에서 곧바로 그 내용을 밝히는데, 이때 흔히 이유 접속사 호티(hoti, 왜냐하면)를 사용하거나(3:1, 15), 혹은 이곳과 2:2에서처럼 해설적 용법 카이(kai, BDAG 495.1.c)를 사용한다. 따라서 두아디라 교회가 칭찬을 받은 이유는 5가지가 아닌 4가지이다. "내가 너의 행위들, 곧 너의 사랑과 믿음과 섬김과 인내를 안다"(2:19). 이 구절을 이와 같이 이해할 수 있는 문법적인 근거는 (그리스어 본문에서) 소유격 "너의"가 "인내" 다음에 위치하여 앞에 있는 4개의 명사들 모두를 수식한다는 데 있다. 즉, 4개의 명사들이 모두 하나의 단위에 속해 있는 것이다. 하지만 이 4개의 명사들을 2개씩 짝지어서 처음 두 명사들(사랑, 믿음)은 "행위"의 내적 동기를 제공하고, 뒤의 두 명사들(섬김, 인내)은 그러한 동기에서 시작된 외적 행동을 나타내는 것이라고 보는 해석은 잘못된 해석이다(예를 들어 Charles 1920: 68; Mounce 1977: 102; Thomas 1992: 211; Kistemaker 2001: 137). 4개의 명사들은 동일한 비중을 가지고 하나의 단위를 이루며, 그리스도께서 칭찬하시는 (일반적 의미의)행위가 무엇인지를, 구체적으로 밝히는 역할을 한다.

첫째 덕목인 사랑(아가페[agapē])은 에베소 설교(2:4; 연관된 동사가 4회 나온다) 외에는 요한계시록에 전혀 나타나지 않는다. 이 덕목이 신약성경의 다른 곳에서 끊임없이 언급된다는 사실을 미루어 볼 때, 이는 상당히 놀라운 현상이다. 두아디라 교회의 행위로 언급된 사랑이 하나님을 향한 것인지, 아니면 동료 성도들을 향한 것인지, 그것도 아니면 둘 모두를 향한 것인지는 분명하지 않다. 다만 동료 성도들을 향한 사랑이 부족했던 에베소 교회와는 여러 면에서 대조를 이루는 것으로 보인다. 앞서 에베소 성도들을 향해 그리스도는 다음과 같이 책망하신 바 있다. "너는 네가 처음에 가졌던 사랑을 버렸다"(2:4). 그리고 나서 그리스도는 "네가 처음에 했던 행위를 하라"(2:5)고 명령하셨다. 이와 대조적으로 그리스도는 먼저 두아디라 성도들을 칭찬하신다. 곧 사랑의 행위를 포함해서, "너의 나중 행위가 처음 행위보다 더 대단하다"(2:19)라고 칭찬하신다. 둘째 덕목인 믿음(피스티스[pistis])은 서로 구분되면서도 동시에 긴밀하게 연결되는 2가지 의미를 지니고 있다. (1) 하나님과 그리스도를 향한 성도들의 "믿음"(faith) 혹은 신뢰, 그리고 (2) 유혹과 박해에 직면했을 때 성도들이 발휘하는 인내 또는 "신실함"(faithfulness)이다. 2가지 의미 모두 요한계시록 내 다른 곳에서도 발견되기 때문에(2:14; 13:10; 14:12) 여기서 한 가지 의미만 고수할 필요는 없다. 셋째 덕목인 섬김(디아코니아[diakonia])은 요한계시록 2:19에만 나오지만, 신약성경의 다른 곳에서는 흔하게 사용된다(33회, 그리고 연관된 동사의 경우 37회 나온다). 이 단어는 보통 한 사람이 다른 사람들을 자발적으로, 혹은 스스로를 희생하며 돕는 것을 의미한다(BDAG 230). 마지막 넷째 덕목은 인내(휘포모네[hypomonē])로서, 요한계시록에서 여러 차례 사용된다(1:9; 2:2, 3, 19; 3:10; 13:10; 14:12). 그만큼 중요한 단어라고 볼 수 있다. 이 단어는 강력한 반대나 전면적인 박해를 직면한 상황 속에서 신앙을 고수하고 유지하는 것을 뜻한다.

두아디라 교회를 칭찬하면서 (한두 가지도 아니고) 무려 4가지의 긍정적인 면모를 언급했다는 점을 고려볼 때, 그 공동체는 건강한 모습을 나타냈고, 그로 인해 그리스도께서 매우 기뻐하셨음을 알 수 있다. 이러한 긍정적인 평가는 이어서 그리스도께서 "너의 나중 행위가 처음 행위보다 더 대단하다"라고 말씀하신 것으로 인해 더욱 확증된다. 두아디라의 성도들은 기존의 사역을 유지하는데 만족하지 않고, 칭찬을 받을만한 행위들이 양적으로—그리고 아마도 질적으로도—늘어나도록 애쓰고 있었던 것이다. 현대의 여러 주석가들은 두아디라 교회를 향한 이와 같은 그리스도의 칭찬에 깊은 인상을 받아, 그 칭찬을 두고 "아낌없는 찬사"(Lenski 1935: 116; Osborne 2002: 155), "교회가 크게 칭찬받았다"(Witherington 2003: 104), "그 이상 높은 평가를 받을 수 없다"(Kistemaker 2001: 137)라고 말한다.

그러나 이 칭찬은 다소 일반적인 측면이 있기 때문에 우리는 잠시 평가를 미룰 필요가 있다. 다른 교회들을 향한 그리스도의 칭찬은 그 내용이 훨씬 더 구체적이어서, 그 교회가 무엇을 잘하고 있는지 정확하게 파악할 수 있었다. 반면, 두아디라 교회를 향한 그리스도의 칭찬은 일반적인 내용으로 이루어져 있어서, 교회가 잘하고 있는 선한 행위의 독특함 혹은 두드러지는 특성이 엿보이지 않는다. 그리고 이러한 측면은 두아디라 설교의 나머지 부분(에서 엿보이는 점)과 대조를 이룬다. 두아디라 교회가 저지르는 나쁜 일들에 대해서는 제법 구체적으로 기록되어 있기 때문이다. 이렇듯 두아디라 교회에 속한 그 누구도 그리스도께서 하신 칭찬으로 인해 자만심을 품어서는 안될 것이다. 그리고 그러한 자만심을 갖게 된다고 해도 결코 오래 가지는 못할 것이다. 사람의 마음속에 숨겨진 동기까지 꿰뚫어 보는 불꽃과 같은 눈을 가지신 하나님의 아들이 그들을 곧바로 책망하시기 때문이다.

책망(2:20)

그러나 내가 너를 책망할 것이 있다. 너는 자칭 선지자라 하는 여자 이세벨을 용납하고 있다. 그녀는 내 종들을 가르치고 미혹하여, 음행을 저지르게 하고 우상의 제물을 먹게 하였다(2:20)

칭찬에서 책망으로 전환될 때는 정형화된 표현―"그러나 내가 너를 책망할 것이 있다"(계 2:20; 에베소 2:4; 버가모 2:14)―이 사용된다. 앞 절(2:19)에서 무려 4가지의 칭찬이 나왔기 때문에, 일부 주석가들은 이러한 전환을 두고 "갑작스럽고 뜻밖이다"(Kistemaker 2001: 137)라고 평가한다. 그러나 그리스도의 칭호에서 이미 심판의 조짐이 보였다는 점, 그리고 칭찬의 내용이 구체적이지 않았다는 점(특히 앞서 에베소와 버가모 설교에서 드러난 패턴과 비교해 볼 때)을 미루어 볼 때, 이러한 전환은 충분히 예상이 가능하며 그다지 어색하지도 않다.

그리스도께서는 두아디라 교회를 구체적으로 책망하신다. "자칭 선지자라 하는 여자 이세벨을 용납하고 있다. 그녀는 내 종들을 가르치고 미혹하여 음행을 저지르게 하고 우상의 제물을 먹게 하였다"(2:20). 두아디라 교회의 근본적인 문제점은 버가모 교회의 문제와 동일했다. 곧 우상숭배의 죄("우상에게 바쳐진 제물을 먹는 것"), 그리고 그 죄와 긴밀하게 연결된 음행의 죄였다. 이 2가지 문제점은 버가모 설교에서 제시된 순서의 역순으로 제시되고 있다. 이러한 특징이 지닌 함의는 이후에 다루려고 한다.

버가모 설교는 책망 단락이 구약의 거짓 선지자 발람의 이야기를 바탕으로 전개되었다. 반면, 두아디라 설교는 구약의 악한 왕비 이세벨을 통해서 전개된다. 이세벨은 공주로 태어났지만, 그 삶은 동화와는 거리가 멀었다. 그녀는 페니키아 태생이었지만 이스라엘 왕 아합(재위 주전 869-859년)의 아내가 되었다. 그녀의 악한 성품은 몇 가지 악명 높은 일화들을 통해 잘 드러난다. 이를테면, 그녀가 여호와의 모든 선지자들을 살해하기 위해 실시한 군사 행동(왕상 18:4, 13), 바알 선지자 450명과 아세라 선지자 400명을 지원한 것(18:19), 엘리야를 죽이려 한 것(19:1-3), 나봇을 모함하여 돌에 맞아 죽게 하고 아합이 그의 포도원을 차지하게 한 것(21:1-16) 등이 있다. 이세벨은 북이스라엘 왕국에 바알 숭배를 도입하여 우상숭배의 죄를 짓게 만든 것으로 유명하며(왕상 16:31-34; 21:25-26; 왕하 9:22; Josephus, *Ant*. 8.317), 그 때문에 구약성경과 이후 유대 문헌에서 자주 규탄을 받는다. 이러한 점에서 이세벨은 그리스도께서 두아디라 교회를 책망하실 때 사례로 삼기에 효과적인 구약의 인물이다.

이 구약의 악명 높은 인물과, 두아디라의 여선지자의 이름이 정말로 같았을 리는 없다. 요한이 후자의 여선지자에게 이세벨이라는 별칭을 붙인 것은, 그녀의 우상숭배 행위의 특징을 드러내고 규탄하기 위함이었을 것이다. 그 여선지자의 정체에 대한 다양한 견해를 아래에 요약해 놓았다.

1. **루디아**(Lydia). 일부 주석가들은 자색 옷감 장사이자, 또한 바울이 빌립

보에서 사역하는 동안 회심하여 그리스도의 제자가 되었던 '루디아'의 거주지가 두아디라였다는 점을 근거로 그녀가 이세벨로 불렸을 가능성을 제시한다(행 16:14-15, 40). 그러나 이러한 견해는 단순한 추측에 불과하며, 두아디라라는 연결고리 외에는 두 인물 간에 어떠한 구체적인 연결점도 없다. 그들이 살았던 연대 또한 들어맞지 않는다. 루디아는 주후 50년경에 회심했으나, 두아디라의 이세벨은 그로부터 40년 후에 활동했다. 요한계시록은 전통적으로 주후 90년대 중반에 저술되었다고 여겨지기 때문이다.

2. 두아디라 교회의 어느 지도자의 아내. 일부 사본은 "여자" 다음에 소유격 "너의"를 추가하여 두아디라 교회를 향한 책망을 다음과 같이 읽는다. "너는 너의 여자를 용납한다." 그런데 그리스어에서 "여자"를 의미하는 단어는 흔히 "아내"로 사용되기 때문에, 여기서 언급되는 여자가 두아디라 교회의 지도자 혹은 감독의 아내일 수 있다는 것이다(예를 들어 Beckwith 1919: 466; Alford 1976: 573). 그러나 본문의 외적 근거와 내적 근거 모두 이러한 가능성을 일축한다. 더 중요한 사본에는 소유격 "너의"가 빠져 있으며, 그 단어가 나오는 일부 사본들의 경우 2:20과 바로 앞 2:19에서 동일한 단어를 여러 차례 언급하기에 발생한 필사 과정의 오류로 설명할 수 있다(Metzger 1994: 664). 또한 이러한 해석이 가능하기 위해서는 설교 도입부에 나오는 "천사(angel)"(2:18)가 교회의 (인간)지도자여야 하는데, 이는 의문의 여지가 있다. 더욱이, 소유격 "너의"가 추가된다고 하더라도, 앞서 여러 차례 그 단어("너의")가 교회 공동체를 가리키고 있으므로 여기서도 같은 의미로 이해되어야 한다. 이와 같은 이유로 "너의"는 교회의 지도자를 가리킬 수는 없다.

3. 지역의 무녀. 일부 학자들은 두아디라의 이세벨이 황홀경에 빠진 상태에서 남신이나 여신의 이름으로 예언하는 지역의 무녀(巫女)였다고 주장한다. 더 구체적으로는 이세벨이 "삼바데(Sambathe)라는 이름을 가진 무녀"이고, 두아디라의 외곽에 신전을 두고 있는 어느 신의 여선지자 혹은 여사제라

고 주장한다(Schürer 1893; Court 1979: 34; Keener 2000: 134; 또한 Hemer 1986: 117-19). 그러나 그토록 명백한 이교도 인물이 그리스도 교회에 용납되고 심지어 사람들로부터 추종을 받았을 가능성은 매우 희박하다. 이러한 견해를 지지하는 학자들은 두아디라 교회의 혼합주의적인 경향으로 인해 지역의 무녀가 교회에 영향력을 끼칠 수 있었다고 반박한다. 하지만 그 무녀의 정체와 삼바데 신전의 존재 자체가 불확실하며, 그 신전의 제의와 본문에서 언급된 이세벨 간의 관계 또한 명확히 규명되지 않는다.

4. **두아디라 교회의 상징적 대표.** 일부 주석가들은 "이세벨"이라는 이름이 특정한 역사적 인물이 아니라 두아디라 교회의 특징을 드러내며, 두아디라 교회를 대표하는 상징이라고 해석했다. 이러한 해석을 지지하는 근거로는 "여자"(계 2:20)와 "이세벨의 자녀들"(2:23), 그리고 "택하심을 받은 부녀와 그녀의 자녀들"(요이 1)이라는 구절 간에 유사성을 들 수 있다. 후자의 구절은 거의 확실히 교회 전체("택하심을 받은 부녀")와 개별 구성원들("그녀의 자녀들")을 가리키고 있다(Beale 1999: 260-61). 그러나 요한계시록의 이후 본문들을 보면, 이세벨이 다섯 차례 언급될 때 3인칭 단수 여성 대명사 "그녀"(계 2:21[2회], 22[2회], 23)가 사용된 것을 알 수 있다. 이것은 특정 개인을 염두에 두고 있음을 강하게 시사한다.

5. **유명한 여성.** 이것은 두아디라 교회의 "이세벨"의 정체에 관하여 가장 설득력이 있는 전통적 입장이다. 이 입장에 따르면 그녀는 두

그림 4.2. 헤르쿨라네움(주후 50-79년)의 연회 장면 프레스코화. 식사와 성적 행위가 서로 연결되어 있음을 반영하고 있다.

아디라 교회에서 유명한 여성이었다. 같은 이름을 가진 구약의 인물처럼 그녀 역시 성도들로 하여금 신앙을 타협하게 만들고, 우상숭배와 음행의 죄를 저지르게 했다. 아마도 그녀는 부유한 상류층에 속했을 것이고, 지역의 가정 교회들 가운데 하나를 후원하는 여성이었을 것이다(Aune 1997: 203; deSilva 1992: 294의 주장에 따르면 그녀는 자신의 집을 니골라 당 선지자들에게 개방하고 그들을 지원했다). 그러나 그녀가 유명했던 주된 이유는 스스로를 여선지자라고 주장했기 때문이다. "여선지자"라는 여성형 단어는 신약성경에서 2회 밖에 나오지 않지만(이와 대조적으로 남성형 "선지자"는 144회 나온다), 고대 세계와 초기 교회에서 여성이 신탁을 받는 것은 널리 퍼진 현상이었다(이세벨이 지역 무녀였을 가능성에 대한 주석을 보라). 이를테면, 안나의 경우에도 여선지자라고 불렸다(눅 2:36). 또한 일곱 집사 가운데 하나인 전도자 빌립에게는 4명의 결혼하지 않은 딸이 있었는데, 그녀들이 유명했던 것은 바로 예언 능력 때문이었다(행 21:8-9). 여성 성도들은 고린도에서도 예언했고(고전 11:5), 인근 빌라델비아 교회의 암미아(Am-mia)라는 여성 역시 1세기에 여선지자로 인정받았다(Eusebius, *Church History* 5.17.3-4). 두아디라 교회의 "이세벨"은 스스로를 여선지자라고 부름으로써 자신의 가르침이 신적 계시를 담고 있을 뿐 아니라, 신적 권위 또한 지니고 있다고 주장했다.

이세벨의 거짓 주장을 꿰뚫어 볼 수 있는 불꽃과 같은 눈을 가진 그리스도는 그녀의 가르침이 그 기원이나 권위에 있어서 신적인 것과 거리가 멀다고 꾸짖으셨다("내 종들을 … 미혹하여"). "미혹하다"라는 뜻을 가진 동사 플라나오(*planaō*)는 요한계시록의 다른 구절들에서 거짓 선지자(13:14; 19:20), 음녀 바벨론(18:23), 사탄(12:9; 20:3, 8, 10)의 속이는 행위를 묘사하는 데 사용된다. 이세벨의 가르침이 거짓됨을 묘사할 때 이 동사가 사용된 것은 곧 그녀를 이 거짓된 3인방과 연결시킨다. 이로써 유명한 그 여성과 그녀가 꾀어낸 추종자들을 향한 그리스도의 책망이 얼마나 심각한 것인지가 드러난다.

책망은 하나인가, 둘인가?

먼저 그리스도께서 두아디라 교회가 자칭 선지자 여성을 용납했다는 전체적인 문제를 언급하시고 난 뒤 구체적인 책망이 부각된다. 두아디라 교회는 "음행을 저지르게 하고 우상의 제물을 먹게"(2:20) 하는 유혹에 넘어갔다. 이것은 그리스도께서 버가모 교회를 책망하신 2가지 내용과 역순으로 동일하다. 즉, 두 설교가 동일한 문제를 다루고 있다. 따라서 이전 장에서 논의한 것과 동일한 의문이 발생한다. 그리스도께서 두아디라 교회를 꾸짖으신 책망은 한 가지인가, 두 가지인가?

"음행"을 문자 그대로 이해한다면, 책망의 내용은 2가지가 된다. 곧, 하나는 성적인 범죄에 관한 것이고, 다른 하나는 "우상의 제물"에 관한 것(즉, 우상숭배의 죄)이다. 반대로 만약 "음행"이 영적인 불신앙을 뜻하는 은유라면 책망의 내용은 우상숭배의 죄 하나가 된다. 각 입장에 대한 근거는 버가모 설교에서 자세히 다룬 바 있다. 그리고 논의 끝에 내린 결론은 책망의 내용을 하나가 아닌 둘로 보는 것이 더 설득력이 있다는 것이었다.

앞 장에서 검토한 6가지 근거 외에도, 두아디라 설교는 그러한 결론을 지지하는 몇 가지 근거를 더 언급한다. 첫째, 구약의 이세벨이 주로 우상숭배의 죄와 연결되기는 하지만, 그녀가 "음행"으로 비난받는 본문 또한 분명히 존재한다(왕하 9:22 칠십인역: 복수형 포르네이아이[porneiai]). 둘째, 이세벨이 이스라엘에 도입한 바알 숭배는 부적절한 성적 행위를 동반했다. 비일과 캠벨은 우상숭배가 책망의 주된 원인이기는 하지만, "음행 역시 부차적으로 염두에 둔 것일 수 있다. 음행은 바알 숭배의 일부분인 경우가 많았기 때문이다"라고 주장한다(Beale & Campbell 2015: 72). 셋째, "음행"과 "우상의 제물"은 사도행전 15장에 기록된 사도의 규례(Apostolic Decree)에서도 함께 언급되며, 실제로 그리스도께서 요한계시록에서 사용하신 표현과 유사한 표현이 사용되었다("나는 너희 위에 다른 짐을 지우지 않을 것이다"[계 2:24]; 참고 "꼭 필요한 몇 가지 외에는 아무 짐도 너희 위에 지우지 않을 것이다"[행 15:28]). 사도의 규례가 명확하게 실제 성적 일탈을 가리키기 때문에, 두아디라 설교 속 "음행"을 은유가 아닌 문자 그대로 해석하는 것이 보다 적절할 것이다.

두 책망 내용의 우열 가리기

그리스도께서 두아디라 교회를 향해 음행과 우상숭배라는 2가지 죄를 책망하셨다고 본다면, 그 2가지 문제는 공동체 안에서 동등한 수준의 문제였을까, 아니면 하나가 다른 하나보다 더 큰 문제였을까? 2가지 책망의 순서가 버가모 설교에 배열된 순서와 반대로 되어 있으므로, 두아디라 설교에서 먼저 언급된 음행이 두아디라 교회 안에서 더 큰 문제였을 수 있다. 찰스는 다음과 같이 언급한다(Charles 1920: 71). "여기서 단어 순서는 2:14의 배열과 다르다는 사실을 볼 수 있다. 아마도 여선지자의 행위의 주된 목적어가 음행이었음을 나타내려는 의도가 반영되었을 것이다"(또한 Hemer 1986: 120). 만약 이러한 결론이 옳다면, 이 설교의 제목은 "두아디라: 성적인 죄에 빠진 교회"가 더 적절할 것이다. 하지만 이러한 결론에 반하는 근거가 있다. 일단 이세벨의 "음행"(2:21, 포르네이아[porneia])과 바로 이어지는 구절에 언급된 "그녀와 더불어 간음한 자들"(2:22)이라는 표현은 모두 은유적인 표현으로서, 구약성경 안에서 전통적으로 하나님의 백성이 다른 신들과 "음행"을 저질러 참 하나님 한 분과의 언약 관계에 불충한 모습을 묘사하는 표현이다. 다시 말해서, 그들은 우상숭배의 죄를 저지른 것이다. 따라서 성적인 부정이 두아디라 교회의 문제의 일부분이기는 했지만, 근본적인 문제는 우상숭배의 죄라고 할 수 있다. 이러한 두아디라 교회의 상황은 버가모 교회의 상황과 평행을 이룬다. 두아디라 교회는 버가모 교회와 유사하게 신앙을 타협하여 우상숭배를 저질렀고, 또한 우상숭배와 긴밀하게 연결된 음행의 죄를 저지르고 말았다.

상업 조합(Trade Guilds)

대부분의 주석가들은 두아디라 교회에 대한 그리스도의 책망이 두아디라 성도들이 상업 조합들에 참여하는 문제, 그리고 회원권과 관련된 문제 때문이라고 해석한다(이를 지적한 가장 초기의 학자들은 다음과 같다. Ramsay 1904: 324-26, 329-30, 346-53; Swete 1907: lxiii-lxiv; Charles 1920: 69-70). 이러한 상업 조합들은 비슷한 업종(직업)에 종사하는 노동자들로 구성되어 있다는 점에서 현대의 노동 조합과 유사하

그림 4.3. 승리의 여신 니케의 양각(주후 2-3세기). 왼손에는 종려나무 가지를 들고 있고, 오른손에는 화관을 들고 있다. 빌립보 극장 입구에 위치해 있다. 비문에 따르면 이 부조는 검투사 협회의 의뢰로 제작되었다.

다. 또 다른 조합들 혹은 "자발적 협회"(이러한 그룹을 규정한 현대 학자들로는 Kloppenborg & Wilson 1996이 있다)의 경우, 동일 업종에 종사하는 사람들이 아니라, 공통의 목적―이를테면 회원들에게 적절한 장례(매장)를 보장하는 것처럼―을 기반으로 조직되었다. 이러한 협회는 로마 사회에서 매우 보편화되어 있었다. 그 구성원들은 대개 공동의 식사를 했으며, 그 식사는 조합이 섬기는 신에게 바쳐졌을 뿐 아니라, 때로는 음식과 더불어 성적인 유희가 제공되기도 했다. 따라서 그러한 자발적 협회에 속해 있던 그리스도인이라면 자연스럽게 우상에게 바쳐진 음식을 먹고 음행을 저지를 수 있는 유혹을 받았을 것이다. 오스본은 이러한 상황을 다음과 같이 정리한다(Osborne 2002: 156-67).

우리가 확신을 갖고 말할 수 있는 한 가지는 두아디라 교회의 문제가 조합들에 집중되어 있다는 점이다. 생활을 유지해야 하는 이들은 조합들과 어떻게든 연결되어야 했고 또 회원의 자격을 유지해야 했다. 그리스도인들이 겪는 문제는 조합의 회원으로서 조합이 주최하는 연회에 의무적으로 참석해야 한다는 것이었다. 그리고 그러한 연회에 참석하게 되면 '우상에게 바쳐진 고기'를 먹을 수밖에 없었다. 조합의 신들에 대한 제의는 항상 연회를 통해 이루어졌기 때문이다 … 때로는 성적인 행위가 동반되는 경우도 있었다.

분명히 알아야 할 것은 두아디라 설교에는 두아디라 교회를 향한 책망과, 상업 조합(혹은 다른 자발적 협회) 간에 직접적인 연관 관계가 명시되어 있지 않다는 사실―이러한 사실을 지적하는 주석가가 없다―이다. 그럼에도 불구하고 그러한 연관 관계를 상정할 여지가 충분히 있다. 두아디라에서 발견된 비문들에 따르면, "그 어떤 아시아 도시들보다 두아디라에 더 많은 상업 조합들이 있었던 것 같다"(Ramsay 1994: 238). 허머는 이렇게 말한다(Hemer 1986: 107-8). "두아디라의 가장 명백한 특징은 그 도시에 유독 영향력 있는 상업 조합들이 다수 존재했다는 사실이다. 그러한 조합들은 아시아, 특히 리디아 지방 지역 사회의 특징이었다 … 두아디라의 경우엔 특히 더 두드러졌다." 두아디라의 비문에는 다음과 같은 상업 조합들이 기록되어 있다. 이를테면, 양털 노동자, 천 제조업자, 외투 제조업자, 무두장이, 가죽 세공업자, 토기장이, 제빵사, 제화공, 노예상, 그리고 그리스도의 칭호에서 사용되었기 때문에 더욱더 주목할 필요가 있는 청동 수공업자가 기록되어 있다. 두아디라의 자발적 협회들은 동종 업계에 종사하고 있다는 이유로 조직된 것이 아니라, 공동의 목적을 바탕으로 조직되었다. 그러한 목적에는 로마인들의 이익 증진이나 스포츠 영웅을 떠받드는 것 등도 포함되었다. 심지어는 "전성기를 보내고 있는 남자들"이라는 모임도 존재했었다(Hemer 1986: 108).

조합들의 사회적, 경제적 측면들이 종교와 긴밀히 연결되어 있었기 때문에 그리스도인들은 심각한 문제를 겪었다. 그리스도인들은 지역 상업 조합에 속하지 않고 또 우상숭배와 음행이라는 2가지 죄에 노출되지 않고서, 어떻게 직업을 유지하거나 경제적으로 살아남을 수 있었을까? 스스로를 우상숭배와 성적인 범죄에 취약한 상황으로 몰아넣지 않고서, 어떻게 이교도 이웃들과 함께 지낼 수 있었을까? 어떻게 (다른 유형의)자발적 협회에 가입하지 않고서, 사회적 관계에서 배척당하지 않을 수 있었을까? 물론 이러한 딜레마는 두아디라 교회만 겪었던 문제는 아니었다. 소아시아 전역과 고대 세계 그리스도인들 모두가 직면했던 문제였다.

이러한 어려운 상황 속에서 두아디라 교회의 자칭 선지자라 하는 "이세벨"은 성도들이 받아들일 만한 가르침을 전했다. 요한은 설교 후반부에서 "사탄의 깊은 것"(2:24)이라고 언급한 것 외에는 그 가르침의 내용이 정확히 무엇이었는지 밝히지 않는다. 다만 그 가르침의 결과 두아디라의 성도들이 우상숭배와 음행을 저지르게 되었다고 말한다. (우상에게 바쳐진 음식을 먹으라는)유사한 유혹을 받은 고린도의 상황에 비추어 보면, 두아디라 교회의 "이세벨" 역시 "지식"에 호소했을 수 있다. 즉, 세상에는 유일한 하나님 한 분 만이 계시고, 우상들은 실제로 존재하는 것이 아니라는 "지식"을 갖고 있는 그리스도인이라면, 조합 연회에 참석할 수 있고 또 우상숭배의 죄를 범하지 않고도 신에게 바쳐진 음식을 먹을 수 있다는 것이다("지식"이라는 단어가 고전 8:1-13 안에 자주 등장하며, 중요한 역할을 한다는 점을 기억하라). 두아디라 교회의 "이세벨" 역시 이와 비슷한 가르침을 전했을 수 있다. "여러분은 이 세상에 오직 진리의 하나님 한 분만 계시다는 사실을 믿지 않습니까? 여러분도 알다시피 아폴로 튀림노스와 다른 모든 신들은 그저 사람들이 만들어낸 신에 불과하고 실제로는 존재하지 않습니다. 이처럼 중요한 '지식'을 갖고 있다면, 조합 연회에 자유롭게 참석해도 괜찮습니다!"

교정: 이세벨과 추종자들 (2:21)

> 내가 이세벨에게 회개할 기회를 주었으나, 그녀는 자기의 음행을 회개하려고
> 하지 않았다 (2:21)

두아디라 설교는 이 지점에서 다른 설교들과 조금 다른 구조를 보인다. 다른 설교들의 경우 교정과 결과 단락이 교회 전체를 대상으로 하고 있지만, 두아디라 교회는 2개의 서로 다른 그룹을 상정하고 있다. 첫 번째 그룹은 이세벨과 그녀의 추종자들로 이루어져 있으며, 그들을 향한 교정(2:21)과 결과(2:22-23)는 부정적이다. 두 번째 그룹은 두아디라 교회의 나머지 사람들로 이루어져 있으며, 그들을 향한 교정(2:24-25)과 결과(2:26-28)는 긍정적이다.

책망에서 교정으로 전환될 때는 "회개하다"라는 핵심 동사가 두 차례 사용된다(2:21). 이 동사는 건강하지 않은 모든 교회들을 향한 교정 단락에서 동일하게 사용되고 있다(에베소 2:5a, 5b; 버가모 2:16a; 사데 3:3; 라오디게아 3:19b). 서머나와 빌라델비아 설교에서 "회개하다"라는 동사가 빠진 것은 충분히 납득할 만하다. 그 교회들은 건강한 교회이므로 설교에 책망 단락이 빠져 있기 때문이다. 그런데 여기서는 다른 설교들처럼 현재 문제에 대하여 회개하라는 명령 대신 과거 사건에 대해 회개하라는 명령이 언급된다. "내가 이세벨에게 회개할 기회를 주었으나, 그녀는 자기의 음행을 회개하려고 하지 않았다"(2:21). 이러한 그리스도의 선언은 이세벨의 거짓 가르침이 예언적인 선포라면 마땅히 거쳐야 할 시험을 이미 받았고(고전 14:29, 32; 살전 5:19-22; 요일 4:1), 그 결과 거짓으로 판명났음을 암시하고 있다. 이세벨의 가르침에 대한 부정적인 판단이 요한으로부터 직접적으로 나온 것인지(요삼 10을 보라), 아니면 요한의 지도하에 다른 교회 지도자로부터 간접적으로 나온 것인지는 불분명하

다. 어쨌거나 부정적인 평가는 최종적으로 그리스도께서 내리신 것이며, 그의 온전한 권위를 담고 있다는 점만은 분명하다. 그리고 과거 시제가 사용된 것("내가 이세벨에게 회개할 기회를 주었으나")은, 이세벨과 그녀의 추종자들(2:21에는 비록 이세벨만 언급되었으나 그녀의 가르침을 수용한 두아디라 성도들 역시 다음 절에서 분명히 드러나고 있으므로 2:21에서도 분명 포함되어 있다고 볼 수 있다)이 잘못된 말과 행동을 하고 있었다는 사실을 (본인들은) 몰랐다고 발뺌할 수 없음을 의미한다.

이세벨은 그리스도께서 자비롭게 권유하신 회개할 기회를 붙잡을 생각이 없었다. 여기서 한 가지 분명한 사실은 죄는 사람을 강하게 옭아매는 힘이 있어서, 잘못된 길에 고집스러울 정도로 매달리게 만든다는 것이다. 이러한 모습은 또한 요한계시록 중반부에서 여섯째 나팔이 불 때 역병으로 죽지 않은 이들이 "손으로 행한 일"(9:20a), "금, 은, 동과 목석의 우상에게 절한 것"(9:20b), "음행"(9:21)을 "회개하지 않은 것"에서도 나타난다. 이세벨과 두아디라의 일부 성도들이 회개해야 할 문제는 바로 "(그녀의)음행"이었다. 이때 사용된 명사(포르네이아[porneia])는 책망(2:20)에 사용된 2가지 동사 중 첫 번째 동사와 관련이 있으며, 여기서 또다시 문자적으로 해석해야 할지 아니면 비유로 해석해야 할지를 결정해야 하는 문제가 발생한다. 대부분의 주석가들은 비유로 해석해야 한다고 주장한다. 구약성경을 보면 여러 차례에 걸쳐 이스라엘을 가리켜 다른 신과 음행을 벌이는 음란한 아내에 비유했기 때문이다(예를 들어, 왕하 9:22; 사 57:3, 8; 렘 3:9; 13:27; 겔 16:15-36; 23:7-35; 호 1:2; 2:2-13; 4:12; 5:4; 나 3:4). 지금 우리가 다루고 있는 두아디라 설교 본문의 맥락에서 음행은 우상 숭배와 긴밀히 연관되어 있다(바로 앞 절[2:20]뿐만 아니라 버가모 교회를 향한 책망[2:14]에 서도). 버가모 설교를 다룰 때 우리는 고대 사회에서 제의 식사 자리와 조합 연회 등의 식사 자리에 성적인 행위가 자주 동반되었음을 살펴본 바 있다. 따라서 요한계시록 2:21에서 단독으로 언급된 음행을 "2:20에 나오는 2가지 죄 모두를 요약하는 용어"(Osborne 2002: 158)로 보는 것이 적절할 것이다. 이

용어의 이중적인 의미를 파악하는 방법 중 하나는 명사 포르네이아(porneia)를 "음행"(sexual immorality)이라는 좁은 의미로 번역하지 않고(2:20의 동사 형태처럼), 더 포괄적인 의미에서 "악행"(immorality)으로 번역하여 우상숭배와 성적인 죄 모두를 가리키도록 만드는 것이다(NIV 번역과 비슷하게).

결과(부정적): 이세벨과 추종자들(2:22-23)

> 보라, 내가 이세벨을 침상에 던질 것이다. 또 내가 그녀와 더불어 간음한 자들도, 만약 그녀의 행위를 회개하지 않으면, 큰 환난 가운데에 던질 것이다. 그리고 내가 이세벨의 자녀들을 사망으로 죽일 것이다. 모든 교회들은 내가 뜻과 마음을 살피는 자인 줄을 알게 될 것이다. 내가 너희 각 사람의 행위대로 갚아줄 것이다(2:22-23)

두아디라 설교는 계속해서 두아디라 교회 내 두 그룹 가운데 첫 번째 그룹인, 이세벨과 추종자들에게 집중하고 있다. 두아디라 설교는 다른 설교들의 구조를 따르는 가운데 부정적인 결과를 향해 나아간다. 즉, 이세벨과 추종자들은 회개를 하지 않고 우상숭배와 음행을 그만두기를 거부했기 때문에 이제 부정적인 결과가 언급된다. 결과 단락은 앞선 교정 단락과 감탄사 "보라!"(2:22)로 분리되는데, 이 감탄사는 그리스도께서 곧 말씀하실 내용에 집중하게 만든다. 그리스도의 심판(말씀)의 도입 문구는 서로 평행하는 2개의 절(clause)로 이루어져 있다. 이러한 평행 관계는 하나의 동사("내가 던질 것이다")가 2개의 절 모두에서 동사 역할을 하고, 또한 각 절의 목적어 뒤에 동일한 전치사구가 나타난다는 점에서 분명하게 드러난다.

| 내가 던질 것이다 | 이세벨을 | 침상에 |
| 또 | 그녀와 더불어 간음한 자들도 | 큰 환난 가운데에 |

첫 번째 절의 문자적인 의미는 "내가 이세벨을 침상(클리네[klinē])에 던질 것이다"인데, 이는 히브리어 관용구(특히 마카비1서 1:5; 유딧서 8:3을 인용한 Charles 1920: 71와 Beasley-Murray 1978: 91; Aune 1997: 205; Beale 1999: 263n125를 보라)로서 "신적 처벌 형태로 누군가를 병들게 하겠다"는 뜻이다(BDAG 549.1, "누군가를 침상에 눕히다. 즉, 병으로 치다"). 이 두 절의 평행 구조에서 "침상"이 "큰 고통"과 상응하기 때문에 일부 번역본들은 침상의 의미를 확대하여 "고통의 침상"으로 옮기기도 한다(NIV, NLT). 질병과 죄를 지나치게 긴밀히 연결시키는 것은 위험하지만(예를 들어, 한 사람이 시각 장애인으로 태어나게 된 이유를 제자들이 잘못 해석한 것을 보라: 요 9:1-3), 그럼에도 질병(심지어 죽음까지도)이 때로 죄에 대한 신적인 처벌 도구일 수 있다는 것은 분명하다(예를 들어, 고린도에서 어떤 이들이 주의 만찬을 합당하지 않게 먹음으로써 병에 걸리고 죽게 된 것을 보라: 고전 11:27-30). 여기서 그리스도는 다른 성도들이 음행과 우상숭배에 빠지도록 만든 이세벨의 죄에 대한 부정적인 결과로, 그녀에게 생명을 위태롭게 할 만한 질병을 내리시는 것이다.

하지만 여기서 언급된 "침상"은 병상의 이미지를 일으키기도 하지만 동시에 음행과 우상숭배가 이루어지는 식사용 장의자를 연상시키기도 한다(Ramsay 1904: 351-52; Beale 1999: 263n125; Hemer 1986: 121, 252; Wilson 2002: 269). 침상에 해당하는 단어(클리네)는 식사용 장의자를 가리키기도 하며, 조합 연회나 제의 식사 참석자들은 이 장의자에 비스듬히 누워 식사를 했다. 이집트에서 발견된 한 제의 식사 초대장을 보면, 다음과 같은 글귀가 있다. "암모니오스가 여러분을 9일 9시 세라페이온[즉, 이집트 신 세라피스의 신전] 식당, 세라피스 신의 장의자[클리네]에서 있을 식사 자리에 초청합니다"(P.Oxy. 62.4339). 조합 연회와 제의 식사에 사용된 그러한 식사용 장의자에서 흔히 성관계를 비롯한 여성 유희도 함께 이루어지곤 했다(위 그림 4.2를 보라. 헤르쿨라네움 [Herculaneum] 연회 장면의 프레스코화). "이세벨"이 그러한 의자에 누워서 우상의 제물을 먹고 음행을 저질렀기 때문에 하나님께서는 죄악에 물든 쾌락의 장의자를 고통의 침상으로 바꿔 버리실 것이다. 조합 연회의 "장의자"가 병상으로 바뀌는 것은 범죄에 대한 합당한 처벌이라고 할 수 있다.

두 번째 평행절은 "이세벨"과 "그녀와 더불어 간음한 자들"에게 임할 부정적인 결과를 제시한다. 2:21에서 "음행"을 뜻하는 단어가 2:20의 2가지 죄(음행과 우상의 제물을 먹는 것, 즉 우상숭배)를 "요약하는 용어"인 것과 마찬가지로, "간음하다"라는 표현 역시 2가지 죄 모두를 가리키는 것으로 봐야 한다. 허머가 지적한 바와 같이 그러한 표현은 "이세벨을 통해서 우상숭배에 빠진 자들을 비유한 것으로 볼 수 있다. 그러나 그 표현에서 음행이라는 특성을 배제해서는 안 된다"(Hemer 1986: 121). 이세벨에 대한 부정적인 결과는 그녀가 "침상에" 던져지는 것이고, 이와 평행하는 추종자들에 대한 처벌은 "큰 환난"(에이스 트립신 메갈렌[eis thlipsin megalēn])에 던져지는 것이다. 이것이 좁은 의미의 "큰 환난"(계 7:14)—즉, 종말 직전에 올 특정한 시험의 시기(마 24:21), "시험의 때"(계 3:10)—을 가리키는 것인지, 아니면 일반적인 의미의 고통과 고난의 때(NIV, "심하게 고통받다")를 가리키는 것인지는 분명하지 않다. 전자의 근거는 두 단어가 동시에 나오는 유일한 용례, 요한계시록 7:14(에크 테스 트립세오스 테스 메갈레스[ek tēs thlipseōs tēs megalēs])이다. 물론 2:22에는 관사가 빠져 있어서 이 평행 구절의 중요성이 다소 떨어질 수도 있다. 후자의 근거는 요한계시록 안에서 트립시스(thlipsis)의 용례(1:9; 2:9, 10)가 일반적인 고통을 의미한다는 것이다. 그러나 이처럼 해석이 불분명하다고 해서 "이세벨"과 그녀의 추종자들이 "그녀의 [우상숭배와 음행] 행위를 회개하지 않으면"(2:22c) 맞게 될 심각한 결과를 듣지 못했다고 핑계댈 수는 없을 것이다.

그리스도께서 "이세벨"과 그녀의 추종자들에게 내리실 큰 환난은 이어지는 구절에서 더 자세히 설명된다. "그리고 내가 이세벨의 자녀들을 사망으로 죽일 것이다"(2:23a). 이 자녀들은 우상숭배로 태어난 "이세벨"의 육신의 자녀들이 아니라(반대 의견은 Beckwith 1919: 467), 그녀의 영적인 자녀들이다. 즉, 그녀의 거짓된 가르침을 받아들이고 우상숭배와 성적인 죄를 저지른 자녀들을 가리킨다. "자녀들"을 은유로 사용한 사례는 요한서신에서도 발견되며 (요일 3:1, 2, 10[2회]; 5:2; 요이 1, 4, 13; 요삼 4), 주로 특정한 영적 지도자의 추종자들을 가리킨다(예를 들어, 사 8:18; 고전 4:14, 17; 갈 4:19; 딤전 1:2, 18; 딤후 1:2; 2:1; 딛 1:4; 몬 10; 벧전 1:14). 이러한 사례는 두아디라의 한 그리스도인에 관해 기록된 파피루스(Papyrus)에서도 발견할 수 있다. 그 그리스도인은 버가모에서 로마 총독에게 끌려가 "자녀들이 있느냐?"는 질문을 받고 이렇게 대답했다. "제게는 모든 속주(province)와 도시에 주님 안에서의 자녀들이 있습니다"(Martyrdom of Carpus, Papyrus, Agathonice 24-34; Aune 1997: 206에서 인용).

그리스도께서 이세벨의 "자녀들"(혹은 추종자들)에게 내리실 심판(의 말씀)의 문자적인 의미는 "내가 사망으로 죽일 것이다"와 같다. 이 문장을 해석하는 한 가지 방법은 전치사구 "사망/죽음으로"(엔 따나토[en thanatō])를 히브리어에서 동사를 강조하는 표현으로 이해하여 "내가 반드시 죽일 것이다"로 읽는 것이다. 다수의 역본들이 이러한 의미로 해석하여 2:23을 "내가 그녀의 자녀들에게 (반드시) 죽음을 내릴 것이다"(NIV, NRSV, ESV, NLT)라고 번역한다. 그러나 칠십인역 안에서 그리스어 단어 "죽음"이 자주, "전염병, 역병"에 해당하는 히브리어 단어에 대한 번역어로 사용되기 때문에, 전치사구 "사망/죽음으로"를 해석하는 또 다른 방법은 "내가 전염병으로 죽일 것이다"로 읽는 것이다. 이 해석은 요한계시록 6:8의 지지를 받는데, 거기서 동사 "죽이다"는 동일한 전치사구 "사망으로"와 또다시 짝을 이루고 있다. "검과 흉년과 전염병으로(엔 따나토[en thanatō]) … 죽이더라"(계 6:8; 또한 18:8을 보라). 또 다른 근거는 칠십인역 에스겔 33:27이다. 여기서도 동사 "죽이다"와 여격(dative) 명사 "죽음"이 함께 나오는데, 그 의미가 (문자적으로 "사망으로 죽이다"가 아닌) "전염병으로 죽이다"라는 의미이다. 또한 이어지는 에스겔 33:29의 선언 역시 (요한계시록 2:23에) 암시되고 있는 것처럼 보인다. "내가 여호와인 줄을 그들이 알게 될 것이다"(겔 33:29)는 표현은 요한계시록 2:23에서 반복된다. "모든 교회들은 내가 … 자인 줄을 알게 될 것이다"(계 2:23).

허머는 여기서 한 가지 잘못된 판단을 내린다(Hemer 1986: 121). "자녀들에게 내리는 심판은 이세벨에게 내리는 심판보다 더욱 극심한 것처럼 보인다." 그러나 이는 사실과 다르다. 비록 요한계시록 2:22이 이세벨의 죽음을 명시하진 않지만, 구약성경 안에서 이세벨이 받은 심판은 이미 잘 알려져 있다. 그녀는 창문 밖으로 던져졌는데, 그 피가 건물 벽에 튀었고, 말이 그 시신을 짓밟았으며, 개들이 시신을 먹어버려 매장할 것이 없었다(왕하 9:30-37). 두아디라 교회의 이세벨은 침상에 던져질 것이고, 결국 구약의 이세벨과 비슷한 죽음을 맞이하게 될 것이다. 그녀의 영적 자녀들 역시 전염병(역병)으로 죽게 될 것이다. 그들의 죽음은 구약에서 이세벨의 죄로 말미암아 이세벨과 (그녀의)자녀들이 죽임을 당한 이야기를 암시하는 것처럼 보인다. 즉, 악한 왕 아합의 아들들인 70명의 왕자들이 참수당한 사건과 연결되는 것처럼 보인다. (구약성경에 따르면) 그들의 머리는 바구니에 담겨 이스르엘로 보내졌고, 성문 곁에 두 무더기로 쌓이게 되었다. 예후는 악한 왕 아합의 가문에 가장 큰 치욕을 안겼고, 그 가문을 몰살시켜 버렸다(왕하 10:1-11).

두아디라의 "이세벨"과 그녀의 추종자들 역시 매우 가혹한 심판을 받게 될 것이다. 그런데 그 심판은 또한 더욱 강력한 메시지를 전달하고 있다. "모든 교회들은 내가 뜻과 마음을 살피는 자인 줄을 알게 될 것이다. 내가 너희 각 사람의 행위대로 갚아 줄 것이다"(2:23). 여기서 "교회들"이 복수형으로 사용된 것은 일곱 설교 안에 고정된 "들으라" 정형 문구("귀 있는 자는 성령이 교회들에게 하시는 말씀을 들으라")를 제외하면 유일한 사례이다. 따라서 이것은 우연히 일어난 현상이 아니다. 그러므로 그 중요성이 평가 절하되어서는 안 된다. 더욱이, 일곱 설교 중간에 위치한 설교 그리고 그 중간에 위치한 설교의 정중앙에, 복수형의 "교회들"이 배치된 것은 각 교회들이 다른 교회들에게 주어진 설교 역시 주의 깊게 듣길 바라는 화자의 기대를 전략적으로 강조하려는 것이다. 죽음의 심판이 두아디라 교회―두아디라 교회 내 한 그룹은 잘못된 길로 들어서서 우상숭배와 음행을 저질렀다―와 특별히 연결된 것은 사실이지만, 그럼에도 소아시아의 모든 교회들이 비슷한 경고를 받고 있는 것이다. 즉, 그러한 죄악된 행동을 저지를 경우 다른 모든 교회들도 똑같이 치명적인 결과를 보게 될 것이라는 이야기이다.

또한 이러한 부정적인 결과는 도입부에 나온 그리스도의 칭호, "하나님의 아들"(2:18)에 제시된 그리스도의 신적인 본성을 재확인시켜준다. 다르게 말하자면, 그리스도가 내리는 정의로운 죽음의 판결은 그가 "**뜻과 마음**을 살피는 자"임을 모든 교회들이 알게 만든다. 이것은 그리스어 본문에서 "신장과 심장"으로 표현되어 있다. 당시에는 두 인체 기관이 사람의 진실한 감정, 내면의 욕망, 그리고 감춰진 동기가 자리한 곳이라고 생각했다. 구약성경을 두루 살펴보면, 하나님께서 각 사람의 "심장"을 알고 계신다는 표현이 자주 나타나는 것을 알 수 있다. 또한 사람의 "심장"과 "신장"을 모두 시험한다는 내용도 5회 이상 나타난다(NASB에서 시 7:9; 26:2; 렘 11:20; 17:10; 20:12 각주를 보라). 요한계시록 2:23에 사용된 두 단어는 구체적으로 예레미야 17:10을 암시하고 있다. 그 예레미야 본문에서 하나님은 "심장을 살피며 신장을 시험"하실 뿐만 아니라 "각 사람의 행실[행위]대로 보응"하신다. 각 사람의 행위대로 보응한다는 개념은 두아디라 설교 속 그리스도의 선언에서도 나타난다. "내가 너희 각 사람의 행위대로 갚아 줄 것이다"(계 2:23). (구약성경을 암시하는) 요한계시록 2:23은 그리스도의 신성과 관련하여 매우 중요한 구절이다. 예레미야 17:10에서 화자는 스스로를 "나 여호와"라고 밝히고 있기 때문이다. 그런데 이제 높임을 받으신 그리스도께서 하나님과 동일한 신적 능력을 가지셔서 "이세벨"과 그녀의 추종자들의 진심과 감춰진 동기를 꿰뚫어 보시고, 그들에게 정의로운 죽음의 판결을 내리신다. 그리스도의 신성이 "나는 … 이다"(에고 에이미[*egō eimi*]; Thomas 1992: 223-24) 선언에도 암시되어 있을 가능성은 있지만, 이는 다소 덜 분명하다. (구약성경을 암시하는) 요한계시록 2:23은 결국 설교 도입부의 그리스도의 칭호로 돌아가 그에 대한 자세한 설명을 제공하는 셈이다. 도입부에서 그리스도는 스스로를 묘사하면서 "그 눈이 불꽃과 같고"라고 표현하셨는데, 이는 곧 그가 "뜻과 마음"(구약의 표현인 "신장과 심장"의 현대적 대응어)을 살필 수 있는 통찰력과 그것들을 꿰뚫어 보는 시선을 가지고 계시며, 두아디라 성도 일부를 꾀어낸 "이세벨"의 거짓 주장을 간파하실 수 있음을 의미한다.

　"이세벨"과 그녀의 추종자들이 맞이할 부정적인 결과는 마침내 그들의 악한 행위에 대한 보응의 선언으로 마무리된다. "내가 너희 각 사람의 행위대로 갚아 줄 것이다"(2:23). 앞서 언급한 바와 같이 이 선언은 예레미야 17:10을 암시하면서, 동시에 신구약성경 전반에 걸쳐 발견되는 구약(성경)의 보복 원칙, 즉 동해보복법(lex talionis)을 반향하고 있다. 오스본은 이 보복 원칙이 "구약성경에서 시작되었으며(시 62:12; 잠 24:12; 호 12:2) 그리스도(마 16:27), 바울(롬 2:6; 14:12; 고후 11:15; 딤후 4:14), 그리고 베드로(벧전 1:17)가 재차 언급하는 성경의 중요한 주제이다"라고 말한다(Osborne 2002: 161-62). 보복적 정의(retributive justice)라는 주제는 요한계시록 안에서 상당히 중요한 주제이며, 현재 본문에서만 나타나는 것이 아니라 이후에 여러 본문에서 반복적으로 나타난다(14:13; 18:6; 20:12, 13; 22:12). "이세벨"과 그녀의 추종자들이 조합 연회에 참여하면서 누리는 혜택이나 쾌락은 결코 오래 지속되지 못할 것이다. 심판자 그리스도는 그들이 저지른 우상숭배나 성적인 범죄 행위에 따라 정의롭게 보응하실 것이다. 앞서 2:22에 나온 단수형 "그녀의 행위"가 2:23에서는 복수형 "너희 …

행위"로 바뀐 것은, "이세벨"의 잘못된 가르침을 따른 자들이 그들을 꾀어낸 그녀를 탓한다고 해도 결코 처벌을 피할 수 없음을 의미한다. 결국 추종자들은 그들의 과오에 따른 책임을 지게 될 것이다.

교정: 두아디라 교회에 남은 자들 (2:24-25)

> 그러나 내가 두아디라에 남은 자들, 곧 그 가르침을 받아들이지 않고 그들이 말하는 사탄의 깊은 것을 알지 못하는 너희에게 말한다. 나는 너희 위에 다른 짐을 지우지 않을 것이다. 다만 너희가 가진 것을 내가 올 때까지 굳게 잡으라 (2:24-25)

그리스도는 두아디라 교회의 한 그룹, "이세벨"과 그녀의 추종자들을 향해 교정과 결과의 말씀을 마치신 후, 또 다른 그룹을 향한 교정과 결과의 말씀을 이어가신다. 이처럼 청중의 전환은 4가지 방식으로 표현된다. 첫째, 앞 구절들과의 대조의 표시로 역접 접속사 "그러나"(데[de])가 사용된다. 둘째, 청중의 변화는 2인칭 복수 인칭대명사 "너희에게"(휘민[hymin])로도 알 수 있는데, 이 단어는 (그리스어 본문에서) 2:24의 첫머리에 놓여 강조되고 있다. 셋째, 두아디라 교회 내 또 다른 그룹이 "두아디라에 남은 자들"이라는 표현으로 구분되고 있다. 넷째, 그리스어 본문에 분명하게 나타나는 특징은 동사 "던지다"(발로[ballō])가 두 그룹에 대해 각각 평행하게 사용되어 대비를 이룬다는 것이다. 즉, 앞부분(2:22-23)에 있는 "내가 … 던질 것이다"는 그리스도가 이세벨과 추종자들 그룹에게 하실 일을 설명하는데("내가 이세벨을 침상에 던질 것이다. 또 내가 그녀와 더불어 간음한 자들도 … 큰 환난 가운데에 던질 것이다"[2:22]), 이와 동일한 동사가 2:24-25에서 그리스도가 또 다른 그룹, 곧 "두아디라에 남은 자들"에게

하지 않으실 일을 설명한다("나는 너희 위에 다른 짐을 지우지[던지지] 않을 것이다").

"두아디라에 남은 자들" 그룹은 2개의 관계절(clause)로 설명되며, 이를 통해 "이세벨과 추종자들"의 그룹과 더 확연히 구별된다. 두아디라 교회의 남은 자들은 "이세벨"의 "가르침을 받아들이지 않고 그들이 말하는 '사탄의 깊은 것'을 알지 못한다"(2:24). 첫 번째 관계절을 통해 알 수 있는 것은, 비록 공동체가 이세벨을 용납했다는 이유로 죄를 범하게 되었지만(2:20의 책망을 보라), 그럼에도 모든 사람이 그녀의 가르침을 수용한 것은 아니었다는 사실이다. "이세벨"을 추종한 그룹은 그 거짓 여선지자를 용납한 죄에서 한발 더 나아가 그녀의 잘못된 가르침을 받아들였고 또한 그녀의 음행에 동참하기까지 했다. 하지만 남은 자들의 그룹은 그러한 잘못을 저지르지 않았고, 그 "가르침을 받아들이지" 않았다. "이세벨"의 가르침의 **내용**이 구체적으로 무엇이었는지는 두아디라 설교 그 어디에도 명시되지 않고, 다만 그로 인한 **결과**들만 제시될 뿐이다. 앞서 언급한 바와 같이 고린도의 성도들이 우상의 제물을 두고 유혹을 받았던 것처럼, 두아디라의 "이세벨" 역시 지식에 호소했을 가능성이 있다. 그 지식은 곧 이 세상에는 유일하신 하나님 한 분만이 계시고, 실제로 우상들은 존재하지 않는다는 것이다(고전 8:4-6을 보라). 두아디라의 "이세벨"은 그리스도인들이 이러한 지식으로 무장하고 있다면 조합 연회에 참석하여 다른 신에게 바쳐진 음식을 먹어도 우상숭배의 죄를 범하는 것이 아니라고 가르쳤다.

안타깝게도 두 번째 관계절이 이와 같이 재구성된 상황을 확증해주진 않는다. 두 번째 관계절은 "이세벨"의 거짓된 가르침을 "사탄의 깊은 것"이라는 수수께끼 같은 표현으로 부르기 때문이다. 이와 같은 표현을 문자 그대로 이해해야 할까, 아니면 비꼬는 표현으로 이해해야 할까? 또한 그 표현이 가리키는 것은 정확히 무엇일까? 만약 우리가 그 표현을 액면 그대로 받아들인다면, "이세벨"의 가르침이 "깊은" 또는 심오한 것(BDAG 162.2: "평가하기 어려올 만큼 멀리 떨어진 것으로 인식되는 비물리적 실체")을 담고 있다는 의미가 된다. 이는 "이세벨"이 사탄으로부터 받았거나, 혹은 사탄에 관해서 알게 된 것을 뜻한다. 그리고 그러한 지식을 가진 자들은 우상숭배를 범하지 않으면서도 조합 연회나 제의 식사에 참석할 수 있다고 가르쳤을 것이다. 하지만 그 표현을 문자 그대로 이해해야 한다는 근거, 즉 "이세벨"이 추종자들로 하여금 "하나님의 은혜를 온전히 누리게 하려고"(Mounce 1977: 105), 혹은 "그들이 그 문제를 극복했음을 보여주기 위해서"(Osborne 2002: 163) 그들을 가르쳐 사탄의 행위에 참여하게 했음을 보여주는 본문상의 근거는 없다. 그래서 어떤 학자는 "이세벨"이 그녀의 가르침을 "하나님의 깊은 것"(고전 2:10을 보라)이라고 불렀으나, 요한(혹은 그리스도)이 그것을 비꼬아서 "사탄의 깊은 것"으로 바꾸었다고 추정하기도 한다. 이는 유대인들이 "하나님의 회당"으로 불렀던 것을 "사탄의 회당"으로 두 차례 바꿔 부른 것과 맥락을 같이 한다고 할 수 있다(계 2:9; 3:9). 하지만 이러한 해석의 근본적인 약점은 요한이 "사탄의 깊은 것"이라는 수수께끼 같은 표현의 주체를 명백히 "이세벨"과 그녀의 추종자들에게로 돌리고 있다는 사실이다. "그들이 말하는"이라는 삽입절이 그리스어상 앞에 있는 "사탄의 깊은 것" 대신 뒤에 나오는 "다른 짐"을 가리킬 가능성은 낮다(그리스어 본문의 어순은 "사탄의 깊은 것", "그들이 말하는"[개역개정: 소위], "너희 위에 다른 짐을 지우지 않을 것이다"이다 - 역주).

가장 개연성이 높은 해석은 "이세벨"이 하나님으로부터 사탄에 관한 어떤 심오한 지식을 (신적인)계시로 받았다고 주장했으며, 그러한 지식이 추종자들로 하여금 조합 연회와 제의 식사에 참석하더라도 우상숭배와 음행이라는 위험에 빠지지 않을 수 있다고 여기게 만들었다는 것이다. 당시에는 그러한 이교도 모임에 참여하고 싶은 유혹이 큰 상황이었기 때문에, "이세벨" 입장에서는 두아디라 성도들 중 상당수가 자신의 가르침을 받아들이도록 만드는데 수월했을 것이다.

그러나 두아디라 교회에 남은 자들 그룹은 "이세벨"의 가르침을 받아들이지 않았고, "사탄의 깊은 것" 또한 용납하지 않았다. 그러자 그리스도께서는 그들에게 "지우지(던지지) 않을" 것에 대해 말씀하신다. "나는 너희 위에 다른 짐을 지우지[문자적으로 "던지다"] 않을 것이다"(2:24). 이 "짐"(바로스[baros]; BDAG 167.1: "특히 억압적인 어떤 것에 대한 경험")의 정확한 의미에 관하여 적어도 3가지 이상의 해석이 충돌한다. (1) "짐"은 또 다른 처벌을 가리킨다고 보는 해석이 있다. "이세벨"과 그녀의 추종자들의 경우 그리스도께서 질병이라는 처벌을 (그들에게) "던지셔서" 결국 죽음에 이르게 될 것이다. 하지만 그리스도께서는 두아디라에 남은 자들에게는 어떠한 처벌도 "던지지 않으실" 것이다(Roloff 1993: 55). (2) "짐"이 그다음 절(2:25)의 명령을 가리킨다고 보는 해석이 있다. 그리스도는 "굳게 잡으라"는 명령, 그리하여 이세벨과 추종자들의 거짓 가르침과 악한 행위에 저항하는 것 외에는 그들에게 어떤 짐과 책임도 지우지 않으실 것이다(예를 들어, Lenski 1935: 122; Thomas 1992: 230; Osborne 2002: 164). (3) "짐"이 주후 49년 예루살렘 공의회에서 유대인 지도자들이 이방인 교회들에게 보낸 서신, 사도의 규례(Apostolic Decree)를 가리킨다고 보는 해석이 있다. "꼭 필요한 몇 가지 외에는 아무 짐도 너희 위에 지우지 않을 것이다"(행 15:28; 예를 들어 Charles 1920: 74; Zahn 1924: 292-93; Ladd 1972: 53; Hemer 1986: 123; Beale 1999: 266; Kistemaker 2001: 140-41; Fanning 2020: 155n41).

마지막 해석에는 2가지 강점이 있다. 첫째, 두아디라 설교 속 그리스도의 선언과 사도행전 15:28 간에는 서로 평행하는 단어들이 여럿 존재한다는 것이다. 중요하면서도 상대적으로 사용 빈도가 적은 단어, "짐"(바로스[baros]; 신약성경의 다른 곳에서는 마 20:12; 고후 4:17; 갈 6:2; 살전 2:7에 나온다) 외에도, 두 본문 모두 전치사 "위에"(에피[epi])와 2인칭 복수 인칭대명사 "너희", 그리고 부사 "외에/다만"(플렌[plēn], 계 2:25)을 언급하고 있다. 둘째, 사도의 규례에서 우상의 제물을 먹는 것과 음행을 금지하는 것(행 15:29; 또한 15:20을 보라)은, 요한계시록

2:20에서 그리스도가 두아디라 교회를 책망하는 2가지 내용과 정확히 일치한다. 따라서 (이러한 해석에 따르면) 그리스도께서는 우상숭배와 음행의 죄에 노출될 수 있는 조합 연회와 제의 식사에 모든 이방인 성도들이 참석하지 못하도록 한 조치 외에는 다른 추가적인 짐을 두아디라 교회에 지우지 않으신 것이다.

한편, 일곱 설교의 교정 단락을 보면, 명령법(imperative mood)의 사용이 두드러진다. 그리스도는 건강하지 않은 교회들에게는 "회개하라"는 명령을(에베소 2:5; 버가모 2:16; 사데 3:3; 라오디게아 3:19b), 건강한 교회들에게는 다른 합당한 행위를 명령하신다(서머나 2:10; 빌라델비아 3:11). 두아디라 설교의 교정 단락 역시 그리스도의 명령을 담고 있다. "다만 너희가 가진 것을 내가 올 때까지 굳게 잡으라!"(2:25) 부사 플렌(plēn)은 문장이나 절의 첫머리에 나올 경우 "대조 목적으로 덧붙여진 표시"(BDAG 826.1)로서 기능한다. 그리스도는 앞서 두아디라 교회에 남은 자들에게 다른 짐을 지우지 않겠다는 선언에 이어, "다만 너희가 가진 것을 굳게 잡으라"는 명령을 덧붙이신 것이다. 동사 "붙잡다"(크라테오[krateō])와 관계절 "너희가 가진 것"이 결합한 형태는, 이후 빌라델비아 설교에 재차 등장한다(3:11). 두 설교(의 본문들) 모두 "너희가 가진 것"이 무엇인지 명확히 밝히지 않고, 다만 문맥을 통해 암시한다. 현재 본문에서는 직전에 언급된 "짐"을 가리키는 것일 수 있다. 그것은 곧 "이세벨"의 거짓 가르침과 대조적인 가르침, 우상의 제물과 음행을 피하는 것과 관련된 진정한 사도들의 가르침을 가리킨다. 두아디라 교회에 남은 자들은 그리스도로부터 "굳게 잡으라", 혹은 조합 연회와 제의 식사에 참석하고 싶은 유혹을 견디고 그가 "올 때까지" 신실함을 유지하라는 명령을 받는다. 두아디라 교회에게 주어진 그리스도의 오심에 관한 언급은, 그리스도의 교정 명령에 순종할 것을 요구하는 일종의 위협처럼 인식되어야 한다. 즉, 그리스도는 다시 오셔서 각 사람이 교정의 말씀에 어떻게 반응했는지를 보실 것이다.

결과(긍정적): 두아디라 교회의 남은 자들(2:26-28)

이기는 자와 끝까지 내 행위를 지키는 자에게 내가 민족들을 다스릴 권세를 줄 것이다. 그가 철장으로 그들을 다스릴 것이다. 마치 질그릇을 깨뜨리는 것과 같이. 나도 내 아버지에게 권세를 받은 것과 같이. 내가 또 그에게 새벽 별을 줄 것이다(2:26-28)

두아디라 설교는 계속해서 두아디라 교회 내의 두 그룹, 곧 "이세벨"과 그녀의 추종자들 그룹과, 나머지 남은 자들 그룹을 구분한다. "이세벨"과 그녀의 추종자들은 우상숭배와 음행을 저지른 일에 대한 부정적인 결과를 맞이하게 될 것이며, 이는 두아디라 설교 초반부에 묘사된다(2:22-23). 여기서 예상되는 흐름은 교정 단락으로부터, 두아디라 교회에 남은 자들을 위한 긍정적인 결과 단락으로 전환되는 것이다. 이러한 메시지의 전환은 승리 정형 문구(formula)로 표시되는데, 이때 "장애물을 극복하다, 승자가 되다, 정복하다, 이기다, 압도하다"(BDAG 673.1)라는 의미를 지닌 핵심 동사 니카오(nikaō)가 사용된다. 이 승리가 인간이 이루어 낼 성취가 아니라 신적 선물이라는 사실은 그리스도께서 두 차례 강조하신 말씀에서도 분명하게 드러난다. "내가 … 줄 것이다"(2:26b, 28b). 그리스도께서 "민족들(만국)을 다스릴 권세"와 "새벽별"을 주신다는 것은 곧 사람이 거둔 영적 승리에 대한 상이 아닌, 그가 주시는 선물로 봐야 한다. 이처럼 중요한 신학적 통찰은 마지막인 라오디게아 설교의 승리 정형 문구에서도 그 근거를 찾을 수 있는데, 그 문구는 성도의 승리가 그리스도의 승리에 달려 있음을 계속해서 강조하고 있다. "이기는 자에게는 … 내가 이긴 것처럼"(3:21). 라오디게아 교회에 적용되는 내용은 곧 두아디라 교회에도 적용된다. "이세벨"의 거짓 가르침과 악한 행위를 이겨내는 능력은 두아디라 성도들의 노력에 달린 것이 아니라 그리스도께서 이미 거두신 승리에 달려 있다.

두아디라 설교 본문에 나오는 승리 정형 문구는 독특한 면이 있다. 다른 여섯 편의 설교들은 이기는 그리스도인을 가리킬 때, 단수 분사 형태를 사용하여 "이기는 자"라고 한 것에 반해, 두아디라 설교는 또 다른 분사를 추가한다. "이기는 자와 끝까지 내 행위(개역개정: 일)를 지키는 자"(2:26a). 오운(Aune 1997: 209)은 여기에 추가된 내용이 "문제가 많다"라고 지적한다. "'지키다' 혹은 '순종하다'라는 표현의 목적어는 **행위**가 아니라 지시나 명령"이 되어야 맞기 때문이다. 실제로 동사 "지키다"(테레오[tēreō])를 사용하는 (요한계시록 내)다른 구절들을 보면, 자주 그러한 목적어들을 사용하는 것을 볼 수 있다(1:3; 3:3, 8, 10; 12:17; 14:12; 16:15; 22:7, 9). 목적어에 "행위"가 오는 경우는 상당히 드물다. 그럼에도 "내 행위를 지키는 자"라는 표현이 "문제가 많다"라고 보기 보다는, 앞서 언급된 "그녀의 행위"(2:22, 즉 이세벨의 행위), "너희 각 사람의 행위"(2:23, 즉 이세벨의 추종자들의 행위; 또한 Thomas 1992: 232; Osborne 2002: 165)와 대조를 이루는 표현으로 봐야 한다. 또한 설교 초반부에서 그리스도가 두아디라 교회 전체를 향해 "너의 행위(들)"—처음 행위보다 더 대단한, 그들의 4가지 "나중 행위", 곧 사랑과 믿음과 섬김과 인내(2:19)—로 칭찬하신 것이 의도적으로 암시된 것일 수 있다. 그리고 이 4가지 행위는 그리스도의 행위를 가리킨다. 즉, 두아디라 교회가 "끝까지", 즉 그리스도가 오실 때까지(2:25, "내가 올 때까지") 지켜야 할 그리스도의 행위("내 행위")를 말하는 것이다.

민족들을 다스릴 권세

그리스도의 능력으로 우상숭배와 음행의 유혹을 이기고, 그리스도의 행위를 실천한 이들은 2가지 복(혹은 상)을 받게 될 것이다. 첫 번째 긍정적인 결과(상)는 주동사 "내가 … 줄 것이다"로 시작되는데, 이 동사는 결국 비교절

(clause)인 "나도 … 받은 것과 같이"(2:28)와 짝을 이룬다. 이 두 절이 이루고 있는 샌드위치 구조 가운데에 있는 것은 시편 2:9이다. 이 구조를 보기 쉽게 나열하면 다음과 같다.

> 내가 민족들을 다스릴 권세를 줄 것이다ㅡ
>> 그가 철장으로 그들을 다스릴/파멸시킬 것이다
>> 마치 질그릇을 깨뜨리는 것과 같이ㅡ
> 나도 내 아버지에게 권세를 받은 것과 같이.

이기는 그리스도인이 받게 될 첫 번째 상은 그리스도의 권세와 왕적 통치권(2:26b)을 부여받는 것이다. 여기서 중심 개념은 하나님께서 전 인류에게 땅을 다스릴 통치권을 위임하시는 것이 아니라(창 1:26-27; 시 8:6; Keener 2000: 136), 메시아 시대에 하나님께서 택하신 백성에게 나머지 사람들에 대한 통치권을 부여하시는 것이다. 실제로 구약성경의 일부 본문들은 하나님의 백성이 미래 왕국에서 특권적인 지위를 누리게 될 것이라는 기대감을 표출했다(예를 들어, 시 149:4-9; 사 60:14; 단 7:14, 18, 27). 그리고 이러한 기대감은 신약성경 안에도 남아 있다. 그리스도는 제자들에게 다음과 같이 약속하셨다. "내가 진실로 너희에게 이르노니 세상이 새롭게 되어 인자가 자기 영광의 보좌에 앉을 때에 나를 따르는 너희도 열두 보좌에 앉아 이스라엘 열두 지파를 심판하리라"(마 19:28; 눅 22:29-30을 보라). 바울은 고린도 성도들이 서로 간에 일어난 분쟁을 세속 법정으로 끌고 가는 행태를 꾸짖으며 다음과 같이 말했다. "성도가 세상을 판단할 것을 너희가 알지 못하느냐"(고전 6:2). 또한 바울은 박해받는 성도들을 확신이 담긴 말로 격려했다. "만약 우리가 참으면 우리도 그와 함께 다스릴 것이다"(딤후 2:12). 라오디게아 성도들 역시 이와 유사하게 그리스도의 메시아적 통치에 동참하게 될 것을 약속받는다. "이기는 자에게는 내가 내 보좌에 나와 함께 앉게 해 줄 것이다"(계 3:21). 이처럼 요한계시록은 신실한 그리스도인들이 그리스도의 통치에 동참하게 될 것을 계속해서 강조하고 있다(계 1:6; 2:26; 3:21; 5:10; 20:4, 6; 22:5).

"민족들을 다스릴 권세"를 갖게 된다는 첫 번째 긍정적인 결과는 시편 2:9을 통해서 묘사되고 있다. "그가 철장으로 그들을 다스릴/파멸시킬 것이다. 마치 질그릇을 깨뜨리는 것과 같이"(계 2:27). 여기서 시편 2:9이 사용된 것은, 앞서 그리스도의 칭호에서 시편 2:7("하나님의 아들")이 사용될 때 이미 예견된 일이다. 두아디라 설교(종결부)가 구약의 시편 2:9을 사용하면서 그 본문을 아주 정확하게 인용하지 않은 것은(일부 번역본들은 인용 부호를 표기하거나 들여쓰기로 구분해 놓았다: NIV, NKJV, NET, NRSV, NLT, LEB), 단순한 반향이 아니라, "자유로운 해석"(Charles 1920: 74, 77; Mounce 1977: 106; Hemer 1986: 124) 혹은 "놀라운 패러프레이즈"(Osborne 2002: 166)라고 보는 것이 더 적절할 것이다. 그리고 앞 절(계 2:26b)까지도 이 패러프레이즈에 포함될 수 있다. 물론 요한계시록 2:26b과 시편 2:8의 평행은, 요한계시록 2:27과 시편 2:9의 평행만큼 정확하진 않다.

요한계시록 2:26b-27	시편 2:8-9 칠십인역
내가 … 줄 것이다	그리고 내가 네게 줄 것이다
민족들을 다스릴 권세를	민족들을 네 유업으로
	그리고 네 소유가
	땅끝까지 이를 것이다.
그들을 다스릴/파멸시킬 것이다	그들을 다스릴/파멸시킬 것이다
철장으로	철장으로
마치 질그릇을	마치 질그릇처럼
깨뜨리는 것과 같이	네가 그들을 깨뜨릴 것이다.

시편 2:9은 요한계시록이 기록된 시기보다 적어도 한 세기 전부터 메시아 시편으로서 읽혀왔으며(솔로몬의 시편 17:23-24), 요한계시록 안(다른 구절들)에서도 그와 같이 해석되었다. "여자가 아들을 낳으니 이는 장차 철장으로 민족들을 다스릴 남자라"(계 12:5), "그들을 철장으로 다스리며"(19:15). 그리고 지금 2:27 역시 메시아 시편을 그리스도와, 민족들을 다스리는 그리스도의 권세를 부여받은 이기는 성도들 모두에게 적용하고 있다.

주석가들 사이에서 논란이 되는 것은 2:26의 "권세"가 민족들에 대한 그리스도의 통치를 공유하는 것인지("다스릴 것"), 아니면 민족들을 파멸시키는 일("파멸시킬 것")을 공유하는 것인지에 관한 부분이다. 이 논란의 핵심은 칠십인역 시편 2:9에 나오는 동사 포이마이노(*poimainō*)의 의미와 관련이 있다. 이 동사는 문자적으로는 양을 치는 사람을 가리키며 또한 "목자가 되다"라는 의미를 가지고 있다. 은유적으로는 "보호하다", "돌보다", "양육하다"라는 의미로 사용되기도 한다(계 7:17, 그리스도는 대환난에서 살아남은 이들에게 "목자가 되실 것"이다). 그러나 지금 본문이 말하는 맥락에서는 다소 부정적으로 사용된다. "'목자'의 활동이 파괴적인 결과를 초래했기 때문이다"(BDAG 842.2.). 다시 말해, 철장으로 양 떼를 치는 행위가 질그릇이 깨지는 것에 비견되고 있다. 시편 2:9을 인용한 요한계시록 내 다른 두 구절은 이러한 측면을 분명하게 밝히고 있다. 이를테면, 요한계시록 12:5의 맥락은 현재 본문과 비슷한 수준으로 부정적이고, 보다 중요한 19:15의 경우 동사 포이마이노가 "재난을 초래하다, 때리다"(BDAG 786.2)라는 의미를 지닌 동사 파타쏘(*patassō*)와 평행을 이루고 있다.

이러한 논란과 관련하여 또 한 가지 중요한 점은 시편 2:9의 히브리어 본문에 "때리다, 부서뜨리다"라는 의미의 동사 רעע(라아[r '])가 있다는 사실이다. 본래 히브리어 본문에서 이 단어의 자음들에, 다른 모음들을 결합시켜

보면, "목자가 되다"라는 의미의 동사, רעה(라아[r'h])에서 파생된 단어처럼 보이기도 한다. 모음에 따른 이러한 차이 때문에 칠십인역 번역자들은 원-히브리어 동사의 의미를 살리려고 그리스어 동사 포이마이노를 사용한 것일지도 모른다. 요한 역시 이 시편 2:9을 사용하면서 그 동사도 포함시켰을 것이다. 어쩌면 요한이 포이마이노의 이차적 의미, 즉 부정적인 의미를 알고 있었을지도 모른다. 최소한 세 군데의 칠십인역 구약 본문에서 그 동사가 "초토화시키다, 파멸시키다"는 의미로 사용되기 때문이다(시 49:15[48:15 칠십인역]; 렘 6:3; 미 5:6[5:5 마소라 본문, 칠십인역]). 만약 그렇다면 요한은 요한계시록 7:17에서는 일차적이며 긍정적인 의미, "목자가 되다"의 의미로 포이마이노 동사를 사용하고, 2:27과 12:5, 19:15에서는 이차적이며 부정적인 의미인 "파멸시키다"로 사용한 셈이다(Charles 1920: 76; Thomas 1992: 233n91; Aune 1997: 210-11; Osborne 2002: 166-67; 또한 Beale 1999: 267은 요한이 2:27에서 2가지 의미를 모두 염두에 두고 있었고, 따라서 믿지 않는 자들에 대한 심판뿐 아니라 성도들에게 구원을 베푸는 보호 모두를 염두에 둔 것이라고 주장한다).

다수의 번역본들과 주석가들은 부정적인 의미를 고려하면서도, 긍정적인 의미, "목자가 되다"라는 일차적 의미를 염두에 두고, 포이마이노를 중립적으로 "다스리다"로 해석한다. 하지만 이러한 해석의 경향이 폭넓게 받아들여지고 있음에도 불구하고, "파멸시키다"라는 대안적인 의미에 방점을 찍어 그러한 해석을 마땅히 거부해야 한다. 여기에는 3가지 이유가 있다. 첫째, 2:27의 주변 문맥을 충분히 고려해야 한다. 오스본은 다음과 같이 쉽게 정리한다(Osborne 2002: 166-67). "'철장'과 질그릇의 '깨짐'에 함축된 폭력성을 '다스리다'로 표현하기에는 너무 약하다." 둘째, 요한이 요한계시록 내 다른 곳에서 시편 2:9을 사용할 때, "다스리다"라는 의미가 아닌 더 강한 의미, 곧 "파멸시키다"(12:5; 19:15)라는 뜻을 염두에 두고 있으므로, 2:27 역시 그와 같은 의미로 해석되어야 한다. 셋째, 요한은 시편 2편의 보다 넓은 문맥을 분명 알고 있었다. 그래서 요한계시록 2:18(그리스도의 칭호)에서도 시편 2편을 암시했고(시 2:7), 2:26b-27에서도 패러프레이즈하여 사용했다(시 2:8-9). 그런데 시편 2편은 세상의 왕들과 통치자들이 하나님의 아들에게 복종하지 않으면 결국 파멸을 당할 것이라는 경고로 끝을 맺는다(시 2:12). 요컨대, 두아디라 설교 안에서 이기는 그리스도인에게 주어질 상은 상당히 인상적이라 할 수 있다. "민족들을 다스릴 권세"라는 선물은 곧 우상숭배와 음행에 가담한 이들을 심판하고 또 마땅히 파멸시키기 위해서, 그리스도께서 그의 아버지로부터 부여받은 완전한 권세이기 때문이다.

"민족들을 다스릴 권세"는 2가지 이미지를 통해 더욱 선명하게 그려진다. 첫째 이미지는 "철장"(iron rod)이다. 이것은 왕이 사용하는 철로 된 규(scepter)나 목자가 사용하는 철제 몽둥이—양을 위협하는 야생 동물을 격퇴하거나 죽이는 데 사용하는 철로 감싼 나무 몽둥이—를 가리킨다. 요한계시록 19:15에서는 후자를 가리키는 것 같다. 거기서 철장은 "예리한 검"과 평행을 이루고 있기 때문이다. 참고로, 그 예리한 검은 백마를 탄 전사가 "민족들을 치기 위해서" 사용하는 길고 치명적인 롬파이아(*rhomphaia*)이다(이에 대한 설명은 버가모 설교 2:12을 참고하라).

"민족들을 다스릴 권세"를 묘사하는 둘째 이미지는 깨진 질그릇 조각들이다. "마치 질그릇을 깨뜨리는 것과 같이." 이 이미지의 의미는 토기장이와 질그릇을 자세히 묘사하는 예레미야 18:1-19:15에서 잘 드러난다. 토기장이가 자신을 만족시키지 못하는 질그릇에 대해 그 모양을 바꾸거나(렘 18:1-23) 부서뜨릴(렘 19:1-15) 권세와 권리를 갖고 있는 것처럼, 하나님 역시 당신이 창조하셨지만 그분에게 순종하지 않는 사람들을 다루는 권세와 권리를 갖고 계시다. 고대 이교도 사회 안에서도 질그릇에 적국의 이름을 새긴 다음 그것을 부서뜨려 그 나라가 완전히 파멸될 것을 상징하는 종교 의식이 있었다(Krodel 1989: 129). 두아디라에는 토기장이 조합이 있었던 것으로 보인다. 따라서 깨진 질그릇의 이미지는 두아디라 교회에 특히 더 와닿았을 것이다(*CIG* 3485 = *IGRR* 4.1244; Hemer 1986: 125, 246n10; Ramsay 1994: 238). 결국, 두 이미지 모두—목자의 철제 몽둥이와 깨진 질그릇—가 그리스도의 절대적 권세를 가리킨다고 할 수 있다. 그리스도의 권세는 다스리는 권세일 뿐만 아니라, 또한 파멸시키는 권세이다. 그리스도는 바로 그 권세를 이기는 성도들과 공유하시는 것이다.

두아디라 교회에 남은 자들을 위한 첫 번째 긍정적인 결과의 도입절("내가 그에게 민족들을 다스릴 권세를 줄 것이다"[2:26])은, 비교절인 "나도 내 아버지로부터 [권세를] 받은 것과 같이"(2:27)에서 마무리된다. 그리스어 본문에는 그리스도가 받은 대상이 무엇인지 분명하게 명시되진 않지만, 그 내용이 도입절과 평행을 이룬다는 점에서 (그 대상이)"권세"임이 분명하다. 2:27은 완료 시제로 "나도 … 받은 것"을 언급함으로써, 그리스도께서 그의 아버지로부터 과거 어느 시점에 절대적 권세를 받았을 뿐만 아니라(마 28:18, "하늘과 땅의 모든 권세를 내게 주셨으니"), 또한 그 권세를 여전히 보유하고 있다는 사실을 강조한다. 이는 곧 그리스도가 자신을 따르는 신실한 성도들에게 그 권세를 주실 것을 의미한다.

새벽 별

두아디라 교회의 이기는 성도들에게 주어질 첫 번째 상과 대조적으로, 두 번째 상은 간략하게만 언급될 뿐, 어떠한 자세한 설명도 제시되지 않는다. "내가 또 그에게 새벽 별을 줄 것이다"(2:28). 이 은유의 의미를 정확히 파악하는 것은 어렵다. 찰스는 한 세기 전에 이렇게 말한 바 있다(Charles 1920: 77). "이 단어에 관해 아직까지 만족할 만한 설명이 이루어지지 않았다." 이후 허머 역시 비슷한 이야기를 남겼다(Hemer 1986: 126). "이 약속의 정확한 핵심은 알려지지 않았고, **삶의 자리**(Sitz im Leben)를 확정 지으려는 그 어떠한 시도도 그저 추측에 불과하다." 이처럼 "새벽 별"의 의미를 정확히 파악하는 것이 어렵기는 하지만, 그럼에도 완전히 불가능한 일은 아니다.

새벽 별 은유는 구약성경을 배경으로 할 가능성이 있다. 두아디라 설교는 첫 번째 상의 의미를 명확하게 드러내기 위해 시편 2:9을 활용한 바 있기 때문이다. 또한 요한계시록 전반에 걸쳐 구약성경을 암시하는 구절이 많다. 요한은 시편 2:9을 사용하면서, 특히 "철장"의 이미지를 사용하는 가운데, 발람의 넷째 신탁—"막대"(혹은 "규")와 "별"이 서로 동의평행법(synonymous parallelism)으로 결합되어 있다—을 염두에 두었을 수 있다. "한 별이 야곱에게서 나오며 한 규(막대)가 이스라엘에게서 일어나서"(민 24:17). 실제로 요한계시록 후반부—"나(예수)는 다윗의 뿌리요 자손이니 곧 빛나는 새벽 별이다"(계 22:16)—에서 민수기 24:17을 그리스도에게 적용하는 것으로 보아, 요한은 분명 이 구약 본문을 알고 있었다. 요한이 두아디라 교회에게 주어질 두 번째 상으로 (민수기 본문을 근거로 한) 별 은유를 활용한 것이 그리 놀랄 만한 일은 아니다. 요한은 바로 앞의 버가모 설교에서도 구약의 발람 이야기를 활용한 바 있기 때문이다. 더욱이, 두아디라 교회 역시 우상의 제물을 먹고 음행을 저지른 것으로 책망을 받았다.

야곱에게서 별이 나온다는 발람의 예언은 유대교(Judaism) 안에서 메시아에 대한 표현으로 해석되곤 했다. 실제로 민수기 24:17에서 유래한 별 은유는 여러 유대 문헌들 가운데서 메시아에 대한 상투적인 표현으로 활용되었다(레위의 유언 18:3; 유다의 유언 24:1; CD 7.18-21; 1QM 11.6-7; 4QT 9-13). 또 제2차 유대인 반란(주후 132-135년)을 이끈 메시아 지도자에게 "바르 코크바"(Bar Kokhba)라는 이름을 부여한 일이 있었는데, 그 이름은 곧 "별의 아들"이라는 뜻이다. 그리스도인들 역시 발람의 예언 속 "별"을 메시아에 대한 약속으로 해석했고, 그것이 그리스도를 통해 성취되었다고 보았다. 앞서 언급한 바와 같이 요한은 요한계시록 후반부에서 그러한 해석을 지지한다(22:16). 별의 은유를 메시아로 이해하는 것은 베드로후서 1:19에도 나타난다. 베드로후서 본문은 민수기 24:17("날이 새어 샛별이 너희 마음에 떠오르기까지")을 암시할 뿐만 아니라, 두 절 앞 1:17에서는 시편 2:7을 인용하고 있는데, 이는 두아디라 설교와 동일한 구약 본문 조합이다. 이뿐만 아니라, 초기 교회 교부들도 발람이 예언한 별을 메시아 그리스도(의 오심)에 대한 예언으로 해석했다(Justin, *Dialogue with Trypho* 106.4; Hippolytus, *Commentary on Daniel* 1.9; Origen, *Against Celsus* 1.59-60). 민수기 24:17을 메시아 본문으로 해석하는 것은 유대교와 기독교 공동체 모두에게 잘 알려져 있었던 것으로 보인다. 그러므로 요한이 이러한 배경에서 별의 은유를 활용한 것일 수 있다. 이 별에 "새벽"이라는 수식어가 추가된 것 역시 마찬가지로 민수기 24:17에서 유래한 것일 수 있다. 이 구절은 별 하나가 야곱의 집에서 "떠오를 것"(아나텔레이[*anatelei*])이라고 말하고 있는데, 그 동사의 명사형(아나톨레[*anatolē*])이 "일출" 혹은 "새벽"이라는 의미를 가지고 있기 때문이다(BDAG 74.3; Beale 1999: 269를 보라).

이러한 관찰을 통해 "새벽 별"을 주신다는 두 번째 상의 의미를 더욱 분명하게 파악할 수 있다. 그것은 곧 두아디라 교회의 이기는 성도들이 그리스도의 메시아적 통치를 공유하게 된다는 것이다. 오운은 이렇게 말한다(Aune 1997: 212). "새벽 별이라는 선물은 곧 높임을 받으신 그리스도가 그의 메시아적 지위를 승리한 성도들과 함께 나누실 것을 가리킨다." 비일과 캠벨도 다음과 같이 주장한다(Beale, Campbell 2015: 75). "따라서 '새벽 별'은 그리스도의 부활로 시작된 메시아적 통치와 연결된 상징이다. 이 상징을 성도들에게 적용하는 것은 곧 그들이 승리하게 되면 그들도 그 통치에 참여하게 될 것을 말하는 것이다"(학자마다 확신의 정도가 각기 다르다: Mounce 1977: 107; Hemer 1986: 125, 128; Beale 1999: 268-69; Kistemaker 2001: 142; Osborne 2002: 168; Wilson 2002: 270). 이러한 해석은 첫 번째 상과 평행을 이루므로 더욱 설득력을 얻는다. (이러한 해석은 "민족들을 다스릴 권세"를 부여받는다는 문자 그대로의 서술을, 새벽 별을 받는다는 은유로 재차 서술한 것으로 보기 때문이다.

민수기 24:17에 나오는 발람의 예언이라는 구약의 배경이 "새벽 별"의 의미를 이해하는 데 가장 중요하지만, 그 은유는 또한 당시 이교도 배경과도 연관이 있을 수 있다. 로마 사회에서 "새벽 별"은 행성(planet) 금성(Venus)이었는데, 고대 작가들은 금성을 별(star)로 여기기도 했다(예를 들어, Pliny the Elder, *Natural History* 2; Cicero, *On the Nature of the Gods* 2.53). 대개 금성은 해가 떠오르기 직전 새벽에 볼 수 있기 때문에, 당시에는 "새벽 별"로 알려지게 되었다. 바벨론 시대 이후로 금성은 승리와 주권의 상징으로 널리 받아들여졌고, 이는 로마 시대에도 마찬가지였다. 율리우스-클라우디우스(Julio-Claudian) 가문의 모든 황제들은 율리우스 카이사르를 따라 베누스(Venus) 여신의 후손임을 자처했다. 로마 군단은 그 여신의 별자리인 황소 자리를 군기에 새겼다. 로마인들이 "새벽 별"(금성)을 로마의 승리와 민족들에 대한 통치권의 상징으로 여겼기 때문에, 그 상징을 이기는 성도들에게 선물로 준다는 말은 강력한 대항의 성격을 지녔다. 그것은 곧 "민족들을 다스릴 권세"와 그 권세의 상징인 "새벽 별"이 로마가 아닌 그리스도에게 속해 있다는 주장이었으며, 그리스도가 신실한 성도들과 통치권을 공유하신다는 주장이었기 때문이다. 비일은 "새벽 별"이 "고대 사회, 특히 로마에서 주권의 상징이었다"라고 언급한 후에 그와 비슷한 주장을 펼친다(Beale 1999: 269). "민수기 본문을 끌어온 것은 로마와 같은 악한 세계 제국이 주권자임을 천명하지 않고 반대로, 그리스도께서 세계의 참된 주권자임을 강조하기 위함이다"(또한 Beasley-Murray 1978: 93-94; Osborne 2002: 168; Wilson 2002: 270을 보라).

우리를 향한 말씀

서론

성경에는 나쁜 일을 저질러 "악녀들"에 속하게 된 여성들이 있습니다. 하지만 이 "악녀들" 중에서도 "가장 나쁜 악녀"는 이세벨입니다. 이세벨은 공주로 자랐지만, 그 인생은 전혀 동화처럼 흘러가지 않았습니다. 이세벨은 악한 왕과 결혼했는데, 그는 바로 북왕국 이스라엘의 아합 왕이었습니다. 이세벨은 거의 혼자서 하나님의 선지자 모두를 죽였습니다. 이세벨은 거짓 신 바알을 섬기는 선지자 450명과 거짓 여신 아세라를 섬기는 선지자 400명을 후원했습니다. 이세벨은 엘리야라는 성가신 선지자를 없애기 위해 부단히 애를 썼습니다. 이세벨은 나봇에게 누명을 씌워 처형시켜고는 나봇의 포도원을 남편에게 넘겼습니다. 하지만 그 무엇보다 이세벨이 "성경의 악녀들" 중에서도 "가장 나쁜 악녀"로 꼽히는 이유는 바로, 그녀가 하나님의 백성을 바알 숭배로 이끌어, 그들이 우상숭배를 저지르게 만들었기 때문입니다.

그런데 성경 속 최고 악녀 이세벨이 두아디라 교회와 도대체 무슨 상관이 있는 걸까요? 두아디라 교회에는 카리스마 있는 여성 교사가 있었는데, 그녀는 이세벨이 한 것과 똑같은 죄를 저질렀습니다. 곧 그녀는 두아디라 교회의 일부 성도들이 우상숭배를 저지르도록 타협의 신학을 가르쳐 퍼뜨렸습니다. 이러한 이유로 요한은 이 거짓된 자칭 선지자에게 "이세벨"이라는 적절한 별명을 붙였습니다. 오늘의 메시지에서 바로 이 두아디라 교회를 소개하고자 합니다. 어쩌면 "우상숭배에 타협한 교회"라고 부르는 것이 더 적절할 것 같군요.

그리스도의 칭호(2:18)

일곱 교회를 향한 모든 설교에서 가장 처음으로 나오는 항목은 그리스도의 칭호입니다. 그리스도께서는 각 교회에게 말씀하시기 전에, 먼저 스스로를 칭호들을 통해 소개합니다(보통은 2개지만, 두아디라 설교에는 3개가 나옵니다). 이 칭호들은 각 교회에게 하실 말씀에 담긴 중요한 핵심을 시사합니다. 두아디라 교회에 주어진 3가지 그리스도의 칭호들을 이해하려면 구약성경을 잘 알아야 합니다. 요한은 분명 자신의 독자들이 구약성경을 잘 알고 있으리라 간주하고 있습니다.

그리스도의 첫 번째 칭호는 "하나님의 아들"입니다. 이 칭호에서 다윗의 후손을 "하나님의 아들"이라고 칭한 시편 2편이 떠오릅니까(시 2:7)? 시편 2편은 초기 그리스도인들에게 잘 알려져 있었는데, 실제로 신약성경 전반에 걸쳐 여러 차례 인용됩니다. 요한 역시 두아디라 설교의 도입부와 종결부(계 2:27)에서 시편 2편을 인용하고 있습니다. 두아디라의 성도들은 시편 2편에 나오는 하나님의 아들의 주된 임무가, 하나님과 그분의 백성을 대적할 계략을 꾸민 자들을 심판하는 것임을 알고 있었습니다. 그래서 두아디라의 성도들은 그리스도의 첫 번째 칭호가 **심판자로서의 그리스도의 역할**을 강조한다는 것을 알았을 것입니다.

두 번째와 세 번째 칭호 역시 심판자로서의 그리스도의 역할을 강조합니다. 그리스도는 "그 눈이 불꽃과 같고 그 발이 빛난 청동과 같은 분"으로 묘사됩니다. 이 칭호들을 들었을 때 다니엘 10장이 떠오릅니까? 이는 선지자 다니엘의 유명한 환상이 나오는 본문입니다. 그 환상은 하늘에서 온 사람에 관한 환상인데, 다니엘은 그 사람의 모습 때문에 두려움에 떨게 됩니다. 그 사람의 눈은 불꽃과 같았고, 발은 빛난 청동과 같았습니다. 다니엘 10장 안에서 하늘에서 온 사람이 맡은 임무는 시편 2편에서 하나님의 아들이 맡은 임무와 동일합니다. 그것은 바로 하나님과 그분의 백성들을 대적하여 음모를 꾸미는 자들을 심판하는 것이었습니다. 따라서 두아디라의 성도들은 그리스도의 두 번째와 세 번째 칭호 역시 심판자로서의 그리스도의 역할을 강조한다는 것을 알았을 것입니다.

그리스도의 심판자로서의 이미지는 두아디라 교회뿐만 아니라 오늘날의 교회들에게도 경각심을 불러일으킵니다. 이제 본격적으로 말씀하실 그리스도는 하나님의 아들이시고, 그분의 임무는 하나님과 하나님의 백성들을 대적하여 음모를 꾸미는 자들—"이세벨"이라는 별명을 가진 카리스마 넘치는 여성 교사와, 그녀에게 속고 있는 추종자들, 그리고 21세기에 하나님의 백성을 우상숭배에 빠지게 만들고 있는 모든 영적 지도자들—을 심판하는 것입니다. 이제 곧 본격적으로 말씀하실 그리스도는 "불꽃과 같은 눈"을 가지셔서 사람들 속에 감춰진 동기를 꿰뚫어 보시고, 그들의 의도가 선한지, 악한지를 모두 아십니다. 또한 그리스도는 "빛난 청동과 같은 발"을 가지셔서 그분의 통치를 거역하는 모든 세력을 짓밟아 버리실 수 있습니다. 우리가 믿는 예수님은 주일학교 버전의 예수님, 곧 아이들을 무릎에 앉히고 계신 예수님, 주위에 양 떼가 둘러싸고 있는 낭만적인 예수님이 아닙니다. 예수님은 심판을 내리시는 통치자입니다. 그리고 신적 권세와 권능을 가지고 말씀하시는 하나님의 아들입니다. 그러한 분이 두아디라 교회를 향해 내리실 심판은 과연 무엇일까요? 그리고 우리를 향한 심판은 과연 무엇일까요?

칭찬 (2:19)

심판자 예수님은 두아디라 교회가 잘못하고 있는 일을 책망하시기 전에 먼저 그들이 잘하고 있는 일을 칭찬하십니다. "내가 너의 행위들, 곧 너의 사랑과 믿음과 섬김과 인내를 안다. 너의 나중 행위가 처음 행위보다 더 대단하다"(계 2:19). 예수님은 엄지손가락을 치켜세우시며 다음과 같이 말씀하십니다. "두아디라 교회야, 참 잘했다! 칭찬거리가 하나도 아니고 무려 4가지나되는구나. 게다가 너무나도 많은 교회들이 빠져 버리기 일쑤인 '(사역)현상 유지 멘탈'을 극복했구나. 현상 유지에 만족하거나 그저 너의 영예에 머물러 있는 대신 처음에 한 일보다 더 훌륭한 일들을 해내고 있구나!"

책망(2:20)

하지만 두아디라 성도들 중에 예수님의 칭찬 때문에 우쭐해진 이가 있다면, 그 우쭐함이 그렇게 오래 가지는 못할 것입니다. 심판자 예수님께서 곧바로 그들을 책망하시기 때문입니다. "그러나 내가 너를 책망할 것이 있다. 너는 자칭 선지라 하는 여자 이세벨을 용납하고 있다. 그녀는 내 종들을 가르치고 미혹하여, 음행을 저지르게 하고 우상의 제물을 먹게 하였다"(2:20). 예수님은 불꽃과 같은 눈을 통해 이세벨의 거짓 가르침과 그 추종자들을 꿰뚫어 보시고, 교회가 당면한 진정한 문제가 무엇인지 파악하십니다. 곧 일부 성도들이 우상의 제물을 먹고, 그에 따라 우상숭배의 죄를 범하게 된 것입니다. 카리스마 넘치는 여성 교사의 거짓 가르침은 많은 성도들로 하여금 신앙을 타협하게 만들었고, 종교적인 식사에 참석하게 만들었습니다. 그로 인해 두아디라 교회는 "우상숭배에 타협한 교회"로 불리게 된 것입니다.

여러분은 아마도 앞선 버가모 설교에서 이 종교적인 식사를 다룬 내용을 기억할 겁니다. 이교도 신전에서 사람들이 고기를 제물로 바치면 실제로는 그 고기 가운데 일부분만 제단에서 제의에 사용했습니다. 그리고 남은 고기는 신전 경내에 있는 식당으로 가져가 식사 시간에 먹었습니다. 이것은 평범한 식사가 아니라 종교적인 식사였고, 이교도들의 생활 가운데 일상적으로 이루어지는 일이었습니다. 하지만 이 종교적인 식사가 그리스도인들에게는 엄격하게 금지되었습니다. 그리스도인으로서 그러한 식사 자리에 참석한다면 우상숭배의 죄를 범하고 또 이교도의 신을 숭배하는 셈이었습니다. 이것이 바로 두아디라 교회의 일부 성도들을 향한 그리스도의 책망의 핵심입니다. 그들은 우상의 제물을 먹음으로써 우상숭배의 죄를 범했던 것입니다.

그리스도는 두아디라 교회에게 첫 번째 책망과 긴밀히 연결되어 있는 두 번째 책망을 말씀하십니다. 두아디라 성도들은 "음행"의 죄도 저지르고 있었습니다. 앞서 버가모 설교에서 우리는 종교적인 식사 자리에 유희의 목적으로 여성들을 참석시켰고, 이것이 성행위로 이어지는 경우가 많았음을 살펴본 바 있습니다. 따라서 우상의 제물을 먹는 것과 음행 사이에는 긴밀한 상관관계가 있었습니다.

이 2가지 죄는 구약의 인물이자 그리스도의 책망에서도 언급된 이세벨의 이야기와 연결되어 있습니다. 물론 이세벨이 가장 깊이 연관된 죄는 우상숭배의 죄였습니다. 이미 살펴본 바와 같이, 이세벨은 하나님의 백성을 바알숭배로 이끌었고, 우상숭배의 죄를 범하게 만들었습니다. 이러한 이유로 이세벨은 성경의 악녀들 가운데 가장 나쁜 악녀로 꼽히곤 합니다. 그런데 이세벨은 음행의 죄와도 연관이 있습니다. 비록 음행의 죄는 이세벨의 이야기에서 우상숭배만큼 부각되진 않지만, 구약은 분명 그녀의 음행에 대해서도 언급하고 있습니다(왕하 9:22, 칠십인역). 더욱이, 이세벨이 이스라엘에 도입한 바알숭배는 성적 행위와 관련이 있었습니다. 심판자 예수님은 버가모 교회를 책망하셨던 것과 같이, 두아디라 교회를 향해서도 우상숭배의 죄와 (그것과 긴밀히 연결되어 있는)음행의 죄를 책망하십니다.

그러나 종교적인 식사에는 앞서 버가모 설교에서 살펴보지 않은 또 다른 측면이 있습니다. 곧 종교적인 식사는 이교도 신전에서 제의의 일부로 진행되었을 뿐만 아니라 또한 **상업 조합**의 친목 모임에서도 이루어졌습니다. 상업 조합은 오늘날의 노동 조합과 유사하며, 쉽게 말해 비슷한 업종에 종사하는 노동자들이 조직한 단체입니다. 여러 상업 조합 가운데 두아디라에 존재했던 것으로 알려진 조합에는 양털 노동자들, 가죽 세공업자들, 토기장이들, 제빵사들, 제화공들, 청동 수공업자들 등이 있습니다. 이러한 상업 조합들은 정기적으로 모여 공동의 식사를 했는데, 이때 단순히 식사만 하는 것이 아니라 자신들이 섬기는 신이나 여신에게 음식을 제물로 바치거나 성적 유희를 즐기는 경우가 많았습니다.

이러한 상업 조합들, 특히 조합들이 주관하는 종교적인 식사 자리는 종교적인 헌신과 경제적인 생존 사이에 갈등을 유발했기 때문에, 두아디라와 같은 곳에서 살았던 그리스도인들은 심각한 딜레마에 빠졌습니다. 그들은 아마도 이렇게 생각했을 것입니다. "우리가 상업 조합에 가입하고 조합이 주관하는 종교적인 식사 자리에 참석하면 우리는 우상숭배와 음행의 죄를 범하게 된다. 그렇다고 상업 조합에 가입하지 않고 종교적인 식사 자리에도 참석하지 않는다면 경제적으로 자살하는 것과 다르지 않다. 어떻게 경제적으로 살아남을 수 있을까?"

카리스마 있는 여성 교사이자 자칭 선지자였던 두아디라의 "이세벨"은 이러한 상황을 다루며 아마도 다음과 같이 말했을 것입니다. "여러분에게 좋은 소식이 있습니다! 사실 여러분은 대부분의 사람들이 알지 못하는 아주 중요한 지식을 알고 있습니다. 여러분은 이 세상에 오직 참된 신, 하나님 한 분만 존재한다는 사실을 알고 있습니다. 그분은 주 예수 그리스도의 아버지 하나님입니다. 또한 여러분은 종교적인 식사 자리에서 숭배되는 그 모든 신들과 여신들이 실제로는 존재하지 않는다는 사실을 알고 있습니다. 여러분은 이 중요한 지식을 갖고 있기 때문에 그러한 식사 자리에 참석하는 것은 아무런 문제가 되지 않습니다. 여러분은 그리스도의 제자이면서 동시에 상업 조합의 회원도 될 수 있습니다!"

안타깝게도 두아디라 교회의 많은 성도들이 이세벨의 가르침에 빠져들었습니다. 어쩌면 이세벨이 그들을 설득하는 일이 그렇게 힘들지 않았을 수도 있습니다. 우리 가운데서도 많은 사람들이 그저 그럴듯한 신앙의 핑곗거리를 찾아내려고 하지 않습니까? 그것이 아무리 형편없고 식상한 이유라고 할지라도 말입니다. 우리는 우리가 하고 싶은 일을 정당화할 수만 있다면 우리 마음속 깊은 곳에서는 잘못된 일임을 알면서도 무시하고 그 일을 강행하곤 합니다. 그러나 심판자 예수님은 불꽃과 같은 눈으로 두아디라 교회의 상황을 꿰뚫어 보시고 그들을 책망하셨습니다. 그들이 신앙을 타협하고 우상숭배의 죄를 저질렀기 때문입니다.

이세벨과 추종자들에 대한 교정 (2:21)

지금까지의 두아디라 설교는 다른 모든 설교들과 동일한 구조를 따르며 그리스도의 칭호, 칭찬, 책망 순으로 진행되었습니다. 남은 두 부분, 곧 교정과 결과 단락에는 약간의 차이가 있는데요. 이를테면, 두아디라 교회 내의 두 그룹이 각각 다루어집니다. 먼저 이세벨과 추종자들에 대한 교정과 결과 단락이 나오고, 이어서 두아디라 교회에 남은 자들에 대한 교정과 결과가 나옵니다.

이세벨과 추종자들을 대상으로 한 교정 단락은 다음과 같이 진행됩니다. "내가 이세벨에게 회개할 기회를 주었으나, 그녀는 자기의 음행을 회개하려고 하지 않았다"(2:21) 일곱 설교의 모든 교정 단락에는 "회개하라"는 명령이 있기 때문에, 여기서 회개가 언급되는 것은 자연스러운 일입니다. 하지만 여기서 다른 설교와의 차이점은, 회개에 대한 언급이 현재 시제가 아니라 과거 시제라는 사실입니다. 예수님께서는 과거 어느 시점에 이세벨과 추종자들의 가르침이 거짓임을 아셨고, 그래서 그들에게 회개할 기회를 주셨습니다. 다시 말해서, 이세벨과 추종자들은 (자신들의 가르침이 거짓임을) 몰랐다고 변명할 여지가 없습니다. "우리가 하는 말과 행동이 잘못된 것인지 몰랐습니다. 종교적인 식사에 참석하는 것이 죄가 될 줄 몰랐습니다!" 예수님께서는 자비를 베푸셔서 우상숭배와 음행에 대해 회개할 기회를 주셨지만, 그들은 회개하려고 하지 않았습니다.

"하려고 하지 않았다"는 짧은 어구의 중요성을 놓치지 마시기 바랍니다. 우리는 이 메시지의 끝에서 오늘날 우리 속에 존재하는 다양한 우상에 대해 생각해 볼 것입니다. 우리가 하나님께 온전히 헌신하는 것을 방해하는 그 무엇 말입니다. 오늘날 우리는 예수님으로부터 우리 주변에 있는 우상들을 지나치게 사랑한 것에 대해 "회개하라"는 명령을 듣는다면, 과연 이세벨이나 그 추종자들과는 다르게 반응할까요? 그 전에 우리 삶 속에서 우상을 우상 되게 만드는 것은 과연 무엇일까요? 그것은 곧 우리가 매우 아끼는 그 무엇, 또 우리에게 행복이나 안정감, 의미 등을 가져다 주는 그 무엇입니다. 그런 우상들의 강렬한 유혹과 우상들이 우리 삶을 지배하는 힘을 결코 가볍게 여기지 마십시오. 이세벨과 추종자들은 회개할 기회를 얻었음에도 불구하고 "회개하려고 하지 않았습니다." 우리는 어떻습니까? 그리스도는 우리에게 자비를 베푸시며 회개할 기회를 주고 계십니다. 더 이상 세상의 우상을 탐닉하지 않도록, 하나님께서 우리 삶에 최우선 순위가 되도록, 그리고 우리 삶에서 하나님만이 하나님 되도록 우리에게 회개의 기회를 주고 계십니다. 그런데 과연 우리는 이러한 회개를 하려고 하고 있습니까?

이세벨과 추종자들에 대한 (부정적인) 결과(2:22-23)

우상숭배의 죄는 심각한 문제이기 때문에, 종교적인 식사 자리에 참석한 "이세벨"과 추종자들에게 중대한 부정적인 결과가 통보되는 것은 어쩌면 당연한 일입니다. 심판자 예수님은 이렇게 말씀하십니다. "내가 이세벨을 침상에 던질 것이다. 또 내가 그녀와 더불어 간음한 자들도, 만약 그녀의 행위를 회개하지 않으면, 큰 환난 가운데에 던질 것이다"(2:22).

이 구절에는 번역본으로는 알 수 없는 뛰어난 언어유희가 담겨 있습니다. "병상"에 해당하는 그리스어 단어는 문자적으로 고대 세계에서 사람들이 비스듬히 기대어 누웠던 장의자를 가리킵니다. 이 장의자는 종교적인 식사 자리에서 사용되었는데, 당시 사람들은 식사할 때 의자에 똑바로 앉지 않고 장의자에 비스듬히 기대어 누웠습니다. 그런데 이 장의자는 종교적인 식사 자리에서 이루어지는 성행위에도 사용되었습니다. 따라서 예수님께서는 다음과 같이 말씀하신 셈입니다. "만약 너희, 이세벨과 추종자들이 계속해서 장의자에 누워 우상숭배의 식사를 하고, 또 음행을 저지른다면 너희의 '연회용 의자'를 '병상'으로 바꾸어 버릴 것이다!"

심판자이신 예수님은 더 나아가 다음과 같이 말씀하십니다. "그리고 내가 이세벨의 자녀들을 사망으로 죽일 것이다"(2:23a). 구약의 이세벨과 그녀의 자녀들에게 일어난 일과, 신약의 "이세벨"과 (두아디라 교회 내) 그녀의 영적인 자녀들에게 일어난 일 사이에는 일맥상통하는 부분이 있습니다. 성경의 악녀들 중에서 가장 나쁜 악녀에게 결국엔 무슨 일이 일어났습니까? 구약의 이세벨은 위층 창 밖으로 던져지고 땅바닥에 내동댕이 쳐졌습니다. 말이 와서 그녀를 짓밟아 버렸고 개들이 와서 그 시신을 먹어버렸습니다. 결국 매장할 것이 하나도 남지 않았습니다(왕하 9:30-37). 심지어 이세벨의 모든 자녀들과, 그녀의 악한 남편 아합 왕의 다른 아들들까지 모두 참수를 당했습니다. 그들의 머리는 바구니에 담겨 이스르엘 성문 곁에 두 무더기로 쌓였습니다.

이러한 결과는 참으로 끔찍합니다. 그러나 이러한 결과는 신약의 "이세벨"과 그녀의 추종자들에게뿐만 아니라, 우상숭배의 죄를 경히 여기는 모든 성도들에게도 강력한 메시지를 전달합니다. 심판자 예수님은 계속해서 이렇게 말씀하십니다. "모든 교회들은 내가 뜻과 마음을 살피는 자인 줄을 알게 될 것이다. 내가 너희 각 사람의 행위대로 갚아 줄 것이다"(2:23b). 예수님은 평범한 심판자가 아니라 참으로 정의로운 심판자입니다. 예수님은 불꽃과 같은 눈으로 다른 이들이 보지 못하는 사람의 뜻과 마음속에 감춰진 동기를 보실 수 있습니다. 예수님은 우리의 동기가 진실된 것인지, 아니면 거짓된 것인지를 아십니다. 그리고 결국 우리가 받아 마땅한 결과를 주십니다.

두아디라 교회의 남은 자들에 대한 교정(2:24-25)

예수님은 "이세벨"과 추종자들을 향한 교정과 결과의 말씀을 마치신 후, 두아디라 교회에 남은 자들을 향한 교정과 결과의 말씀도 전하십니다. "그러나 내가 두아디라에 남은 자들, 곧 그 가르침을 받아들이지 않고 그들이 말하는 '사탄의 깊은 것'을 알지 못하는 너희에게 말한다. 나는 너희 위에 다른 짐을 지우지 않을 것이다. 다만 너희가 가진 것을 내가 올 때까지 굳게 잡으라!"(2:24-25).

이 교정 단락의 핵심 단어는 바로 "짐"입니다. 이 단어가 신약성경에서 그렇게 자주 사용되는 것은 아닙니다. 이 단어가 나오는 몇몇 본문들 가운데 우리가 주목해야 할 본문은 바로 사도행전 15장의 사도의 규례(Apostolic Decree)입니다. 여러분은 이미 사도행전 15장이 다루는 내용을 알고 있을 것입니다. 사도행전 15장을 보면, 예루살렘에서 유대 그리스도인 지도자들이 공의회를 열고 중대한 결정을 내리고 있습니다. 그 지도자들은 이방 그리스도인들이 할례를 받지 않아도 된다고 결정했습니다. 그런데 그들이 내린 또 다른 중대한 결정이 있습니다. 그들은 이방 그리스도인들에게 4가지를 제외한 다른 어떠한 "짐"도 지우지 않겠다고 결정했습니다. 그리고 4가지 가운데 2가지가 바로 두아디라 교회가 범한 죄였습니다. 곧, 우상의 제물을 먹는 것과 음행이었습니다.

따라서 예수님께서 두아디라 교회에 남은 자들에게 "나는 너희 위에 다른 짐을 지우지 않을 것이다"라고 말씀하셨을 때, 그 의미는 다음과 같습니다. "나는 너희에게 어떤 불합리한 것을 요구하는 것이 아니다. 너희가 져야 할 짐은 나의 제자라면 누구나 감당해야 하는 것이다. 모든 그리스도인들은 우상의 제물을 먹거나 우상숭배의 죄를 범해서는 안 된다. 모든 그리스도인들은 음행을 저질러서도 안 된다. 다른 모든 제자들이 기꺼이 감당하는 짐 외에는 너희에게 아무런 짐도 더 지우지 않을 것이다. 너희와 마찬가지로 나의 다른 제자들도 상업 조합이 주최하는 종교적인 식사라는 유혹 속에서 견디라는 명령을 받았다. 그러니 너희가 가진 것을 '굳게 잡으라.'"

두아디라 교회의 남은 자들에 대한 (긍정적) 결과(2:26-28)

우리가 예상하는 것처럼 두아디라 교회를 향한 설교는 승리 정형 문구로 마무리됩니다. 이 설교가 "이기는 자"에 대한 말씀이 들어 있는 네 번째 설교이기 때문에, 여러분은 "이기는 자"에 해당하는 그리스어 단어가 유명한 스포츠 상품 회사, 나이키의 이름과 같다는 사실을 기억할 것입니다. 나이키 회사는 그들의 스포츠 용품을 사용하거나 의류를 입으면, 우리가 이기는 자가 될 것이라는 이야기를 전달하려는 것입니다.

실제로 두아디라 설교가 제기하는 중요한 질문이 바로 이것입니다. 여러분은 나이키 그리스도인, 다시 말해 이기는 그리스도인입니까? 여러분은 우상숭배의 죄를 극복할 수 있습니까? 복음의 좋은 소식은 곧 이 중요한 질문에 대해 자신 있게 "네!"라고 대답할 수 있다는 것입니다. 여러분은 이기는 그리스도인이 될 수 있고 또 승리를 거둘 수 있습니다. 이는 우리의 재능이 뛰어나서, 혹은 우리가 열심히 노력해서가 아닙니다. 그리스도께서 이미 승리를 거두셨기 때문입니다. 그리스도에게 속한 우리 가운데 그분의 성령이 거하시기 때문입니다. 신앙을 타협하여 우상숭배에 빠지는 것으로부터 벗어날 수 있도록 힘을 주시는 분이 바로 거룩하신 성령입니다.

그렇다면 이기는 그리스도인들에게 주어지는 상은 무엇입니까? 긍정적인 결과는 다음과 같습니다. "이기는 자와 끝까지 내 행위를 지키는 자에게 내가 민족들을 다스릴 권세를 줄 것이다. 그가 철장으로 그들을 다스릴/파멸시킬 것이다. 마치 질그릇을 깨뜨리는 것과 같이. 나도 내 아버지에게 권세를 받은 것과 같이. 내가 또 그에게 새벽 별을 줄 것이다"(2:26-28). 여기서 2가지 상이 언급되고 있습니다. 첫 번째 상은 여러 단어들로 설명되는 반면,

두 번째 상은 비교적 간략하게 설명됩니다. 또한 첫 번째 상은 시편 2:9을 암시하고, 두 번째 상은 민수기 24:17을 암시합니다. 하지만 이 2가지 상은 궁극적으로 동일한 내용을 가리킵니다. 곧, 이기는 그리스도인들이 예수 그리스도의 메시아 통치를 공유한다는 것입니다. 하나님께서 예수님에게 민족들을 다스릴 권세를 주셨기 때문에, 예수님께서도 이기는 그리스도인들과 그분의 권세를 나누신다는 것입니다. 때로 우상숭배와 음행과 연결된 종교적인 식사를 거부한다는 이유로 환난을 당할 수도 있습니다. 하지만 언젠가 하나님은 그리스도에게 주신 민족들을 다스릴 권세를 이기는 그리스도인들에게도 주실 것입니다. 그리스도의 메시아 통치를 함께 공유할 것입니다!

결론

팀 켈러는 『팀 켈러의 내가 만든 신』(두란노, 2017)에서 우상숭배를 다음과 같이 정의합니다. "우상숭배는 좋은 것을 궁극적인 것으로 바꾸는 것입니다." 우상을 순전히 나쁘다고만 보는 것은 잘못된 생각입니다. 우상숭배의 죄는 그보다 훨씬 더 미묘합니다. 실제로 우상이란 좋은 것일 때가 훨씬 많습니다. 그러나 우리의 행복, 삶의 의미, 정체성에 있어서 그 좋은 것을 하나님보다 더 중요하게 여긴다면, 우리는 "좋은 것을 궁극적인 것"으로 바꿔 버린 셈이고, 결국 우상숭배의 죄를 범한 것입니다. 다시 말씀드리지만, 우상이란 좋은 것일 때가 더 많습니다. 그러나 만일 하나님에게만 향해야 할 열정과 헌신을 그 좋은 것에만 쏟는다면, 우리는 "좋은 것을 궁극적인 것"으로 바꿔 버린 셈이고, 결국 우상숭배의 죄를 범한 것입니다.

섹스를 예로 들어 봅시다. 섹스는 하나님께서 우리를 창조하시면서 주신 선물 가운데 하나이며 좋은 것입니다. 더 정확하게 말하자면, 성적인 관계는 결혼이라는 언약 관계를 맺은 남편과 아내 사이에서 일어난다면 좋은 것입니다. 하지만 배우자를 향한 친밀한 사랑의 표현이 아니라, 그저 우리의 이

기적인 욕망을 채우기 위해 섹스를 사용한다면, 혹은 아무에게도 해를 끼치지 않으니 온라인에서 포르노 사이트에 접속해도 아무런 문제가 없다고 생각한다면, 혹은 어떤 특정한 유형의 성적 경험에 집착하거나 배우자가 아닌 다른 사람과 섹스를 한다면, 그렇다면 우리는 "좋은 것을 궁극적인 것"으로 바꿔 버린 셈이고, 결국 우상숭배의 죄를 범한 것입니다.

또 이를테면, 일은 좋은 것입니다. 아담과 하와는 타락 이전에도 에덴 동산에서 일을 했습니다. 일은 하나님의 선한 창조의 선물입니다. 일은 하나님께서 우리에게 맡기신 재능을 활용하는 데 있어 좋은 수단이고, 우리 자신과 가족에게 필요한 것을 공급하는 데 있어 좋은 수단이며, 사회 생활 가운데 그리스도의 제자임을 드러낼 수 있는 좋은 수단입니다. 그러나 만일 권력, 특권, 돈을 얻기 위해 자신의 일에 지나치게 집착한다면, 혹은 지나치게 열심히 일을 하느라 하나님께 기도하거나 하나님의 말씀 속에 거하는 시간을 갖지 못한다면, 혹은 자신의 일에 지나치게 많은 에너지와 감정을 쏟은 나머지 정작 배우자나 자녀, 다른 사람들을 위한 에너지나 감정적 여유가 없다면, 그렇다면 우리는 "좋은 것을 궁극적인 것"으로 바꿔버린 셈이고, 결국 우상숭배의 죄를 범한 것입니다.

일정한 조건하에서라면 술도 좋은 것이 될 수 있습니다. 특별한 식사 자리에서 좋은 포도주 한 잔을 곁들이거나, 무더운 여름날 시원한 맥주 한 잔을 마시는 것은 좋은 것이 될 수 있습니다. 하지만 술 없이는 즐거운 시간을 보낼 수 없다고 생각한다면, 혹은 인생에서 힘든 시간을 이겨 내기 위해 술에 의지한다면, 혹은 술을 마시는 양을 조절할 수 없다면, 우리는 "좋은 것을 궁극적인 것"으로 바꿔버린 셈이고, 결국 우상숭배의 죄를 범한 것입니다.

자존감 혹은 자아 존중감은 좋은 것입니다. 우리 모두는 하나님의 형상을 지니고 있기에 가치 있고 중요한 사람입니다. 건강한 자존감을 유지하는 것은 분명 좋은 일입니다. 하지만 스스로가 중요한 사람이라는 자의식이 지나치다면, 혹은 삶에서 가장 중요한 사람이 오직 자신뿐이라면, 혹은 어떤 상황에서든 자기중심적인 생각에 몰두한다면, 우리는 "좋은 것을 궁극적인 것"으로 바꿔 버린 셈이고, 결국 우상숭배의 죄를 범한 것입니다.

가족은 물론 좋은 것입니다. 하나님께서는 우리를 타인의 존재와 도움을 필요로 하는 사회적 존재로 창조하셨습니다. 그래서 가족의 일원으로서 배우자, 부모, 자녀의 사랑과 지지를 받는 것은 당연히 좋은 일입니다. 하지만 가족 관계를 하나님과의 관계보다 더 중요하게 여긴다면, 혹은 가족 관계를 하나님께서 우리에게 믿고 행하라고 부르신 것보다 더 중요하게 여긴다면, 혹은 혼자인 사람들을 결혼한 사람들에 비해 열등한 2등급 시민으로 여긴다면, 혹은 영적인 가족인 교회에 대한 헌신보다 혈연 관계에 있는 가족에 대한 헌신을 우위에 둔다면, 우리는 "좋은 것을 궁극적인 것"으로 바꿔 버린 셈이고, 결국 우상숭배의 죄를 범한 것입니다.

사랑하는 여러분, 여러분은 혹시 삶 속에서 "좋은 것을 궁극적인 것"으로 바꿔 버리고 있지 않습니까? 여러분의 삶 속에서 행복과 삶의 의미와 정체성을 결정하는 데 있어 하나님보다 더 중요하게 여기고 있는 것은 없습니까? 하나님께만 드려야 할 열정과 헌신을 혹 다른 곳에 쏟고 있지는 않습니까? 회개하려고 하지 않았던 이세벨과 그녀의 추종자들과 대조적으로, 여러분은 삶 속에서 우상이 되어버린 것을 밝히고 회개하려고 하고 있습니까? 그렇다면, 그리스도께서 성령을 보내셔서 여러분을 이기는 그리스도인으로 세워 달라고 기도하십시오. 우상숭배의 죄를 극복할 수 있게 해달라고 기도하십시오.

"귀 있는 자는 성령이 교회들에게 하시는 말씀을 들으라!" 고대 두아디라 교회뿐만 아니라 오늘날 예수 그리스도의 모든 교회들에게 하시는 말씀입니다.

5

사데 교회

제5장

사데 교회: 치명적인 안일함에 빠진 교회

[1] 사데 교회의 천사에게 편지하라 하나님의 일곱 영과 일곱 별을 가지신 분이 이같이 말씀하신다 내가 너의 행위를 안다 곧 네가 살아 있다 하는 평판을 가졌으나, 너는 죽은 자다 [2] 깨어 있으라 그 남은 바 곧 죽을 것을 굳건하게 하라 나는 너의 행위가 내 하나님 앞에서 완전함을 찾지 못했다 [3] 그러므로 네가 받은 것과 들은 것을 기억하라 순종하라 회개하라 그러므로 만일 네가 깨어 있지 않으면 내가 도둑같이 올 것이다 어느 때에 내가 네게 맞서 이를지는 네가 결코 알지 못할 것이다 [4] 그러나 사데에 자신의 옷을 더럽히지 않은 몇 사람들이 네게 있고, 그들은 흰 옷을 입고 나와 함께 걸을 것이다 그들은 합당한 자들이기 때문이다 [5] 이기는 자는 이와 같이 흰 옷을 입을 것이다 내가 그 이름을 생명책에서 결코 지우지 않을 것이다 내가 그 이름을 내 아버지 앞과 그분의 천사들 앞에서 시인할 것이다 [6] 귀 있는 자는 성령이 교회들에게 하시는 말씀을 들으라

그리스도의 칭호(3:1a)

하나님의 일곱 영과 일곱 별을 가지신 분이 이같이 말씀하신다(3:1a)

사데 설교에는 2가지 그리스도의 칭호가 나오며, 그리스도는 "하나님의 일곱 영과 일곱 별을 가지신 분"(계 3:1)으로 묘사된다. "하나님의 일곱 영"이라는 표현은 성경의 다른 곳에서는 나오지 않고 요한계시록에서만 세 차례 나온다(1:4[그러나 여기서는 속격, "하나님의"가 빠져 있다]; 4:5; 5:6). 흔하지 않은 이 표현은 그 의미가 모호하기 때문에 그 의미를 둘러싸고 논란이 일기도 했다.

"하나님의 일곱 영"이 (1) 일곱 천사 혹은 (2) 성령을 가리킨다고 보는 2가지 대표적인 견해가 있다. 첫 번째 견해에 따르면 일곱 영은 요한계시록 후반부에 나오는 일곱 천사(일곱 천사는 일곱 그릇과 나팔, 전염병과 연결되어 있다: 8:2; 15:1, 6-8; 16:1), 혹은 일부 유대 문헌들에 언급된 일곱 (대)천사(에녹1서 20:1-8; 에녹2서 19:1-3; 토빗서 12:15; 에스드라2서[에스라4서] 4:1; 또한 예를 들어 Charles 1920: 12-13; Krodel 1989: 83; Aune 1997: 34-36)를 가리킨다. 이 견해에 따르면 그리스도의 첫 번째 칭호에서 그리스도께서 일곱 영을 "가지신 분"이라는 표현은 단순히 소유를 의미하는 것이 아니라, 그것에 대한 권세/통제권을 의미한다. 그러나 이 견해에 반하는 근거들도 있다. 일단 요한계시록 내 다른 곳에서는 "영"이 "천사"를 가리키는 경우가 없다. 반면 요한계시록에서 "천사"는 빈번하게 등장하는데 (67회), 이러한 상황에서 요한이 굳이 "영"을 "천사"의 의미로 사용했다는 식의 설명은 선뜻 받아들이기 어렵다.

"일곱 영 = 일곱 천사"의 견해를 옹호하는 이들은 또 다른 방어 논리로 그리스도의 칭호가 둘이 아닌 하나라고 주장한다. 두 칭호 사이에 있는 "그리고("과")"가 접속사 역할을 하는 것이 아니라 부연 설명을 하고 있기 때문에 그리스도의 칭호를 다음과 같이 읽어야 한다는 것이다. "하나님의 일곱 영, 즉 일곱 별"(예를 들어, NEB 역; Caird 1977: 48; Aune 1997: 215을 보라). 게다가 앞서 요한계시록 1:20에서 일곱 별은 일곱 교회의 일곱 천사(사자)라고 언급했기 때문에, "하나님의 일곱 영"은 일곱 교회의 일곱 천사를 가리킨다는 것이다. 물론 "그리고"가 일곱 설교 본문에서 접속사가 아닌 부연 설명의 용법으로 여러 차례 사용되기는 한다. 그러나 그리스도의 칭호에 사용된 경우는 없다. 오히려 앞선 에베소 설교를 보면, "일곱 별"은 "일곱 금 촛대"(2:1)와 구별되는 칭호였으며, 금 촛대로 부연 설명되지 않았다. 따라서 사데 설교에서도 그러한 방식으로 칭호들이 사용되었을 것이다.

두 번째 견해는 "일곱 영"을 성령으로 본다. 이 견해는 요한계시록 도입부(인사말)에 그 표현이 사용된 용례를 가장 강력한 근거로 삼는다. "이제도 계시고 전에도 계셨고 장차 오실 이와 그의 보좌 앞에 있는 일곱 영과 또 충성된 증인으로 죽은 자들 가운데에서 먼저 나시고 땅의 임금들의 머리가 되신 예수 그리스도로 말미암아 은혜와 평강이 너희에게 있기를 원하노라"(1:4-5). 두 번째 견해는 여기서 "일곱 영"은 성부와 성자 사이에 언급되기 때문에 그 표현이 성령(하나님)을 가리키는 것으로 봐야 한다고 주장한다. 일부 학자들은 성부와 성자가 나란히 언급되면서도 성령이 아닌 천사와 연결된 본문들을 인용함으로써 앞서 언급된 근거를 약화시키려 한다. "하나님과 그리스도 예수와 택하심을 받은 천사들 앞에서"(딤전 5:21). "인자도 자기와 아버지와 거룩한 천사들의 영광으로 올 때에"(눅 9:26). 하지만 이러한 평행 관계는 다소 정확도가 떨어지며, 또한 최소 2가지 차이 때문에 그 주장의 설득력을 잃는다. 첫째, 천사는 권세 측면에서 성부와 성자에 비해 분명 지위가 낮으며, 그러한 이유로 바울과 누가의 글에서 셋 중 가장 마지막에 언급된 것이다. 반면, "일곱 영"은 성부와 성자 사이에 나온다. 둘째, 요한계시록 1:4은 일곱 영이 성부, 성자와 함께 존재한다는 것(딤전 5:21), 혹은 그들의 영광에 참여하는 것에 대해 말하는 것이 아니다(눅 9:26). 오히려 그 본문은 삼위일체의 온전한 구성원만이 할 수 있는 은혜와 평강이라는 신적 선물의 증정에 대해 말하고 있다.

앞선 1:4에 나온 "일곱 영"이라는 흔치 않은 표현 덕분에, 우리는 3:1에서도 그와 동일한 표현이 성령을 가리킨다고 확신 있게 말할 수 있다. 스위트는 이렇게 말한다(Sweet 1979: 98). "'일곱 영'은 기능상 '성령'과 동일하다." 그러나 요한이 왜 성령을 이처럼 모호하게 언급했는지는 확실하지 않다. 어째서 요한계시록의 다른 곳에서처럼 그저 "성령"(14회)이라는 단어를 사용하지 않았을까? ("하나님의 영", "거룩한 성령"이라는 표현들은 결코 나오지 않는다.) 어떤 이들은 숫자 일곱을 문자 그대로 받아들여 "일곱 영"이 일곱 교회에서 일하시는 한 분의 성령을 가리킨다고 보기도 한다(Swete 1911: 5-6; Allo 1933: 9; 또한 Beale 1999: 189를 보라). 또한 숫자 일곱이 완전함을 상징하기 때문에 "일곱 영"이란 성령의 일이 완전함, 완벽함을 뜻한다고 보는 이들도 있다(Seiss 1909: 1.45; Cowley 1983: 186; Kistemaker 2001: 15).

그러나 대부분의 주석가들은 "일곱 영"이 구약성경에서 유래한 것이라고 생각한다. 실제로 이사야 11:2-3 칠십인역은 이새의 가지에서 나온 미래의 왕에게 내려오는 일곱 영을 묘사하고 있다. "여호와의 영이 그의 위에 내릴 것이다. 곧 지혜와 총명의 영, 모략과 능력의 영, 지식과 경건의 영이 그에게 가득할 것이니, 곧 하나님을 경외하는 영이다"(사 11:2-3). 그러나 이사야 11:2-3의 모든 히브리어 본문들(즉, 마소라 본문, 쿰란 이사야 두루마리, 랍비 문헌)이 오직 여섯 영만 언급하고 있다는 점은, 두 본문(이사야 본문과 요한계시록 본문)을 연결지어 보는 견해를 약화시킨다. 또한 칠십인역은 둘씩 짝지어진 세 쌍의 시적 평행구 가운데, 셋째 쌍에 "경건의"를 더하여 평행 구조를 깨뜨리고 있다. 이는 칠십인역 본문이 이 중요한 메시아 본문의 원-형태를 반영하고 있지 않다는 근거가 된다. 하지만 요한계시록 전반에 걸쳐 요한이 구약성경을 사용(암시)하는 경우를 보면, 칠십인역 본문을 반영할 때가 많으므로 현재 본문에서도 칠십인역을 활용했을 가능성이 없지 않다. 게다가 여섯이 아닌 일곱 영이 나오는 이사야 11:2-3의 칠십인역은 초기 유대교(에녹1서 61:11)와 초기 기독교(Aune 1997: 33이 인용한 문헌들을 보라)에 널리 알려져 있었다. 따라서 요한 역시 일곱 영이 나오는 (버전의)본문을 알고 있었을 것이며, 이를 첫 번째 그리스도의 칭호에 사용했을 가능성이 있다. 요한계시록 5:5에 나오는 "다윗의 뿌리"는 이사야 11:1에서 온 것이기 때문에 요한은 분명 이사야 11장 본문을 잘 알고 있었고, 이는 3:1의 그리스도의 칭호에서도 요한이 그 본문을 염두에 두었을 가능성을 더욱 높여준다.

"하나님의 일곱 영"의 출처로 언급되는 또 다른 구약 본문은 (조금 덜 확실하긴 하지만) 스가랴 4:1-14이다. "하나님의 일곱 영"이 나오는 요한계시록 속 다른 두 본문에서, 일곱 영은 "일곱 등불"(계 4:5), 그리고 "땅에 보내심을 받은 일곱 눈"(5:6)과 동일시된다. 일곱 등불과 일곱 눈은 스가랴 4:1-14에 함께 언급되는데(슥 4:2, 10), 거기서 일곱 눈은 "온 땅을 둘러본다"(4:10, 칠십인역). 그리고 일곱 등불과 일곱 눈이 언급되는 본문들 사이에서 영에 대한 다음과 같은 선언이 나온다. "스룹바벨에게 하신 말씀이 이러하니라. 만군의 여호와께서 말씀하시되 '이는 힘으로 되지 아니하며 능력으로 되지 아니하고 오직 나의 영으로 되느니라'"(4:6). 하나님은 예루살렘 성전이 재건되는 것이 순전히 인간을 통해서 이루어지는 것이 아니라 신적인 도움으로, 곧 하나님의 영의 힘을 통해서 가능하다고 말씀하신다. 일부 주석가들은 그리스도의 첫 번째 칭호가 스가랴 본문을 암시할 가능성이 있다고 보지만(예를 들어 Caird 1966: 15; Ladd 1972: 25; Beasley-Murray 1978: 55; Hemer 1986: 142; Thomas 1992: 68), 또 다른 주석가들은 그러한 평행이 "인위적이며 설득력이 없다"고 보기도 한다(Aune 1997: 34). 이사야 11:2-3에 비해 스가랴 4:1-14은 그 연관 관계가 다소 불분명한 것이 사실이다. 따라서 "하나님의 일곱 영"의 출처는 이사야 본문일 가능성이 더 높다(일부 학자들은 두 구약 본문 모두 가능성이 열려 있다고 본다: Beale 1999: 189-90; Osborne 2002: 61; Fanning 2020: 161).

그렇다면 그리스도께서 사데 교회에게 스스로를 "하나님의 일곱 영 … 을 가지신 분"으로 소개하신 것은 어떠한 의미인가? 앞서 요한계시록 1:4에서 이 표현이 사용된 용례를 고려할 때, 이는 그리스도가 성령(Holy Spirit)을 가지셨다는 의미이다. 당대 유대교에서 영(the Spirit)은 2가지 역할 곧 예언에 영감을 불어넣어주는 역할과, 죽은 대상에 생명을 주는 역할을 했다. 이 때문에 그리스도는 죽어가고 있거나 이미 죽은 사데 교회를 향해 예언적 경고를 귀 기울여 들으라고(이 설교를 비롯한 모든 설교들의 종결부에서 반복되는 표현을 기억하라: "귀 있는 자는 성령이 교회들에게 하시는 말씀을 들으라"), 그리고 자신으로부터 성령의 (생명을 주시는) 힘을 구하라고 말씀하신다(Beasley-Murray 1978: 94-95; 또한 Thomas 1992: 246을 보라). 만약 "하나님의 일곱 영"이 이사야 11:2-3을 암시하는 것이라면, 그리스도는 자신이 약속된 메시아 왕이며, 하나님으로부터 부여받은 일곱 영(혹은 특질)을 가지고 있고, 또한 자신이 하나님의 백성에게 복의 근원됨을 주장하시는 것이다. 이것은 곧 메시아 왕이신 그리스도께서, 죽어가고 있는, 혹은 이미 죽어버린 사데 교회가 다시 살기 위해 간절히 필요로 하는 부활의 성령을 주신다는 의미이다.

그리스도는 또한 자신을 "일곱 별을 가지신 분"으로 소개하신다. 이 칭호는 에베소 설교에도 나오지만, 에베소 설교 안에서 그리스도의 권능을 강조했던 2가지 특징이 사데 설교에서는 생략되었다. (1) 사데 설교에서는 "쥐다"라는 표현 대신 더 유연한 표현, "갖고 있다"(계 1:9-20의 환상에 사용된 동사와 동일하다)가 사용되었다. (2) 일곱 별이 "그의 오른손"에 있지 않다. 일곱 별은 그리스도의 칭호에 반복해서 사용된 유일한 사례이다. 요한계시록 1:9-20 속 그리스도의 환상에서 제시된 표현들(칭호들) 가운데 일부는 어떠한 설교에도 사용되지 않는데(예를 들어 "끌리는 옷을 입고", "가슴에 금띠를 띠고", "그의 머리와 털의 희기가 눈 같으며", "그의 음성은 많은 물 소리와 같으며"), 그에 비해 "일곱 별"이 (의도적이며) 칭호에 반복적으로 사용된 것은 곧 그 칭호가 사데 교회의 상황과 밀접하게 연관되어 있음을 의미한다.

우리는 앞서 에베소 설교에서 "일곱 별"의 의미를 자세히 살펴보았다("그리스도의 칭호[2:1b]"를 보라). 따라서 여기서는 앞서 내린 결론을 간단하게 짚어보는 것만으로 충분할 것이다. "일곱 별"은 "일곱 교회의 천사들"이며(1:20), 이는 각 교회를 지키는 천사를 가리킬 가능성이 높다. 즉, 그리스도는 자신이 사데 교회를 지키는 천사를 다스린다는 사실을 언급하고 계신 것이다. 그리고 이는 곧 사데 교회에 대한 주권을 강조하는 것이다. 오스본은 다음과 같이 말한다(Osborne 2002: 173). "그리스도가 일곱 별(천사들)을 통치하는 것은 곧 그가 그 천사를 통해 교회를 다스리고, 교회는 그리스도에게만 응답해야 함을 의미한다."

이 두 번째 칭호에서 강조되는 그리스도의 권위는 로마와 로마의 권력에 대한 대항의 성격을 지니고 있을 가능성이 있다. 로마의 황제들은 자신들의 힘이 지구를 넘어 행성과 별들까지도 다스릴 수 있다고 믿었다. 그러한 이유로 자신들(과 가족들)을 반신(demigods)으로 묘사하여 동전에 새겨 넣곤 했다(에베소 설교에 담긴 그림 1.1과 1.2를 보라). 그렇다면 본문이 그리스도께서 "일곱 별"을 갖고 있다는 것을 반복해서 언급한 것은 곧 로마의 권력—그리고 "행성들이 (황제)자신들을 둘러싸고 있는 상징적인 묘사를 통해 자신들에게 우주를 통치할 권한이 있다고 주장한 로마 황제들의 자만심"—에 대한 명백한 도전이라 할 수 있다(Krodel 1989: 95).

칭찬-없음!

앞선 네 편의 설교들을 보면 그리스도의 칭호 이후 곧바로 그리스도께서 각 교회가 잘한 일을 칭찬하시는 내용이 나왔다. 매 설교마다 칭호에서 칭찬으로 전환될 때는 정형 문구(formula) "내가 안다"가 사용되었다. 따라서 그리스도께서 사데의 성도들에게 "내가 너의 행위를 안다"고 말씀하신 것은 예상된 수순이다. 그런데 그 뒤에 예상치 못한 놀라운 내용이 나온다. 바로 칭찬이 아닌 책망이 나오는 것이다. "내가 너의 행위를 안다. 곧 네가 살아 있다 하는 평판을 가졌으나, 너는 죽은 자다"(계 3:1b). 사데 교회의 상황이 너무나도 심각했기 때문에 그리스도께서는 어떠한 칭찬도 하실 수 없었다. 서머나 설교에서 책망 단락이 생략되어 그리스도께서 그 교회를 얼마나 **긍정적으로** 바라보시는지 강조되었던 것과 대조적으로, 여기서는 칭찬이 생략됨으로써 그리스도께서 사데 교회를 얼마나 **부정적으로** 여기시는지 강조되고 있다. 이와 관련하여 갈라디아서에 사데 설교와 평행하는 부분이 있다. 바울은 갈라디아 성도들의 영적 건강 상태에 대해 심각하게 우려한 나머지 그가 항상 사용하는 감사 부분을 생략하고 이를 책망 단락으로 대체한 바 있다(갈 1:6-10).

칭찬 단락이 생략된 것과 더불어 그리스도께서 사데 교회를 "죽은" 교회로 묘사하신 것은, 사데 교회가 일곱 교회 중 최악이라는 결론으로 이어질 수 있다. 예를 들어, 마운스는 이렇게 말한다(Mounce 1977: 109). "사데 교회는 일곱 교회 중 가장 맹렬한 비난을 받고 있다." 위더링턴 또한 이와 유사하게 주장한다(Witherington 2003: 105). "이 메시지는 일곱 교회 중 가장 부정적이다." 그러나 비록 일곱 편의 설교들 중 가장 가혹한 심판의 표현이 사데 설교 안에 들어있다고 해도, 최악의 교회라는 "영예"는 어떠한 칭찬도 받지 못한 라오디게아 교회에게 돌아가야 한다. 실제로 그리스도는 라오디게아 교회를 향해 "곤고하고, 불쌍하고, 가난하고, 눈이 멀고, 벌거벗은" 교회라고 선언하시고(3:17), 심지어 라오디게아 교회를 토해 낼 것이라고 말씀하셨다(3:16). 더욱이, 라오디게아 설교는 절정의 자리인 일곱 번째에 배치됨으로써, 교회의 상태가 일곱 교회들 가운데 최악임을 (배치를 통해서도) 드러내고 있다.

사데 교회가 최악이 아닌 또 다른 이유는 비록 사데 교회가 그리스도로부터 어떠한 칭찬도 듣지는 못했지만, 그럼에도 어느 정도는 **인정**을 받은 부분이 있기 때문이다. "그러나 사데에 자신의 옷을 더럽히지 않은 몇 사람들이 네게 있고, 그들은 흰 옷을 입고 나와 함께 걸을 것이다. 그들은 합당한 자들이기 때문이다"(3:4). 죽어가는 교회 혹은 이미 죽어버린 사데 교회 안에도 중요한 소수의 "몇 사람들"은 남아 있었고, 그들은 그리스도께서 공동체 전체에게 내리실 가혹한 심판으로부터 벗어났다. 사실 그리스어 본문에는 "몇 사람들"이 아닌 "몇 이름들"이라는 표현이 사용되었다. 불과 여섯 절로 이루어진 이 짧은 설교에서 "이름"(오노마[onoma])이라는 단어가 4회나 사용된다는 사실은 충분히 주목할 만한 특징이다.

> 3:1b "네가 살아 있다 하는 이름[즉, 평판]을 가졌으나, 너는 죽은 자다."
> 3:4a "그러나 사데에 자신의 옷을 더럽히지 않은 몇 이름들[사람들]이 있다."
> 3:5b "내가 그 이름을 생명책에서 결코 지우지 않을 것이다."
> 3:5c "그 이름을 내 아버지 앞과 그분의 천사들 앞에서 시인할 것이다."

이 그리스어 단어가 반복해서 사용된 것은 3:1-6 단락에 어휘적 일관성을 더해주고, 또한 핵심 메시지로 응집시키는 끈과 같은 역할을 한다. 안일함에 빠져 구원의 기초를 "이름"(교회의 과거 평판)에 두지 않은 이들, 그리고 도덕적으로 올바른 삶을 살아간 "몇 이름들"에 속한 이들은 그 이름들이 생명책에 기록될 것이다. 또한 그리스도께서 하늘의 심판자이신 그의 아버지 앞에서 그 이름들을 옹호하실 것이다.

사데 교회 내 그 소수 그룹은 다른 이들과는 달리 "자신의 옷을 더럽히지" 않았다. 고대 세계에서 옷은 대개 사람의 도덕적, 영적 상태를 나타내는 은유로 사용되곤 했다. 그리고 흰색 혹은 깨끗한 옷은 도덕적, 종교적 순결함을 상징했던 반면, 더럽혀진 옷은 부도덕하고 비종교적인 행위를 의미했다. 이교도의 제의 활동에 참여하기 위해 신전에 들어가 그 신전의 신 앞에 설 때, 사제뿐만 아니라 모든 참배자들이 흰 옷을 입었으며, 감히 더럽혀진 옷을 입고 가지 않았다(Keener 2000: 144n15, 그는 Josephus, *Jewish War* 2.1; Josephus, *Ant.* 11.327; Philo, *Contemplative Life* 66; Euripides, *Bacchanals* 112; Pausanias, *Description of Greece* 2.35.5; 6.20.3; Diogenes Laertius, *Lives* 8.1.33을 인용한다). 로마의 정치 지망생들은 토가 칸디다(*toga candida*), 즉 분필로 문질러 더 희게 만든 "표백한 토가"를 입었는데, 이는 도덕성과 정직함을 나타내기 위함이었다. 성경 역시 긍정적인 의미에서 흰 옷을 자주 활용한다. 예를 들어, 하늘의 순교자들은 "흰 옷"을 받게 되고(계 6:11; 7:9, 13-14), 왕좌에 앉으신 하나님은 흰 옷을 입고 계시며(단 7:9), 변화산에서 용모가 변하실 때 예수의 옷은 흰색이 되었고(마 17:2), 천사들도 또한 흰 옷을 입고 있다(마 28:3; 요 20:12; 행 1:10; 계 4:4; 19:14). 반면에 성경은 더러운 옷을 부정적 의미로 활용한다. 이를테면, 선지자 스가랴는 대제사장 여호수아가 더러운 옷을 입고 있는 환상을 보았는데, 이는 제사장과 백성 모두의 죄를 상징하는 것이었다(슥 3:1-5).

사데 교회 안에서 옷을 더럽히지 않은 자들이, 그들의 옷을 더럽히지 않기 위해 회피했던 비윤리적인 일 혹은 비종교적 행위가 무엇이었는지 정확하게 파악하기는 어렵다. 이때 사용된 동사 "더럽히다"(몰리노[molynō])는 신약성경에 3회 나온다. 그중 한 번은 현재 요한계시록 본문에서, 문자 그대로 의복을 얼룩지게 하거나 더럽힌다는 의미로 사용되었고(하지만 이 단어가 사용된 문장인, "자신의 옷을 더럽히지 않은"의 경우 은유가 담겨 있다), 나머지 두 번은 비유적으로 "제의적으로 부정하게 만들다, 더럽히다"(BDAG 657.2)라는 의미로 사용되었다. 두 번의 비유적 의미의 용례는 요한계시록과 고린도전서에 나온다. 요한계시록 14:4에서는 144,000명이 "여자와 더불어 더럽히지 않았다"(즉, 우상숭배를 함의하는 음행의 죄)라는 표현에서, 고린도전서 8:7에서는 우상에게 바쳐진 고기를 먹는 것(즉, 우상숭배)으로 인해 양심이 "더럽혀진다"는 표현에서 사용되었다. 여기서 암시되는 2가지 죄 모두가 앞서 버가모와 두아디라 설교에서도 명시되었기 때문에, 사데 교회의 성도들이 옷을 더럽힌 이유를 음행과 우상숭배에서 찾는 것이 자연스러워 보이기는 한다(Charles 1920: 81; Beale 1999: 276). 그러나 2가지 죄 모두가 명확하게 언급되진 않았고, 책망(3:1b)과 교정단락(3:2-3a)에서 그리스도가 지적하시는 "행위"가 다소 모호하기 때문에 이러한 해석이 확실하다고 말할 수는 없다.

요한계시록 3:4a에 사용된 옷 은유는 이후 "걷기" 은유와 결합된다. "그들은 흰 옷을 입고 나와 함께 걸을 것이다." 일부 학자들은 이 은유가 에녹과 노아를 암시한다고 보기도 한다(예를 들어, Aune 1997: 222). 에녹과 노아는 모두 오랜 시간 살면서 "하나님과 함께 걸었다"(창 5:22; 6:9). 이 표현은 하나님과 친밀하고 복된 관계, 중재자 없이 직접 소통이 가능한 관계를 가리키는 것으로 보인다. 그러나 에녹과 노아를 언급하는 구약 본문들의 칠십인역의 경우, 그들이 하나님을 기쁘시게 했다고 서술하며 "걷기" 은유는 제거해 버렸기 때문에, 요한이 그 구약 본문들을 염두에 두었을 가능성은 낮다. 또 어떤 학자들은 예수의 갈릴리와 유대 지방 순회 사역을 암시한다고 주장하기도 한다

(예를 들어, Swete 1911: 51; Mounce 1977: 112; Kistemaker 2001: 153). 다시 말해, 예수와 함께 걷는다는 것은 그와 함께 교제를 나눈다는 것을 뜻할 뿐 아니라, 또한 제자도를 가리킨다는 것이다(요 6:66; 8:12를 보라). 보다 설득력 있는 견해는 램지의 해석인 것 같다(1904: 386-87). 램지에 따르면 "나와 함께 걷는다"는 표현은 로마군이 중요한 승리를 거두었을 때 개선식에서 행진하는 장면을 연상시키기 위한 의도를 갖고 있다. 황제는 깨끗한 흰색 토가를 착용한 로마 시민들의 행렬을 이끌며 개선하곤 했다(예를 들어 Ford 1975: 413; Hemer 1986: 147; Worth 1999: 190-91; Osborne 2002: 179). 물론 그러한 개선식은 로마에서만 열렸기 때문에 사데와 소아시아 지역의 성도들이 개선식을 직접 보지는 못했겠지만, 개선식을 본 사람들의 말이나 글을 통해 알았을 가능성은 충분하다. 예를 들어, 유베날리스는 로마의 원형 경기장(Circus Maximus)으로 입장하는 개선 행렬을 다음과 같이 묘사한 바 있다. "나팔수들이 선두와 좌우에 서고, 말 탄 귀족들은 모두 흰 옷을 입고 있다"(Satires 10.45). 아마도 아시아 지역의 개선 행렬은 로마의 개선식을 본보기로 삼았을 것이다. 실제로 바울은 고린도와 골로새의 독자들이 개선 행렬에 대해 충분히 잘 알고 있을 것이라 확신했기 때문에, 그들에게 보낸 서신에서 그것을 은유로 활용한다(고후 2:14; 골 2:15). 이러한 배경에서 보면, 자신의 믿음을 타협하지 않은 사데 교회의 일부 성도들은 승리하시는 그리스도와 함께 흰 옷을 입고 개선 행렬에서 걷기에 합당한 자들이라고 할 수 있다.

책망(3:1b)

내가 너의 행위를 안다. 곧, 네가 살아 있다 하는 평판을 가졌으나, 너는 죽은 자다(3:1b)

그리스도께서는 사데 교회 안에 옷을 더럽히지 않은 몇 사람들이 있다는 것, 따라서 그들이 승리의 개선 행렬에서 자신과 함께 걸을 자격이 있다는 것을 인정하신다. 하지만 이러한 그리스도의 인정은 설교 후반부에 이르러서야 나온다. 실제로 원-독자들이 그리스도의 칭호 뒤에 이어서 나오리라 예상했을 칭찬은 생략되고 놀랍게도 그 자리엔 책망이 나온다. 먼저, 주절은 기대감을 품게 만드는 그리스도의 말씀―"내가 네 행위를 안다"―으로 시작된다. 이 표현은 분명 이전의 설교들에서 칭찬을 시작하는 말로 사용되었다(2:2, 19; 3:8, 15를 보라; 참고. 2:9, 13에서는 "내가 안다"에 목적어가 다르다). 그러나 여기서 예상치 못한 반전이 이어진다. "곧 네가 살아 있다 하는 평판은 가졌으나 너는 죽은 자다"(3:1b).

사데 설교의 책망은 다른 어떤 설교의 책망보다도 짧고 직설적이다. 또한 평판과 현실 사이를 구분하는 특징을 나타낸다. 사데 교회는 살아 있다는 평판을 가졌지만, 현실에서는 그들의 신앙에 지나치게 안주한 나머지 결국 그리스도로부터 영적으로 죽었다는 판단을 받는다. 사데 설교 안에서 총 4회 나타나는 "이름"이라는 그리스어 단어가 여기에서 처음으로 등장하는데, 이 단어는 사데 설교 안에서 핵심적인 역할을 한다. 이 단어가 3:1에서는 다소 드물게 사용되는 용례인 "평판"이라는 뜻으로 사용되었다(BDAG 714.4: "어떤 사람의 행동에 따라 부여되는 인지도, [잘 알려진] 이름, 평판, 명성"; 대상 14:17 칠십인역; 마카비1서 8:12; 막 6:14을 보라). 그렇다면 사데 교회는 과거에 그들의 신앙을 증명하여 주변 교회들로부터 존경을 받았고, 또 건강하고 활기찬 공동체로서 평판을 얻었던 것이 분명하다. 그러나 안타깝게도 이러한 평판은 더 이상 현실을 반영하지 못하게 되었다. 그리스도는 그들을 향해 간결하면서도 직설적으로 말씀하신다. "(그러나)너는 죽은 자다."

그리스도는 그러한 냉정한 평가에 대해 더 이상의 설명을 하지 않으신다. 사데 교회의 성도들이 구체적으로 어떠한 잘못을 저질렀는지 밝히지 않으신다. 그럼에도 3:2-3a의 교정 단락과 3:4 단락에서 어느 정도 그 내용을 유추할 수 있다. 다만, 이 구절들이 다소 일반적인 내용을 다루고 있기 때문에 실제 상황을 완벽히 재구성하기에는 여전히 한계가 있다. 일단 "깨어 있으라!"(3:2a)는 첫 번째 명령은 그것이 놓인 위치와 문법적 구조(3:2a 해설을 보라), 이후 구절에서의 반복(참조 3:2a, 3b)을 통해 강조된다. 또한 "깨어 있으라!"는 명령은 사데 교회가 과거의 신앙 수준에 안주하며, 그들이 '복음의 배타적인 선언 앞에 적대적인 이교도 문화' 속에 살아갈 때 발생하는 위험에 대해 경각심을 잃었음을 알려준다. 이어서 그리스도는 "나는 너의 행위가 내 하나님 앞에서 완전함을 찾지 못했다"(3:2b)라고 말씀하신다. 이를 통해 사데 교회가 올바르지 않은 행위를 한 것이 분명하게 드러난다. 하지만 그리스도께서 구체적으로 어떤 죄악된 행위를 염두에 두고 있는지는 여전히 불분명하다. 몇 사람들만이 "자신의 옷을 더럽히지 않았다"(3:4)고 인정하는 말씀을 보면, 대다수는 악한 행위에 관여했던 것 같다. 성경의 곳곳에서, 동사 "더럽혔다"(몰리노[molynō]; 이전 항목을 보라)는 음행과 우상숭배(우상의 제물을 먹는 것)의 죄를 가리키고 있다. 2가지 죄는 버가모와 두아디라 교회를 향한 책망에서도 분명하게 드러났다. 당시 이교도의 문화를 고려해보면 사데 교회의 성도들 역시 그 2가지 문제에 직면했겠지만, 그중 어느 하나도 분명하게 명시되지 않기 때문에 사데 교회의 문제는 좀 더 넓은 범위에서, 곧 안일함에 빠져버린 정도로 결론지어야 할 것이다. 이 문제는 외견상 그리 심각해 보이지 않지만, 실제 현실에서는 상당히 위험한 문제이다. 그리스도의 판단에 따르면, 바로 그 문제가 그들을 영적인 죽음으로 이끌었기 때문이다.

램지는 사데 교회가 살아 있다는 평판을 가졌으나 실제로는 죽었다는 책망이 사데 도시의 역사를 암시한다고 보았다(Ramsay 1904: 365-77). 사데는 한때 강력한 위용을 자랑했던 도시로 유명했다. 하지만 영광스러웠던 날들은 과거의 일이 되어 버렸고, 도시의 명망은 급격히 추락해 버렸다. 비일 또한 이러한 암시가 있다고 보는 주석가 중 한 명이다(Beale 1999: 272-73). "도시가 더 이상 존재하지 않는 과거의 명성에 의지하는 것처럼, 교회도 과거에 잠식 되어 버렸다"(또한 예를 들어, Moffatt 1910: 364; Peake 1919: 249; Charles 1920: 78; A. Johnson 1981: 448; Hemer 1986: 143을 보라). 요한계시록에서 다루고 있는 7개의 도시들 가운데 사데는 가장 오래되고 가장 유명한 도시였다. 주후 26년 소아시아 11개의 도시가 네오코로스(neōkoros), 즉 황제 제의를 주관하는 도시로 선정되기 위해 경쟁할 때 사데 도시의 대표단은 도시의 화려한 역사를 부각시켰다 (Tacitus, Annals 4.55.7-8). 사데는 신약 시대에도 주요 도시로서의 지위를 유지했다. 하지만 요한계시록 속 7개의 도시들 중에서 과거의 영광으로부터 가장 많이 추락한 도시였다. 이러한 점 때문에 사데 교회(의 상황)와 비교하기에 적절하다. 사데 설교에서 도시의 역사를 암시하는 부분이 또 하나 있는데, 그것은 바로 난공불락으로 알려진 아크로폴리스가 점령당한 사건이다(자세한 내용은 아래의 "교정" 단락을 보라).

교정(3:2-3a)

> 깨어 있으라. 그 남은 바 곧 죽을 것을 굳건하게 하라. 나는 너의 행위가 내 하나님 앞에서 완전함을 찾지 못했다. 그러므로 네가 받은 것과 들은 것을 기억하라, 순종하라, 회개하라(3:2-3a)

그리스도께서 사데 교회를 엄중하게 책망하셨기 때문에, 영적 안일함에 빠진 그 교회가 다시 회복될 가망이 없다고 결론을 내릴 수도 있다. 하지만 사실 이 설교는 은혜가 삶을 변화시키지 못하는 때는 없음을 드러내고 있다. 그리스도께서는 사데 교회를 포기하지 않으셨다. 그래서 죽어가는 사데 교회가 다시 생명을 회복할 수 있도록 바로 잡는 말씀을 주신다. 우리는 이 교회가 죽었다고 말하는 선언을 "교회의 위태로운 영적 상태와, 완전한 죽음이 임박한 위험을 강조하기 위한 비유적 과잉 진술(과장법)"(Beale 1999: 273)로 이해해야 한다.

교정 단락은 5개의 명령(imperative)으로 이루어져 있다. 그중 첫 번째 명령이 나머지 명령들을 이끌며 가장 중요한 역할을 한다. 첫 번째 명령은 문법적인 구조(이것은 일종의 완곡 표현으로, 보조 동사 자리에 예상되는 에이미[*eimi*] 대신 기노마이[*ginomai*]가 사용되고 있다)를 통해서, 뒤에 나오는 4개의 명령들(의 단순 명령법)보다 더 강력한 어조를 지니고 있다(Porter 1992: 46; Fanning 2020: 163n10). 또한 첫 번째 명령은 5개의 명령들 중에서 유일하게 반복 사용되는 동사를 활용했다(3:3b). 첫 번째 명령은 주로 "일어나라!"(Wake up!)로 번역된다. 하지만 이 표현은 문자적으로 "잠에서 깨어난다"는 의미로는 거의 사용되지 않고, 주로 "준비태세를 유지하다, **경각심을 가지다**"(BDAG 208.2)라는 비유적인 의미로 사용된다. 따라서 "깨어 있으라!"(Be watchful!)가 더 나은 번역이다. 이 명령에 사용된 동사, 그레고레오(*grēgoreō*)는 그리스도의 재림에 대비하여 성도들이 경계심을 갖고 준비되어야 함을 강조하는, 종말론적 담화 문맥에서 주로 사용된다(마 24:42; 25:13; 막 13:35, 37; 눅 12:37; 살전 5:6; 계 16:15). 여기서 사용된 현재 시제는 그 동작이 지속되고 있음을 강조한다. 즉, 사데 교회가 지속적으로 깨어 있는 상태여야 함을 역설하는 것이다. 요컨대 "깨어 있으라!"는 첫 번째 명령은 사데 교회가 직면한 근본적인 문제가 안일함이며, 성도들의 삶을 실질적으로 위협하는 문제들에 대해 마땅한 경각심을 지니지 못했음을 드러낸다.

대부분의 주석가들은 "깨어 있으라"가 두 차례나 언급된 것(3:2, 3), 그리고 그리스도의 오심을 "도둑같이"로 표현한 것에 있어서(3:3b), 리디아의 왕 크로이소스(Croesus, 주전 560-547년)에 관한 전통과 사데의 아크로폴리스가 함

그림 5.1. 사데의 아르테미스 신전, 배경에는 아크로폴리스가 보인다.

락된 사건이 암시되어 있다고 본다. 크로이소스는 여러 이유로 전설이 된 인물이다. 일단, 그는 엄청난 부 때문에 유명했다. 크로이소스는 신화 속 미다스(Midas) 왕이 "미다스의 손"을 없애려고 손을 씻었다는 팩톨러스(Pactolus) 강 근처 모래사장에서 채굴한 막대한 양의 금으로 인해 엄청난 부를 얻었다. 크로이소스가 부유했다는 사실은 (고대 세계 7대 불가사의 가운데 하나인) 에베소 아르테미스 신전에 재정을 지원했다는 점을 통해 증명된다. 그로부터 오랜 세월이 흐른 후 신약 시대에는, 교부인 알렉산드리아의 클레멘스(Clement, 주후 150-212년경)가 팩톨러스 강의 모든 금으로도 영원한 구원을 살 수 없다고 주장하며 크로이소스의 부를 암시한 바 있다(*Exhortation to the Greeks* 9.71).

크로이소스 왕의 생애가 널리 알려져 자주 언급되게 된 또 다른 이유는 그의 교만함과 안일함 때문에 난공불락으로 여겨졌던 사데의 아크로폴리스가 함락된 사건 때문이다. 크로이소스가 페르시아 왕 고레스에 대항하여 전쟁을 일으킬지 말지 그 여부에 대해 델포이의 신탁을 구했을 때, 그는 다음과 같은 답을 받았다. "네가 할리스 강을 건너는[페르시아 영토로 진입하는] 날에 너는 반드시 대제국을 격파할 것이다." 크로이소스 왕은 신탁이 승리를 보장한다고 믿어 페르시아를 침공했고 결국 자신의 제국을 멸망시키고 만다. 고레스와 벌인 첫 전투가 무승부로 끝난 후 크로이소스는 겨울철 동안, 난공불락으로 여겨진 450미터 높이의 사데 아크로폴리스로 퇴각했다. 그곳은 심지어 수 세기가 지난 후에도 "사데 아크로폴리스를 점령하다"는 말이 "불가능한 일을 하다"는 뜻의 속담처럼 쓰일 정도로 공략이 어려운 장소였다(Hemer 1986: 133).

고레스는 당시 군사적 관행을 무시하고 겨울철에도 철수하지 않아 크로이소스를 놀라게 만들었다. 고레스는 철수하는 대신 오히려 사데로 쳐들어가 도시를 포위했다. 그러한 상황에서 크로이소스는 난공불락의 아크로폴리스가 자신을 지켜줄 것이라고 믿고 안일하게 대처함으로 그의 자만심을 드러냈다. 크로이소스는 아크로폴리스의 방비를 지나치게 자신한 나머지 가장 가파른 구역에는 보초병을 배치하지 않았다. 고대 역사가 헤로도토스에 따르면 페르시아 병사 하나가 아크로폴리스의 절벽에 기어오르는데 성공했다. 헤로도토스는 다음과 같이 기록했다. "그곳에는 어떠한 보초병도 배치되어 있지 않았는데, 그것은 지형이 가파른 난공불락으로서 공격당할 염려가 전혀 없었기 때문이다"(Histories 1.84). 기어오른 페르시아 병사와 그를 따랐던 병사들은 내부에서 성문을 열었고, 사데는 겨우 14일간의 농성 끝에 결국 함락을 당했다. 크로이소스의 자만심 때문에 파멸을 맞이하게 된 것이다.

사데의 아크로폴리스가 정복당한 과정과 크로이소스의 생애에 관한 이야기는 고대 세계 안에서 너무나도 유명했기 때문에, 심지어 "크로이소스 전통"이라는 표현까지 생겼다. 그의 이야기는 단순히 재미를 위해서가 아니라 교육의 목적으로도 끊임없이 반복되어 전해졌다. 교사들은 학생들에게

크로이소스의 사례를 참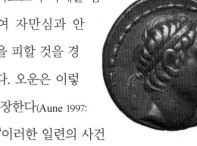
고하여 자만심과 안
일함을 피할 것을 경
고했다. 오운은 이렇
게 주장한다(Aune 1997:
220). "이러한 일련의 사건
[크로이소스 전통]으
로부터 얻은 도덕적
교훈―누구든 자만심

그림 5.2. 좌: 화관을 쓴 안티오코스 3세(주전 223-187년). 우: "안티오코스 왕"이라고 새겨져 있으며, 그림은 아폴로 신이 오른손에 든 화살을 살펴보며 왼손에는 활을 들고 있다. 그는 델포이 옴파로스(Delphi omphalos), 즉 델포이를 세계의 중심으로 표시하는 델포이의 배꼽에 앉아 있다.

과 오만함, 과신을 피하고 갑작스럽게 자신의 운이 뒤바뀔 경우를 대비해야 한다―은, 후대의 역사가와 도덕주의자들에게 일종의 토포스(topos)가 되었 다."

　이후 사데의 아크로폴리스가 또다시 점령당하자 그 도시의 악명은 한층 더 높아졌다. 페르시아 군대가 절대로 해낼 수 없을 것이라고 믿어졌던 일 을 14일만에 해내고 3세기가 지난 주전 215년 어느 날, 안티오코스 3세(An- tiochus III the Great)와 그의 군대는 1년이 넘도록 별 소득 없이 사데를 포위하 고 있었다. 공격하는 군대가 승리의 희망을 잃어갈 때 즈음, 크레타 섬 출신 의 라고라스(Lagoras)라는 병사가 사데의 과신과 안일함을 역이용했다. 고대 역사가 폴리비오스(Polybius)는 이를 다음과 같이 기록했다. "라고라스가 다 양한 전쟁 경험을 통해 배운 사실은, 도시 내부의 주민들이 도시의 자연적, 혹은 인위적 방어력을 과신하면 나머지 수비병을 배치하는 데 소홀해지고, 또 경계심을 완전히 잃게 되면 결국 그 도시가 적의 수중에 떨어진다는 것 이었다"(Histories 7.15.2). 라고라스는 새들이 도시 성벽의 한쪽 부분에 자주 내 려앉는 것을 보고 그곳에는 수비병이 주둔해 있지 않을 것이라고 추측했다. 그리고 달이 뜨지 않는 밤을 기다려서 그가 선택한 15명의 군사들과 함께 그쪽으로 아크로폴리스의 절벽을 타고 올라가 요새에 진입했다. 그리고 성문을 내부에서 열었고 결국 2천 명의 군사가 도시에 기습 진입해 사데를 두 번째로 점령하는 데 성공했다.

사데의 아크로폴리스가 자만심과 경계 부족으로 두 차례나 점령당한 이야기는 고대 세계에 널리 알려져 있었기 때문에, 여러 주석가들은 그리스도가 사데 교회를 향해 "깨어 있으라!"고 경고하신 배경에 바로 그 이야기가 담겨 있다고 생각한다. 예를 들어, 래드는 이렇게 말한다(Ladd 1972: 56). "그 경고는 특히 사데와 관련이 있다. 왜냐하면 사데에는 정면 공격으로는 단 한 번도 함락된 적 없는 난공불락의 아크로폴리스가 있었기 때문이다. 그러나 사데 역사를 보면, 도시를 방어하는 사람들의 경계심이 부족했을 때 기습 공격으로 두 차례나 함락된 것을 알 수 있다." 마운스도 이와 비슷한 주장을 펼친다(Mounce 1977: 110-11). "'깨어 있으라'는 경고는 사데에 특별히 무게가 실리는 표현이다. 왜냐하면 사데의 역사 가운데 도시의 수비를 맡은 자들의 경계 부족으로 아크로폴리스가 적에게 함락된 일이 두 차례나 발생했기 때문이다 ⋯ 역사 속에서와 마찬가지로 삶 속에서도 스스로 안전하다고 여기고 깨어 있지 못하면 재난을 초래하기 마련이다."

물론 또 다른 학자들은 사데의 아크로폴리스 함락이 정말로 요한계시록 본문에 암시된 것이 맞는지 의문을 표하기도 한다. 우드는 다음과 같이 말한다(Wood 1961-62: 264). "사데의 그리스도인들은 오늘날 우리가 생각하는 것처럼 해당 본문의 표현이 3-500여 년 전에 일어났던 역사적 재난을 가리킨다고 생각하진 않았을 것이다. 나폴레옹의 패배가 오늘날 프랑스 교회에 영향을 끼친다고 보기에는 무리가 있지 않은가." 램지 마이클스도 다음과 같이 주장한 바 있다. "그러한 암시는 있을 법하지 않다. 왜냐하면 (1) 그 사건들은 수 세기 전에 일어났다. (2) 본문의 메시지는 사데 도시가 아닌 그리스도인 공동체를 위한 것이다. (3) '깨어나라' 혹은 '깨어 있으라'는 명령과 연결된 도둑의 이미지는 그리스도의 말씀(마 24:43-44, 평행 본문, 눅 12:39-40; 살전 5:2을 보라)을 통하여 초기 교회 안에서 흔하게 사용되었다. 그 경고는 에베소나 라오디게아, 혹은 고대 어느 공동체에든 적용될 수 있다"(Michaels 1997: 82).

허머는 이러한 입장에 반박하며, 고대 문헌들 가운데 크로이소스 전통을 언급하는 다양한 사례들을 정리했다(Hemer, 1972-73). 여기에는 크로이소스 왕의 부, 델포이 신탁의 잘못된 해석, 고레스와의 전투, 장작 더미 위에서 치러진 그의 장례, 그리고 난공불락의 요새인 사데 아크로폴리스의 함락 등을 언급하는 문헌들도 포함되어 있다. 이러한 문헌들은 주로 주후 1세기와 2세기 자료들이며(따라서 요한계시록이 저술된 시기와 겹친다), 이교도의 자료들에서만 발견된 것들이 아니라, 기독교와 유대 문헌들에서도 발견된다. 이러한 자료들이 너무나도 많이 발견되기 때문에 "크로이소스 전통"이라고 부를만한 이유는 충분하며, 또한 격언으로서도 가치가 있다. 허머는 다음과 같이 말한다(Hemer 1986: 133). "사데 교회를 향한 서신에서 역사적인 암시를 식별하는 일은, 그 사건[크로이소스]이 형성된 과정과 속담으로서의 성격을 인식하는 것과 관련이 있다. 오늘날의 연구에서 문헌상의 근거를 다시 만들어내는 것은 불가능하다. 그 근거가 너무나도 많기 때문이다."

사데 설교의 교정 단락을 이루는 5개의 명령들 가운데 두 번째 명령은 다음과 같은 경고로 이루어져 있다. "그 남은 바 곧 죽을 것을 굳건하게 하라"(3:2). 이 문장에 사용된 동사(스테리조[stērizō])는 문자적으로 "어떤 것을 제자리에 견고하게 둔다"라는 의미이지만, 신약성경에서는 보통 "내면의 갈등이나 외부의 장애에 직면했을 때 감정적으로나 영적으로 견고하게 된다"는 비유적인 의미로 사용되었다(BDAG 945.2: "내적으로 견고해지도록, 혹은 결단하도록 하다"; 눅 22:32; 행 18:23[합성 형태인 에피스테리조[epistērizō]가 나온다]; 롬 1:11; 16:25; 살전 3:2, 13; 살후 2:17; 3:3; 약 5:8; 벧전 5:10; 벧후 1:12을 보라). 사데 교회가 굳건하게 해야 하는 대상이 무엇이었는지는 불분명하다. 직접 목적어인 타 로이파(ta loipa)가 중성이라는 사실로 미루어 보아 사람이 아닌 사물을 가리키는 듯하다. 구체적으로 말하자면, 바로 다음 구절에서 언급되는 행위 곧 그리스도께서 완전하지 않다고 여기시는 행위에 해당하는 것으로 보인다. 그러나 이 "남은 바"에 대해 관계절이 "죽을 것"이라고 부연 설명하기 때문에, 그 목적어가 사람을 가리킬 가능성도 있다(왜냐하면 "죽는다"는 것은 대개 행위가 아닌 사람을 염두에 둔 표현이기 때문이다). 구체적으로 "자신의 옷을 더럽히지 않은"(3:4a) 사데 교회의 "몇 이름들"일 수 있다. 오운에 따르면 중성 형용사가 무생물만을 지시한다는 가정은 잘못된 것이다. 그는 그 근거로 고린도전서 1:27-28과 히브리서 7:7을 제시한다(Aune 1997: 216). 그렇다면 중성 목적어(타 로이파)가 사람과 행위 모두를 가리킬 수 있다고 주장하는 주석가들의 입장을 따르는 것이 가장 적절할 것 같다. 따라서 사데 교회가 받은 명령은 곧 공동체 내에서 죽어가지만 아직 죽지 않은 소수의 사람들, 그리고 건강하게 살아있는 교회라면 마땅히 해야 할 행위, 그 2가지 모두를 굳게 하라는 것이다(Charles 1920: 79; Thomas 1992: 249; Kistemaker 2001: 151; Osborne 2002: 174-75).

처음에 2가지 명령을 내린 이유가 이후 구절에서 밝혀진다. "나는 너의 행위가 내 하나님 앞에서 완전함을 찾지 못했다"(계 3:2). 요한계시록과 신약성경 전반에 걸쳐 동사 "찾다"(휴리스코[heuriskō])는 어떤 사람이 유죄 혹은 무죄로 "판명되었다"라는 법정적인 의미로 사용되는 경우가 많다(계 2:2; 5:4; 12:8; 14:5; 20:15; 행 5:39; 23:9; 고전 15:15; 고후 5:3; 벧전 1:7; 벧후 3:14). 따라서 이 동사가 불러일으키는 이미지, 또 완료 시제를 사용함으로써 강조하는 이미지는 사데 교회의 성도들이 최종 심판자이신 하나님 앞에서(곧 법정에 서서) 하나님의 검사인 그리스도께서 그들의 혐의를 고발하는 내용을 듣는 모습이다. 그리고 그들의 혐의는 행위가 완전하지 않다는 것이다. (이러한 법정 장면의 이미지는 사데 설교의 후반부인 3:5c에 다시 나온다. "그 이름을 내 아버지 앞과 그분의 천사들 앞에서 시인할 것이다.") 여기서 언급하는 행위가 정확히 무엇인지는 명시되지 않지만, 이후에 더럽혀진 옷과 흰 옷—고대 세계에서 도덕적, 영적 상태를 표현하는 일반적인 은유—을 대조하는 내용(3:4a, 4b, 5a)으로 미루어 볼 때, 그리스도께서 사데 교회의 윤리적, 종교적 행위를 말씀하시는 것으로 보인다. 사데 교회의 전체적인 문제는 그들의 행위를 통해 구체적으로 드러나고 있었다. 사데 교회는 동료 성도들로부터는 긍정적인 명성을 얻었을진 모르지만, 전반적으로 안일함이라는 문제에 빠져 있었기 때문에 하나님과 그리스도 앞에서 판단과 심판을 받고 있는 것이다.

　세 번째와 네 번째, 그리고 다섯 번째 명령은 추론 불변화사인 "그러므로"(운[oun])에 의해 앞에 나온 2가지 명령들과 분리되어 있으며, 또한 그 2가지 명령들의 결과라고 할 수 있다. 만약 사데의 성도들이 깨어 있으려면, 그리고 남은 바를 굳건하게 하고자 한다면, 그들은 이 3가지 명령을 수행해야 한다. 안일함에 빠진 사데 교회에게 그리스도께서 주시는 세 번째 명령은 "그러므로 네가 받은 것과 들은 것을 기억하라"(3:3)는 명령이다. 과거에 대한 기억은 도덕적 변화를 유발하는 강력한 동인이다. 예를 들어, 집을 떠난 탕자가 너무나도 배가 고픈 나머지 자신이 먹이던 돼지의 음식이라도 먹고 싶어졌을 때, 그는 문득 자신의 집에서 풍요로움을 누리던 지난날을 기억했고, 그때 비로소 "스스로 돌이켜" 잘못을 뉘우쳤다. 그러고 나서 그는 아버지의 용서를 구할 마음을 먹고 집으로 돌아가게 된다(눅 15:17-18). 바울은 할례 문제를 놓고 민족 간에 심각하게 분열되어 있던 에베소 교회를 다시 연합시켜야 한다는 어려운 과제를 해결하는 과정에서, 자신의 이방인 독자들에게 그들의 이전 지위를 기억할 것을 촉구한다. "그러므로 기억하라 …그때에 너희는 그리스도 밖에 있었고 이스라엘 나라 밖의 사람이라. 약속의 언약들에 대하여는 외인이요 세상에서 소망이 없고 하나님도 없는 자이더니"(엡 2:11-12). 사데 교회는 구체적으로 "네가 받고 들은 것을 기억하라"는 명령을 듣는다. 다시 말해, 그들은 기본으로 돌아가 공동체가 최초로 세워졌을 당시, 처음으로 들은 복음의 메시지를 떠올려야 했다.

여기서 동사 "받고(받다)"는 신앙 고백이나 신앙 전통을 받아들이는 것(그리고 전달하는 것)을 뜻하는 기술적 용어로서 기능하는 듯하다. 예를 들어, 바울은 고린도전서 15:3b-5에서 그리스도의 죽음과 부활에 관한 신앙 고백을 다음과 같이 시작한다. "내가 받은 것을 먼저 너희에게 전하였노니"(15:3a). 이 동사를 선택한 것은 사도 바울이 그리스도의 죽음과 부활에 관한 이야기를 만들어낸 것이 아니라, 그가 회심한 뒤 신앙 고백의 정형 문구(formula)를 "받았고", 이후 고린도 교회에서 18개월 동안 사역하면서 그것을 다시 고린도 성도들에게 "전달"했음을 뜻한다(또한 고전 11:23에서 바울이 주의 만찬 전승을 "받아서" 다시 "전달"한 것을 보라). 이처럼 사데 교회는 그들이 받은 것, 곧 그들이 처음 신앙을 갖게 되었을 때 전해 받은 그리스도 복음의 신앙 고백을 "기억하라"는 명령을 받은 것이다. 사데 교회가 기억해야 할 또 한 가지는 바로, 그들이 "들은 것"이다. 이는 곧 신앙 고백을 단순히 듣기만 하는 것이 아니라, 순종하여 완전하다고 평가받을 만한 행위로 실천해야 한다는 의미를 담고 있다.

네 번째 명령은 사데 교회가 앞서 "들은 것"이라는 표현으로 암시되는 복음에 대한 순종(의 반응)을 강조하고 있다. 여기서 사용된 동사 테레오(tēreō)는 "계속해서 순종하다"(BDAG 1002.3)라는 의미를 갖고 있다. 따라서 이 명령은 대부분의 역본들에 "순종하라!"로 번역되어 있다. 또한 이 동사는 두아디라 설교에서 이와 같은 의미로 사용된 바 있다. "끝까지 내 행위를 지키는 [순종하는] 자에게"(2:26). 사데 교회가 순종해야 할 대상이 명시되진 않았지만, 다행히 맥락을 통해 쉽게 추론할 수 있다. 그것은 곧 이전 명령에서 그들이 "받은 것과 들은 것"으로 언급된, 그리스도 복음에 대한 신앙 고백을 가리킨다. 근본적인 진리를 기억하는 것도 중요한 일이지만, 그것만으로 충분하지 않다. 반드시 그 진리에 순종해야 한다.

마지막이자 다섯 번째 명령은 "회개하라!"이다. 이 명령은 교정 단락이 들어 있는 모든 설교에 등장하며, 교정 단락을 마무리하는 역할을 한다(에베소 2:5[2회]; 버가모 2:16; 두아디라 2:21[2회], 22; 라오디게아 3:19). 다른 설교들에는 "회개하라"는 명령이 교정 단락의 시작 부분(혹은 그 가까이)에 나오지만, 여기서는 교정 단락의 마지막 부분에 자리하고 있다. 논리적으로 회개는 순종보다 앞서 나와야 하지만, 여기서는 종결부에 위치해 있어서 다소 낯설고 어색하다. 이처럼 특이한 순서로 배치된 것은 "후자 - 전자"(latter-former)라고 불리는 문학적 장치의 한 사례일 수 있다. 이 기법은 2가지 사건을 역순으로 배치하는 기법인데, 실제로 요한계시록 안에서 여러 차례 사용된다(3:17; 5:5; 6:4; 10:4, 9; 20:4-5, 12-13; 22:14). 또한 이 기법은 한 쌍을 이루고 있는 요소들 중에 더 중요한 요소를 부각시키는 데 사용된다(Aune 1997: 221; Mathewson 2016:41). 이를 사데 설교에 적용해보면, 사데 교회가 처음에 전달받은 복음의 신앙 고백을 향해 순종해야 한다는 점에 더 큰 강조점을 두고 있는 것이라 할 수 있다.

결과(3:3b, 5)

사데 설교는 일반적인 패턴을 따라 그리스도께서 사데 교회가 맞이하게 될 2가지 결과를 말씀하시는 것으로 마무리된다. 첫 번째 결과는 부정적인 결과이다. 이는 사데 교회가 "깨어 있으라"는 명령과 "굳건하게 하라"는 명령—죽어가는 '성도들', 그리고 건강하게 살아 있는 공동체라면 마땅히 행해야 할 '행위' 모두를 향한 표현—을 지키지 못할 경우 받게 될 처벌을 이야기한다. 두 번째 결과는 긍정적인 결과이다. 이는 사데 교회가 회개하고 그리스도의 도움으로 안일함이라는 죄를 극복할 경우 받게 될 상을 이야기한다.

부정적인 결과(3:3b)

> 그러므로 만일 네가 깨어 있지 않으면 내가 도둑같이 올 것이다. 어느 때에 내
> 가 네게 맞서 이를지는 네가 결코 알지 못할 것이다(3:3b)

부정적인 결과 단락(3:3b)은 추론 불변화사 "그러므로"(운[oun])를 통해 그 앞의 교정 단락(3:2-3a)과 서로 구분된다. 동시에 그 불변화사는 두 단락 사이에 논리적인 연관성이 있음을 강조한다. 그리스도는 사데 교회가 5가지 교정 명령을 따르지 않을 경우 맞게 될 부정적인 결과를 경고하신다. "그러므로 만일 네가 깨어 있지 않으면 내가 도둑같이 올 것이다"(3:3b). 그리스도께서 사데 교회에 '오셔서' 처벌을 내리신다는 개념 그 자체가 특별한 것은 아니다. 왜냐하면 그러한 경고가 여섯 편의 설교에나 나오기 때문이다(2:5, 16, 25; 3:3, 11, 20). 다만, 그리스도의 오심을 "도둑같이"라고 표현한 것은 다소 독특한 부분이다.

그리스도의 오심을 갑작스러운 도둑의 침입에 비유한 것은 신약성경, 그리고 사데 지역의 역사적 배경 모두와 관련이 있다. 그리스도는 자신의 사역 중에 종종 자신이 돌아올 것을 기다리라고 말씀하시며 도둑의 비유를 사용하셨다. "그러므로 깨어 있으라(그레고레이테[grēgoreite]). 어느 날에 너희 주가 임할는지 너희가 알지 못함이니라. 너희도 아는 바니 만일 집 주인이 도둑이 어느 시각에 올 줄을 알았더라면 깨어 있어 그 집을 뚫지 못하게 하였으리라"(마 24:42-43; 눅 12:39-40을 보라). 바울 역시 그리스도께서 다시 오시는 마지막 때("주의 날")를 비유적으로 이야기한다. "주의 날이 밤에 도둑같이 이를 줄을 너희 자신이 자세히 알기 때문이라"(살전 5:2). 바울은 종말의 사건으로 인해, 믿음이 없는 자들은 놀라겠지만, 그리스도의 오심을 준비하며 깨어 있는 제자들은 놀라지 않을 것이라고 강조한다. "형제들아, 너희는 어둠에 있지 아

니하매 그 날이 도둑같이 너희에게 임하지 못하리니"(살전 5:4). 베드로 또한 "주께서 강림하신다는 약속이 어디 있느냐?"라고 조롱하며 냉소적으로 묻는 자들에게 그와 동일한 비유를 사용하여 답한다. "주의 날이 도둑같이 오리니"(벧후 3:10). 깨어 있어야 함을 강조하는 그와 같은 비유가 요한계시록 후반부에서도 반복된다. "보라, 내가 도둑같이 올 것이다. 누구든지 깨어 있는 자(호 그레고론[*ho grēgorōn*])는 … 복이 있도다"(계 16:15).

하지만 이러한 도둑 비유들은 사데 설교에서와 같이 조건문 형태로 표현되지 않았다. "만일 네가 깨어 있지 않으면 …"은 짧은 사데 설교에서 그리스도가 교회에게 '깨어 있어야 함'을 재차 반복하신 말씀이다. 이로써 교정 단락의 5개의 명령들 중 첫 번째 명령("깨어 있으라")의 중요성이 한층 더 강조된다. 많은 학자들은 도둑같이 그리스도가 오실 것이라는 경고와 더불어 "깨어 있으라"고 말하는 두 차례의 경고가, 절대 함락될 수 없다던 사데의 아크로폴리스가 기습 공격에 의해 두 차례 함락된 사건을 암시하는 것으로 생각한다. 예를 들어, 비일은 다음과 같이 말한다(Beale 1999: 276). "만약 그들이 회개하고 깨어 있지 않으면, 갑작스럽게 오시는 그리스도로 인해 놀라게 될 것이다. 이는 마치 오래전 고레스가 사데를 침공했을 때, 그리고 이후 안티오코스 대왕이 침공했을 때, 사데 도시가 경계를 소홀히 하여 무방비 상태에 놓였던 것과 같다." 키너 또한 비슷한 주장을 펼친다(Keener 2000: 144). "그러나 이 경고[그리스도가 도둑같이 오실 것]는 어려서부터 사데의 역사를 배워온 자부심 강한 사데 시민들에게 특별한 경각심을 일으켰을 것이다. 전통적인 전쟁 방식으로 사데가 함락된 적은 한 번도 없다. 오히려 사데 시민들은 경계에 실패했을 때, 기습 공격을 통해 두 차례 함락당했다."

도둑같이 오실 것이라는 그리스도의 위협적인 이미지는 3가지 측면에서 더욱 암울하게 보인다. 첫째, 조건문 다음에 부가 설명이 있다. "어느 때에 내가 네게 맞서 이를지는 네가 결코 알지 못할 것이다"(3:3). 이미 도둑 비유에 내재되어 있던 사실, 곧 그리스도께서 심판하러 오시는 때를 알 수 없다는 사실(대개 피해자는 사건이 언제 발생할지 알지 못하는 까닭이다)이 이제 공식적으로 명시되었다. 둘째, 강한 미래 부정(negation)의 형태를 사용함으로써(부정과거 가정법을 활용한 이중 부정; BDF 365을 보라) 그리스도께서 다시 오실 때 심판을 받게 될 자들은 그 심판의 시기가 언제일지 결코 알 수 없다는 점을 강조하고 있다. 그 사건은 불시에 그들을 급습할 것이다. 셋째, 사데 교회의 미래는 그리스도께서 사용하신 전치사를 통해 더욱 암울해진다. 그리스도는 사데 교회에게 경고하시며, 그저 "네게"(to you) 이를 것이라고 말씀하지 않고, 더욱 위협적인 태도로 "네게 맞서"(against you) 이를 것이라고 말씀하셨다(전치사 에피[epi]는 "적대적인 반대 표시, 대적하여"라는 뜻이 있다. BDAG 366.12; Mathewson 2016: 42).

긍정적인 결과(3:5)

> 이기는 자는 이와 같이 흰 옷을 입을 것이다. 내가 그 이름을 생명책에서 결코 지우지 않을 것이다. 내가 그 이름을 내 아버지 앞과 그분의 천사들 앞에서 시인할 것이다(3:5)

다행히 모든 설교는 심판으로 인한 부정적인 결과가 아닌, 승리의 긍정적인 결과로 마무리된다. 이는 죽어가는 사데의 교회를 향한 매우 비판적인 설교 역시 마찬가지이다. 3:5의 단락이 긍정적인 결과임을 보여주는 전형적인 표시는 핵심 동사 니카오(nikaō)를 활용한 "승리 정형 문구(formula)"이다. 이 동사가 요한문헌 가운데 얼마나 중요한 역할을 하는지, 또한 군사적인 충돌에 대한 은유에서 어떠한 역할을 하는지, 그리고 어떻게 승리가 인간의 성취가 아닌 신적 선물인지 등을 이해하고 싶다면, 에베소 설교에서 논의한 승리 정형 문구 부분을 다시 보기를 바란다("긍정적인 결과[2:7b]"를 보라).

안일함이라는 치명적인 죄를 극복한 "이기는 자"는 3가지 복을 상으로 받게 될 것이다. 첫째, 그들은 "이와 같이 흰 옷을 입을 것"(3:5a)이다. 이 첫째 복은 바로 앞의 구절(3:4)과 몇 가지 측면에서 긴밀하게 연결되어 있다. 일단 부사 "이와 같이"(후토스[houtōs])는 추론 기능을 한다. 이 부사는 앞서 그리스도께서 하신 인정의 말씀—"사데에 자신의 옷을 더럽히지 않은 몇 사람들이 네게 있고"(3:4a)—으로 되돌아가서, 이기는 자가 받게 될 상이 흰 옷을 입는 것이 된 이유를 보여준다. 또한 앞서 3:4에 나온 약속과 3:5의 첫째 복에서 제시된 약속이 본질적으로 동일하다. 즉, "흰 옷을 입고 나와 함께 걸을 것"(3:4b)에는 이미 "흰 옷을 입을 것"이 포함되어 있다.

앞서 우리는 이미 고대 세계 안에서 옷이 사람의 도덕적, 영적 상태에 관한 은유로 자주 사용되었다는 점을 살펴보았다(3:4의 논의를 보라). 희거나 깨끗한 옷은 윤리적, 종교적 순수함을 상징하는데 반해, 더럽혀진 옷 혹은 옷이 전혀 없음은 비윤리적이고 비종교적인 행위를 뜻했다. 이 은유를 긍정적인 의미로, 혹은 부정적인 의미로 사용한 용례를 요한계시록의 다른 구절들에서도 찾아볼 수 있다. 이를테면, 일곱 교회 가운데 최악으로 평가받는 라오디게아 교회는 벌거벗었다는 평가를 받았다(3:17). 보좌에 앉은 이십사 장로들은 흰 옷을 입고 있다(4:4). 신앙 때문에 순교한 성도들은 흰 두루마기를 받는다(6:11). 보좌 앞과 어린양 앞에 서 있는 무리, 곧 아무도 능히 셀 수 없는 큰 무리는 흰 옷을 입고 있으며, 어린양의 피에 그 옷을 씻어 희게 한다(7:9, 14). 그리스도는 "누구든지 깨어 자기 옷을 지켜 벌거벗고 다니지 아니하며 자기의 부끄러움을 보이지 아니하는 자는 복이 있도다"(16:15)라고 말씀하셨다. 앞서 관찰한 바와 같이, 3:4에서 옷에 관한 은유를 걷기 은유와 결합시킨 것은, 로마가 중요한 군사적 승리를 거두었을 때 거행하는 개선식에서, 로마 시민들이 깨끗한 흰색 토가를 입고 개선 장군과 함께 행진하는 이미지를 연상시키려는 의도일 수 있다. 만약 그렇다면 "흰 옷"을 입게 되는 첫째 복 역시 바로 앞 절에서 사용된 로마의 개선식 은유와 이어지는 내용일 수 있다. 오스본은 다음과 같이 언급한다(Osborne 2002: 98). "그들은 종말의 때에 승리 자들로서 3:4의 '흰 옷'을 입고 그리스도의 개선 행진에 동참할 것이다."

죄를 극복하고 이기는 자에게 주어지는 둘째 복은 생명책과 관련이 있다. "내가 그 이름을 생명책에서 결코 지우지 않을 것이다"(3:5). 흰 옷 은유, 구체적으로 말하면 로마의 승리 은유는 구약성경과 초기 유대 문헌에서 자주 볼 수 있는 또 다른 은유로 대체되는데 그것은 곧 생명책 은유이다. 생명책에는 구원받은 이들의 이름이 기록되고, 악한 자들의 이름은 지워진다. 이러한 이미지는 이스라엘 백성이 시내산에서 금송아지를 향해 우상숭배를 저지른 후 모세가 하나님 앞에서 그들을 위해 중보 기도하는 장면에서 처음으로 등장한다. "이제 그들의 죄를 사하시옵소서. 그렇지 아니하시오면 원하건대 주께서 기록하신 책에서 내 이름을 지워 버려 주옵소서"(출 32:32). 일부 구약 본문들은 하나님을 가리켜, 당신이 택하신 자들의 이름을 명부에 기록하시는 분으로 묘사하기도 한다(시 87:6; 사 4:3; 단 12:1). 둘째 복의 배경이 되는 또 다른 구약 본문들을 보면, 생명책에서 이름을 지우기도 한다(출 32:32-33; 시 69:28). 생명책에 이름을 기록하거나 지우는 은유는 초기 유대 문헌에서도 찾아볼 수 있다. 예를 들어, 에녹1서는 악인들이 득세하는 시대를 살아가는 의인들에게 "죄인들의 이름이 생명책에서 지워질 것"을 기억하며 인내심을 갖고 견디라고 호소한다(108:3; 또한 에녹1서 47:3; 104:1; 희년서 19:9; 30:19-20; 36:10; 1QM 12.3을 보라). 이 은유는 구약성경과 초기 유대 문헌에서 폭넓게 활용되었기 때문에 심지어 신약성경에도 여러 차례 나온다. 예수는 72인(눅 10:1, 개역개정과는 달리 그리스어 성경 본문에는 72명으로 되어 있다 - 역주)을 파송하면서 그들이 반대를 당하여도 낙심하지 말고 오히려 "너희 이름이 하늘에 기록된 것으로 기뻐하라"(눅 10:20)고 말씀하신다. 히브리서의 저자는 온 세계 성도들을 가리켜 "하늘에 그 이름이 기록된 자들"이라고 부른다(히 12:23). 사도 바울은 유오디아와 순두게, 글레멘드를 비롯한 동료들의 "이름들이 생명책에 있다"(빌 4:3)고 말한다. 요한은 신약성경에서 이 은유를 가장 많이 사용한다. 생명책은 이 본문에서 처음으로 언급된 것이고, 요한계시록 전체에서 총 6회나 사용된다 (13:8; 17:8; 20:12, 15; 21:27을 보라).

생명책에서 이름을 지운다는 은유를 이해함에 있어 구약성경과 유대 문헌을 주된 배경으로 삼는 것이 적절하지만, 동시에 그 은유는 그레코-로만 세계 안에 널리 퍼진 고대 관습을 반영하기도 한다. 실제로 각 도시는 시민들의 명단을 공공 등기소에 기록해서 보관했고, 심각한 범죄를 저질러 유죄 판결을 받은 사람은 그 이름이 말소되었다. 예를 들어, 아네테에서 사형 판결을 받은 시민의 경우, 사형이 집행되기 전에 시민 명부에서 그 이름이 삭제되었다(Dio Chrysostom, *Orations* 31.84). 또 이 관습의 실례로 아테네의 정치인 테라메네스(Theramenes, 주전 404년 사망)가 재판 없이 사형에 처해지는 과정에서 그의 이름이 시민 명부에서 지워진 바 있다(Xenophon, *Hellenica* 2.3.51-53). 중요한 사실 또 하나는 디오 크리소스토모스(Dio Chrysostom)과 크세노폰(Xenophon)이 시민 명부에서 이름을 삭제하는 사례를 언급하면서 사용한 "삭제하다"라는 동사(엑살레이포[*exaleiphō*])가, 사데 교회가 받은 약속 곧 그들의 이름이 생명책에서 "지워지지" 않을 것이라는 약속에 사용된 동사와 동일하다는 점이다. 이러한 맥락에서 사용되는 빈도수를 고려해 볼 때, 이 동사는 아마도 "명부에서 시민의 이름을 삭제할 때 사용하는 전문 용어"(Aune 1997: 225)일 것이다. 이러한 은유는 특히 사데 교회에게 친숙했을 것이다. 왜냐하면 사데는 과거 페르시아와 셀류키드 제국의 서쪽 지역 수도로서 도시 안에 시민 명부의 보관소가 있었기 때문이다(Hemer 1986: 148).

생명책 혹은 공공 시민 명부에서 이름을 지우는 것이 구약성경과 초기 유대 문헌, 그레코-로만 사회를 배경으로 하고 있다는 사실을 통해, 사데 교회에게 약속된 둘째 복이 얼마나 중요한 의미를 갖고 있는지가 분명하게 밝혀진다. 죽어가는 사데 교회에서 안일함이라는 치명적인 죄를 극복한 성도라면 누구든지 그 이름이 생명책에서 지워지지 않을 것이며, 그리스도의 왕국에서 그 시민으로서의 지위가 보장될 것이다. 이러한 좋은 소식은 다음과 같은 강조를 통해 더욱 좋은 소식이 된다. 앞서 부정적인 결과가 문법적인 구조를 통해(강한 미래 부정 형태로) 강조되었던 것과 같이("어느 때에 내가 네게 맞서 이를지는 네가 결코 알지 못할 것이다"[3:3]), 이제 그와 동일한 문법 구조(이중 부정 다음에 부정과 거 가정법 혹은 미래 직설법이 나온다: BDF 365를 보라)를 통해 긍정적인 결과가 강조된다. "내가 그 이름을 생명책에서 결코 지우지 않을 것이다"(3:5).

사데의 이기는 성도들에게 약속된 셋째 복은 마지막 심판 때에 그리스도께서 그들의 옹호자가 되신다는 것이다. "그 이름을 내 아버지 앞과 그분의 천사들 앞에서 시인할 것이다"(3:5c). 하늘의 법정 장면은 3가지 방식으로 그려진다. (1) 앞서 나온 생명책 은유는 흔히 하나님의 심판 장면에 나온다. 하나님은 보좌에 앉아 계시고, 하나님을 섬기는 존재들이 그 주위에 서 있다(단 7:9-10; 에녹1서 47:3; 90:20; 계 20:11-12). 사실 생명책 은유의 기원은 "고대 근동 왕궁에서 왕이 정의(justice)를 시행할 때 활용하는 기록물"(Aune 1997: 223)이다. 따라서 케어드가 셋째 복에서 "시청에서 법정으로 장면이 전환된다"고 주장한 것은 오해의 소지가 있다(Caird 1966: 50). 둘째 복에서 생명책 은유를 통해 이미 법정의 이미지가 그려졌기 때문이다. (2) 그리스도께서 사데의 이기는 성도들에게 하신 약속은, 그가 지상에서 사역하는 동안 제자들에게 하신 약속을 연상시킨다. "누구든지 사람 앞에서 나를 시인하면 나도 하늘에 계신 내 아버지 앞에서 그를 시인할 것이요"(마 10:32). 이에 대한 누가복음의 평행 구절은 마지막 전치사구인 "하늘에 계신 내 아버지 앞에서"를 "하나님의 천사들 앞에서"(눅 12:8)로 대체한다. 사데 설교는 2가지 버전의 예수의 말씀을 결합시켰다. 사데 설교 안에 예수의 말씀 또한 법정 장면을 그려낸다. 이에 관해 윌슨은 올바르게 판단한다(Wilson 2002: 273). "사람 앞에서 시인한다는 표현을 통해서 공공의 법정 상황이 그려지고, 하나님 앞에서 시인한다는 표현을 통해서 하늘의 법정 장면이 그려지고 있다." (3) "내가 … 시인할 것이다"(호몰로게오[homologeō])에 사용된 동사를 통해서도 법정의 상황을 그려볼 수 있다. 이 동사는 그러한 맥락에서 강한 법정적 효력을 지니고 있기 때문이다. 따라서 셋째 복에서 나타나는 장면을 통해 확증되는 것은, 사데 교회에서 안일함이라는 치명적인 죄를 극복한 "몇 이름들"이 차후 하나님의 법정에 서게 될 때, 하늘의 심판자이신 그리스도께서 그들의 옹호자가 되신다는 점이다. 그리스도는 그의 아버지와 천사들 앞에서 그들의 이름을 시인하실 것이며, 그들은 무죄 판결을 받게 될 것이다.

우리를 향한 말씀

서론

1974년 8월 11일 실로 놀라운 일이 일어났습니다. 프랑스인이자 고공 외줄타기 곡예사인 필립 쁘띠(Philippe Petit)가 친구들의 도움을 받아 6년을 준비한 끝에 마침내 뉴욕 세계무역센터 쌍둥이 빌딩 사이 약 400미터 상공에 케이블을 설치한 것입니다. 그리고 나서 그는 45분 동안 60미터 떨어진 두 빌딩 사이를 8번이나 왕복했습니다. 단순히 케이블 위에서 걷기만 한 것이 아니라 춤을 추거나 무릎을 꿇기도 했고, 심지어 그가 케이블에서 내려오면 체포하려고 양쪽 끝에서 대기하고 있던 경찰관에게 경례하며 드러눕기까지 했습니다. 쁘띠의 성공은 세계적인 관심을 불러모았습니다. 그는 유명세를 탄 덕분에 링링 브라더스(Ringling Brothers)에서 서커스 공연도 하게 되었습니다. 그런데 그가 처음으로 공연하는 날 16미터 높이의 공중에서 줄타기 연습을 하는 도중 갑자기 땅에 떨어지고 말았습니다! 쁘띠는 몇 군데 뼈가 부러졌습니다. 그리고 무엇보다 자신에게 화가 났습니다. 그는 말했습니다. "믿을 수가 없어! 나는 절대 떨어지는 법이 없단 말이야!"

어떻게 이런 일이 일어날 수 있었을까요? 거센 바람이 부는 400미터 높이 공중에서도 줄타기에 성공한 사람이, 얼마 지나지 않아 더 완벽한 조건을 갖추고 고작 16미터 높이에서 줄타기를 했는데, 어째서 그런 일이 벌어진 것일까요? 한마디로 대답하면, 바로 **안일함** 때문입니다. 거센 바람이 부는 가운데 400미터 높이에서 외줄타기를 할 때는 목숨이 달려 있다는 사실을 항시 자각하게 됩니다. 즉, 신경이 곤두선 채 정신력이 최고조에 이릅니다. 지금 무슨 일을 하고 있는지, 얼마나 위험한 상황인지 집중할 수밖에 없습니다. 그러나 연습 시간에 16미터 정도 높이에서 아무도 보지 않을 때 줄을 타게 되면, 경계심이 느슨해지기 마련입니다. 그리고 그때가 바로 안일함에 빠지는 순간입니다.

안일함은 좋지 않습니다. 만약 어떤 사람이 여러분에게 "안일하다"고 말한다면 당연히 기분이 나쁠 것입니다. 하지만 우리는 그 정도에서 그칠 것이 아니라, 안일함이 얼마나 위험한 것인지를 더욱 분명하게 인식해야 합니다. 우리가 요한계시록 본문을 통해 배운 것처럼, 안일함은 단순히 안 좋은 수준에 그치는 것이 아니라, 사실은 **치명적인 위험성**을 지니고 있습니다. 그래서 오늘은 여러분에게 사데 교회, 곧 "안일함에 빠진 교회"를 소개하고자 합니다.

그리스도의 칭호(3:1a)

일곱 설교의 첫 내용은 그리스도의 칭호입니다. 그리스도께서 본격적으로 말씀을 하시기 전에 먼저 그리스도를 설명하는 2가지 묘사가 나옵니다. 이러한 패턴은 사데 교회를 향한 설교에도 적용됩니다. "하나님의 일곱 영과 일곱 별을 가지신 분이 이같이 말씀하신다"(계 3:1a).

그리스도의 첫 번째 칭호는 "하나님의 일곱 영을 가지신 분"입니다. 이 독특한 표현은 요한계시록 외에는 성경 어느 곳에서도 나오지 않습니다. 이 표현이 사용된 요한계시록의 초반부를 보면, "하나님의 일곱 영"은 성령을 일컫는 또 다른 방식임을 알 수 있습니다. 실제로 요한계시록은 삼위일체의 각 위격이 드러나는 인사말로 시작됩니다. "이제도 계시고 전에도 계셨고 장차 오실 이와 그의 보좌 앞에 있는 일곱 영과 또 충성된 증인으로 죽은 자들 가운데에서 먼저 나시고 땅의 임금들의 머리가 되신 예수 그리스도로 말미암아 은혜와 평강이 너희에게 있기를 원하노라"(1:4-5). 이 인사말에서 처음으로 언급되는 삼위일체의 위격은 성부 하나님이며, 마지막으로 언급되는 위격은 예수 그리스도입니다. 그리고 성부 하나님과 예수 그리스도 사이에서 언급되는 이가 바로 "일곱 영들", 다시 말해 성령입니다.

그런데 "일곱 영들"이 성령을 가리키는 것이라면, 어째서 요한은 간단하게 예수님이 성령을 가지셨다고 쓰지 않았을까요? 아마도 "일곱 영들"은 칠십인역 이사야 11:2-3의 그리스어 번역을 암시하는 것 같습니다. 그 이사야 본문을 보면, 이새의 가지에서 탄생할 미래의 왕, 곧 메시아는 하나님의 일곱 영—지혜의 영, 총명의 영, 모략의 영, 능력의 영, 지식의 영, 경건의 영, 하나님을 경외하는 영—을 갖게 됩니다. 종합해보면, 예수님께서 미래의 왕, 즉 메시아로서 일곱 영들(신적 속성)을 가지셔서, 하나님의 백성들에게 복을 내리실 것이라는 의미입니다. 안일함에 빠져 거의 죽어가던 사데 교회가 다시 살기 위해서는 예수님이 곧 생명을 주는 하나님의 영을 가지신 메시아 왕이심을 인식해야 합니다.

요한계시록 본문은 예수님이 생명을 주는 하나님의 영을 가지셨을 뿐 아니라, 또한 "일곱 별을" 갖고 계시다고 말합니다. 요한계시록은 일곱 별이 "일곱 교회의 천사들"(1:20), 말하자면 각 교회를 보호하는 천사들이라고 명시합니다. 예수님께서 사데 교회를 보호하는 천사를 "가지셨거나" 다스리신다는 사실은 곧 그분께서 사데 교회를 다스리신다는 말과 동일합니다. 예수님께서 사데 교회에 대한 권세를 갖고 계시기 때문에, 사데 교회는 마땅히 그분의 말씀을 청종해야 합니다.

두 번째 칭호는 예수님의 권세를 강조하는 한편, 로마가 행사하는 권세에 맞서는 의미도 담고 있습니다. "일곱 별"이라는 표현을 들은 사람들의 의식 속에서는 로마 동전에 자주 나타났던 일곱 별의 이미지가 떠올랐을 것입니다. 그 동전의 또 다른 면에는 로마 황제의 형상이 새겨져 있었습니다. 로마 황제들은 사람들이 자신들을 일곱 별을 통치할 만큼 강력한 힘을 가진 '반인반신'의 존재로 믿기를 바랐습니다. 로마의 황제들은 동전을 통해 땅에서뿐만 아니라 하늘들에서도 강력한 권세를 갖고 있다고 주장한 것입니다.

그런데 어느 날 한 메신저(messenger)가 요한에게 계시된 예수님의 설교를 가지고 사데 교회로 찾아옵니다. 그런데 예수님의 말씀이 시작되기 전에, 먼저 사데 교회는 그분이 "일곱 별"을 가지신 분이라는 표현을 듣게 됩니다. 곧 예수님은 로마보다 더 큰 권세를 가지신 분, 땅에서뿐만 아니라 하늘에서도 큰 권능을 가지신 분이었습니다. 사데에 있던 그리스도의 제자들, 그리고 오늘날의 제자들은 예수님께서 온 세상을 다스리는 권세를 갖고 계시다는 사실을 먼저 분명하게 인식하고 그분의 말씀에 귀 기울여야 합니다.

칭찬-없음!

모든 설교가 공통적으로 언급하는 내용이 바로 칭찬입니다. 보통 예수님은 각 교회가 잘하고 있는 일을 먼저 칭찬하십니다. 사데 설교는 일곱 편의 설교 중 다섯 번째 설교입니다. 이 말은 곧 사데 교회의 성도들은 예수님께서 에베소와 서머나, 버가모와 두아디라의 성도들을 칭찬하신 내용을 이미 알고 있었음을 의미합니다. 그리고 드디어 그들의 차례가 되었습니다. 사데 교회의 성도들은 과연 예수님께서 자신들에게 어떠한 칭찬을 하실지 기대하고 있습니다. 그런데 그들이 들은 말은 무엇입니까? "내가 너의 행위를 안다. 곧 네가 살아 있다 하는 평판은 가졌으나, 너는 죽은 자다"(3:1b).

여기서 요한계시록 본문이 말하고 있는 내용이 아니라, 말하고 있지 않은 내용에 주의를 기울여 보십시오. 즉, 사데 설교에는 칭찬이 생략되어 있습니다. 사데 교회의 상황이 너무나도 심각했던 탓에, 예수님은 그들에게 어떠한 긍정적인 말씀도 하시지 않았습니다. 사데 교회의 상황은 서머나 교회의 상황과 정반대였습니다. 예수님은 서머나 교회를 매우 긍정적으로 평가하시며 그들에게 아무런 책망도 하지 않으셨습니다. 반면에, 사데 교회는 매우 부정적으로 평가하시며 아무런 칭찬도 하지 않으셨습니다.

그렇지만 사데 교회에도 실낱 같은 희망은 있습니다. 칭찬은 없을 수 있어도, 어느 정도 인정하는 말씀은 주어졌기 때문입니다. 실제로 몇 구절 뒤에서 예수님은 다음과 같은 말씀하십니다. "그러나 사데에 자신의 옷을 더럽히지 않은 몇 사람들이 네게 있고"(3:4). 사데 교회 내에는 예수님께로부터 책망을 받지 않아도 되는 소수의 사람들이 있었던 것입니다. 하지만 이러한 말씀이 주어졌다고 할지라도, 사데 교회가 큰 맥락에서는 매우 부정적으로 평가를 받았다는 냉혹한 현실은 변함이 없습니다. 사데 교회는 죽어가거나 이미 죽은 교회이기 때문에 아무런 칭찬도 받지 못했습니다. 그리고 이러한 현실은 사데 교회뿐만 아니라 오늘날의 교회들에게도 경종을 울립니다. 성도들은 안일함이 얼마나 치명적인 문제인지를 분명하게 깨달아야 합니다.

책망(3:1b)

일곱 설교 안에서 그다음으로 나오는 항목은 책망입니다. 예수님은 먼저 교회가 잘하고 있는 일을 칭찬하시고, 그다음에 잘못하고 있는 일을 책망하십니다. 하지만 사데 교회의 성도들의 경우 칭찬은 없고 곧바로 책망을 받습니다. "내가 너의 행위를 안다. 곧 네가 살아 있다 하는 평판을 가졌으나, 너는 죽은 자다"(3:1b).

예수님의 책망을 통해 알 수 있는 사실은 교회마다 나름의 평판을 가지고 있다는 사실입니다. 사람이 살아가면서 나름의 평판을 얻게 되는 것처럼, 교회 역시 나름의 평판을 얻습니다. 이 평판은 좋을 수도 있고, 좋지 않을 수도 있습니다. 평판에 영향을 끼치는 요소들로는 교회의 규모나 예배 스타일, 신학적 성향, 환대하는 문화, 이웃을 향한 사역 등이 있을 것입니다. 여기서 중요한 질문 하나가 떠오릅니다. 바로 "과연 우리 교회는 어떠한 평판을 얻고 있는가?"라는 질문입니다. 뉴스 기자가 우리가 속한 공동체에 찾아가 그곳에 있는 사람들에게 우리의 교회에 대해 묻는다면, 그들은 무슨 말을 할까요? 혹 또 다른 언론인이 우리의 동료들, 이웃들에게 찾아가 우리 자신에 관해 묻는다면, 그들은 무슨 말을 할까요? 예수님의 제자로서 우리는 어떠한 평판을 얻고 있을까요?

놀랍게도 사데 교회는 좋은 평판을 가지고 있었습니다. 예수님은 사데 교회를 향해 "네가 살아 있다 하는 평판(이름)을 가졌다"(3:1)고 말씀하십니다. 이 말은 곧 사데 교회가 언제나 안일함에 빠져 있었던 것은 아니라는 의미입니다. 그들도 한때 건강한 교회였습니다. 그런 그들에게 무슨 일이 일어난 것일까요? "살아 있다" 하는 평판을 가졌던 교회가, 어쩌다가 칭찬은 커녕, 죽어가고 있다고, 아니 이미 죽었다고 평가받는 지경에 이르렀을까요?

그에 대한 답은 이후 예수님의 말씀에 담겨 있습니다. 예수님은 사데 교회가 현 상황을 바로잡아 문제를 해결해야 한다고 말씀하십니다. 우리가 사데 설교 안에서 그 문제를 자세히 다룰 순 없지만, 그럼에도 그 문제를 파악하기 위해 예수님의 말씀을 활용할 수는 있습니다. 일단 예수님은 사데 교회를 향해 "깨어 있으라!"(3:2a)고 명령하십니다. 주로 어떠한 사람들이 "깨어 있으라"는 명령을 듣습니까? 신앙적으로 깨어 있지 못한 사람들, 영적인 측면에서 잠들어 있는 사람들입니다. 또 복음의 배타적인 주장을 거부하는 적대적인 이교 문화 속에 살면서도 그 위험성을 충분히 알아차리지 못하는 사람들입니다. 사데 설교 제목의 키워드를 이용해서 표현하자면, 그것은 곧 안일함에 빠져 있는 사람들입니다.

이후 예수님은 사데 교회를 향해 "나는 너의 행위가 내 하나님 앞에서 완전함을 찾지 못했다"(3:2b)라고 말씀하십니다. 예수님은 그들의 행위가 만족스럽지 못하다고 책망하십니다. 그들의 삶의 방식은 그리스도와 맺은 건강하고 활력 넘치는 관계를 반영하지 못하고 있었습니다. 그것이 바로 사데 교회의 문제점이었습니다. 그들은 영적으로 깨어 있지 않았고, 그리스도인으로서 구별된 삶을 살려고 하지 않았습니다. 오히려 안일함에 빠져 그들의 존재 자체를 위협하는 치명적인 위험을 무시하고 있었습니다.

교정(3:2-3a)

일곱 교회의 설교에서 그다음으로 이어지는 내용은 바로 교정입니다. 예수님은 방금 전 사데 교회가 잘못한 일을 책망하셨는데, 이제 교회가 그들의 치명적인 문제를 어떻게 해결할 수 있는지를 말씀해 주십니다. "깨어 있으라. 그 남은 바 곧 죽을 것을 굳건하게 하라. 나는 너의 행위가 내 하나님 앞에서 완전함을 찾지 못했다. 그러므로 네가 받은 것과 들은 것을 기억하라, 순종하라, 회개하라"(3:2-3a).

인용된 말씀을 보면 5가지 명령이 나온다는 것을 알 수 있습니다. 5가지 명령 가운데 가장 먼저 나온 명령이 중요합니다. 그리스어 본문을 봐도 가장 먼저 나온 명령이 강조되고 있습니다. 심지어 그 명령은 사데 설교(후반부)에서 유일하게 반복되는 명령입니다. 그 명령은 바로 "깨어 있으라!"입니다.

"깨어 있으라" 혹은 영적으로 경계 태세를 갖추라는 명령은 사데에 살았던 성도들과 특별한 연관이 있습니다. 사데 도시가 경계를 소홀히 한 탓에, 사데의 아크로폴리스가 적에게 함락당한 유명한 일화가 있었기 때문입니다. 실제로 사데에는 난공불락으로 알려진 아크로폴리스(도시의 고지대)가 있었습니다. 그래서 고대 세계에는 "사데 아크로폴리스를 점령하다"라는 표현이 있을 정도였습니다. 그 말은 곧 "불가능한 일을 하다"라는 뜻이었습니다. 이와 마찬가지로 몇 세대 전에는 "달나라로 가다"라는 표현이 "불가능한 일을 하다"라는 뜻으로 사용되기도 했습니다. 그처럼 고대에 함락시키는 것이 불가능하다고 여겨진 사데의 아크로폴리스가 무려 두 차례나 함락된 사건이 발생했습니다! 그리고 두 차례의 함락 모두 안일함이 원인이었습니다. 사데의 통치자들은 도시가 안전하며 그 어떤 적이라도 아크로폴리스로 들어와 도시를 점령하는 것이 불가능하다는 확신 속에 결국 안일함에 빠졌고, 가장 가파른 쪽에 수비병을 주둔시키지 않았습니다. 그렇게 통치자들의 안일함 탓에 결국 사데는 점령을 당하고 말았습니다. 고대인들은 난공불락으로 알려진 사데의 아크로폴리스가 안일함 때문에 함락당한 이야기를 반복해서 이야기하곤 했습니다.

예수님은 사데의 성도들뿐만 아니라 오늘날 우리에게도 동일하게 경고하십니다. "깨어 있으라!" 우리는 안일함의 위험성에 대해 훨씬 더 주의를 기울여야 합니다. 우리를 둘러싼 영적인 위험에 대해서 훨씬 더 경계하며 깨어 있어야 합니다. 그러기 위해서 우리는 더욱 예수님을 의지해야 합니다. 이 타락한 세상에서 하나님의 백성으로 신실하게 살아가는데 필요한 (생명을 주시는)성령이 바로 예수님에게 있기 때문입니다.

결과(3:3b, 5)

일곱 설교의 마지막 항목은 바로 결과입니다. 일곱 설교에는 보통 2가지의 결과가 나옵니다. 하나는 교회가 계속해서 죄악된 측면을 바꾸지 않을 때 맞이하게 될 부정적인 결과입니다. 그리고 또 하나는 죄악된 측면을 바꾸었을 때 맞이하게 될 긍정적인 결과입니다. 사데 설교에도 이 2가지 결과가 모두 나옵니다.

부정적인 결과(3:3b)

먼저 부정적인 결과입니다. 예수님은 다음과 같이 말씀하셨습니다. "그러므로 만일 네가 깨어 있지 않으면 내가 도둑같이 올 것이다. 어느 때에 내가 네게 맞서 이를지는 네가 결코 알지 못할 것이다"(3:3b). 이는 예수님께서 사데 교회를 향해 두 번째로 "깨어 있으라"(3:2a; 3:3b)라고 말씀하신 것입니다. 이로써 예수님은 안일함이라는 치명적 위험을 강조하신 것입니다. "깨어 있으라! 사데의 그리스도인들이여! 너희들의 영적 생활을 해치는 안일함에 주의하라. 안일함은 그 자체로도 하나님께 기쁨이 되지 않는 행위이며, 또한 너희 삶 가운데 역사하는 내 은혜를 드러내지 못하는 행위이다. 무엇보다 구별된 그리스도인들이 할 행위가 아니다. 그러므로 깨어 있으라! 그렇지 않으면 내가 너희에게 도둑같이 이를 것이다!"

예수님의 오심은 대개 신약성경 안에서 긍정적으로 묘사됩니다. 예수님께서 승리한 왕으로 이 땅에 다시 오시는 것은 성도들에게 큰 위로를 주고, 또 강력한 소망을 줍니다(살전 4:17-18; 5:9-11). 하지만 예수님의 두 번째 오심을 모두가 위로와 소망으로 받아들이는 것은 아닙니다. 존 뉴턴(John Newton)이 쓴 한 찬송(1774년)의 가사를 보면, 예수님의 오심이 "기적의 날"이면서 동시에 "심판의 날"이 될 것이라고 말합니다. 사데 설교는 안일함의 치명적 위험에 대해 사데의 성도들에게뿐만이 아니라 오늘날 우리에게도 경고하고 있습니다. 예수님의 영광스러운 재림을 기다리고 대비하여, 그날이 우리에게 심판의 날이 아닌 기적의 날이 될 수 있도록 우리를 일깨워줍니다.

긍정적인 결과(3:5)

사데의 성도들을 향한 예수님의 마지막 말씀은 심판에 관한 부정적인 경고가 아닌, 승리에 대한 긍정적인 약속입니다. 사데 설교는 다른 모든 설교들과 마찬가지로 승리 정형 문구로 마무리됩니다. 사데 설교가 벌써 "이기는 자"를 언급하는 5번째 설교이기 때문에, 여러분은 유명 스포츠 상품 회사 나이키와, "이기는 자"에 사용된 그리스어 단어가 동일하다는 사실을 기억할 것입니다. 여기에는 나이키 용품을 사용하거나 나이키 의류를 입는다면, 이기고 승리하는 사람이 된다는 의미가 내포되어 있습니다.

이 본문이 제기하는 중요한 질문은 바로 이것입니다. "여러분은 나이키 그리스도인입니까?" 다시 말해, 여러분은 이기는 그리스도인입니까? 여러분은 안일함이라는 죄를 극복할 능력이 있습니까? 복음의 좋은 소식은 곧 이 중요한 질문에 대해 자신 있게 "네!"라고 대답할 수 있다는 것입니다. 여러분은 이기는 그리스도인이 될 수 있고 또 승리를 거둘 수 있습니다. 이는 우리의 재능이 뛰어나서, 혹은 열심히 노력해서가 아닙니다. 그리스도께서 이미 승리를 거두셨기 때문입니다. 그리스도에게 속한 우리 가운데 그분의 성령이 거하시기 때문입니다. 거룩하신 성령은 우리가 영적으로 깨어 있고 신앙생활 가운데 경계심을 가질 수 있도록 힘을 주십니다.

그렇다면 이기는 그리스도인들에게 약속된 상은 무엇입니까? 이에 대해 3가지 긍정적인 결과(상)가 있으며, 그 가운데 첫째는 바로 이것입니다. "이기는 자는 이와 같이 흰 옷을 입을 것이다"(3:5a). 고대 사회에서 옷은 사람의 도덕적 상태를 나타내는 은유로 자주 사용되었습니다. 흰 옷은 윤리적 고결함을, 더러운 옷은 비윤리적 행위를 상징했습니다. 흰 옷이 윤리적 고결함을 상징한다는 것은 요한계시록 내 다른 본문들을 통해서도 알 수 있습니다. 이를테면, 보좌에 앉은 이십사 장로들이 흰 옷을 입고 있으며(4:4), 신앙 때문에 순교한 성도들도 흰 두루마기를 받습니다(6:11). 보좌 앞과 어린양 앞에 서 있는 아무도 능히 셀 수 없는 큰 무리도 흰 옷을 입고 있습니다(7:9, 14). 또한 고대 로마 사회에서도 흰 옷은 윤리적 고결함을 상징했습니다. 이 때문에 공직 선거에 출마하는 시민들은 자신의 동기가 순수함을 드러내 보이기 위해 토가를 새하얗게 표백하곤 했습니다.

오늘날에도 흰 옷은 윤리적 고결함을 나타내는 긍정적인 상징으로 사용됩니다. 결혼을 앞둔 예비 신부는 결혼식에 누구를 초대할지, 피로연을 어디서 할지, 어떤 종류의 꽃을 사용할지, 어떤 사진 작가를 고용할지와 같은 여러 문제들을 결정하는 데 상당한 시간과 에너지를 소비하는데요. 그럼에도 전혀 시간을 들이지 않는 한 가지 문제가 있습니다. 바로 웨딩 드레스의 색상입니다. 흰 색이 윤리적 고결함을 상징하기 때문에 결혼식 드레스는 대개 흰 색입니다. 만약 우리가 그리스도를 통해 안일함의 죄를 극복한 이기는 그리스도인이 된다면, 우리 역시 흰 옷을 입게 될 것입니다. 이는 곧 우리가 죄악된 삶의 더러운 옷을 버리고, 고결함과 거룩함으로 가득 찬 삶을 살게 될 것이라는 의미입니다.

이기는 그리스도인에게 주시는 그리스도의 둘째 상은 다음과 같습니다. "내가 그 이름을 생명책에서 결코 지우지 않을 것이다"(3:5b). 생명책은 구약성경 안에 자주 등장하는 은유로서, 구원받은 자들의 이름이 기록되고 악한 자들의 이름은 지워지는 책입니다. 당연히 이 은유는 신약성경 안에서도 계속해서 사용되며, 요한계시록 안에서도 6회나 나타납니다. 이러한 사실을 통해 초기 교회의 도상(iconography) 가운데 예수님의 무릎에 책을 올려놓은 모습이 자주 등장하는 이유를 알 수 있습니다. 그 책은 성경책이 아닌 바로 생명책입니다. 예수님은 만약 우리가 그분의 능력으로 안일함을 극복하고 깨어 있는 신앙생활을 해나가는 그리스도인, 곧 이기는 그리스도인이 된다면, 우리의 이름이 결코 생명책에서 지워지지 않을 것이라고 약속하십니다. 예수님께서 재림하셔서 생명책을 펴시는 그 순간에 일어날 '최후의 심판'을 더 이상 우리가 두려워할 필요가 없다는 것입니다. 참 다행이지 않습니까? 우리의 이름이 생명책에 있고, 결코 지워지지 않을 것이라는 위대한 약속이 마침내 우리에게도 주어진 것입니다!

이기는 그리스도인들에게 약속된 셋째 상이 있습니다. "내가 그 이름을 내 아버지 앞과 그분의 천사들 앞에서 시인할 것이다"(3:5c). 이 말씀의 경우 하늘의 법정 장면을 떠올리면 이해하기가 쉽습니다. 하늘의 법정에서 우리는 하나님의 거룩한 법을 어겼다는 혐의로 고발을 당하여 심판자 앞에 서게 됩니다. 우리가 심판 받아 마땅하기에 하나님께서는 유죄를 선고하려 하십니다. 그런데 "유죄"라고 공식 판결이 선고되기 전에, 예수님께서 재판 과정 가운데 끼어드시며 다음과 같이 외치십니다. "멈추십시오! 이 신실한 자들은 살면서 다른 사람들 앞에서 저를 시인했습니다. 그렇기에 이제 저도 아버지와, 아버지의 모든 천사들 앞에서 이들을 시인합니다." 여러분이 안일함이라는 치명적인 위험을 극복하고 깨어 있는 신앙생활을 해나가는 그리스도인, 곧 이기는 그리스도인이 된다면, 예수님께서도 최후 심판 때에 성부 하나님 앞에서 여러분을 시인하실 것입니다. 예수님께서 이미 여러분의 죄를 온전히 갚으셨기에, "무죄" 선언을 받게 되는 것입니다.

결론

프랑스인 고공 외줄타기 곡예사, 필립 쁘띠가 1974년도에 했던 일을 이젠 누구도 따라할 수 없습니다. 그 일이 불가능한 이유는 신체적인 조건이 부족해서가 아닙니다. 세계무역센터의 쌍둥이 빌딩이 더 이상 존재하지 않기 때문입니다. 그 빌딩은 테러에 의해 붕괴되었습니다. 그 빌딩은 미국의 안일함이 일으킨 테러로 인해 붕괴되고 말았습니다. 당시 미국은 테러로부터 안전하다고 확신했고, 잠재적 위험에 대해 안일하게 대응했습니다. 그러나 2001년 9월 11일, 미국은 안일함이 그저 안 좋은 정도가 아니라, 치명적인 위력을 가지고 있음을 깨닫게 되었습니다.

안일함은 국가에게뿐만 아니라 교회에게도 치명적입니다. 교회는 안일함이 얼마나 치명적인 위험성을 갖고 있는지 제대로 인식해야 합니다. 오늘날 우리 역시 예수님께서 우리에게 주시는 명령을 듣게 됩니다. "깨어 있으라! 내 나라와 악의 나라 사이에 영적 전투가 벌어지고 있음을 깨달아야 한다! 구별된 그리스도인으로서의 삶, 변화시키는 은혜의 힘을 증명하는 삶을 살아내라! 너희 자신을 다시 나에게 바쳐라. 오직 나에게만 생명을 주는 하나님의 성령이 있다. 그 성령을 통해서 너희가 이기는 그리스도인이 되고 안일함의 죄를 극복할 수 있게 된다."

"귀 있는 자는 성령이 교회들에게 하시는 말씀을 들으라!" 고대 사데 교회뿐 아니라 오늘날 예수 그리스도의 모든 교회에게 하시는 말씀입니다.

6

빌라델비아 교회

제6장

빌라델비아 교회: 박해 속에서 인내하는 교회

⁷ 빌라델비아 교회의 천사에게 편지하라 거룩하신 분, 참되신 분, 다윗의 열쇠를 가지고 계신 분이 이같이 말씀하신다 그가 열면 누구도 닫을 수 없고, 그가 닫으면 누구도 열 수 없다 ⁸ 보라, 내가 너의 행위들을 안다 보라, 내가 네 앞에 열린 문을 두었으니 누구도 닫을 수 없다 곧 네가 힘은 적으나, 내 말을 지키며, 내 이름을 부인하지 않았다 ⁹ 보라, 내가 사탄의 회당, 즉 스스로 유대인이라고 하나 실상은 그렇지 않고 거짓말하는 자들이 이같이 하도록 할 것이다 보라, 내가 그들이 와서 네 발 앞에 절하게 하고, 내가 너를 사랑하는 줄을 알게 할 것이다 ¹⁰ 인내하라는 내 말을 네가 지켰으니, 나 또한 온 세상에 닥쳐올 시험의 때로부터 너를 지킬 것이다 그 시험은 땅 위에 사는 사람들을 시험하려고 닥치는 것이다 ¹¹ 내가 속히 올 것이다 너는 네가 가진 것을 굳게 잡으라 아무도 네 관을 빼앗지 못하게 하라 ¹² 이기는 자는 내가 내 하나님의 성전에 기둥이 되게 할 것이다 그가 결코 다시는 성전을 떠나지 않을 것이다 나는 내 하나님의 이름과 내 하나님의 도시, 곧 하늘에서 내 하나님께로부터 내려오는 새 예루살렘의 이름과 또 나의 새 이름을 그 위에 쓸 것이다 ¹³ 귀 있는 자는 성령이 교회들에게 하시는 말씀을 들으라

그리스도의 칭호(3:7b)

거룩하신 분, 참되신 분, 다윗의 열쇠를 가지고 계신 분이 이같이 말씀하신다.
그가 열면 누구도 닫을 수 없고, 그가 닫으면 누구도 열 수 없다(3:7b)

지금까지 살펴본 설교들을 살펴보면 알 수 있듯이, 그리스도의 칭호는 공통적으로 설교의 수신자인 교회와 연관이 있다. 빌라델비아 설교에 나오는 3가지 그리스도의 칭호 역시 수신자인 빌라델비아 교회와 깊은 연관이 있다. "거룩하신 분, 참되신/신뢰할 수 있는 분, 다윗의 열쇠를 가지고 계신 분이 이같이 말씀하신다. 그가 열면 누구도 닫을 수 없고, 그가 닫으면 누구도 열 수 없다"(3:7b). 이 3가지 그리스도의 칭호는 모두 구약성경을 암시하거나 인용한 것으로서, 당시 빌라델비아 교회에 극도로 적대적이었던 유대 공동체에 맞서는 기능을 한다. 오스본은 빌라델비아 교회에 대해 이렇게 말한다(Osborne 2002: 186). "빌라델비아 교회는 도시 내 힘 있는 유대인들로부터 심한 위협을 받았다. 이 본문에 선택된 그리스도의 칭호들은 그러한 상황을 반영하고 있다. 곧 괴로움을 겪고 있는 빌라델비아의 성도들에게 메시아께서

'사탄의 회당'(계 3:9) 편이 아니라, 그들 편에 계신다고 밝히시며 위로하시는 것이다."

첫 번째 그리스도의 칭호인 "거룩하신 분"은 구약성경 속 여러 본문들 가운데 하나님을 묘사하는 표현으로 사용된다(예를 들어, 왕하 19:22; 욥 6:10; 시 78:41; 89:18; 잠 9:10; 렘 50:29; 51:5; 합 3:3). 이 표현은 자주 이사야서 안에서 하나님을 가리키는 데 사용된다. 특히 "거룩하신 분" 칭호가 담긴 표현 전체, 곧 "이스라엘의 거룩하신 분"이 약 25회 사용되고 있다(사 1:4; 5:19, 24; 10:20; 12:6; 17:7; 29:19; 30:11, 12, 15; 31:1; 37:23; 41:14, 16, 20; 43:3, 14; 45:11; 47:4; 48:17; 49:7; 54:5; 55:5; 60:9, 14). 빌라델비아 설교 안에 이사야서와 연결되는 부분이 여러 차례 나오기 때문에, 첫 번째 칭호 역시 이사야서에서 유래했을 가능성이 높다. 요한은 (1) 세 번째 그리스도의 칭호("다윗의 열쇠를 가지고 계신 분")에서 분명 이사야 22:22을 인용하고 있으며, (2) 요한계시록 3:8에서도 같은 구절을 암시하고 있다("누구도 닫을 수 없다"). (3) 또한 요한계시록 3:8에서 이사야 45:1도 암시하는 것으로 보이며("열린 문"), (4) 3:9에서는 이사야 60:14을 강력하게 반향하고 있다("내가 그들이 와서 네 발 앞에 절하게 하고"). (5) 어쩌면 3:9은 이사야 43:4을 암시하는 것일 수도 있다("내가 너를 사랑하는 줄을 알게 할 것이다"). 더욱이 요한은 요한계시록 6:10("거룩하시고 참되신 대주재여 … 어느 때까지 하시려 하나이까?")에서 분명 "거룩하시고"라는 표현을 하나님의 칭호로 이해하고 있다.

요한이 빌라델비아 설교 안에서 하나님을 가리키는 표현을 예수 그리스도의 칭호에 사용한 이유는, 지역의 유대 공동체가 예수의 신적 지위를 부인하는 상황에서 예수의 신성을 주장하기 위해서였다. "거룩하신 분"이라는 칭호가 대항적인 속성을 지니고 있다는 것은, 서머나 설교 속 그리스도의 칭호와 연결된 긴밀한 평행 관계를 통해서도 알 수 있다. 서머나 교회 역시 빌라델비아 교회와 같이, "사탄의 회당"으로부터 박해를 받았다. 또한 서머나 설교 역시 이사야서에서 하나님을 지칭하는 표현―"처음이며 마지막"―을 예수 그리스도의 칭호로 사용하여 예수의 신성을 강조하였다. 그로써 지역 유대인 적대자들이 예수의 신성을 부인하는 것에 대항한 것이다. 이와 같이 빌라델비아 교회를 향한 설교 또한 (이사야서에서 하나님을 가리키는 칭호인)"거룩하신 분"이라는 표현을 그리스도의 칭호로 사용하며, 지역 유대 공동체의 적대감에 맞서 예수의 신성을 강조하고 있다.

두 번째 그리스도의 칭호의 의미와 기능을 파악하는 것은 다소 까다로운 일이다. 여기에 사용된 형용사(알레티노스[alēthinos])가 "참된" 혹은 "신뢰할 수 있는"(BDAG 43.1)이라는, 2가지 의미로 해석될 수 있기 때문이다. 그리스어 문맥에서 이 형용사는 허구 혹은 거짓된 것과 대조되는 참된 또는 진정한 것을 가리킨다. 그렇다면 두 번째 그리스도의 칭호, "참되신 분"은 첫 번째나 세 번째 칭호와 마찬가지로 대항적인 기능을 한다고 볼 수 있다. 즉, "참되신 분"은 빌라델비아의 유대인 적대자들―"스스로 유대인이라 칭하나 실상은 그렇지 않고 거짓말하는 자들"(3:9a)―에 맞서, 예수 그리스도를 (빌라델비아 교회에) 참된 진리를 전하시는 분으로서 강조하고 있다. 더 나아가 "참되신 분"은 그리스도의 메시아 됨을 받아들이지 않은 빌라델비아의 유대 공동체에게, 그가 참된 혹은 진정한 메시아임을 드러내는 것이다.

비일은 이러한 대항적인 특징을 인식하고 다음과 같이 말했다(Beale 1999: 283). "'참되다'라는 개념은 예수 그리스도가 참된 메시아로서 메시아의 예언을 성취하기 시작했다는 의미를 함축하고 있다 … 비록 그가 유대인들로부터는 가짜 메시아라고 거부되었지만 말이다."

그런데 요한계시록의 문맥을 보면, 형용사 알레티노스가 "신뢰할 수 있는" 혹은 "신실한"(3:14; 19:11; 21:5; 22:6에서 알레티노스가 피스토스[pistos]와 짝을 이루는 것을 보라)이라는 의미로 사용되고 있음을 알 수 있다. 빌라델비아 교회는 지역의 유대 공동체로부터 박해를 받고 있지만, 그 상황을 견디는 가운데 그리스도께서 자신들을 구해주실 것을 확신하고 있다. 그들에게 그리스도는 "신뢰

그림 6.1. 셉나 비문(주전 7세기). 대리석 무덤 입구에 새겨져 있는 3행으로 된 히브리어 비문. 이 무덤에는 히스기야 왕의 대신이었던 셉나의 유해가 있었을 것으로 추정된다. 영국 박물관.

할 수 있는 분"이다. 마지막 설교인, 라오디게아 설교를 보면 그리스도의 칭호 안에서 "참된"과 "신뢰할 수 있는"이라는 개념이 결합되어 나오는 것을 볼 수 있다(3:14, "신실하고 참된 증인"). 그렇다면 빌라델비아 설교 역시 두 개념 모두를 의도했을 가능성도 있다. 오스본은 다음과 같이 결론을 내린다(Osborne 2002: 187). "2가지 가능성 모두를 배제할 수 없다. 그리스도는 '참된' 메시아이자 또한 '신실한' 분이시다."

세 번째 칭호인, "다윗의 열쇠를 가지고 계신 분"은 바로 그다음 부분과 함께 읽어야 한다. "그가 열면 누구도 닫을 수 없고, 그가 닫으면 누구도 열 수 없다." 이 부분이 별도의 네 번째 칭호를 담고 있는 것은 아니며, 그저 세 번째 칭호의 일부라고 봐야 한다. 이 부분을 포함한 그리스도의 칭호는 모두 이사야 22:22에서 유래한 것이다. "내가 다윗의 집의 열쇠를 그의 어깨에 둘 것이니, 그가 열면 닫을 자가 없고 그가 닫으면 열 자가 없을 것이다"(사 22:22). 그다지 알려지지 않은 이 구약 본문의 배경에는 유다 왕 히스기야의 궁정 대신, 셉나가 있다. 그는 하급 관료가 아니라("왕궁 관리자"[palace administrator]로 번역된 역본이 있다; 22:15 NIV, NLT; 개역개정에는 "왕궁 맡은 자"로 번역됨 - 역주), 왕을 접견하는 것을 통제하고 행정부를 운영하는 막강한 권한을 지닌 직책을 맡고 있었다("왕실 책임자"[master of the household]; NRSV). 오늘날로 치면 미국 대통령의 백악관 비서실장과 같은 직책에 있었던 인물이다. 셉나는 허영심과 이기적인 욕망을 드러내며 이스라엘 왕들의 무덤 사이 높은 곳에 자신의 무덤을 파고, 견고한 반석에 자신을 위한 처소를 마련했다(사 22:15-16). 선지자 이사야는 하나님께서 셉나의 교만한 행위로 인해 격노하셨고 그를 먼 나라로 보내실 것이라 말했다. 또한 셉나에게 더 이상 잘 만든 무덤이 필요 없게 될 것이며 그가 수치 가운데서 죽게 될 것이라고 말했다(22:17-19). 그리고 이사야는 하나님께서 셉나를 높은 지위에서 물러나게 하실 것이고, 그 자리를 힐기야의 아들 엘리아김이 대신할 것이라고 말했다. 하나님께서는 엘리아김에게 셉나의 옷과 띠를 입히실 뿐 아니라(22:20-21), 또한 그에게 더욱 강력한 권력의 상징, 곧 "다윗의 집의 열쇠"(22:22)를 주실 것이라고 말씀하셨다.

고대 세계가 열쇠를 권력과 권한에 대한 은유로 사용한 방식은 현대 세계에서 사용하는 용례와는 여러 면에서 달랐다. 첫째로, 오늘날의 열쇠는 그 크기가 작아 쉽게 지니고 다닐 수 있는 반면, 고대의 열쇠는 크기가 매우 커서 가지고 다니기 불편했다. 바로 이러한 이유 때문에 하나님께서는 엘리아김에게 다윗의 집의 열쇠를 그냥 주시는 것이 아니라, "그의 어깨에"(사 22:22) 두시겠다고 약속하신 것이다. 둘째로, 현대의 열쇠는 복사가 가능하여 여러 사람에게 나누어 줄 수 있지만, 고대 세계에서 문에 맞는 열쇠는 오직 하나뿐이었다. 따라서 열쇠를 가진 사람은 특별한 권한을 행사할 수 있었다(Keener 2000: 150n1). 그리스도가 다윗의 열쇠를 가지고 계심으로 얻게 되는 권한 역시 이후 내용에서 다음과 같이 설명되고 있다. "그가 열면 누구도 닫을 수 없고, 그가 닫으면 누구도 열 수 없다." 본래의 문맥인 이사야 22:22을 보면, 이 권한이 왕궁의 새로운 관리자, 엘리아김이 행사하는 독보적인 권한, 다시 말해 사람들이 왕궁에 출입하고 왕을 접견하는 것을 통제하는 권한을 가리킴을 알 수 있다. 그리고 이제 요한계시록 3:7 안에서 이 권한은 참되고 신뢰할 만한 메시아 그리스도께서 "하나님의 성, 새 예루살렘"(3:12), 즉 하나님의 나라에 출입하는 것을 통제하는 절대적인 권한을 가지셨음을 가리킨다.

이 세 번째 그리스도의 칭호 또한 빌라델비아의 유대 공동체에 맞서는 대항의 성격을 지닌다. 하나님의 나라에 들어갈 수 있는 자격을 결정하는 그리스도의 절대적 권한에 대한 은유로 "다윗의 열쇠"를 사용한 것은, 곧 지역 회당에 출입할 자격을 갖춘 이들만이 하나님의 선택된 백성이라는 주장에 대한 대항적 응답이라고 할 수 있다. 비슬리-머리는 다음과 같이 주장한다 (Beasley-Murray 1978: 59).

> 이 표현["다윗의 열쇠를 가지신 이"]의 직접적인 배경은 빌라델비아의 유대인들이 오직 자신들만이 하나님의 나라에 들어갈 열쇠를 가진 자들이며, 자신들만이 진정한 하나님의 백성이라고 주장한 데에 있다. 요한은 이러한 주장에 맞서 반박한다. 요한은 과거에 이스라엘에게 주어졌던 하나님의 나라에 들어가는 열쇠가 이제는 다윗 계열의 메시아(계 5:5; 22:16) 그리스도에게 주어졌으며, 이스라엘은 그 메시아를 거절했기 때문에 열쇠를 박탈당했다고 역설한다. 이제는 오직 그리스도에게만 [사람들이] 메시아의 나라에 들어가게 할 수 있는 권한이 있으며, 이스라엘에게는 더 이상 그 권한이 없다.

세 번째 그리스도의 칭호가 유대인들에게 대항하는 성격을 지닌 것과 또 열고 닫는다는 표현은 (당시 지역 회당에서 유대 그리스도인들을 출교시킴으로써) 유대 공동체가 로마로부터 확보한 종교적 보호 조치에서 그리스도인들을 제외시킨 것에 대한 대항적인 반응일 수 있다(이러한 역사적 상황에 관해서는 아래에서 더 자세히 다루고 있다; "첫 번째 삽입절[3:8b]"을 보라). 마운스는 여러 주석가들의 견해를 종합하여 다음과 같이 말한다(Mounce 1977: 116). "이사야서의 표현이 활용된 것은 그리스도를 가리키며, 하나님 나라의 출입을 통제할 절대적 권한을 가지신 분, 곧 다윗 계열의 메시아로 제시하기 위함이다. 이는 당시 지역 회당이 유대 그리스도인들을 출교시킨 조치에 맞서려는 의도로 보인다"(예를 들어 Hemer 1986: 161; Beale 1999: 284; Keener 2000: 150; Osborne 2002: 187-88). 따라서 그리스도의 세 번째 칭호는 (박해받는 빌라델비아 교회에 어떤 위로의 말씀이 주어지기도 전에)당시 회당 으로부터 출교를 당했거나 출교를 당할 위기에 놓인 유대 그리스도인들에 게 큰 위로가 되었을 것이다.

칭찬(3:8-11a)

빌라델비아 설교는 전형적인 패턴을 따라 그리스도의 칭호에서 칭찬으로 전환된다. 보통 이 패턴에서는 목적어로 "너의 행위"(서머나[2:9]와 버가모[2:13] 설교에만 빠져 있다)를 취하는 "내가 안다" 정형 문구가 사용되어 전환을 표시한다. 그런데 빌라델비아 설교의 칭찬 단락에는 독특한 지점이 있다. 그것은 바로 그리스도께서 빌라델비아 교회에 대한 칭찬을 세 차례나 중단하시며 교회에게 이미 주셨거나 혹은 앞으로 주실 복을 설명하시는 것이다. 또한 빌라델비아 설교의 칭찬 단락은 그리스도께서 인정하시는 선한 행위를 2인칭 대명사 주어로—"네가"(빌라델비아 교회) 해온 일들—서술하기보다, 오히려 1인칭 대명사를 주어로 삼아 "내가"(그리스도) 교회를 위해서 한 일(혹은 앞으로 할 일)을 더 많이 서술한다. 1인칭 주어 서술(선언)들 중 처음에 나오는 두 서술(선언)은 불변화사 "보라!"(이두[idou], 3:9)로 시작되며, 칭찬 도중 삽입된 어구로서 교회에 주어지는 상을 언급하는 기능을 한다. 1인칭 서술(선언)들 가운데 세 번째 서술(선언)은 동일한 동사를 반복 사용함으로써 바로 앞에서 제시한 칭찬과의 연결을 나타낸다. "네가 … **지켰으니**… 나 또한 … 너를 **지킬** 것이다"(3:10). 3:8-10의 구절들은 확실히 "불분명하며"(Mathewson 2016: 45) 논란의 여지가 있다. 앞으로 그 구절들을 살펴보는 과정에서 온전한 칭찬—빌라델비아가 행한 칭찬받을 만한 일들—으로부터, 그리스도가 빌라델비아 교회를 위해 하셨거나 앞으로 하실 일을 나열한 3가지 삽입절(복 선언들)을 구분하는 것이 중요하다. 칭찬 단락 안에 뒤섞여 있는 두 유형의 서로 다른 내용을 다음과 같이 시각적으로 구분해 볼 수 있다.

> [8] 보라, 내가 너의 행위들을 안다. (보라, 내가 네 앞에 열린 문을 두었으니, 누구도 닫을 수 없다). 곧 네가 힘은 적으나, 내 말을 지키며, 내 이름을 부인하지 않았다. [9] (보라, 내가 사탄의 회당, 즉 스스로 유대인이라고 하나 실상은 그렇지 않고 거짓말하는 자들이 … 하도록 할 것이다. 보라, 내가 그들이 와서 네 발 앞에 절하게 하고, 내가 너를 사랑하는 줄을 알게 할 것이다.) [10] 인내하라는 내 말을 네가 지켰으니, 나 또한 온 세상에 닥쳐올 시험의 때로부터 너를 지킬 것이다. 그 시험은 땅 위에 사는 사람들을 시험하려고 닥치는 것이다(계 3:8-10).

이처럼 1인칭 서술(선언)이 독특한 방식으로 사용되고, 또한 그 서술(선언)로 인하여 칭찬 단락이 확장된 것은, 그리스도께서 빌라델비아 교회를 매우 기뻐하신다는 사실을 보여준다. 그리고 빌라델비아 교회와 서머나 교회가 일곱 교회 가운데서 가장 건강한 두 교회로 꼽히는 이유를 보여 준다.

칭찬의 시작(3:8a)

내가 너의 행위들을 안다(3:8a)

칭찬은 정형 문구인 "내가 너의 행위들을 안다"로 시작된다. 이 표현이

들어 있는 다른 모든 설교들(2:2, 19; 3:1, 15)을 보면, 목적어 "행위"가 가리키는 내용이 접속사 카이(*kai*, 그리고) 또는 호티(*hoti*, 왜냐하면)로 시작하는 이후 구절에서 밝혀진다. 참고로, 두 접속사는 모두 부연 설명의 기능을 가지고 있다 (BDAG 495.1.c; 732.2). 다른 설교들에서도 이 패턴이 반복되기 때문에, 여기서도 "행위"의 내용이 이후 호티 절에서 설명될 것으로 예상된다. 하지만 예상과 달리 그 내용은 3:8의 후반부에 나온다. "내가 너의 행위들을 안다 … 곧, 네가 힘은 적으나, 내 말을 지키며, 내 이름을 부인하지 않았다."

첫 번째 삽입절(3:8b)

보라, 내가 네 앞에 열린 문을 두었으니 누구도 닫을 수 없다(3:8b)

이 부분의 문법을 해석하려면 삽입절이, 칭찬의 내용들 사이에 끼어들어 있다는 사실을 이해해야 한다(예를 들어, Swete 1911: 54; Charles 1920: 86-87; Mounce 1977: 117; Beale 1999: 286; Osborne 2002: 188-89; Smalley 2005: 89). 칭찬들 속에 삽입절을 끼워 넣은 이유는 그리스도께서 빌라델비아 교회에 대한 칭찬을 끝마치기 전에, 먼저 그가 그들을 위해 하신 일을 알려 주시기 위함이다. 이러한 의도대로 본문을 번역해보면, "네가 그간 해온 일을 봤으니, 이제 내가 그간 해온 일을 봐라"가 된다. 이 삽입절은 문두에 위치한 불변화사 "보라!"로 인해, 그 중요성이 더욱 부각되는데, 실제로 이 불변화사는 이어지는 내용에 주의를 환기시키는 역할을 한다. 이어지는 내용에서 그리스도는 "내가 네 앞에 열린 문을 두었으니 누구도 닫을 수 없다"고 강조하신다. 누구도 닫을 수 없는 열린 문이라는 은유는 직전에 세 번째 그리스도의 칭호가 유래한 이사야 22:22에서 유래한 것이다. 앞서 (요한계시록 3:7에서 언급된) "다윗의 열쇠" 역시 "그가 열면 누구도 닫을 수 없고"라는 구절과 이어져 문의 이미지를 연상시

켰다. 이 은유는 또 다른 이사야서 본문으로부터 유래한 것일 수도 있다. 이
사야 45:1에서 여호와께서는 페르시아의 왕 고레스 앞에서 "열린 문"에 대
한 의도를 밝히신다. 이는 곧 고레스가 공격하는 성들의 문을 무너뜨리셔서
그가 승자가 되도록 하시겠다는 의미였다(Beale 1999: 289).

열린 문 은유의 유래보다 더욱 중요하고 더욱 논란의 여지가 많은 사안
은 바로 그 은유의 의미이다. 바울은 그의 서신에서 열린 문의 은유를 세 차
례나 사용했는데, 이는 언제나 복음 전도의 기회를 가리켰다(고전 16:9; 고후
2:12; 골 4:3). 그 은유는 사도행전 14:27에도 나오는데, 거기서 문은 복음을 선
포하는 사람들이 아니라, 그것을 받아들이는 사람들에게 열려 있다. 이러한
본문들 때문에 일부 학자들은 요한계시록이 기록될 당시에 열린 문의 은유
가 복음 전파의 의미로 확정되었으며, 그 때문에 빌라델비아 설교에는 부가
적인 설명이 없는 것이라고 결론을 내린다(Ramsay 1904: 404). 일부 주석가들
은 이러한 주장이 설득력 있다고 여겨서, 요한계시록 본문에서도 그리스도
께서 빌라델비아 교회를 향해, "복음 전파의 기회가 열려있으니 더욱 복음
을 전파하라"고 말씀하신 것으로 생각했다(예를 들어 Charles 1920: 87; Hendriksen
1940: 75; Caird 1966: 51-53; Beale 1999: 286; Keener 2000: 150; Kistemaker 2001: 159).

그러나 대다수의 주석가들은 문맥상 3가지 이유 때문에 열린 문의 은유
를 복음 전파에 대한 강조로 해석하기보다는, 하나님의 나라에 들어가는 것
과 관련된 내용으로 해석한다(예를 들어 Ladd 1972: 59; Mounce 1977: 117; Beasley-Mur-
ray 1978: 100; Thomas 1992: 277-78; Aune 1997: 236; Michaels 1997: 84; Osborne 2002: 188-
89; Witherington 2003: 106; Fanning 2020: 173). 첫째, 일곱 설교 그 어디에도, 더 나
아가 요한계시록 그 어디에도 선교 활동이 강조된 적이 없다. 둘째, 칭찬 단
락에는 주로 교회가 이전에 한 행위가 언급된다. 따라서 선교 활동과 같이
앞으로 새롭게 해야 할 선한 행위가 언급되기에 적절한 맥락이 아니다. 셋
째, 바울서신과 달리 요한계시록은 열린 문의 은유에 더욱 직접적인 문맥을

제공한다. 열린 문에 관한 표현이 요한계시록 4:1-2에서는 하늘나라(heaven)로 들어가는 문을 가리키거나, 혹은 그리스도가 "내 하나님의 도시 … 새 예루살렘"(3:12)—즉, 하나님의 나라—으로 들어가는 문을 가리킨다.

빌라델비아 설교에서 문은 단순히 열려 있는 상태로 묘사되는 것에 그치지 않고 "누구도 닫을 수 없다"라고 강조된다. 이는 빌라델비아 회당에서 유대 그리스도인들을 출교시킨 문제에 관해 앞 절에서 지적한 내용(3:7, "누구도 열 수 없다")을 반복해서 (강조하며)가리키는 것이다. 기독교 초기에 유대 그리스도인들은 계속해서 지역 회당에서 예배를 드렸고, 그로 인해 로마가 공인된 종교, 유대교(Judaism)에 제공하는 보호를 받을 수 있었다. 하지만 시간이 흐름에 따라 두 그룹 간의 차이가 더욱 명확해졌고, 결국 일부 회당들은 유대 그리스도인들을 출교시키기 시작했다. 이러한 사례는 요한복음에도 언급되었다. "이미 유대인들이 누구든지 예수를 그리스도로 시인하는 자는 출교하기로 결의하였으므로"(요 9:22; 12:42; 16:2을 보라). 이러한 관행은 주후 90년 얌니아 회의(Council of Jamnia)에서 공식화되었고, 회당 예전(liturgy)에 사용되는 기도문에 12번째로 (저주문이) 추가되었다. "나사렛당[그리스도인들]과 미님[이단]은 즉시 멸망할지어다. 그들의 이름이 생명책에서 지워져 의인과 함께 새겨지지 않을지어다."

박해받는 빌라델비아 교회의 성도들은, 이러한 역사적 배경 속에서 세 번째 그리스도의 칭호 뒤에 나오는 말씀—"그가 열면 누구도 닫을 수 없고, 그가 닫으면 누구도 열 수 없다"(3:7b)—을 듣고, 또 이후 삽입된 그리스도의 말씀—"내가 네 앞에 열린 문을 두었으니 누구도 닫을 수 없다"(3:8a)—을 듣고 아마도 큰 위로를 받았을 것이다. 당시 그리스도를 따르는 자들은 회당에서 출교를 당했다. 하지만 그리스도께서 다윗의 열쇠를 갖고 계시다. 따라서 그리스도께서 그들을 메시아의 나라로 들어가게 하실 것이며, 그가 여는 문은 "사탄의 회당"조차도 닫을 수 없다. 비록 회당으로 들어가는 문은 그들에게 닫혔으나, 그리스도께서는 그들 앞에 하나님 나라로 들어가는 문을 여셨다. 그리고 그 문을 지역의 유대 공동체가 결코 닫을 수 없게 하셨다.

칭찬의 재개(3:8c)

> 곧 네가 힘은 적으나, 내 말을 지키며, 내 이름을 부인하지 않았다(3:8c)

칭찬 단락은 정형 문구인 "내가 (너의 행위들을) 안다"로 시작된다. 그리고 곧바로 3:8b의 삽입절에 의해 가로막혔다가, 이제 3:8c에서 다시 부연 설명이 시작된다. "곧 네가 힘은 적으나, 내 말을 지키며, 내 이름을 부인하지 않았다." 이러한 표현 방식과 평행하는 내용이 서머나 설교에도 나온다. 박해를 받던 서머나 교회의 곤란한 처지에 관해 그리스도께서 하신 칭찬("네 궁핍을 안다"[2:9])의 말씀은, 이어지는 격려의 말씀("실상은 네가 부유한 자다"[2:9])을 더욱 강조하는 기능을 한다. 이와 유사하게 빌라델비아 설교 역시 교회의 연약함에 대한 그리스도의 말씀을 먼저 언급함으로써("네가 힘은 적으나"), 이후 이어지는 칭찬을 받을 만한 행위를 더 강조한다("내 말을 지키며 내 이름을 부인하지 않았다"). 첫 번째 절의 어순은 형용사 "적으나"를 강조하고 있다. 이 형용사는 해당 절의 맨 앞에 놓여 있는데, 그 뒤에 곧바로 동사가 나와 형용사의 수식을 받는 명사(와 형용사)와의 거리를 벌리고 있다. 이를 통해 그리스도는 빌라델비아 교회가 가진 힘이 얼마나 보잘 것이 없는지를 강조하신다. 이는 교회의 규모가 작다는 말이 아니라, 지역 사회에 미치는 영향력이 미비하다는 의미이다. 어떠한 그룹이든 그 그룹이 가진 사회적, 정치적 힘은 그 구성원의 수 혹은 사회적 지위와 연결되는 경우가 많기 때문에 빌라델비아 교회 안에 성도들의 수가 적었고, 그나마도 대부분 하층민이었음을 짐작해 볼 수 있다(고전 1:26-27을 보라).

칭찬 단락에서 3:8c의 두 번째와 세 번째 절(clause)은 평행 구조를 이루고 있다. 이 구조의 전반부는 긍정문으로 서술되어 있고("내 말을 지키며"), 후반부는 부정문으로 서술되어 있다("내 이름을 부인하지 않았다"). 그렇기 때문에 두 번째와 세 번째 절이 서로 다른 내용을 언급하는 것 마냥 지나치게 날카롭게 구분할 필요는 없다. 두 절이 동일한 기본적 진리를 표현하는 단일한 문학적 단위라고 봐야 한다. 긍정문으로 된 전반부에서 빌라델비아 교회는 "내 말을 지키며"라고 칭찬을 받는다. 앞선 두 설교에서(2:26; 3:3a)와 마찬가지로 여기에 사용된 동사 테레오(*tēreō*)는 "순종하며 인내하다"(BDAG 1002.3)라는 의미를 지니고 있기 때문에 "(너희는)내 말에 **순종했다**"로 해석될 수 있다(일부 번역본도 그러하다: TLB, NCV; Aune 1997: 237의 논의를 보라). 교회가 순종한 대상, 즉 단수형 목적어 "내 말"은 칭찬 단락의 후반부에서 3:8에서 사용된 동사와 함께 언급되는데, 그때 그 "말"이 구체적으로 무엇인지를 알려주는 명사도 함께 언급된다. "인내하라는 내 말을 네가 지켰으니[순종했으니]"(3:10a). 이는 곧 빌라델비아의 성도들이 신앙으로 인한 핍박에 직면했으며, 그리스도는 그러한 핍박에도 불구하고 인내하며 자신의 명령에 순종하는 성도들을 칭찬하고 있는 장면이다.

이 평행 구조의 후반부는 역사적 정황을 재구성할 수 있는 근거를 제공한다. 추가적인 칭찬, "내 이름을 부인하지 않았다"라는 표현은 빌라델비아의 성도들이 그리스도에 대한 신앙을 공적으로 거부하도록 압박을 받았음을 알려준다. 바로 이어지는 구절에서 등장하는 "스스로 유대인이라고 … 하는 자들"이라는 표현은, 지역 유대 공동체가 빌라델비아 교회를 핍박하는 데 핵심적인 역할을 했음을 말해준다. 어쩌면 그 유대 공동체가 도시의 지도자들에게 그리스도인들을 고발하며 맹렬한 비난을 퍼부었을 수도 있다. 마치 고린도에서 바울에게 했던 것처럼(행 18:12-13), 그리고 이후 서머나에서 폴리캅에게 했던 것처럼(Martyrdom of Polycarp 12.2) 말이다. 빌라델비아의 성도들은 이처럼 적대적인 상황 가운데서도 그리스도의 이름을 부인하지 않았다. 빌라델비아의 성도들은, 주후 111-112년 소아시아의 폰투스(Pontus)와 비두니아(Bithynia)의 총독이었던 소(小) 플리니우스 앞에서 고발당한 이들과는 달랐다. 플리니우스는 트라야누스 황제에게 당시 상황을 다음과 같이 보고한 바 있다.

> 한때 그리스도인이었음을 부인한 자들은 제가 불러주는 대로 신들의 이름을 불렀고, 황제의 형상에 향을 피우고 술을 따르며 기도를 올렸습니다(황제의 형상과 신들의 석상은 이 목적을 위해 가져오도록 지시한 것입니다). 그들은 심지어 그리스도를 저주하기도 했습니다. 진정한 그리스도인이라면 결코 이러한 강요에 굴복하지 않는다고 합니다. 따라서 제 소견에는 이들을 석방하는 것이 좋겠습니다. 고발자에게 지명된 또 다른 이들은 자신들이 그리스도인이라고 밝혔으나, 곧 그 사실을 부인했으며, 그들이 과거에는 그리스도인이었으나 이제는 그만두었다고 밝혔습니다 … 그들은 모두 황제의 형상과 신들의 석상에 절하고 그리스도를 저주했습니다. (*Letters* 10.96, 강조 추가)

두 번째 삽입절(3:9)

> 보라, 내가 사탄의 회당, 즉 스스로 유대인이라고 하나 실상은 그렇지 않고 거짓말하는 자들이 이같이 하도록 할 것이다. 보라, 내가 그들이 와서 네 발 앞에 절하게 하고, 내가 너를 사랑하는 줄을 알게 할 것이다(3:9)

그리스도는 칭찬 가운데 1인칭으로 된 문장을 또다시 삽입하여 빌라델비아 교회를 위해 그가 어떤 일을 하실지 말씀하신다(3:9). 앞서 3:8b에서와 마찬가지로, 이번 삽입절 역시 그리스어 불변화사 "보라"(*idou*)로 시작한다.

그리고 이는 뒤에 이어지는 내용을 주목하게 만든다. 이어지는 내용은 빌라델비아 교회를 박해하고 있는 자들의 정체를 밝히는 것으로 시작된다. "보라, 내가 사탄의 회당, 즉 스스로 유대인이라고 하나 실상은 그렇지 않고 거짓말하는 자들이 이같이 하도록 할 것이다"(3:9a). 여기서 사용된 표현은 서머나 교회를 핍박하는 자들을 묘사할 때 사용된 표현과 동일하다. 다만 3:9에서는 어순이 살짝 바뀌었고, 끝부분에 "거짓말하는 자들"이라는 부정적인 평가가 추가되었다. 빌라델비아에서 그리스도인들을 박해하고, 그리스도의 말씀에 불순종하며, 그의 이름을 부인한 유대인들은 설령 그들의 민족과 종교는 유대인일지 몰라도 결코 진정한 유대인은 아니다. 만약 그들이 진정한 유대인이었다면, 예수 그리스도를 하나님("거룩하신 분")이자 메시아("참되신 분")로, 그리고 하나님 나라로 들어가는 유일한 길("다윗의 열쇠를 가지고 계신 분")로 인정했을 것이다. 그러나 오히려 그들은 교회를 박해했고, 그로써 그들의 정체가 "사탄의 회당"임을 스스로 드러냈다. 이 충격적인 표현은 빌라델비아 설교와 서머나 설교(2:9)에만 나타난다. 따라서 두 설교 간에 중요한 평행 구조가 이루어져 있다. "사탄"(히브리어 사탄[sāṭān]에서 유래)이라는 이름은 "적대자" 혹은 "반대자"를 의미하기 때문에, 교회를 핍박한 자들, 그리고 도시 관료들에게 교회의 성도들을 고발한 자들의 정체성에 부합한다. 실제로 요한계시록 후반부에서 사탄(또한 "마귀"라고도 불림, 12:9)은 "우리 형제들을 고발하는 자, 곧 우리 하나님 앞에서 밤낮 고발하는 자"(12:10)로 묘사된다. 빌라델비아 교회의 성도들로 하여금 공개적으로 그리스도의 이름을 부인하도록 핍박했던 유대인들은, 그러한 행위를 통해 자신들이 실제로는 "유대인"—즉, 하나님의 언약 백성—이 아니라, 그저 사탄—즉, 교회를 핍박하는 근원—의 손에 사로잡힌 도구에 불과하다는 사실을 드러낸 것이다.

이 삽입절(3:9)의 후반부는 빌라델비아 교회가 신앙 가운데 인내한 것에 대해 그리스도께서 내리실 상을 언급하고 있다. 그리스도는 성도들을 핍박한 바로 그 유대인들 앞에서 성도들을 신원하실 것이다. "보라, 내가 그들이 와서 네 발 앞에 절하게 하고 내가 너를 사랑하는 줄을 알게 할 것이다"(3:9b). 삽입절의 전반부는 그리스어 불변화사 "보라"와 동사 "내가 이같이 하도록 할 것이다"(동사 디도미[didōmi]는 보통 "주다"라는 의미로 사용되지만, 여기서는 "어떤 일이 일어나게 하다"라는 의미로 사용되었다. BDAG 242.4)로 시작된다. 이 전반부는 빌라델비아 교회를 대적하는 자들의 정체를 밝히는 여러 개의 절들로 이루어져 있으며, 그리스도께서 "사탄의 회당"으로 하여금 정확히 무엇을 하게 하실 것인지 밝히지 않고 문장을 마치고 있다. 따라서 삽입절(3:9)의 후반부는 전반부와 같이 불변화사 "보라!"로 시작함으로 전반부의 이야기를 재개하고 있다. 후반부도 "내가 이같이 하도록 할 것이다"라는 뜻의 동사(그러나 이 번에는 동사 포이에오[poieō]가 사용되었다)를 사용하고 있으며, 그리스도께서 유대인 박해자들로 하여금 "와서 네 발 앞에 절하게" 하실 것을 밝힌다.

구약성경과 초기 유대 문헌 안에는 마지막 시대에 유대인들을 핍박한 이방인들이 이스라엘과 이스라엘의 하나님 앞에 절하며 굴복하게 될 것이라고 예언하는 본문들이 다수 존재한다(시 86:9; 사 2:3; 14:2; 45:14; 49:23; 겔 36:23; 슥 8:20-23; 에녹1서 10:21; 시빌라의 신탁 3:716-20, 725-31). 여기서 그리스도가 빌라델비아 교회에게 주시는 약속은 이러한 본문들(중 일부)에 대한 "집합적인 암시"(Beale 1999: 287)일 수 있다. 하지만 이보다 더 가능성 있는 해석은 그리스도의 약속이 바로 이사야 60:14을 반향하고 있다는 것이다. "너를 괴롭히던 자의 자손이 몸을 굽혀 네게 나아오며 너를 멸시하던 모든 자가 네 발 아래에 엎드릴 것이다"(사 60:14).

빌라델비아 설교 안에 이곳 외에도 이사야 60:14을 암시하는 부분이 존재한다는 사실에 비추어 보면, 요한계시록 3:9이 이사야 60:14을 가리키고 있을 가능성이 더욱 높아진다. 요한계시록 3:12에서 그리스도는 빌라델비아 교회 속 이기는 그리스도인들에게 (긍정적인 결과로서) "내 하나님의 이름과 내 하나님의 도시, 곧 … 새 예루살렘"을 약속하신다. 이러한 표현은 이사야 60:14을 반영한 것일 수 있다. 이사야 60:14은 하나님의 백성을 핍박하던 자들이 그 백성 앞에 와서 절하게 될 뿐 아니라, 그들을 "여호와의 도시, 이스라엘의 거룩하신 분의 시온"이라고 부르게 될 것이라 말한다(또한 Aune 1997: 238). 요한계시록 3:9의 두 번째 삽입절은, 어느 주석가가 "섭리의 엄숙한 역설"(Moffatt 1910: 367)이라고 부른 것처럼, 그러한 구약의 예언이 빌라델비아 교회에게 "역전"(Osborne 2002: 191)되어 이루어질 것이라며 위로한다. 이는 곧, 이방인 박해자들이 유대인들에게 굴복하는 것이 아니라, 정반대로 이방인들이 다수를 차지하고 있는 빌라델비아 교회에게 유대인들이 경의를 표하게 될 것이라는 말이다.

유대인들이 (빌라델비아의)이방인들의 교회 앞에 와서 그 발 앞에서 절하게 될 것이라는 표현이, 유대인들의 굴복을 의미하는 것인지, 아니면 그들의 회심을 의미하는 것인지에 관해서는 상당한 논란이 있다. 앞서 나온 열린 문의 비유를 선교의 기회로 해석하는 사람들은 대개 유대인들의 **회심**으로 이해한다. 또한 그들은 동사 "절하다"(프로스퀴네오[proskyneō])가 일반적으로 "경배하다"의 의미를 가지고 있음에 주목한다. "경배는 교회의 영광 앞에 철저히 굴복하며 경의를 표하는 것을 의미한다. 그것은 그리스도의 제자가 되지 않는다면 결코 행할 수 없는 일이다"(Thomas 1992: 282). 한편, 앞서 언급된 해석의 갈래 중 '유대인들의 **굴복**'으로도 볼만한 근거들이 충분히 존재한다. 먼저, 앞서 살펴본 바와 같이 열린 문의 은유는 선교의 기회를 의미하지 않는다. 또한 현 문맥에서 동사 "경배하다"는 중동 지역에서 타인에 대한 존중과 예의를 표현하는 일반적인 행위를 가리킨다. 따라서 "무릎(을)꿇다" 혹은 "절하다"(사실상 모든 주요 번역본과 같이)로 번역하는 것이 더 낫다. 오운은 다음과 같이 말한다(Aune 1997: 238). "이렇게 엎드리는 행위 안에 종교적인 의미는 없다. 단지 전통적으로 존중과 존경을 표시하는 방식에 불과하다." 가장 중요한 근거는 그리스도께서 유대인들이 "내 발"이 아닌 "네 발" 앞에 절하게 될 것이라고 말씀하셨다는 사실이다. 즉, 본문은 그리스도를 경배하는 것이 아니라 교회 앞에 굴복하여 절하는 것을 말하고 있다. 마지막으로, 현 문맥 안에서 강조점은, 그러한 표현이 (유대인 박해자들보다는)박해를 당하고 있는 빌라델비아 교회에게 어떠한 의미가 있는지에 있다. 따라서 3:9은 사실 유대인들의 회심 혹은 유대인들의 굴복이 아니라, 그리스도인의 신원(vindication)을 강조하고 있는 것이다.

그리스도인의 신원에는 유대인들이 빌라델비아 교회에 와서 경의를 표하게 되는 것뿐 아니라, 그리스도가 그 박해자들로 하여금 "내가 너(교회)를 사랑하는 줄을 알게" 하시는 것까지 포함된다. 여기서도 이사야서의 반향이 나타난다(예를 들어 Charles 1920: 89; Hemer 1986: 164; Beale 1999: 288; Osborne 2002: 191). 이사야 43장을 보면, 하나님께서 포로로 사로잡힌 이스라엘을 페르시아로부터 구원하시겠다고 약속한 이유로 "내가 너를 사랑하였기 때문이다"(사 43:4)라는 표현이 나온다. 설령 이 구절이 아니더라도 이사야서 안의 다른 본문들(41:8; 44:2; 60:10; 63:9)이나 다른 구약성경의 본문들을 통해, 이스라엘이 하나님의 사랑을 받는 민족으로서 다른 민족들에 비해 특별한 지위를 누리고 있음을 알 수 있다. 따라서 두 번째 삽입절의 마지막 부분("내가 너를 사랑하는 줄을 알게 할 것이다")은 일반적인 구약의 진리를 역전시키는 또 다른 사례라고 할 수 있다. 곧, 이제 하나님의 사랑을 받는 특별한 지위를 누리게 되는 대상은, 빌라델비아의 성도들을 박해하는 유대인들, 혈통으로서 유대인들이 아니라, 바로 대부분 이방인들로 구성된 빌라델비아 교회이다.

요한계시록 3:9은 암묵적으로, 동시에 명시적으로 이제 교회가 진정한 이스라엘을 이룬다고 주장하고 있는 것이다. **암묵적으로는**, 빌라델비아의 유대인들이 스스로를 유대인이라고 부르지만 "실상은 그렇지 않고 거짓말하는 자들"이라는 서술을 통해 주장하고 있다. 비일과 캠벨은 다음과 같이 언급한다(Beale and Campbell, 2015: 62). "이 유대 공동체는 거짓 유대인들로 판명되었고, 그들을 가리키는 '사탄의 회당'이라는 표현 역시 그리스도가 교회를 진정한 하나님의 백성이자 진정한 이스라엘로 여기신다는 사실을 재확인해 준다." **명시적으로는**, 3:9b의 앞부분에서 이사야 60:14을 반향하고, 3:9의 끝부분에서 이사야 43:4을 암시함으로써 그러한 점을 주장한다. 두 구약 본문들은 이스라엘을 대상으로 말하고 있지만, 여기서는 이방인들이 다수를 이루고 있는 빌라델비아 교회에게 적용된다. 이로써 혈통으로서 유대인이었던 자들이 기대했던 바가 역전되었을 뿐만 아니라, 이제는 교회가 진정한 하나님의 백성—"새로운" 혹은 "진정한" 이스라엘—이 되었다는 신학적 주장이 펼쳐지고 있다(또한 제2장의 "두 번째 구체적인 칭찬: '비방'" 부분에서 2:9c에 관한 논의를 참고하라). 또한 요한계시록 3:9에서 이사야서의 두 본문이 예수 그리스도의 신성을 강조하고 있음에 주목해야 한다. 물론 예수의 신성은 설교 초반부에 나온 그리스도의 칭호, "거룩하신 분"에서 이미 드러난 바 있다. 예수 그리스도는 이사야가 예언한 여호와의 일을 하실 것이고, 그로써 그의 신적 지위를 확증하실 것이다. 또한 예수 그리스도는 빌라델비아 교회를 박해한 유대 공동체가 교회의 성도들에게 와서 경의를 표하고, 그들이야말로 하나님의 사랑을 받는 자들이며, 진정한 이스라엘(의 구성원)임을 깨닫게 만드실 것이다(Beale 1999: 288).

칭찬의 재개(3:10a)

> 인내하라는 내 말을 네가 지켰으니(3:10a)

요한계시록 3:9의 두 번째 삽입절 이후, 3:10a에서 다시 빌라델비아 교회를 향한 그리스도의 칭찬이 재개된다. 칭찬의 재개는 2가지 방식으로 표시된다. 첫째, 앞 절(3:9)이 그리스도를 주어로 하는 1인칭 동사를 사용하여 그리스도가 행하실 일을 서술했다면, 3:10a은 2인칭 주어, "너/네"(빌라델비아 교회)가 한 일을 서술한다. "인내하라는 내 말을 네가 지켰으니"라는 서술은, 앞서 3:8b의 "네가 … 내 말을 지키며"라는 서술을 똑같이 반복한 것이며(다만 명사 "인내"가 추가되어 더 완전해졌다), 따라서 앞에서 나타난 개념을 이어가고 있는 것이다. 둘째, 3:10a의 칭찬은 그리스어 접속사 호티(*hoti*)로 시작된다. 이 접속사는 종속절과 (그다음에 나오는) 주절(독립절, 3:10b)이 서로 인과관계("왜냐하면, 때문에")로 연결되었음을 말해준다. 이처럼 종속절 다음에 주절이 배치된 것은 다소 이례적이다. 인과관계로 연결된 종속절은 대개 주절 뒤, 문장의 끝에 위치하기 때문이다. 이처럼 어순이 뒤바뀜으로써 강조점이 더욱 잘 드러난다. 곧, 빌라델비아 교회는 칭찬을 받을 만한 일을 했으며(3:10a), 그것이 바로 그리스도께서 (이어지는 주절에서) 그들을 위해 긍정적인 일을 행하실 이유라는 것이다(3:10b).

빌라델비아 교회는 칭찬을 받을 만한 어떤 일을 한 것일까? 그들은 박해에 직면했을 때 인내와 관련된 그리스도의 가르침에 순종했다(3:10a). 3:8의 논의에서 언급한 바와 같이 동사 "(네가) 지켰다"에는 "계속해서 순종하다"(BDAG 1002.3)라는 의미가 있으며, 따라서 "(네가) 순종했다"로 해석할 수 있다. 빌라델비아 성도들이 지킨 가르침이 (1) 인내에 관한 '그리스도의 말씀', 즉 그들이 인내해야 한다는 그리스도의 가르침을 뜻하는지, (2) 혹은 '그리스도의 인내'에 관한 말씀, 곧 그리스도 자신이 인내했던 사례를 뜻하는지는 다소 불분명하다. (1)의 경우는 인칭대명사 "내(나의)"가 (그리스어상) 앞 단어들 전체(즉, "말"까지)를 수식하는 것으로 보고(그리스어 본문을 보면, "말", "인내[의]", "나의" 순서로 단어들이 나온다 - 역주), "인내하라는 내 말"(my word of patient endurance)— NRSV; NIV, "인내하라는 나의 명령"; ESV, "인내에 관한 나의 말"—의 의미로 본다. (2)의 경우는 인칭대명사 "내(나의)"가 바로 앞의 명사인 "인내"만을 수식하는 것으로 보고, "그리스도가 행하신 인내"(Charles 1920: 89; Beale 1999: 290, "그리스도의 인내의 모델")로 이해한다. 앞서 나온 유사한 표현, "네가 … 내 말을 지켰다"(3:8b)가 (1)의 해석을 지지하는 근거로 사용될 수도 있지만, 문법적으로는 2가지 해석이 모두 가능하다는 사실을 간과해서는 안 된다. 더욱이 인내에 관한 '그리스도의 가르침'에 순종하는 것과 '그리스도의 인내'에 관한 가르침에 순종하는 것 사이에는 그다지 큰 차이가 없다. 2가지 해석 모두의 핵심 개념은 빌라델비아 성도들이 강력한 박해에 직면했음에도 그들의 신앙 안에서 인내했고 그로 인해 칭찬을 받았다는 것이다.

세 번째 삽입절(3:10b)

> 나 또한 온 세상에 닥쳐올 시험의 때로부터 너를 지킬 것이다. 그 시험은 땅 위에 사는 사람들을 시험하려고 닥치는 것이다(3:10b)

칭찬은 3:10b에서 세 번째 중단된다. 여기서 다시 1인칭 주어로 변경되며, 그리스도께서 빌라델비아 교회에게 내리실 또 다른 복이 언급된다. 3:8b과 3:9의 1인칭 삽입절의 경우, 교회에 대한 칭찬을 중단시키면서 삽입어구를 끼워넣은 형태였지만, 3:10b 삽입절은 칭찬과 긴밀히 연결되고 있다. 3:10b의 삽입절과 3:10a의 칭찬—"인내하라는 내 말을 네가 지켰으니"—은 그리스어 단어 카고(kagō, 카이 에고[kai egō]의 줄임 형태로 "나 또한"이라는 의미)로 긴밀히 연결되고 있다. 이 "또한"은 바로 앞 절(3:10a)을 상기시킨다. 곧 빌라델비아 교회가 칭찬받을 만한 행위를 했기 때문에 그리스도 "또한" 그들을 위해 일하실 것이라는 의미이다. 3:10b의 삽입절은 3:10a의 칭찬에서 사용된 그리스어 동사(테레오[tēreō], 지키다)를 활용함으로써, 그 부분과의 연결 관계를 강조한다. 빌라델비아 교회가 박해에 직면했을 때 "인내하라"는 그리스도의 말씀을 "지켰으니" 그리스도 또한 다가올 시험에서 그들을 "지킬 것이다". 다만, 두 절(3:10a, 3:10b)은 같은 동사를 썼지만, 각 동사를 서로 다른 의미로 사용했다. 즉, 테레오 동사가 3:10a의 칭찬에서는 "순종하다"(obey)를 의미하는 반면, 3:10b의 삽입절에서는 "지키다/보호하다"(protect)를 의미한다. 이와 같은 언어유희(paronomasia, 의도적으로 동음이의어를 사용하거나, 같은 단어를 서로 다른 의미로 사용하는 경우)를 활용함으로써, 본문은 청자의 주의를 단어의 서로 다른 뉘앙스에 집중시키고, 그리스도가 지키고 보호하시는 행위를 강조하고 있다.

그리스도는 "시험의 때"에 빌라델비아 교회를 지키고 보호하실 것이라고 약속하신다. 그리스어 본문에서 이 표현에 정관사가 사용(문자 그대로 옮기면 "그 시험의 그때")된 것은, 저자가 어떤 특정한 사건을 염두에 두었을 가능성을 암시한다. 그 상황이 서머나 교회가 처했던 상황과 동일하지는 않았던 것으로 보인다. 서머나 교회가 받은 고난은 그 지역에 국한되었고, 시기 역시 제한적이었기 때문이다(2:10, "너희가 십 일 동안 환난을 받을 것이다"). 반면, 빌라델비아 교회의 "시험의 때"는 "앞으로 온 세상에 임할 일"을 가리킨다. 이것이 곧 빌라델비아나 소아시아에 지역 단위의 시험은 없을 것이라는 의미는 아니지만, 그럼에도 분명 본문은 전 세계적인 사건을 가리키고 있다. 3:10 끝부분에 이르러 시험의 범위가 온 세상에 이른다는 사실이 확증된다. 그 시험은 "땅 위에 사는 사람들을 시험"할 것이다. "땅 위에 사는 사람들"(투스 카토이쿤타스 에피 테스 게스[tous katoikountas epi tēs gēs])은 요한계시록에서 사용되는 전문 용어로서(3:10; 6:10; 8:13; 11:10; 12:12[이문]; 13:8, 12, 14; 17:2, 8), 짐승을 섬기며 그리스도인을 박해하는 자들을 가리킨다. 하나님의 최후 승리와 그분의 영원한 나라가 세워지기 직전에, 세계적인 고난의 때가 임할 것이라는 예상은 초기 유대교 문헌(단 12:1, 10; 모세의 유언서 8:1; 희년서 23:11-21; 바룩2서 27:1-14)과 기독교 문헌(마 24:3-31; 막 13:7-20; 눅 21:7-28; 살후 2:1-17) 모두에 공통적으로 존재했다. 따라서 "시험의 때"라는 표현이 그러한 고난의 때를 의미하는 사건이라는 것은 분명하다.

일부 학자들은 그리스도가 세계적인 종말의 때에 닥칠 시험으로부터 성도들을 보호하기 위해 그들을 물리적으로 땅에서부터 안전한 하늘나라(heaven)로 옮기실 것이라는 의미로 본문을 해석하기도 한다. 이러한 해석을 주장하는 주석가들은 3:10b의 삽입절을 "시험의 때로부터 너희를 보호할 것이다"라는 의미가 아닌, "시험의 때로부터 너희를 옮길 것이다"라는 의미로 해석한다. 그리고 3:10 안에서, 7년 동안 일어날 대환란 기간 이전에 교회가 이 땅에서 "휴거"되어 하늘나라로 옮겨질 것이라는 해석의 근거를 찾는다(이 해석을 옹호하는 입장을 자세히 보라. Thomas 1992: 286-88; 또한 Fanning 2020: 177-178을 보라). 그러나 이러한 해석에 반대하는 입장에서 몇 가지 중요하게 고려할 사항들이 있다. 첫째, 신약성경에서 동사 "지키다"(테레오)가 전치사 "~로부터"(에크[ek])와 함께 나온 다른 유일한 용례가 요한복음에 있는데, 그 요한복음 본문의 문맥은 그 표현의 구조가 의도하는 의미를 분명하게 밝혀준다. 요한복음 17:15에서 예수는 성부 하나님께 다음과 같이 기도하신다. "내가 구하는 것은 당신께서 그들을 세상에서 데려가시는 것이 아니라, 악한 자로부터 그들을 지켜주시는 것입니다." 여기서 예수는 제자들이 악으로 가득 찬 세상에 살면서 당하는 시험으로부터 물리적으로 옮겨지기를 바란 것이 아니라, 그들이 어려움을 겪는 동안 성부 하나님께서 특별히 보호해 주실 것을 요청하신다. 따라서 요한계시록 3:10에서도 그리스도는 빌라델비아 교회에게 그들이 옮겨질 것이라고 약속하신 것이 아니라, 종말의 때에 맞이하게 될 시험으로부터 그들을 보호해 주실 것을 약속하시는 것이다. 둘째, 요한계시록 내 다른 본문들은 그리스도인들이 핍박과 순교로부터 물리적으로 벗어나는 모습보다는, 그러한 시험을 계속해서 겪어 나가게 될 것을 반복적으로 묘사한다(계 6:9-11; 11:7; 12:12-13, 17; 13:7; 16:6; 20:4). 마운스는 3:10b을 시험으로부터의 면제가 아닌, 보호의 보장과 약속으로 보는 주석가들을 대표한다(Mounce 1977: 103). "시험의 때는 비-기독교적인 세상 전체를 향하고 있다. 하지만 성도들은 그로부터 보호를 받을 것이다. 이는 그리스도께서 시험보다 앞서 나타나셔서 교회를 세상으로부터 옮기시는 것이 아니라, 악의 권세에 맞서 그들을 영적으로 보호하실 것을 뜻한다"(더 자세한 논의는 Beale 1999: 290-92을 보라).

따라서 3:11a에 그리스도의 오심에 관한 서술("내가 속히 올 것이다")이 나오는 것은 전혀 놀라운 일이 아니다. 요한계시록 자체가 시작부터 이미 그의 오심을 확증하고 있기 때문이다(1:7, "보라, 그가 … 올 것이다!"). 또한 그의 오심은 일곱 편의 설교 중 무려 여섯 개의 설교에서 언급된다(2:5, 16, 25; 3:3, 11, 20). 하지만 도입 접속사나 불변화사가 생략(asyndeton, 접속사 생략)되어 있어, 3:11a이 말하는 그리스도의 오심이 앞에 나온 칭찬과 연결되는 것인지, 아니면 새로운 단락이 시작되고 있는 것인지가 다소 불분명하다. 앞에 서술된 내용을 **되돌아보는 것이라는 주장**에는 2가지 근거가 있다. 첫째, 앞선 3:10과 동사를 통해 연결되어 있다. 3:11에서 언급된 그리스도의 "오심"(에르코마이[erchomai]의 현재 직설법)은 3:10에서 언급된 "닥쳐올"(에르코마이의 현재 부정사) 시험의 때와 어휘적인 측면에서 연결되어 있다. 둘째, 앞서 그리스도의 오심을 언급한 (요한계시록 내) 3개의 본문들이 그리스도께서 심판의 목적(에베소의 촛대를 옮기실 것 2:5; 입의 검으로 버가모를 위협하심 2:16; 사데를 심판하심 3:3)을 갖고 계셨음을 언급한 것과 대조적으로, 여기서는 3:10에서 묘사된 시험의 때와 관련하여 긍정적인 목적이 나타난다. 허머는 다음과 같이 말한다. "그렇다면 3:11은 3:10과 긴밀하게 연결시켜 해석해야 한다. 여기서 그리스도가 오시는 목적은 22:7, 20에서처럼 위로를 하기 위함이지 심판을 하기 위함이 아니다"(2:5, 16; 3:3). 그리스도는 빌라델비아 교회에게, 앞으로 닥쳐올 세계적인 환란으로부터 보호해주실 것을 약속하신다. 따라서 "내가 속히 올 것이다"(3:11a)라는 선언은 교회가 그 시험에 홀로 직면하는 것이 아니라, 그리스도의 임재가 함께 있을 것이며 그의 권세로 인해 힘을 얻게 될 것을 의미한다. 그리스도는 보호에 대한 그의 약속을 반드시 지키실 것이다.

그리스도의 오심이 언급된 다른 설교들(의 본문들)과 마찬가지로 여기서도 그 사건이 일어날 시기가 다소 모호하다. 이를테면, 그리스도의 오심은 파루시아(parousia, 재림) 이전에 그리스도가 오시는 것을 뜻하는가, 아니면 종말의 때에 그가 최종적으로 강림하실 것을 뜻하는가? 하나님께서 마지막 때에 승리를 거두시고 그분의 영원한 나라를 세우시기 직전에 세계적인 환란이 일어날 것이라고 언급한 것으로 미루어 보아, 그리스도의 최후 강림을 뜻할 가능성이 가장 높아 보이긴 한다. 다만, 그리스도가 "속히" 올 것이라고 표현한 것은, 그 선언의 내용이 이미 시작되었음을 뜻하기도 한다. 그리스도는 성령의 역사를 힘입어 지금보다 더욱 강력한 권세를 가지고 그들 가운데에 속히 오실 것이며, 또한 빌라델비아 교회와 온 세계에 닥쳐올 시험 가운데서 그들을 보호하실 것이다.

책망-없음!

일곱 편의 설교 전체에 나타나는 공통적인 패턴은 칭찬 다음에 책망이 나오는 것이다. 그리스도는 먼저 교회가 잘하고 있는 일을 칭찬하시고, 그다음에 잘못하고 있는 일을 책망하신다. 칭찬에서 책망으로 전환될 때는 주로 "그러나 네게 책망할 것이 있다"(알라 에코 카타 수[*alla echō kata sou*]; 2:4 에베소; 2:14 버가모; 2:20 두아디라)라는 정형 문구(formula)가 사용된다. 사데와 라오디게아 설교에는(전반부에) 책망과 대조되는 칭찬이 나오지 않았기 때문에 이 문구가 생략되었다. 그 대신 그리스도는 곧바로 그들을 책망하는 내용으로 넘어가셨다. 빌라델비아 설교에도 이 문구가 생략되어 있다는 사실은 주목할 만하다. 왜냐하면 그들을 책망할 내용이 없었기 때문이다(서머나 설교도 마찬가지다. 이러한 사실은 두 설교를 이어주는 또 하나의 연결고리로 작용한다). 일반적으로 성경은 본문이 말하는 내용이 중요하지만, 이와 같이 때때로 본문이 **말하지 않는 내용**이 더 중요할 때도 있다. 칭찬이 다소 지나치다 싶을 만큼 길다는 점(3:8-11a), 그리고 책망이 빠져 있다는 점은, 그리스도께서 빌라델비아 교회가 박해 가운데 인내하는 모습을 매우 긍정적으로 평가하신다는 사실을 보여준다.

교정(3:11b)

네가 가진 것을 굳게 잡으라(3:11b)

책망 단락이 빠지게 되면서, 매 설교마다 전형적으로 뒤따라 나왔던 교정 단락 또한 영향을 받게 된다. 빌라델비아 교회의 경우 특별히 잘못한 것이 없다는 평가를 받았기 때문에 다른 교회들처럼 "회개하라"는 명령을 받지 않는다(2:5 에베소; 2:16 버가모; 2:21 두아디라; 3:3 사데; 3:19 라오디게아). 또한 책망 단락에서 질책받은 행동 방식과 반대로 살아가라는 요구도 받지 않는다. 그 대신 빌라델비아 설교의 교정 단락에는 칭찬받았던 행동을 믿음 가운데 이어나가라는 명령이 주어진다. "네가 가진 것을 굳게 잡으라."

이 짤막한 권고는 빌라델비아 설교 도입부에서 교회의 천사에게 "편지(설교)하라"(3:7)는 명령, 그리고 종결부에서 "말씀(설교)을 들으라"(3:13)는 명령을 제외하고는, 빌라델비아 교회에 주어진 유일한 명령이라고 할 수 있다. 이 명령(3:11b)은 현재 시제(2:25에 나오는 동일한 명령이 부정과거 시제인 것과는 대조적으로)로 되어 있어 빌라델비아 교회가 지속적으로 "굳게 잡아야" 함을 강조하고 있다. 크라테오(krateō) 동사는 "주로 권력의 행사"(BDAG 564)를 의미하는 단어로서, 단순히 무언가를 "붙잡는" 행위를 가리키는 것이 아니라, 온 힘을 다해 "단단히 쥐고 있는" 혹은 "꽉 붙들고 있는" 행위를 뜻한다. 빌라델비아의 그리스도인들에게 "굳게 잡으라"는 명령이 주어진 것은 곧 그들의 신앙을 뒤흔드는 강력한 공격이 발생했음을 의미한다. 한편, 다른 설교들에 나오는 크라테오 동사의 두 용례는 다음과 같은 역사적 맥락을 갖고 있다. 먼저 버가모 교회의 성도들은 사탄의 공격에 직면했을 때 그리스도의 이름을 "굳게 잡으라"는 명령을 받았다(2:13). 또한 두아디라 교회에 속한 소수의 성도들은 이세벨의 거짓 가르침, 그리고 이교도들의 우상숭배와 음행에 대한 유혹에 직면했을 때, "굳게 잡으라"는 명령을 받았다(2:25). 그리고 지금 빌라델비아 교회의 성도들은 지역 유대 공동체로부터 공개적으로 공격을 받을 때 "굳게 잡으라"는 명령을 받고 있다.

그렇다면 빌라델비아 교회는 구체적으로 무엇을 굳게 잡아야 하는가? 명령법 "굳게 잡으라"와 관계절 "네가 가진 것"의 결합은 빌라델비아 설교와 두아디라 설교(2:25)에 나오며, 두 곳 모두에서 "네가 가진 것"의 내용을 문맥으로 추론할 수 있다. 두아디라 교회가 굳게 잡아야 할 것은 그리스도께서 그들의 행위를 칭찬하신 2:19에 묘사되어 있으며, 빌라델비아 교회 역시 이와 같은 방식으로 추론해 볼 수 있다. 빌라델비아 교회가 굳게 잡아야 할 것은 세 차례에 걸쳐서 칭찬 단락에 나오는 복들, 즉 그리스도가 1인칭으로 등장하는 삽입절에 묘사된 복들이다.

첫째로, 빌라델비아 교회가 가진 가장 중요한 복은 "사탄의 회당"이 가지지 못한 것, 즉 하나님 나라에 들어갈 수 있는 자격이다. 지역 회당은 빌라델비아 그리스도인들에게 문을 열어주지 않고 또 하나님 백성의 일원이 되도록 해달라는 요청을 거절했을진 몰라도, 그리스도는 누구도 닫을 수 없는 열린 문, 하나님 나라로 들어가는 "열린 문"을 그 그리스도인들에게 주셨다(3:8a). 둘째로, 빌라델비아 교회는 그리스도로부터 신원의 약속을 받았다. 그날이 오면 적대자들이 와서 빌라델비아 교회에 경의를 표하고, 그들이 그리스도의 사랑을 받는 존재임을 인정하게 될 것이다(3:9). 셋째로, 빌라델비아 교회는 하나님께서 마지막 때에 승리를 거두시고 영원한 나라를 세우시기 직전에 일어날 세계적 환란으로부터 (그들이)보호를 받을 것이라는 약속을 받았다(3:10b). 따라서 빌라델비아 교회는 도시 내 유대 공동체들로부터 강력한 공격을 받을 때, 이 3가지 (현재와 미래의)복들을 끈질기게 붙잡아야 한다.

결과(3:11c-12)

지금까지 살펴본 모든 설교들은 공통적으로 2가지 결과를 제시하며 마무리되었다. 하나는 그리스도께서 제시하는 교정의 권고를 따르지 못할 경우 교회가 받게 될 처벌 곧 부정적인 결과이다. 또 하나는 교회가 그리스도의 도움으로 죄를 회개하고 극복할 때 받게 될 상, 곧 긍정적인 결과이다.

부정적인 결과(3:11c)

아무도 네 관을 빼앗지 못하게 하라(3:11c)

앞선 서머나 설교의 경우 책망 단락이 빠진 탓에, 부정적인 결과가 나오리라 예상된 자리에 오히려 긍정적인 결과가 나온다. 즉, 그들은 "생명의 관"을 받게 될 것이다(2:10b). 이와 유사하게 빌라델비아 설교에도 관(crown)의 은유가 사용되었으나(이로써 서머나 설교와 또 다른 평행을 이룬다), 여기서는 부정적인 결과 안에서 나타난다. "아무도 네 관을 빼앗지 못하게 하라"(3:11c).
이 관은 왕과 왕비가 쓰는 왕관(디아데마[*diadēma*])이 아니라, 우승한 운동선수 혹은 개선장군이 쓰는 화관(스테파노스[*stephanos*])이다. 요한계시록은 2가지 관 모두를 언급하는데, 이를테면, "왕관"(*diadem*)을 활용해서는 일곱 머리 용

(12:3)과 뿔이 열 개 달린 바
다 짐승의 왕권을 묘사하
거나(13:1), 혹은 높임받
으신 그리스도의 지위
를 강조한다(19:12). 하지만
요한계시록에서 "관"은
"화관"(wreath)을 가리키는
경우가 더 많으며, 이때
화관은 신실한 그리스도

그림 6.2. 좌: 화관을 쓰고 있는 도미티아누스 황제. 우: 화관
과 종려나무 가지를 들고 있는 승리의 여신 니케. 각인의 마
지막 단어는 "빌라델비아 플라비"(Philadelphia Flavi)이다
(빌라델비아는 주후 70년경 베스파시아누스 황제 당시 도시
명을 플라비아로 고쳤다 - 역주)

인들에게 주어지는 영적인 상을 가리킨다. 이를테면, 화관은 운동선수 은유
에 사용되거나(2:10b; 3:11c; 4:4, 10), 또는 영적 전투에서 승리를 거둔 이의 머리
를 장식하는 군사적 이미지로 사용된다(참조 6:2; 9:7; 12:1; 14:14). 당시 화관은 종
려나무나 다른 가지들, 꽃, 특정 식물(샐러리나 파슬리 등)을 엮어 만들어졌다. 이
러한 화관은 곧 시들었지만, 성도들에게 주어지는 화관은 "썩지 않고"(고전
9:25) "시들지 않는다"(벧전 5:4). 오늘날의 사람들과 마찬가지로 고대 세계의
사람들 역시 스포츠에 열광했기 때문에 운동 경기가 로마 제국 전역에서 열
렸다. 더욱이 (두아디라를 제외하고)일곱 교회가 위치한 모든 도시들 안에서 운동
경기가 열렸다는 증거가 있다(Wilson 2002: 265). 또 아직 발굴이 다 끝나지 않
았지만 그럼에도 빌라델비아 운동 경기장 터도 이미 발견된 바 있다. 빌라
델비아에서 발견된 비문들은, 그곳에서 열린 3가지 유형의 경기를 묘사하고
있는데(CIG 3416, 3424, 3427, 3428), 이는 "운동선수의 기량이 얼마나 중요했는지
를 분명하게 밝혀준다"(Hemer 1986: 268). 따라서 이러한 운동 경기와 관련된
승리의 화관은 "로마의 아시아 지역에 살았던 모든 성인들과 대부분의 어린
이들에게 친숙한 상징물"이 되었다(Keener 2000: 117). 이처럼 화관의 이미지가
당시에 많은 사람들에게 알려져 있었기 때문에 빌라델비아의 성도들뿐만

아니라 아시아의 다른 지역들에 살던 성도들 역시 승리의 화관 은유를 곧바로 이해했을 것이다. 따라서 그들은 적대자들의 격렬한 반대와 공격 앞에서도 "네가 가진 것을 굳게 잡으라"는 그리스도의 명령에 순종하여, 박해자들이 그들의 상을 빼앗아 가지 못하게 해야 했다.

긍정적인 결과(3:12)

> 이기는 자는 내가 내 하나님 성전에 기둥이 되게 할 것이다. 그가 결코 다시는 성전을 떠나지 않을 것이다. 나는 내 하나님의 이름과 내 하나님의 도시, 곧 하늘에서 내 하나님께로부터 내려오는 새 예루살렘의 이름과 또 나의 새 이름을 그 위에 쓸 것이다(3:12)

빌라델비아 설교는 다른 설교들과 마찬가지로 니카오(nikaō) 동사가 포함된 승리 정형 문구(formula)로 마무리된다. 현대 독자들이 요한문헌 안에서 이 동사가 차지하는 중요성과 군사적 충돌을 반향하는 은유로서의 기능, 그리고 승리가 인간의 업적이 아닌 신적 선물로 여겨지는 내용을 살펴보고자 한다면, 에베소 설교(계 2:7b)의 승리 정형 문구를 다시 읽어보기를 권한다. 빌라델비아 설교에서 그리스도는 칭찬 단락(3:8-11a)에서 1인칭 삽입절을 세 차례 사용하여, 빌라델비아의 유대 공동체와 도시의 관료들로부터 핍박을 받았음에도 그의 말씀을 지키고 그의 이름을 부인하지 않은 교회에게 이미 주신 축복(3:8a), 혹은 앞으로 주실 축복(3:9, 10b) 3가지를 말씀하신다. 승리 정형 문구에는 박해 가운데 인내하고 있는 자들에게 그리스도가 주실 또 다른 복 2가지가 나타난다. 그리스도는 (1) 신실한 성도들이 하나님의 성전에 기둥이 되게 할 것이며, 또한 (2) 그 위에 3가지 이름을 기록할 것이다. (1)의 행위는 은유적이고, (2)의 행위는 상징적이다. 그리고 두 행위는 모두 박해받는 빌라델비아 성도들을 위해 하나님의 나라에 존귀한 자리가 마련되어 있다는 위로와 같다.

그리스도께서 약속하신 첫 번째 은유적 행위에는 기둥이 나온다. "이기는 자는 내가 내 하나님의 성전에 기둥이 되게 할 것이다. 그가 결코 다시는 성전을 떠나지 않을 것이다"(3:12a). 성전에 세워진 기둥의 이미지는 고대 사람들에게 친숙한 이미지였다. 중간 규모의 도시에도 여러 신들에게 바쳐진 신전들이 존재했기 때문이다. 또한 그룹 내에서 특정 인물의 지위나 명예를 기리기 위해 기둥의 은유를 사용하는 것 역시 고대 사람들에게 친숙했다. 갈라디아서에서 바울은 초기 교회 지도자들인 야고보, 베드로, 요한을 가리켜 "기둥 같이 여기는"(갈 2:9) 이들이라고 표현했고, 디모데전서에서는 교회를 가리켜 "진리의 기둥과 터"(딤전 3:15)라고 표현했다. 로마의 클레멘트(Clement, 주후 99년 순교)는 베드로와 바울을 가리켜 "가장 위대하고 가장 의로운 기둥들"(클레멘스1서 5.2)이라고 불렀다. 이러한 은유는 오늘날에도 자주 사용된다. 우리 역시 교회나 도시 내에서 존경받는 인물을 가리켜 "공동체의 기둥"이라고 말하곤 한다. 빌라델비아 교회의 이기는 그리스도인은 기둥으로서 명예를 얻을 뿐 아니라, 또한 "하나님의 성전에" 세워질 것이다. 여기서 "성전"은 하나님이 거하시는 장소, 혹은 하나님의 임재를 비유적으로 표현한 것이다. 빌라델비아 성도들처럼 박해 가운데 인내하는 모든 사람들은 새 하늘과 새 땅— 곧 "하나님이 그들과 함께 계실 것이요, 그들은 하나님의 백성이 되는 곳"(계 21:3)—에서 명예로운 자리를 부여받을 것이다. 한편, 그리스도는 성부 하나님을 가리켜 "내 하나님"이라고 부르는데, 이러한 표현이 놀랍게도 3:12에서만 4회(3:12, 그리스어 본문 기준) 사용된다. 이로써 그리스도와 하나님 간의 친밀한 관계가 강조되고 있다. 그리고 이와 같은 친밀한 관계는 그리스도께서 빌라델비아의 신실한 그리스도인들을 하나님의 성전에 기둥으로 세워주시겠다는 약속을 충분히 이행할 수 있는 분이심을 드러낸다.

기둥 은유가 하나님의 나라에서 성도들이 차지하게 될 자리의 **명예로운** 측면을 보여 준다면, 부가(추가)절(clause)—"그가 결코 다시는 성전을 떠나지 않을 것이다"—은 그 명예로운 지위가 **보장되어** 있음을 보여 준다. 이 절은 전체적으로 강한 부정의 형태를 띠고 있는데(BDF 365: 부정과거 가정법과 함께 사용된 이중 부정 우 메[*ou mē*]), 이는 그리스어에서 가장 강력한 부정문 형태이다. "그가 **결코/절대로** 나가지 않을 것이다." 2개의 부사가 이러한 의도를 더욱 강조하고 있다. 먼저 부가절 앞쪽에 위치한 엑소(*exō*)가 "**밖으로 나가다**"라는 개념을 강조하는데, 이는 (그 뒤에 나오는) 복합동사 엑셀테(*exelthē*, "나가다")를 구성하고 있는 연관 전치사(ἐξ, "~로부터")로 인해 더욱 부각된다. 이에 더해 부가절 끝에 위치한 부사(에티[*eti*], "다시는")는 이중 부정(우 메)과 연결되어, "**결코 다시는**"(BDAG 400.1.b; 또한 히 8:12; 10:17; 계 18:21, 22, 23을 보라)을 의미한다. 두 번째 부사는 밖으로 나가는 행위가 실제로 과거에 일어났던 사건이지만, 다시는 반복되지 않을 것을 강조한다.

과거에 실제로 있었던 사건, 곧 "(밖으로)나가는" 상황을 두고 여러 주석가들은 주후 17년에 일어난 강력한 지진으로 인하여 빌라델비아 주민들이 도시를 떠나 주변 시골 지역으로 나가 살아야 했던 사건을 떠올린다. 고대 역사가이자 지리학자인 스트라보(Strabo, 주전 63-주후 23년)는 이렇게 말했다. "빌라델비아 전역에 지진이 일어나 모든 벽에 금이 가고, 도시의 각 지역은 지속적으로 피해를 입었다. 그로 인해 도시 내에 시민들은 거의 남아있지 않았고, 대다수는 시골로 나가서 농사를 짓고 살았다"(*Geography* 13.4.10). 처음으로 이 역사적 사건을 빌라델비아의 설교 속 그리스도의 약속과 연결시킨 학자는 바로 램지이다(Ramsay 1904: 306; 1994: 298). "이 서신의 후반부에서 분명 이 사건을 언급하고 있다. 신실한 빌라델비아 성도들에게 그들이 앞으로는 더 이상 도시 밖으로 나가게 되지 않을 것이라는 약속이 주어졌기 때문이다." 마운스는 램지가 닦아 놓은 길을 따라간 여러 학자들 가운데 하나이다

(Mounce 1977: 120-21). "시민들이 도시를 떠나 시골로 나가서 임시 거주지를 마련할 수밖에 없게 만든 끔찍한 지진을 겪은 도시에게, 새 예루살렘의 영주권을 보장한다는 약속은 분명 특별한 의미를 지녔을 것이다"(또한 예를 들어 Caird 1966: 55; Hemer 1986: 156-67, 166, 175; Thomas 1992: 292n73; Kistemaker 2001: 164; Osborne 2002: 197; Wilson 2002: 275).

"그들은 결코 다시는 성전을 떠나지 않을 것이다"라는 표현에, 빌라델비아의 시민들을 도시 밖으로 나가게 만든 지진이 암시되어 있다는 해석은 상당히 매력적이다. 이는 요한이 다른 설교들에서 지역의 상황을 암시하는 표현을 사용한 방식에도 부합한다. 그러나 이러한 암시의 개연성에 대해서는 몇 가지 의문의 여지가 있다. 첫째로, 지진은 요한계시록의 저술 시기보다 수십 년 앞선 주후 17년에 발생했다. 따라서 '그토록 과거에 일어났던 사건이 빌라델비아 설교의 청중들에게 생생한 현실로 다가왔겠는가?'라는 의문이 발생한다. 이에 대한 반론으로 해당 지역이 주요 단층선에 놓여 있어서 실제로 지진이 반복해서 발생했다는 사실이 제기되기도 한다. 예를 들어, 인근에 위치한 도시 라오디게아는 주후 60년에 지진으로 심각한 피해를 입었는데, 이때 빌라델비아도 피해를 함께 입었을 가능성이 있다. 다만, 조금 더 늦은 시기에 발생한 이 지진도 여전히 요한계시록의 저술 시점보다 약 30여 년 이전에 발생한 것이다. 둘째로, 빌라델비아는 그 지역의 여러 도시들 가운데 주후 17년에 발생한 지진으로 피해를 입은 유일한 도시가 아니었다. 고대 역사가 타키투스(Tacitus)는 다음과 같이 말했다. "지진이 일어나 아시아의 유명한 12개 도시들이 하룻밤 새 무너져 내렸다"(Annals 2.47). 로마의 항구 도시인 푸테올리에서 발굴된 티베리우스 황제상의 거대한 대리석 기반에는, 주후 17-29년에 일어났던 몇 차례의 지진 후, 재정적인 지원을 받은 아시아의 14개 도시들이 황제에게 바친 헌정 비문이 새겨져 있다(CIL 10.1624). 따라서 다음과 같은 의문이 발생한다. 그렇다면 도대체 왜 일곱 교회들 가운데 빌라델비아 교회에만 이러한 자연 재해를 암시하는 표현이 사용되었는가? 셋째로, 심지어 빌라델비아는 주후 17년 지진에서 가장 심각한 피해를 입은 도시도 아니었다. 타키투스는 우리에게 다음과 같은 사실을 알려준다. "그 재앙에서 가장 치명적으로 피해를 당한 이들은 사데의 시민들이었다. 그래서 그들은 가장 큰 동정을 받았다"(*Annals* 2.47).

빌라델비아의 그리스도인들이 직면한 가장 큰 위협은 계속해서 발생하는 지진이 아니라 지역의 유대 공동체였다. 하나님의 성전에 존귀한 기둥이 될 성도들이 결코 다시는 성전을 떠나지 않을 것이라고 말하는 약속이 암시하는 것은, "사탄의 회당"에서 오는 위험을 가리킬 가능성이 더 높다. 빌라델비아의 유대인들은, 이방 그리스도인들을 하나님의 사랑을 받는 언약 백성이자 하나님 나라의 일원으로 받아들이지 않았고, 심지어 유대 그리스도인들을 회당에서 출교시켜 버렸다. 그러한 처지에 놓였던 그리스도인이라면—이방인이든 유대인이든 관계없이—그리스도께서 하나님의 나라의 **명예로운** 자리와 **보장된** 지위를 약속하시는 것을 듣고 큰 위로를 받았을 것이다. 그리스도는 그들이 완전한 하나님의 언약 백성이 되도록 활짝 문을 열어주셨다. 따라서 지역의 유대 공동체를 비롯한 그 누구도 그 문을 닫을 수 없고 그들을 쫓아낼 수 없다.

둘째로, 그리스도가 행하실 상징적 행위 역시 박해받는 성도들을 위한 자리, 하나님의 나라 안에 구성원으로서의 자리를 보장한다. 그 행위는 곧 그리스도가 그들 위에 3가지 이름을 쓰시는 것이다. 그리스도의 이름을 부인하지 않았다는 이유로 칭찬을 받은 성도들이기 때문에, 그들 위에(3:8), 3가지 이름이 쓰여지는 방식으로 상을 받는 것이라는 해석이 가장 적절해 보이긴 한다. 하지만 그리스어 본문에서는 그 이름들이 기록되는 곳이 이기는 성도("그 사람 위에")인지, 아니면 기둥("그것 위에")인지가 다소 불분명하다. 다만, 바로 앞에서 성도가 기둥이 될 것이라고 했기 때문에, 후자가 더 가능성이 높아 보이긴 한다. 게다가 고대 세계에서 기념할 만한 글이나 이름을 기둥에 새기는 것은 흔한 관습이었다. 다음의 견해들은 3가지 이름이 새겨진 기둥에 대한 배경으로 제시된 것들이다.

1. 솔로몬은 성전 주랑 앞에 있는 두 기둥에 "야긴"(아마도 "그가 세운다"라는 의미)과 "보아스"(아마도 "그에게 능력이 있다"는 의미)라는 이름을 새기게 했다(왕상 7:21; 대하 3:15, 17). 따라서 일부 학자들은 빌라델비아 설교에 나오는 두 약속이 "솔로몬 성전의 두 기둥에 '사람의' 이름이 새겨졌다는 기억을 바탕으로 구성된 것이다"라고 주장한다(Farrer 1964: 81; 또한 Swete 1911: 57을 보라).

2. 또 다른 견해에 따르면, 이름이 새겨진 기둥 이미지는 솔로몬 성전에 있는 소위 왕의 기둥에서 유래한 것이다(Wilkinson 1988). 왕의 기둥은—아마 "야긴"과 "보아스" 중 하나였을 것이다—이스라엘의 통치자를 위해 마련된 특별한 자리로서, 대관식을 비롯한 성전 제의가 진행되는 동안 왕이 서게 되는 곳이었다(왕하 11:14; 23:3; 대하 34:31). 따라서 (이 견해는)빌라델비아 설교에 약속된 기둥은 이기는 그리스도인에게 왕적 지위를 부여하는 왕권과 대관식을 암시한다는 견해이다.

3. 일부 학자들은 황제 제의가 열리는 지역의 관습을 암시하는 표현으로 보기도 한다. 그 관습에 따르면 신전의 사제는 자신의 임기 말에 이르러 신전 안에 자신의 석상을 세우고 거기에 자신과 아버지의 이름, 출생지, 재임 기간 등을 새겼다(Moffatt 1910: 369; Charles 1920: 91-92; Kiddle 1940: 53-54). 하지만 이 가설에 반대되는 근거들도 있다. 이를테면, 이 관습과 빌라델비아 설교의 본문이 정확하게 평행을 이루지 않는다(이 관습에서는 기둥이 아니라 석상이 언급된다). 그리고 빌라델비아에서 황제 제의는 한 세기도 더 지난 이후에나 시작되었으며(주후 213년), 그 관습에 대한 역사적 근거 또한 의문의 여지가 있다(Hemer 1986: 166).

4. 어떤 학자들은 3가지 이름이 새겨진 기둥이, 순금으로 만들어진 패에

"여호와께 성결"이라고 새겨, 아론이 쓰는 제사장 관 이마 전면에 매다는 모습을 암시한다고 본다(출 28:36-38; 예를 들어 Aune 1997: 242; Hemer 1986: 166; Osborne 2002: 197). 이 견해는 요한계시록의 다른 본문들, 즉 성도들의 이마에 하나님의 이름 혹은 인을 치는 것에서 그 근거를 찾기도 하지만(7:3; 14:1; 22:4; 대조적으로 17:5), 이것으로 하나님의 성전에 세워지는 기둥 은유를 설명하기엔 다소 무리가 있다.

5. 또 다른 견해는 시므온 마카비와 그의 형제들의 군사적 업적에 관한 기록과 관련이 있다. 그들에게 고마움을 느낀 유대인들이 예루살렘 성전 안에 그들에 대한 기록을 "동판에 새겨서 기둥에 붙인" 일이 있었다(마카비1서 14:26-28; 또한 Beasley-Murray 1978: 102n3). 그러나 이 역시 빌라델비아 설교와 정확한 평행을 이루진 않는다. 빌라델비아 설교에서는 이름이 동판이 아닌 기둥에 새겨진다. 또한 성도의 업적이나 이름을 새기는 것이 아니라, 하나님의 이름, 그리고 새 예루살렘과 그리스도의 새 이름이 새겨진다.

6. 이기는 그리스도인을, 이름이 새겨진 기둥으로 표현하는 은유는 세 번째 그리스도의 칭호("다윗의 열쇠를 가지고 계신 분")에 암시된 이사야 22:15-25의 연장선일 수 있다. 이 이사야 본문에는 히스기야 왕의 왕궁 관리자인 셉나가 엘리아김으로 교체되고, 엘리아김이 새로운 권력의 상징을 수여받는 과정이 나온다. "내가 또 다윗의 집의 열쇠를 그의 어깨에 두리니 그가 열면 닫을 자가 없겠고 닫으면 열 자가 없으리라"(사 22:22). 그리고 바로 이어지는 구절에서 하나님은 "못이 단단한 곳에 박힘 같이 그를 견고하게 하리니"(22:23)라고 말씀하신다. 본문은 그로 인해 그의 후손에게 영예가 돌아갈 것이라 말한다. 그러나 이후 본문은 "단단한 곳에 박혔던 못이 삭을 것"(22:25)이라 말하며, 결국 그가 그의 가족들과 더불어 명예로운 지위를 잃게 될 것을 암시한다. 이 이사야 본문에 대한 몇몇 그리스어 번역본(Vaticanus, Origen, Q)에는 "못" 대신 "기둥"이라는 단어가 나오는데, 이를 바탕으로 비일은 빌라델비

아 설교의 기둥 은유를 다음과 같이 설명한다(Beale 1999: 295). "엘리아김이 결국 왕궁에서 지위를 잃게 되었을 때, 그에게 속한 가족을 비롯한 식솔들 역시 영광과 지위를 함께 잃게 되었다(참고 사 22:23-25). 이와 대조적으로 예수 그리스도를 따르는 이들은 성전/왕궁에서 결코 그들의 지위를 잃지 않을 것이다. 왜냐하면 '참된' 메시아, 예수 그리스도께서 성부 하나님의 임재 가운데 그의 왕적 지위를 잃지 않을 것이기 때문이다('기둥'은 영속성에 대한 은유이다)"(Mounce 1977: 121; Michaels 1997: 85-86을 보라). 이 견해는 빌라델비아 설교 앞부분에 이사야 22:22을 암시하는 부분이 있다는 점을 근거로 삼는다. 하지만 이는 요한이 칠십인역의 대안적 읽기 방식(비주류 읽기 방식)을 알고 있었고 또 그것에 영향을 받았을 것이라는 불분명한 가정에 기반하고 있다. 또한 여기서 제시된 구약 본문의 배경으로는 기둥에 이름을 기록하는 내용이 제대로 설명되지 않는다.

7. 이름이 새겨진 기둥 이미지는 어떤 특정한 대상을 암시하기보다, 고대 세계에서 중요한 인물을 기억하고 기리기 위해 행했던 일반적인 관습을 반영하는 것일 수 있다. 기둥에 무언가를 새기는 것은 대개 그 기둥이 세워진 건물의 건축과 관련된 사건이나, 혹은 해당 도시의 역사 속 주요 사건을 기록하기 위해서였다. 그 예로 사데의 아르테미스 신전에는 소위 '말하는 기둥'이라는 것이 있다. 이오니아 양식의 이 거대한 기둥에는 1인

그림 6.3. 두 개의 도리아 양식 기둥, 에베소의 프뤼타니움(시 의회 건물)의 일부분, 아르테미스 사제들의 이름이 새겨져 있다.

칭 화자의 말이 새겨져 있다. "내 원형 [받]과 기반석은 암석 한 덩어리를 깎아 만든 것이다. 모든 기둥들 가운데 내가 처음으로 우뚝 섰다." 또한 밀레도항 동남쪽 약 40킬로미터 내륙에 위치한 유로모스(Euromos)라는 소아시아 도시에는 아고라(시장)에 기둥 하나가 세워져 있다. 이 기둥에는 알렉산더 대왕의 아시아 원정에 참가한 칼리스테네스(Callisthenes)라는 인물이 그 도시에 재정적인 지원을 제공한 내용이 새겨져 있다.

기둥에서 흔하게 볼 수 있는 또 다른 유형의 글귀는 그 기둥을 세우는데 들어간 비용을 지불한 사람들의 이름이다. 헤로도토스(Histories 1.92)는 사데의 왕 크로이소스(Croesus)가 에베소의 첫 번째 아르테미스 신전 건물에 기둥 여러 개를 기증했다고 기록했다(주전 550-520년). 1872년, "크로이소스 왕이 [이것을] 기증함"이라는 글귀가 새겨져 있는 대리석 기둥 조각이 발굴되면서 이 기록은 사실임이 증명되었다. 사데의 아르테미스 신전에 있는 2개의 기둥에는, 그 기둥을 신전에 바친 사람의 이름이 새겨져 있다. 또한 유로모스에는 소아시아 지역에서 가장 잘 보존된 코린트 양식의 신전(제우스에게 바쳐진 신전)이 남아 있는데, 그 신전의 기둥들 가운데 여전히 16개가 남아 있다. 그 가운데 12개 기둥에는 신전 건축을 의뢰한 지도층 시민들의 이름이 기록되어 있다.

빌라델비아의 이기는 그리스도인들에게 약속된 상과 가장 유사한 평행을 이루는 기둥으로는, 소아시아 도시 내 주요 건물 기둥에 특별한 명예를 얻을 만한 이들의 이름을 새겨 넣은 기둥이 있다. 이를테면, 소아시아의 주요 종교 성소인 클라로스(Claros)에 있는 아폴로 신전의 기둥에는 아시아 총독으로 재임했던 아우구스투스의 친척, 섹스투스 아풀레이우스(Sextus Appuleius)를 기념하는 글귀가 새겨져 있다(주전 23-22년). 또한 에베소의 프리타니움(시 의회 건물) 현관에는 2개의 커다란 도리아 양식의 기둥이 있는데, 이 기둥에는 그 유명한 아르테미스 신전과 연관된 사제들, 곧 쿠레테스(kourētes)의 긴

명단이 기록되어 있다. 이 사제들은 종교 제의와 더불어 공공 업무도 수행했다. 이에 그들이 하는 일은 대체로 높이 평가되고 명예롭게 여겨져서, 그들의 이름이 기둥에 새겨진 것이다(그림 6.3을 보라). 이 몇 가지 사례들만으로도 윌슨의 주장이 지지될 수 있다(Wilson 2002: 276). 윌슨은 "이처럼 이름이 새겨진 기둥의 이미지는 아시아의 성도들에게 친숙했다"라고 결론을 내린다. 또한 기둥의 은유가 가진 영예로운 측면도 고려되어야 한다. 이기는 그리스도인들이 하나님의 성전에 이름이 새겨진 기둥이 될 것이라는 그리스도의 약속은, 빌라델비아 교회의 박해받는 성도들에게 큰 위로가 되었을 것이다. 그 약속은 곧 그들이 하나님 백성의 일원일 뿐만 아니라, 하나님의 나라에는 그들을 위해 존귀한 자리가 마련되어 있음을 가리키기 때문이다.

빌라델비아 교회의 이기는 성도들 위에 그리스도는 하나가 아닌 3개의 이름을 쓰실 것이다. 거기에 성도의 이름은 포함되어 있지 않다. 이 삼중의 새김은 불필요한 과잉이 아닌, 강조의 기능을 한다. 어떤 사람이나 사물에 이름을 쓴다는 것은 곧 그에 대한 소유를 뜻하기 때문에, 3가지 이름을 쓴다는 것은 곧 박해 가운데 인내한 자들이 하나님("내 하나님의 이름")과 하늘의 도시(혹은, 하나님의 나라["내 하나님의 도시, 곧 하늘에서 내 하나님께로부터 내려오는 새 예루살렘의 이름"]), 그리고 그리스도("나의 새 이름")의 소유임을 강조하는 것이다. 헨드릭슨은 이렇게 말한다(Hendriksen 1940: 75). "다시 말해서, 이기는 자에게는 그가 하나님과 새 예루살렘과 그리스도의 소유라는 보장이 주어진다. 그와 더불어 모든 복과 특권을 영원히 누릴 것이라는 보장이 주어진다."

기둥에 새겨진 첫 번째 이름은 "내 하나님의 이름"이다. 이것은 요한계시록 내 다른 본문에서 성도들은 어린양의 이름과 그의 아버지의 이름을 이마에 받고(14:1), (이와 대조적으로), 짐승을 따르는 이들은 짐승의 이름을 받는다는 내용(13:17; 14:11)과 부합한다. 이는 구약성경에서 하나님께서 하나님의 이름을 모든 이스라엘 백성들에게 두시고, 하나님의 언약 백성이 하나님의 이름을 지닌다는 사상을 반영하는 것이다(민 6:27; 신 28:10; 사 43:7; 단 9:19; 참고, 약 2:7). 빌라델비아 설교 초반부에서 이사야서 본문을 여러 차례 인용하고 암시한 것을 미루어 볼 때, 이 은유는 구체적으로 이사야 62:2을 반향하는 것일 수 있다. 그 이사야서 본문에는 하나님께서 마지막 때에 그분의 백성을 신원하는 차원에서 그들에게 "새 이름"(요한계시록에서 제시된 바와 같이 하나님의 이름일 수 있다)을 주겠다고 약속하시는 장면이 그려진다.

두 번째 이름은 "내 하나님의 도시, 곧 … 새 예루살렘의 이름"이다. "새 예루살렘"의 이름과 그곳의 시민권까지 얻는다는 개념의 의미는 요한계시록 후반부(21-22장의 환상 부분)에서 더 자세히 설명된다. 곧 암호 같은 문구, "새 예루살렘"이 그에 대한 부가 설명, 즉 "하늘에서 내 하나님께로부터 내려오는"이라는 표현과 함께 묘사된다(21:2). 이러한 표현은 환상의 도입 부분(21:2)과 내용 부분(21:10)에서 사실상 (단어 하나하나)그대로 반복된다. "새 예루살렘"에 관한 환상은 거룩한 도시에서 살게 되는 자들이 누리는 여러 가지 복을 강조하는데, 그중에서도 가장 큰 복은 곧 하나님께서 그분의 백성들 가운데 중재자 없이 영원히 함께 하시는 것이다. 새 예루살렘, 즉 하늘에서 내려오는 예루살렘이라는 개념은 에스겔서 40-48장에 기록된 종말론적 성전에 대한 환상에서 유래했다. 특히 에스겔서의 절정이라 할 수 있는 마지막 구절에서 유래했다. "그 날 후로는 그 도시의 이름[곧 새 예루살렘]을 여호와삼마(여호와께서 거기에 계시다)라 할 것이다"(겔 48:35). 그리스도를 따르는 자들이 새 예루살렘, 하늘에서 내려온 예루살렘에 들어갈 자격을 얻고 그 거룩한 도시에서 생명의 복을 누릴 것이라는 기대는, 요한이 다른 신약성경의 저자들과 함께 공유하는 것이기도 하다(갈 4:26; 히 12:22; 참고, 빌 3:20).

이기는 그리스도인들이 받을 세 번째 이름은 "나의 새 이름", 곧 그리스도의 새 이름이다. 그리스도의 새 이름이 정확히 무엇인지는 요한계시록 안에서 밝혀지지 않는다. 다만 백마를 타고 오셔서 짐승을 무찌르는 장면에서

"그 외에는 아무도 알지 못하는 이름이 그 위에 쓰여져 있다"라고 묘사될 뿐이다(19:12). 그 이름은 그가 영광 가운데 돌아와 그 정체를 밝히실 때까지 감춰져 있을 것이다. 여기서 핵심은 그리스도의 새 이름의 정체가 아니다. 핵심은 이기는 그리스도인들이 그러한 새 이름을 받음으로써 그리스도에게 속하게 될 것이라는 약속이다.

여러 주석가들은 램지의 주장(Ramsay 1904: 397-98, 409-12)에 따라 3가지의 새 이름을 받는다는 약속이, 빌라델비아 도시가 두 차례 새로운 이름을 얻은 일 때문에, 그 도시에 살았던 그리스도인들에게 더 특별한 의미가 있었을 것이라 생각한다. 빌라델비아 도시가 처음으로 받은 새 이름은 "네오카이사레아"(Neocaesarea, 새 황제)였다. 이 이름은 도시가 주후 17년 강력한 지진을 겪은 후 티베리우스 황제가 제공한 막대한 재정적 복구 지원을 기념하기 위해 만든 이름이다. 도시가 두 번째로 얻은 새 이름은 "플라비아"이다. 이 이름은 주후 69-79년 베스파시아누스 황제 재임 당시 그의 가문의 이름에서 따온 것이다(또한 예를 들어 Aune 1977: 244; Hemer 1986: 157-58, 176; Keener 2000: 152; Kistemaker 2001: 164; Osborne 2002: 198). 마운스는 이러한 역사적 사실이 흥미롭기는 하나 "우리가 이 구절을 이해하는 데 사실상 도움이 되지 않는다"라고 반박한다(Mounce 1977: 121). 실제로 3:12c을 해석하는 과정에서 빌라델비아 도시가 두 차례 이름을 변경한 사실을 과장해서 강조할 필요는 없을 것 같다. 하지만 그러한 역사는 분명 당시에 이름을 바꾼다는 행위(도시든 개인이든)가 중요한 함의를 지녔음을 보여주기도 한다. 따라서 그리스도께서 박해 가운데 인내하는 자들에게 3가지 새 이름을 새겨 주시겠다는 약속은, 그 수신자들에게 그저 형식적인 표현이 아니라, 아주 중요한 의미의 약속으로 여겨졌을 것이다.

우리를 향한 말씀

서론

미국에는 따로 애칭을 가진 도시들이 여럿 있습니다. 이를테면, 뉴욕은 흔히 "빅 애플"로 알려져 있습니다. 또한 시카고는 "윈디 시티", 라스베가스는 "씬(Sin) 시티", 디트로이트는 "모터 시티", 그리고 필라델피아는 "형제 사랑의 도시"로 알려져 있습니다. 사실, 마지막 애칭은 도시 이름의 문자적인 의미를 풀이한 것입니다. "필라델피아"는 그리스어로 "형제 사랑"을 가리킵니다.

왜 도시에 하필 그런 이름을 붙였을까요? 왜 하필 "형제 사랑"이라는 뜻의 "필라델피아"(Philadelphia)라는 단어를 사용하게 되었을까요? 그 이유는 바로 필라델피아를 세운 이들이 그 도시 안에서 (사람들이)서로 사랑하기를 바랐기 때문입니다. 즉, 그들은 서로 가족과 같이 사랑하며 살아가는 도시가 되길 바랐습니다. 형제라면 서로를 사랑으로 대해야 마땅하지만, 실제로 현실에서는 그러지 못할 때가 많지 않습니까. 가인과 아벨 이후로 형제들은 서로 사랑하기보다는 서로 다툴 때가 더 많은 것 같습니다.

이러한 이유로 고대 세계에서 사람들이 왕의 아들로 태어난 두 형제의 사랑의 관계를 기념하고 칭송한 일이 있었습니다. 두 형제의 이름은 바로 에우메네스(Eumenes) 2세와 아탈루스(Attalus) 2세였습니다. 그들이 태어난 가문은 버가모 왕국을 통치했습니다. 이 버가모가 바로 그리스도께서 세 번째로 설교하신 곳입니다. 시간이 지나고 형이었던 에우메네스가 자연스럽게 아탈루스 대신 왕이 되었습니다. 그리고 에우메네스가 통치하는 동안 일어난 2가지 사건으로 인하여 형제의 사랑, 곧 "필라델피아"가 드러났습니다. 첫 번째 사건은 먼 곳에서 벌어진 치열한 전투 중에 일어났습니다. 어느 날 그 전투에서 에우메네스가 전사했다는 소식이 전해졌고, 아탈루스는 전사한 형의 왕위를 이어받았습니다. 그런데 얼마 후 그 소식이 잘못된 것으로 드러났습니다. 그리고 실제로 에우메네스는 살아서 돌아왔습니다. 아탈루스는 형과 싸워서 권력을 내려놓지 않을 수도 있었지만, 기꺼이 다시 형에게 통치권을 내놓았습니다. 두 번째 사건은 로마인들이 비밀리에 아탈루스와 접촉하여 형의 왕위를 찬탈하고 그가 권력을 잡는 것을 돕겠다고 제안한 사건입니다. 하지만 아탈루스는 로마의 제안을 거절했고, 또다시 형제 사랑, "필라델피아"를 보였습니다. 에우메네스는 동생이 보여 준 사랑의 행위에 너무나도 감격한 나머지 동생이 보여 준 사랑을 영원히 기리기 위해, 왕국에 속한 도시 중 하나의 이름을 "필라델피아"(빌라델비아)로 명명했습니다.

그러나 고대의 형제 사랑의 도시인 빌라델비아에는 정작 예수님을 따르는 이들을 향한 사랑은 없었습니다. 빌라델비아 교회는 로마 당국으로부터 핍박을 받았을 뿐만 아니라, 지역의 유대 공동체로부터도 극심한 핍박을 받았습니다. 빌라델비아의 그리스도인들은 그들의 신앙 때문에 박해를 받았지만 그럼에도 인내했습니다. 그들은 소아시아의 다른 대부분의 교회들과는 달리, 이교도들과 유대인들의 손에 고통당하는 것을 피하기 위해 그들의 신앙을 타협하지 않았습니다. 오늘은 여러분에게 빌라델비아 교회, 다시 말해, "박해 속에서 인내하는 교회"를 소개하고자 합니다.

그리스도의 칭호(3:7b)

일곱 편의 설교는 모두 그리스도의 칭호로 시작됩니다. 그리스도께서는 빌라델비아 교회를 향해 본격적으로 말씀하시기 전에, 먼저 자신을 3가지 칭호로 소개하십니다. 3가지 칭호는 모두 구약성경에서 유래한 것입니다. 그리스도의 칭호에 구약성경을 사용한 것은 빌라델비아 교회를 박해한 유대 공동체에 맞서는 아주 효과적인 수단이었습니다.

첫 번째 그리스도의 칭호는 "거룩하신 분"(3:7b)입니다. 이 칭호는 구약성경 안에서 자주 하나님을 가리키는 핵심적인 칭호로 등장합니다(이사야서에서만 25회 정도 나옵니다). 예수 그리스도께서 이 신성한 칭호로 스스로를 설명하신 것은, 자신이 누구인지에 관한 중요한 사실, 곧 자신이 하나님이라는 사실을 밝히는 한 방식이었습니다. 여러분이 이 진리를 이미 알거나 믿고 있다고 속단하여 넘기지 말고, 먼저 빌라델비아의 그리스도인들이 직면한 상황을 떠올려 보십시오. 그들은 유대 공동체로부터 극심한 박해를 받고 있었습니다. 그들은 예수님이 하나님이라는 주장을 격렬하게 부인했습니다. 그렇기에 박해를 받고 있던 빌라델비아의 성도들은 이 설교를 듣고 그들이 고통을 당하는 이유인 예수님께서 "거룩하신 분", 곧 하나님이라는 선언을 듣고 큰 위로를 받았을 것입니다.

두 번째 칭호를 통해 예수님은 스스로를 "참되신 분"(3:7b)으로 소개하십니다. 이 칭호 역시 지역의 유대 공동체에 맞서는 대항적인 성격을 가지고 있습니다. 왜냐하면 빌라델비아 설교의 중반부에서 예수님은 유대인들을 가리켜 "거짓말하는 자들"(3:9a)이라고 부르고 있기 때문입니다. 이 유대인들은 예수님께서 참된 메시아라는 사실을 격렬하게 부인했습니다. 그들은 예수님을 그저 메시아 흉내를 내는 자, 가짜 메시아, 메시아의 열렬한 추종자 정도로 보았습니다. 이러한 상황 속에서 박해받는 빌라델비아의 성도들은 그들이 고통을 당하는 이유인 예수님께서 "참되신 분", 곧 참된 메시아라는 선언을 듣고 큰 위로를 받았을 것입니다.

세 번째 그리스도의 칭호는 다른 칭호들에 비해 훨씬 더 길고 상세합니다. 예수님은 "다윗의 열쇠를 가지고 계신 분이 이같이 말씀하신다. 그가 열면 누구도 닫을 수 없고 그가 닫으면 누구도 열 수 없다"(3:7b)라는 칭호로 자신을 소개하십니다. 이 칭호는 이사야 22:22과 깊은 연관이 있습니다. (잘 알려지지 않은) 이 이사야서 본문의 배경은 다음과 같습니다.

고대 이스라엘에서는 그 누구도 왕궁을 직접 찾아가거나 혹은 곧바로 왕을 만날 수 없었습니다. 그 대신 사람들은 '왕궁 관리자'를 거쳐야 했습니다. 왕궁 관리자는 열쇠를 가지고 있어서 사람들이 왕궁에 들어와서 왕을 만나는 일을 허락하는 권한을 갖고 있었습니다. 선한 왕 히스기야가 통치하던 시절에 왕궁을 총괄하는 강력한 권한을 지닌 셉나라는 인물이 있었습니다. 셉나는 오직 왕들만 묘실을 만들 수 있는 곳에 단단한 돌을 깎아 자신을 위한 묘실을 마련함으로 자만심과 이기적인 야망을 드러냈습니다. 하나님께서는 셉나의 그런 교만한 행동에 분노하셔서 그가 가진 왕궁을 관리하는 권한을 다른 이에게 주시겠다고 말씀하셨습니다. 이때 새롭게 등장하는 사람에게는 "다윗의 열쇠"로 상징되는 권한, 즉 왕궁 관리자로서 갖게 되는 강력한 권한이 약속되었습니다. 그에게는 사실상 왕궁 출입과 왕에 대한 접견권을 완전히 통제할 수 있는 권한이 부여되었기에, "그가 열면 누구도 닫을 수 없고, 그가 닫으면 누구도 열 수 없다"는 구절이 성립됩니다.

이 이야기는 세 번째 칭호의 의미를 설명해 줍니다. 예수님은 왕궁의 관리자로서, (빌라델비아 설교 후반부에 나오는) "내 하나님의 도시, 곧 … 새 예루살렘"(3:12)에 누구를 들여보낼지 결정할 수 있는 권한을 가지신 분입니다. 다시 말해, 예수님은 누가 하나님의 나라에 들어갈 수 있는지를 결정할 수 있는 절대적인 권한을 가지신 분입니다.

이 세 번째 칭호 역시 빌라델비아의 유대 공동체에 맞서는 대항적인 성격을 지니고 있습니다. 당시 유대교(Judaism)는 로마 제국에게 공식적으로 보호를 받는 종교로 인정되었습니다. 로마 당국과 특별한 협약을 맺었기 때문에 유대인들은 회당에서 모이는 것이 허용되었고, 이교도 제의에 참석할 의무 또한 면제받았습니다. 이교도 제의는 당시 시민들이 로마 제국에 충성심을 공개적으로 과시할 수 있는 수단이었기 때문에, 시민 생활에 있어 상당히 중요한 부분이었습니다. 반면에, 기독교(Christianity)는 공식적으로 인정받은 종교가 아니었기 때문에, 예수님을 따르는 사람들의 경우 이교도 제의에 참석하는 것을 거부함으로 박해를 받게 되었습니다. 이러한 박해를 피하기 위해 다수의 유대 그리스도인들은 대부분의 사람들이 유대교와 기독교를 잘 구분하지 못한다는 사실을 이용하여 지역 회당 구성원으로서의 자격을 유지했습니다. 그러나 시간이 흐르자 유대교 지도자들은 회당에 있는 그리스도인들이 유대교에만 허용된 보호의 혜택을 이용하고 있다는 사실을 알아차렸고, 결국 문을 닫아 버리는 조치를 취하여 회당에서 그들을 출교시켜 버렸습니다.

이러한 맥락에서 세 번째 칭호는 예수님께서 빌라델비아의 그리스도인들에게 다음과 같이 말씀하시는 것과 같습니다. "너희가 비록 회당에서는 쫓겨났지만 그렇다고 하나님의 나라에서 쫓겨난 것은 아니다. 내가 다윗의 열쇠를 갖고 있다는 사실을 기억해라. 내가 바로 왕궁의 관리자라는 사실을 기억해라. 나는 너희에게 문을 열어주어 하나님을 향해 마음껏 나아가고, 또 자유롭게 하나님의 나라에 들어갈 수 있도록 해줄 것이다. 내가 여는 문은 로마 당국이든 유대교 회당의 지도자이든 그 누구도 닫을 수 없을 것이다."

칭찬(3:8-11a)

일곱 설교에서 그리스도의 칭호 다음에 나오는 항목은 칭찬입니다. 여기서도 칭호에 이어 빌라델비아 교회가 잘한 일에 대한 칭찬이 나옵니다. 이 칭찬은 세 절(verses) 반에 이르는 분량인데(3:8-11a), 이는 일곱 설교 속 다른 어떤 칭찬들보다 긴 분량입니다. 이처럼 긴 분량은 예수님께서 빌라델비아 교회를 얼마나 기뻐하셨는지를 보여줍니다. 예수님께서는 양손의 엄지를 치켜올리시며 다음과 같이 말씀하셨습니다. "훌륭하다, 빌라델비아 교회야! 너희는 극심한 박해 가운데서도 신앙 안에서 인내하였구나!"

예수님께서는 빌라델비아 교회를 너무나 기뻐하신 나머지 그들을 칭찬하는 와중에 계속해서 끼어드시고, 예수님이 그들을 위해 어떤 일을 하셨는지(또 앞으로 어떤 일을 하실지)에 대해 말씀하십니다. 다시 말해, 예수님께서는 그들의 선한 행위를 칭찬하시다가(2인칭 대명사 "너"를 사용), 세 차례나 방향을 (자신에게) 돌려 그가 어떤 일을 하셨는지, 또 앞으로 어떤 일을 하실 것인지를 말씀하십니다(1인칭 대명사 "나"를 사용).

구체적으로 예수님은 빌라델비아 교회의 어떤 부분에 대해서 칭찬하셨을까요? "내가 너의 행위들을 안다 … 곧 네가 힘은 적으나 내 말을 지키며 내 이름을 부인하지 않았다 … 인내하라는 내 말을 네가 지켰으니." 빌라델비아 교회는 힘이 없었습니다. 그 말은 곧 성도들의 수가 적었고, 정치적인 영향력도 없었으며, 지역 사회에서 어떠한 목소리도 내지 못했음을 의미합니다. 그럼에도 빌라델비아 교회는 그리스도의 이름을 부인하지 않았습니다. 이것을 뒤집어 말하면, 빌라델비아의 성도들은 그리스도에 대한 신앙을 포기하라고 여러 차례 공개적으로 강요를 받았음을 뜻합니다. "사탄의 회당"과 "스스로 유대인이라고" 주장한 사람들을 언급한 것은, 지역의 유대 공동체가 그리스도인들을 시 당국에 공식적으로 고발하고, 그들이 공인되지 않은 종교 행위를 하며 반역 행위를 저질렀다는 혐의를 씌웠음을 암시합니다. 하지만 그러한 공격에도 불구하고 빌라델비아 교회는 예수 그리스도의 이름을 부인하지 않았습니다. 예수님은 그런 교회를 칭찬하신 것입니다. "훌륭하다, 빌라델비아 교회야! 정말 잘했다. 박해 속에서도 인내하는 교회야!"

예수님께서는 그들을 칭찬하실 뿐만 아니라, 세 차례나 칭찬을 멈추고(끼어드시며) 예수님이 그들을 위해 무엇을 하셨는지, 또 무엇을 하실지에 대해 말씀하십니다. 첫 번째 삽입절은 이러합니다. "보라, 내가 네 앞에 열린 문을 두었으니 누구도 닫을 수 없다"(3:8a). 만일 지금 우리가 바울서신을 보고 있는 것이라면 "열린 문"의 은유는 선교, 즉 복음을 전할 기회를 뜻할 것입니다. 하지만 지금 우리가 보고 있는 것은 바울서신이 아니라 요한문헌, 그중에서도 빌라델비아 교회를 향한 그리스도의 설교입니다. 요한계시록 안에서 "열린 문"의 은유는 하늘나라(4:1), 혹은 빌라델비아 설교 후반부에서 언급되는 "내 하나님의 도시, 곧 … 새 예루살렘"(3:12)으로 들어가는 입구를 가리킵니다. 즉, 하나님의 나라의 이미지를 나타내고 있습니다.

빌라델비아 교회 앞에 그저 열려 있는 문을 두셨다는 정도에서 끝나는 것이 아니라, 예수님께서 그 문을 "누구도 닫을 수 없다"고 강조하신 사실에 주목하십시오. 이것은 또다시 이사야 22:22을 암시하는 것입니다. 이는 곧 예수님이 곧 왕궁을 출입하거나 왕을 접견하는 것을 통제하는 왕궁 맡은 자임을 보여주는 것입니다. 그리고 이와 동시에 유대 그리스도인들이 빌라델비아 회당에서 출교당한 사실을 암시하는 것입니다. 따라서 첫 번째 삽입절은 박해를 받고 있는 빌라델비아 교회에게 큰 위로가 되었을 것입니다. 그들은 비록 회당에서 쫓겨났지만 그리스도께서 "다윗의 열쇠"를 가지고 계시기에 그들에게는 자유롭게 하나님께 나아가고 또 자유롭게 하나님의 나라로 들어갈 수 있는 권리가 보장된 것입니다. 그리스도가 열어 두신 문은 그 누구도, 심지어 "사탄의 회당"조차도 닫을 수 없습니다.

두 번째 삽입절은 다음과 같습니다. "보라, 내가 사탄의 회당, 즉 스스로 유대인이라고 하나 실상은 그렇지 않고 거짓말하는 자들이 이같이 하도록 할 것이다. 보라, 내가 그들이 와서 네 발 앞에 절하게 하고, 내가 너를 사랑하는 줄을 알게 할 것이다"(3:9). 구약성경의 여러 본문들을 근거로 하여 당시 유대인들은 그들을 박해했던 이방인들이 다가올 시대에는 자신들(하나님의 백성) 앞에 굴복하여 엎드리게 될 것이라는 기대가 있었습니다. 하지만 두 번째 삽입절은 이러한 기대감을 뒤집어 오히려 박해받는 빌라델비아 교회를 위로합니다. 즉, 빌라델비아에서 예수님을 따르는 성도들 앞에 유대인 박해자들이 굴복하여 엎드리게 될 것입니다. 그리스도를 믿는 신앙이 그들을 신원할 것입니다.

그리스도는 빌라델비아 교회를 향한 칭찬을 멈추시고 또다시 삽입절을 끼워넣으십니다. "나 또한 온 세상에 닥쳐올 시험의 때로부터 너를 지킬 것이다. 그 시험은 땅 위에 사는 사람들을 시험하려고 닥치는 것이다"(3:10b). 빌라델비아의 성도들이 견디고 있는 박해는 앞으로 다가올 더 큰 규모의 (세계적인)박해에 비하면, 그저 일부 지역에 국한된 맛보기라 할 수 있습니다. 예수님께서 돌아오셔서 이 땅에 하나님의 나라가 회복되기 전에, 모든 그리스도인들은 "시험의 때"를 맞게 될 것입니다. 여기서 우리는 "부와 건강의 복음"이 거짓말임을 깨닫게 됩니다. 그러한 복음은 예수님을 믿으면 모든 문제가 사라지고, 절대로 병에 걸리지 않으며, 가난해 지지도 않고, 어떠한 시험도 만나지 않을 것이라고 주장하는 거짓 복음입니다. 빌라델비아의 성도들은 그러한 복음이 결코 사실이 아님을, 고난의 체험을 통해 알고 있었습니다. 예수님의 이름을 선포하는 사람이라면 박해를 당할 것을 각오해야 합니다. 하지만 박해의 어려움 가운데서도 예수님은 "시험의 때로부터 너를 지킬 것이다"라고 말씀하시며 위로의 약속을 주십니다. 이는 정확히 말하면, 예수님께서 그 시험의 때로부터 "우리를 옮기신다"는 약속이 아니라, 시험의 때에 "우리를 보호하신다"라는 약속입니다. 예수님은 분명 우리 각 사람이 신앙 안에서 견디도록 도우실 것입니다.

책망-없음!

매 설교마다 세 번째로 등장하는 항목은 바로 책망입니다. 예수님께서는 보통 교회가 잘하고 있는 일을 칭찬하신 다음, 이어서 잘못하고 있는 일을 책망하십니다. 그렇기에 빌라델비아 설교 안에서 다음에 나오는 내용—좀 더 정확하게 말하면 **나오지 않고 생략된 내용**—이 매우 중요합니다. 곧 빌라델비아 설교에는 책망이 빠져 있습니다! 예수님은 빌라델비아 교회를 향해 어떠한 비판도 하지 않으셨습니다. 대개의 경우 성경은 본문이 말하는 바가 중요하지만, 여기서는 이례적으로 본문이 말하지 않는 내용이 중요합니다. 일곱 교회 가운데 오직 두 교회만이 영적으로 건강했던 까닭에 예수님으로부터 아무런 책망도 받지 않습니다. 그만큼 대부분의 교회들은 영적으로 병들어 있었고 또 심각한 문제들을 안고 있었습니다. 이러한 상황에서 책망이 빠져 있다는 것은 곧 빌라델비아 교회가 우리가 닮아야 할 몇 안 되는 건강한 교회였다는 사실입니다(책망이 빠져 있는 또 하나의 교회는 서머나 교회입니다). 우리 역시 우리 앞에 어떠한 고난이 닥치더라도 견디며 인내해야 합니다. 그리스도께서 우리에게 어떠한 책망도 하지 않으시도록 신실한 삶을 살아내야 합니다!

교정(3:11b)

빌라델비아 설교에는 책망 단락이 빠져 있기 때문에, 대개 일곱 설교에서 책망 다음으로 나오는 교정 단락까지도 영향을 받습니다. 다시 말해, 빌라델비아 교회의 경우 아무런 잘못도 하지 않았기 때문에, 예수님께서 앞으로는 이렇게 저렇게 살라고 명령하실 필요도 없게 된 것입니다. 그 대신 예수님은 성도들에게 신앙 안에서 인내함으로, 곧 그들에게 이미 칭찬하신 바를 계속해서 해나가라고 말씀하십니다. "네가 가진 것을 굳게 잡으라"(3:11b).

빌라델비아 교회는 무엇을 굳게 잡아야 했을까요? 그들에게는 예수님께서 주신 3가지 멋진 선물이 있었습니다. 첫째로, 그들은 "열린 문"을 받았습니다. 이는 곧 그들이 왕궁 관리자이신 예수님을 통해 하나님께 나아갈 수 있는 완전한 권리와 더불어, 하나님의 나라에 들어갈 수 있는 자격을 얻었음을 뜻합니다. 더욱이, 예수님께서 문을 여시면 그 누구도, 즉 로마의 통치자들이나 유대인 박해자들조차도 닫을 수 없습니다. 둘째로, 그들은 그리스도께서 신원해 주신다는 약속을 받았습니다. 유대인 대적자들은 예수님을 따르는 성도들을 대적하여 완악한 행위를 저질렀습니다. 그로써 자신들의 정체가 "사탄의 회당"임을 드러냈습니다. 결국 그리스도의 사랑을 받게 되는 것은 빌라델비아 교회입니다. 셋째로, 빌라델비아 성도들은 교회에 대한 세계적인 박해가 일어날 때, 그들을 보호해 주실 것이라는 그리스도의 약속을 받았습니다. 바로 이 선물들이 빌라델비아 교회가 주변의 이교도와 유대교로부터 핍박을 받는 와중에도 끈질기게 붙잡아야 할 3가지 복입니다.

결과(3:11c-12)

모든 설교의 마지막 항목은 2가지 결과입니다. 하나는 부정적인 결과로서, 만일 교회가 회개하지 않고 그리스도께서 말씀하신 교정 내용을 행하지 않으면 받게 될 처벌을 가리킵니다. 또 하나는 긍정적인 결과로서, 교회가 그리스도께서 말씀하신 교정 내용을 따를 때 받게 될 상을 이야기합니다.

부정적인 결과(3:11c)

빌라델비아 교회는 건강한 공동체로서 예수님으로부터 아무런 책망도 받지 않았습니다. 따라서 다른 대부분의 설교들처럼 부정적인 결과가 강한 언어로 표현되어 있지 않습니다. "아무도 네 관을 빼앗지 못하게 하라"(3:11c). 이 관은 왕과 왕비가 쓰는 왕관, 온갖 귀중한 보석으로 장식된 왕관이 아닙니다. 이 관은 종려나무 가지 등으로 만든 화관, 곧 승리한 운동선수나 개선 장군이 쓰는 화관을 가리킵니다. 고대 세계의 사람들도 오늘날과 마찬가지로 스포츠에 열광했는데, 빌라델비아에도 경기장이 있어서 정기적으로 운동 경기가 열리곤 했습니다. 따라서 관─정확하게 말하면, 승리의 화관 이미지─은 1세기에 살았던 누구에게나 친숙한 이미지였습니다. 빌라델비아의 성도들은 승리의 화관에 대한 표현을 듣고, (그것을) 영적인 복을 가리키는 은유, 혹은 박해 가운데서도 "네가 가진 것을 굳게" 잡아야 할 필요를 일깨워 주는 은유로 해석했을 것입니다. 만약 그들이 가진 것을 굳게 잡지 않는다면, 승리의 화관과 복 모두를 빼앗기게 될 것입니다.

긍정적인 결과(3:12)

빌라델비아 설교는 지금까지 살펴본 다른 모든 설교들과 동일한 방식으로 마무리됩니다. 바로 승리 정형 문구(formula)로 끝을 맺는 것입니다. 그리스도께서 "이기는 자"를 언급하시는 것이 벌써 6번째이기 때문에, 여러분은 여기서 사용된 그리스어 단어가 유명 스포츠 상품 회사, 나이키의 이름과 같다는 사실을 기억할 것입니다. 이 회사는 그들의 스포츠 장비나 의류가 승리와 연결되도록 의도적으로 그 이름을 선택한 것입니다.

이 본문이 제기하는 중요한 질문은 바로 이것입니다. "여러분은 나이키 그리스도인입니까?" 다시 말해, 여러분은 이기는 그리스도인입니까? 여러분은 어떠한 박해가 주어지더라도 그 가운데에서 인내할 수 있습니까? 복음의 좋은 소식은 곧 이 중요한 질문에 대해 자신 있게 "네!"라고 대답할 수 있다는 것입니다. 여러분은 이기는 그리스도인이 될 수 있고, 또 승리를 거둘 수 있습니다. 이는 우리의 재능이 뛰어나서, 혹은 우리가 열심히 노력해서가 아닙니다. 그리스도께서 이미 승리를 거두셨기 때문입니다. 그리스도에게 속한 우리 가운데 그분의 성령이 거하시기 때문입니다. 신앙에 따라 살아가는 도중 우리 앞을 가로막는 일이 발생하더라도 우리가 위축되거나 두려워하지 않도록 힘을 주시는 분은 거룩하신 성령입니다.

그렇다면 이기는 그리스도인들에게 약속된 상은 무엇입니까? "이기는 자는 내가 내 하나님의 성전에 기둥이 되게 할 것이다. 그가 결코 다시는 성전을 떠나지 않을 것이다"(3:12a). 신앙 안에서 박해를 견디는 이기는 그리스도인들은 "기둥"이 될 것입니다. 이러한 이야기가 얼핏 상처럼 들리지 않을 수도 있습니다. 그러나 그리스도께서는 이를 통해 우리에게 하나님의 나라의 명예롭고 보장된 자리를 약속하시는 것입니다.

기둥의 이미지를 통해 명예라는 개념이 전달되고 있습니다. 고대 세계에서 기둥은 건축물을 이루는 아주 중요한 요소였습니다. 당시 기둥은 주로 대리석과 같은 값비싼 소재로 만들어졌고, 건물을 지탱하는 핵심적인 역할을 했습니다. 오늘날에도 기둥은 명예를 나타내는 이미지로 사용됩니다. 일례로, 큰 존경을 받는 사람을 가리켜 "공동체의 기둥"이라고 칭하곤 합니다. 기둥의 위치 역시 명예라는 개념을 강조합니다. 부동산과 관련하여 가장 중요한 요소가 무엇일까요? 바로 "위치"입니다. 이기는 그리스도인들은 하나님의 성전에서 가장 명예로운 위치에 세워지는 기둥이 될 것입니다. 다시 말해서, 신앙 안에서 인내한 자들은 하나님의 임재 안에서, 그리고 하나님의 성전—즉, 하나님의 나라—안에서 명예로운 자리를 누리게 될 것입니다.

그리스도께서는 하나님의 나라에서 명예로운 자리뿐 아니라, 또한 보장된 자리를 약속하십니다. 이는 "그가 결코 다시는 성전을 떠나지 않을 것이다"라는 단호한 구절로 확증됩니다. 이 구절은 빌라델비아 교회의 현지 상황과, 지역 회당에서 유대 그리스도인들이 겪는 출교라는 박해에 대한 또 다른 암시이기도 합니다. 그러한 상황 속에서 그리스도께서 하나님의 나라에 보장된 자리를 마련하겠다고 약속하신 것은 박해받는 성도들에게 큰 위로가 되었을 것입니다. 그리스도는 왕궁 관리자로서 그들을 위해 문을 여시고, 하나님과 하나님의 나라에 마음껏 접근할 수 있는 권한을 부여하십니다. 이제 유대 공동체를 비롯한 그 누구라도 그 문을 닫거나 성도들을 떠나게 만들 수 없습니다.

그리스도께서는 빌라델비아의 이기는 그리스도인에게 그들의 기둥에 3가지 이름을 기록하겠다고 약속하십니다. "나는 내 하나님의 이름과 내 하나님의 도시, 곧 하늘에서 내 하나님께로부터 내려오는 새 예루살렘의 이름과 또 나의 새 이름을 그(들) 위에 쓸 것이다"(3:12b). 누군가의 이름을 갖는다는 것은 곧 그에게 속하게 된다는 의미입니다. 따라서 빌라델비아의 박해받는 성도들은 지금 특권적인 지위를 추가로 보장받고 있습니다. 그들은 하나님께 속하게 되었고, 하나님의 도시, 곧 하나님 나라에 속하게 되었으며, 또한 그리스도에게 속하게 되었습니다. 그 모든 복이 이제 그들에게 속하게 된 것입니다.

결론

21세기 오늘날의 교회는 어떻습니까? 오늘날 예수님을 따르는 사람들을 정확하게 묘사할 수 있는 표현은 과연 무엇일까요? "박해받는" 일까요, 아니면 "특권을 가진" 일까요?

세계 교회를 보다 정확하게 묘사하는 단어는 전자 곧 "박해받는" 입니다. 서구권 언론들은 전 세계에서 그리스도인들이 받는 박해를 잘 보도하지 않기 때문에, 우리 대부분은 우리의 수많은 영적 형제, 자매들이 매일같이 겪는 고통에 대해 잘 알지 못합니다. 최근 퓨 리서치 센터(Pew Research Center)는 그리스도인들이 128개국에서(전 세계 모든 국가 중 약 65%) 여러 형태의 박해에 직면해 있고, 또한 다른 종교 그룹에 비해 부당한 대우를 받고 있다고 밝혔습니다. 박해를 받는다는 것에 언제나 순교가 포함되는 것은 아닙니다. 하지만 순교가 아니더라도 박해는 고통스럽고 견디기 힘든 일입니다. 그리스도인들이 지역 정부 관료들에게 전화 통화와 이메일을 감시당하는 경우도 있습니다. 교회에 정보원들이 잠입하여 목회자들이 성도들에게 무슨 말을 하는지 감시하고 예배를 염탐하여 상부에 보고하기도 합니다. 사랑하는 친척들과 연락하는 것을 금지하기도 하고, 가족들로부터 외면을 받게 만들기도 합니다. 또한 그리스도인들은 기독교 신앙을 가졌다는 이유만으로 일자리를 얻지 못하기도 합니다. 그리스도인의 사업체는 더 큰 규모의 비기독교 공동체에 의해 배척을 당하거나 재정적인 어려움을 겪기도 합니다. 교회 건물이 불태워지거나 폭탄의 공격을 받기도 합니다. 심지어 교회 건물 안에 그리스도인들이 있을 때조차 그런 비극이 일어나기도 합니다. 인구 대부분이 무슬림인 국가의 정부는 반-배교법(anti-apostasy law) 또는 반-신성모독법(anti-blasphemy law)을 이용하여 그리스도인들을 체포하거나 억압하기도 합니다.

박해는 전 세계 수많은 동료 그리스도인들에게 일어나는 고통스러운 현실입니다. 따라서 빌라델비아 설교는 기독교 신앙 때문에 고통당하는 전 세계 교회 속 수많은 영적 형제, 자매들에게 특별히 더 와닿는 말씀입니다. 그들이 이기는 그리스도인이 될 수 있다는 메시지를 전해야 합니다. 어떠한 어려움이 닥치더라도 그들이 인내하도록 도와야 합니다. 신앙에 따라 살아가면서 위축되거나 두려움에 사로잡히지 않도록 그들에게 능력을 주시는 그리스도의 성령이 그들 안에 좌정하시도록 해야 합니다. 한편, 이러한 현실은 우리로 하여금 박해받는 우리의 형제와 자매들을 위해 행동할 것을 요구합니다. 히브리서의 저자는 명령합니다. "항상 기억하라 … 마치 너희가 박해받는 것처럼, 박해받는 이들을"(히 13:3). 우리는 전 세계 교회 가운데 박해받고 있는 형제와 자매들을 기억하고, 기도하며, 그들을 도와야 합니다.

그러나 오늘날 서구 교회를 더욱 정확하게 묘사하는 단어는 "박해받는"이 아니라 "특권을 가진"에 더 가깝습니다. 우리 대부분은 신앙 때문에 고통을 당하는 것이 아니라 오히려 신앙 때문에 혜택을 받습니다. 우리는 역사적으로 기독교 국가로 정의된 나라, 기독교가 우세한 나라에서 살고 있습니다. 이는 곧 오랫동안 서구 교회가 특권적 지위를 누려왔음을 의미합니다. 예수님을 따르는 우리가 주장하는 유별난 신념과 독특한 윤리는 우리가 속한 문화권에서 큰 지지를 받아 왔습니다.

하지만 이러한 특권적인 지위는 빠르게 변화하고 있습니다. 우리의 문화는 점차 세속화되어가고 있으며, 기독교 신앙에 대해서도 점차 적대적으로 변해가고 있습니다. 더 이상 텔레비전과 영화는 그리스도인에게 호의적이지 않습니다. 대개의 경우 그리스도인은 자기 의에 빠져 있고, 심한 편견에 사로잡혀 있으며, 상당히 위선적인 인물로 그려지곤 합니다. 우리가 살아가고 있는 현대 사회 안에서 기독교는 빠르게 축소되고 있을 뿐만 아니라, 심지어 반-기독교적 정서가 점차 커지고 있습니다. 이제는 "박해받는"이라는 단어가 전 세계 교회를 묘사하는 표현에 그치지 않고, 점차 서구 교회까지도 묘사하는 실제 표현이 되어가고 있습니다.

우리의 신앙이 시험받고 또 우리 앞에 박해가 다가오면, 우리는 어떻게 반응해야 할까요? "박해 속에서도 인내하는 교회", 빌라델비아 교회처럼 하면 됩니다. 우리는 왕궁 관리자, 즉 하나님과 하나님의 나라에 마음껏 나아갈 수 있도록 우리 앞에 문을 열어 두신 예수 그리스도에게 다시 헌신해야 합니다. 그리스도와 성령의 능력으로 우리가 받은 영적인 복을 굳게 잡아, 그 누구도 우리가 받은 승리의 화관을 빼앗아가지 못하도록 해야 합니다.

"귀 있는 자는 성령이 교회들에게 하시는 말씀을 들으라!" 고대 빌라델비아 교회뿐만 아니라, 오늘날 모든 예수 그리스도의 교회들에게 하시는 말씀입니다.

— 7 —

라오디게아 교회

제7장

라오디게아 교회: 구토가 나오는 허영심 많은 교회

¹⁴ 라오디게아 교회의 천사에게 편지하라 아멘이신 분, 신실하고 참되신 증인, 하나님의 창조의 통치자이신 분이 이같이 말씀하신다 ¹⁵ 내가 너의 행위들을 안다 너는 차지도 않고 뜨겁지도 않다 나는 네가 차든지 뜨겁든지 하길 바란다 ¹⁶ 네가 이렇게 미지근하여 차지도 않고 뜨겁지도 않으니, 내가 너를 내 입에서 토해 낼 것이다 ¹⁷ 너는 말하기를, 나는 부자다 부유하여 부족한 것이 없다라고 한다 그러나 너는 네가 곤고하고 불쌍하고 가난하고 눈이 멀고 벌거벗은 것을 알지 못한다 ¹⁸ 나는 네가 내게서 이같이 사기를 권한다 네가 부유하게 되려거든 불로 정제한 금을 내게서 사라 네가 벌거벗은 수치를 가리려거든 흰 옷을 사서 입어라 네가 볼 수 있게 되려거든 안약을 사서 눈에 발라라 ¹⁹ 나는 내가 사랑하는 사람은 누구든지 책망도 하고 징계도 한다 그러므로 열심을 내라, 회개하라 ²⁰ 보라 내가 문 밖에 서서 문을 두드리고 있다 누구든지 내 음성을 듣고 문을 열면 나는 그에게로 들어가서 그와 함께 먹고 그는 나와 함께 먹을 것이다 ²¹ 이기는 자에게는 내가 내 보좌에 나와 함께 앉을 권리를 줄 것이다 내가 이긴 것처럼, 그래서 내가 내 아버지와 함께 아버지의 보좌에 앉은 것처럼 말이다 ²² 귀 있는 자는 성령이 교회들에게 하시는 말씀을 들으라

그리스도의 칭호(3:14b)

아멘이신 분, 신실하고 참되신 증인, 하나님의 창조의 통치자이신 분이 이같이
말씀하신다(3:14b)

라오디게아 설교는 앞서 나온 여섯 편의 설교와 마찬가지로, 그리스도가
선포하실 메시지를 전망하는 '칭호'로 시작된다. 이 설교에서 그리스도의 칭
호는 3가지로 묘사된다. "아멘이신 분, 신실하고 참되신 증인, 하나님의 창
조의 통치자이신 분이 이같이 말씀하신다"(3:14b). 이 칭호는 요한계시록 1:9-
20의 환상에서 유래하지 않은 유일한 칭호이다. 그렇지만 1장(의 앞부분)과 연
결되어 있을 가능성은 충분하다. 1장의 앞부분을 보면, 그리스도가 "신실한
증인"이자 "땅의 왕들의 통치자"(1:5)로 묘사되고 있기 때문이다. 또한 1장은 두 차
례에 걸쳐서 "아멘"(1:6-7)으로 문장을 끝맺고 있다.

그리스도에 대한 3가지 칭호 모두 이사야 65:16-17을 반향하는 것일지도
모른다. 이 이사야서 본문은 두 차례에 걸쳐 하나님을 "아멘이신 하나님"으
로 언급한다. 그리고 칠십인역은 두 차례 모두, 히브리어 "아멘"을 "참되신"

으로 번역했다. 더욱이 이 이사야서 본문은 새 창조의 주제를 다루고 있다. 따라서 대부분의 주석가들은 이 구약 본문이 요한계시록 3:14b에 나오는 칭호의 배경이라고 생각한다(특히 Beale 1999: 298-300을 보라). 다른 네 편의 설교들도 그리스도의 칭호를 이사야서에서 가져왔다는 점을 고려해보면, 여기서 이사야 65:16-17을 암시하고 있을 가능성은 더욱 높아진다(서머나 "처음이며 마지막"[사 41:4; 44:6; 48:12]; 버가모 "날카로운 양날 검"[사 11:4; 49:2]; 사데 "일곱 영"[사 11:2-3]; 빌라델비아 "거룩하신 분"[이사야서에서 25회]를 보라). 또한 요한이 요한계시록 곳곳에서 이사야 65:16-17을 암시하는 표현을 사용했다는 점을 고려해보면, 라오디게아 설교가 이 구약 본문을 그리스도의 칭호의 배경으로 사용했을 가능성이 더 더욱 높아진다. 이를테면, 요한은 요한계시록 전반부에서(계 2:17; 3:12) "새 이름"을 받는 것으로(사 65:15, "내 종들은 다른 이름으로 부르리라"), 또 후반부에서(계 21:1) "새 하늘과 새 땅"을 언급함으로(사 65:17, "보라, 내가 새 하늘과 새 땅을 창조하나니") 이사야 본문을 암시하고 있다. 따라서 요한은 분명 이사야 65장에 대해서 잘 알고 있었을 것이다.

첫 번째 칭호에 포함된 히브리어 단어는 아주 흔하게 사용되는 단어이지만, 여기서는 상당히 이례적인 방식으로 사용되고 있다. 히브리어 단어 "아멘"은 문자적으로 "참되다"를 의미하며, 신약성경에 약 130회 정도 나온다. 이 용례의 대다수는 '방금 전에 언급된 부분'을 강하게 긍정하는 데 사용된다("그 말이 참입니다! 그렇게 이루어지기를!"). 요한은 이 단어를 송영에 대한 반응으로(계 1:6), 혹은 바로 앞에서 선포된 말씀이 참되다고 긍정할 때 사용했다(1:7; 5:14). 그리스도의 경우 그가 곧 이야기할 진리의 중요성을 강조하기 위해, 말씀보다 앞서 "아멘"을 한 차례(마태, 마가, 누가복음) 혹은 두 차례(요한복음) 사용하셨다. 그런데 신약성경의 모든 용례들 가운데 유일하게 이름으로 사용된 경우가 있다. 바로 라오디게아 설교에 사용된 그리스도의 칭호이다. 이사야 65:16이 구약성경을 통틀어 "아멘"이 이름과 같이 사용된 유일한 경우라는 사실을 고려해 볼 때, 그리스도의 첫 번째 칭호가 그 이사야 본문을 반영하고 있을 가능성은 상당히 높다.

이사야 65:16은 하나님을 가리켜 "아멘이신 하나님"으로 칭하기 때문에, 요한이 그 단어를 통해 그리스도를 묘사한 것은 분명 그의 신성을 주장하는 것이다. 즉, 그리스도 예수는 하나님이시다. 오운은 다음과 같이 이야기한다 (Aune 1997: 255). "이 칭호는 기독론적으로 매우 중요하다. 오직 하나님에게만 연결되었던 칭호를 예수 그리스도에게로 돌리고 있기 때문이다." 그런데 이 칭호는 단순히 예수 그리스도의 신적 지위를 주장하기만 하는 것이 아니라, "아멘"이신 그리스도의 성품, 즉 그가 신실하고 참되신 분임을 나타내기도 하는 것이다. "아멘"이라는 칭호에 덧붙여진 의미는 이사야 65:16의 문맥에서 찾아 볼 수 있다. 하나님의 백성은 확신을 가지고 "아멘이신 하나님"의 이름으로 복을 구하거나, 맹세할 수 있다. 하나님은 진리가 무엇인지 아실 뿐 아니라, 그 진리에 따라 신실하게 행하시는 분이기 때문이다. 마찬가지로 라오디게아 교회는 그리스도께서 '심판과 은혜'의 언어로 그들에게 진리를 전하실 뿐만 아니라, 심판은 경고하신 대로 은혜는 약속하신 대로 신실하게 이행하실 분임을 잊지 말아야 한다. 비슬리-머리는 첫 번째 칭호의 의미를 다음과 같이 요약한다(Beasley-Murray, 1978: 104). "하나님의 성품이 하나님의 말씀을 뒷받침하는 것과 같이 그리스도 또한 그의 메시지가 참되다는 것을 친히 보증하신다."

첫 번째 칭호에서 그리스도의 신성과 성품이 강조되었다면, 두 번째 칭호에서는 그것이 확증되고 강화된다. "신실하고 참되신 증인"이라는 표현은 비록 접속사 "그리고"로 시작하진 않지만, 바로 앞에 있는 첫 번째 칭호를 부연 설명하기 위한 동격의 자리에 놓여 있다. 동격으로 볼 수 있는 근거는 칠십인역에서 히브리어 "아멘"을 형용사 "신실한"(피스토스[pistos])과 "참된/참되신"(알레티노스[alēthinos])으로 번역한다는 사실에 있다. 두 번째 그리스도의 칭호에 포함된 "신실한 증인"은 요한계시록 초반부에 나왔던 동일 표현을 반향하는 것이다(1:5). "신실한 증인"의 두 용례 모두 그리스도께서 지상 사역 중에 하신 말씀의 증언을 가리키는 것이 아니라, (요한계시록에서)요한을 통해 전달된 계시 속에 선포된 말씀을 가리킨다. 이 계시가 초반부에서는 일반적인 내용으로(1:5), 라오디게아 설교에서는 구체적인 내용(3:14)으로 전달되고 있다. 요한계시록에서 형용사 피스토스는 언제나 "신실한, 신뢰할 만한"이라는 뜻으로 사용되며(1:4; 2:10, 13; 3:14; 17:14; 19:11; 21:5; 22:6), 형용사 알레티노스는 "참된/참되신" 무언가를 수식하는 데 사용된다. 따라서 두 번째 칭호는 그리스도가 앞으로 하실 말씀이 믿을 만하며 참되다는 것을 강조하고 있다. 그리스도는 "신실하고 참되신 증인"으로서 말씀하실 것이다. 따라서 라오디게아 성도들을 향한 메시지 역시—책망의 말씀이 얼마나 호되든지, 혹은 은혜로 가득한 결과 단락이 얼마나 놀랍든지에 관계없이—거부되거나 의심을 받아서는 안 되며, 온전히 믿을 수 있고 또 정확한 것으로 받아들여져야 한다.

세 번째 그리스도의 칭호는 다양하게 해석되어 왔다. 이를테면, 그리스도는 "하나님의 창조의 시작(beginning)"(KJV, ASV, NASB, NLT, ESV)일까, 아니면 "하나님의 창조의 근원/시초(origin/originator)"(GNT, NRSV, NET, LEB)일까, 그것도 아니면 "하나님의 창조의 통치자(ruler)"(NIV, NCV, CEB)일까? 그리스어 명사 아르케(*archē*)가 곳곳에서 이처럼 다양한 의미들로 사용되기 때문에, 3가지 의미가 모두 가능하다(BDAG 137-38). 대부분의 주석가들은 요한계시록 3:14의 아르케를 골로새서 1:15과 1:18 속에 담긴 바울의 선언과 연결시킨다. 이 골로새서 본문들을 보면, 예수 그리스도를 모든 피조물 가운데 "최초로 태어난 자"(프로토토코스[*prōtotokos*], firstborn), 그리고 "시작"(아르케, beginning)으로 묘사하고 있다. 골로새서와 연결짓는 해석의 또 다른 근거는 라오디게아와 골로새가 지리적으로 서로 가까운 위치에 있었다는 점이다(라이커스 계곡 내에서 서로 약 16킬로미터 정도 떨어져 있었다). 실제로 두 교회는 서신을 주고 받기도 했다 (골 4:16). 이러한 배경에서 라오디게아의 성도들이 골로새서에서 바울이 그리 스도에 관해 말한 내용을 충분히 알고 있었을 것이라 보는 것이다(Charles 1920: 94-95; Mounce 1977: 124; Beasley-Murray 1978: 104; Hemer 1986: 185; Thomas 1992: 302; Kistemaker 2001: 169; Osborne 2002: 204). 그렇다면 3:14에서 "아르케"는 그리 스도가 모든 피조물보다 시간적인 우선성을 가졌다는 의미("시작"), 혹은 그리 스도가 모든 창조의 근원/원인이 된다는 의미("근원/시초") 가운데 하나로 해 석될 수 있다. 일부 주석가들은 두 해석 가운데 후자를 선택하여 바울이 골 로새서에서 그리스도에 관해 서술한 내용보다는, 요한복음의 서언에서 "말 씀이 태초[아르케]에 하나님과 함께" 계셨다는 서술, 그리고 "만물이 그를 통해 지은 바 되었다"는 서술(요 1:1-3)과 연결지어 해석하기도 한다(Ladd 1972: 65; Aune 1997: 256; NET).

세 번째 칭호를 해석하기 위해 다른 저자(바울)나 다른 문헌(골로새서 혹은 요 한복음) 등 다소 동떨어진 본문에서 연결 고리를 찾기보다는, 요한계시록의 초반부에서 연결 고리를 찾는 것이 더 나아보인다. 앞서 이미 첫 번째, 두 번 째 칭호(3:14)와, 요한계시록 초반부(1:6-7에서 "아멘"이 두 차례 나오는 것과 1:5에서 "신실한 증인"이 언급된 것을 참고하라) 간에 서로 연관 관계가 있음을 확인한 바 있다. 따라 서 세 번째 칭호 역시 앞서 1:5에서 그리스도를 가리켜 "땅의 왕들의 통치 자"(아르콘[archōn]은 아르케와 어근이 동일하다)로 묘사한 것을 참고했을 가능성이 높 다. 그렇다면 그리스도의 세 번째 칭호는 그리스도의 시간적 우선성("처음")이 나 창조의 근원으로서의 역할("근원")이 아니라, 모든 피조물에 대한 그리스도 의 권위(혹은 통치권)를 선언하는 것이라 할 수 있다. 이와 같은 해석은 라오디 게아 설교의 종결부에 묘사된 긍정적인 결과를 통해 더욱 지지를 받는다. 라 오디게아 설교의 종결부는 이기는 자가 받게 될 상, 곧 그리스도의 "보좌에 … 함께 앉을"(3:21) 권리를 언급하는데, 보좌에는 오직 왕과 통치자만이 앉을 수 있기 때문이다. 따라서 그러한 상은 그리스도가 "하나님의 창조의 통치자"임을 전제하고 있다. 다시 말해, 이기는 그리스도인들은 모든 피조물에 대한 그리스도의 권위와 통치권을 나눠 받는다는 약속을 받은 것이다.

칭찬-없음!

앞선 여섯 편의 설교를 보면, 그리스도의 칭호에서 칭찬 단락으로 넘어갈 때 정형 문구(formula), "내가 … 안다"가 사용된 것을 알 수 있다. 대개의 경우 칭호 다음에는 그리스도께서 교회를 칭찬하시는 내용을 담고 있다. 그렇기 때문에 라오디게아 성도들은 그리스도께서 "내가 너의 행위들을 안다"라고 말씀하셨을 때, 아마도 자신들의 선한 행위와 뛰어난 영적 상태를 칭찬하실 것이라고 기대했을 것이다. 하지만 사데 설교에서는 이러한 패턴에서 벗어난 전례가 있기 때문에, 라오디게아 성도들 가운데 일부는 그리스도께서 자신들을 칭찬하실지, 아니면 사데 교회처럼 곧바로 책망하실지를 두고 염려했을 것이다. 3:17a의 표현("너는 말하기를, '나는 부자다, 부유하여 부족한 것이 없다'라고 한다")을 보면 라오디게아 교회가 허영심으로 가득 차 있음을 알 수 있다. 그들은 다른 교회들에 비해 자신들이 더 뛰어나고 부족한 것이 없다는 지나친 확신에 차 있었다. 안타깝게도 그들은 자신들의 진정한 영적 상태에 눈이 멀어 있었던 것이다(3:17b).

이러한 이유로 이어지는 내용은 그들에게 매우 놀랍고 충격적이었을 것이다. 이어지는 내용은 그들이 기대했던 칭찬의 말씀이 아니라, 예상치 못한 책망의 말씀이었기 때문이다. "내가 너의 행위들을 안다. 너는 차지도 않고 뜨겁지도 않다. 나는 네가 차든지 뜨겁든지 하길 바란다. 네가 이렇게 미지근하여 차지도 않고 뜨겁지도 않으니, 내가 너를 내 입에서 토해 낼 것이다"(3:15-16). 라오디게아의 상황은 너무나도 심각했기 때문에 그리스도는 어떠한 칭찬의 말씀도 하지 않으셨다. 이는 단순히 그리스도께서 인사말을 생략하고 "곧바로 본론으로 넘어간"(Thomas 1992: 304) 정도가 아니다. 상황은 그보다 훨씬 더 심각하다. 이렇게 의도적으로 칭찬을 생략한 것은 분명 부정적인 심판과 강한 책망을 내포하고 있다. 여기서 다시금 성경이 **말하지 않는 부분**이 말하는 부분만큼이나 중요할 때가 있다는 사실을 보게 된다. 서머나와 빌라델비아 설교에서 책망 단락이 생략된 것이 그리스도께서 두 공동체를 얼마나 **긍정적으로** 평가하신 것인지를 드러낸 것처럼, 사데와 라오디게아 설교에서 칭찬 단락이 생략된 것은 그리스도께서 두 공동체를 얼마나 **부정적으로** 평가하시는지를 강조하고 있다. 이러한 상황과 평행을 이루는 본문이 바울의 갈라디아서에 나온다. 바울은 갈라디아 성도들이 거짓 복음을 받아들이는 상황에 깊이 우려하여, 대개 서신에서 감사 인사를 전하는 부분을 책망으로 뒤바꾸어 버렸다(갈 1:6-10).

그런데 사데와 라오디게아 설교 사이에 평행 관계가 정확하게 맞아 떨어지지는 않는다. 두 설교 모두 칭찬 단락이 생략되어 있긴 하지만, 사데 설교를 보면 그럼에도 나름 (그리스도께서)인정하시는 부분이 있어서, 사데 교회의 구성원 모두가 책망의 대상이 된 것은 아님을 알 수 있다(3:4a, "그러나 사데에 자신의 옷을 더럽히지 않은 몇 사람들이 네게 있고"). 반면, 라오디게아 설교를 보면, 그러한 인정의 말씀조차 전혀 없고, 그리스도의 책망이 교회 전체를 향하고 있음을 알 수 있다. 심지어 라오디게아 교회를 향한 책망(3:15-17)의 경우, 다른 모든 설교들의 책망보다 그 길이가 길다(2:4 에베소; 2:14-15 버가모; 2:20 두아디라; 3:1-2b 사데; 서머나와 빌라델비아에는 책망이 없다). 그리스도께서 사데 교회—정확히는 교회 구성원 가운데 다수—를 향해 영적으로 죽었다고(3:1) 책망하신 것보다 더 심한 책망을 듣는 일을 떠올리기는 쉽지 않지만, 안타깝게도 라오디게아 교회 전체를 향한 그리스도의 말씀은 그만큼이나 심각해 보인다. 그리스도께서 토해 내고 싶다고 말씀하실 정도였기 때문이다(3:16). 한 세기 전에 찰스는 다음과 같이 말했다(Charles 1920: 96). "라오디게아 성도들의 경우 그저 비난만을 받은 것이 아니라, 심지어 증오와 혐오의 대상이 되었다. 그 정도 수준의 비난은 다른 서신들에서 찾아볼 수 없다"(Hemer 1986: 191: "다른 어떠한 교회도 그토록 강한 표현으로 비난을 받지 않았다"; Thomas 1992: 304: "일곱 교회 가운데 가장 통렬한 책망이다"). 이 모든 내용을 종합해 보면 라오디게아 교회는 일곱 교회 가운데 가장 형편없는 교회였다. 그리고 아마도 그러한 이유로 일곱 설교 가운데 가장 마지막에 배치된 것으로 보인다. 일곱 설교가 배치된 순서는 흔히 이야기하는 것처럼 당시의 이동 경로에서 유래한 것이 아니다. 서신을 전달하는 이가 밧모섬을 떠나 에베소의 항구에 도착하면, 그다음부터는 각 도시를 방문하는 순서가 얼마든지 뒤바뀔 수 있었기 때문이다. 따라서 일곱 설교의 배치 순서는 소아시아 교회의 형편없는 상태를 묘사하기 위한 의도를 반영하고 있다고 봐야 한다. 즉, 예외적으로 건강한 두 교회를 향한 설교는, 건강하지 않은 다수 교회들을 향한 설교들 사이에 숨겨져 있고, 그중에서도 최악의 교회인 라오디게아 설교는 절정과 같이 마지막에 배치된 것이다.

책망(3:15-17)

그리스도의 칭호 후에 나오는 칭찬 단락이 라오디게아 설교에는 생략되어 있기 때문에, 칭호에 이어 곧바로 책망이 나온다(3:15-17). 앞서 언급한 바와 같이, 라오디게아 교회를 향한 책망은 일곱 설교 중에서 가장 길고 또 가장 가혹하다. 이 책망은 크게 두 부분으로 이루어져 있으며, 각 부분은 우리가 설교에 붙인 제목에 부합한다. "라오디게아: 구토가 나오는 허영심 많은 교회."

첫 번째 책망: 구토를 유발하는 교회의 행위(3:15-16)

> 내가 너의 행위들을 안다. 너는 차지도 않고 뜨겁지도 않다. 나는 네가 차든지
> 뜨겁든지 하길 바란다. 네가 이렇게 미지근하여 차지도 않고 뜨겁지도 않으니,
> 내가 너를 내 입에서 토해 낼 것이다(3:15-16)

라오디게아 교회를 향한 첫 번째 책망에는 미지근한 물이라는 눈에 띄는 은유가 사용되는데, 이 미지근한 물은 그리스도에게 끔찍할 정도로 부정적인 반응을 일으킨다. "내가 너의 행위들을 안다. 너는 차지도 않고 뜨겁지도 않다. 나는 네가 차든지 뜨겁든지 하길 바란다. 네가 이렇게 미지근하여 차지도 않고 뜨겁지도 않으니, 내가 너를 내 입에서 토해낼 것이다"(3:15-16).

미지근한 물 은유의 의미에 관해서는 2가지의 주요 해석이 있다. 보다 전통적인 해석에 따르면, 물의 차갑거나 뜨겁거나 혹 미지근한 온도는 각각 그리스도와 복음에 대한 신앙의 열정과 헌신의 정도를 나타내는 것이다. 따라서 라오디게아 교회는 미지근한 신앙을 가졌다는 이유로 책망을 받은 것이다. 다시 말해, 나쁘지도("차가운"), 좋지도("뜨거운") 않은 어정쩡한 수준의 미온적인 신앙을 가졌다는 것이다. 래드는 다음과 같이 설명한다(Ladd 1972: 65). "라오디게아 성도들은 복음에 대한 적대감이나 신앙에 대한 거부감을 가진 것으로 여겨지진 않는다. 반대로 뜨거운 열정과 열심을 가진 것으로 여겨지지도 않는다. 그들은 그저 무관심하고 형식적이었으며, 또한 자기만족에 빠져 있을 뿐이다." 비슬리-머리 역시 이와 유사한 언급을 한다(Beasley-Murray 1978: 104-5). "라오디게아 성도들이 그리스도의 복음을 거부한 것은 아니지만, 그렇다고 해서 기쁨으로 받아들인 것도 아니었다. 그들은 확신 없이, 열정 없이, 그리고 복음을 삶에 적용하려는 반성 없이 그저 현상태를 유지하려고 하기만 했다"(예를 들어, Charles 1920: 95-96; Caird 1966: 56-57; Krodel 1989: 142; Thomas

1992: 304-7를 보라).

그러나 이러한 해석에는 몇 가지 문제가 있다. 먼저 "차가운", "뜨거운", "미지근한" 등의 형용사들을 활용하여 사람이 가진 신앙과 열정의 정도를 설명하려는 것은 무리가 있다. 딱히 비교할 본문이 없기 때문이다. 성경에는 "차가운", "뜨거운", "미지근한" 같은 형용사들이 그러한 방식으로 사용된 용례가 없다. 다만 분사 형태로 "열심인/열정적인"과 같은 표현을 써서 아볼로(행 18:25)와 로마의 그리스도인들(롬 12:11; Rudwick and Green 1957-58; Hemer 1986: 187, 276n39를 보라)을 설명한 경우는 있다. 더 큰 문제는 부정적인 의미로 사용된 "미지근한"에 상응하는 긍정적 대안이 "뜨거운"이라는 표현뿐만 아니라 "차가운"이라는 표현으로도 제시되었다는 사실이다. 전통적인 해석에 따르면, 이는 곧 그리스도께서 라오디게아 교회가 복음에 무관심하느니("미지근한"), 차라리 복음을 완전히 거부하는게("차가운") 낫다고 하신 것과 같다. 이러한 해석이 가진 함의에 분명 문제가 있음에도 불구하고, 일부 주석가들은 별다른 망설임 없이 이러한 해석을 받아들인다. 예를 들어, 크로델은 다음과 같이 말한다(Krodel 1989: 142). "여기서 그리스도께서 말씀하신 것은, 그가 먼저 말씀하시지 않았다면 그 어떤 설교자라도 감히 입 밖에 내지 못했을 내용이다. 즉, 얼음처럼 차가운 무신론자가 미지근한 그리스도인보다 차라리 낫다는 것이다." 물론 전통적인 입장에 서 있는 대부분의 주석가들도 그들의 해석이 가진 약점을 잘 알고 있다. 그래서 "차가운"이 어떻게 "미지근한"보다 더 나을 수 있는지를 설명하기 위해 애를 쓴다. 토마스가 이러한 접근 방식을 정리한 적이 있다(Thomas 1992: 306).

그리스도는 교회가 차갑기를 바라진 않았을 것이라고 반박하는 의견에 대해 어떻게 대답할 수 있는가? 가장 좋은 방안은 미지근한 태도, 매정하고 무심한 태도보다는 차라리 공공연히 적대감을 드러낼 정도로 신앙적인 냉담함을 드러내는 쪽이 더 낫다고 주장하는 것이다. 적어도 냉담하다는 것은 종교를 진지하게 여긴다는 의미이기도 하기 때문이다. 윤리적인 관점에서 보면 솔직하게 거부 의사를 표현하는 것이 반쪽짜리 신앙 태도보다 차라리 더 기대를 걸어 볼 만하다. 반쪽짜리 반응보다 노골적인 거부가 오히려 더 낫다는 주장이 놀랍게 들릴 수도 있지만, 기독교 신앙을 고백하면서 신앙에 불이 붙지 않은 채로 남아있는 것은 그만큼 큰 재앙이다. 그래서 열정 없이 무관심한 사람보다, 차라리 노골적으로 적대적인 사람에게 더 희망을 걸어 볼 만하다. 다소의 사울이 회심한 이야기에 묘사된 것처럼, 어떤 사람이 그리스도에게 나아올 때 미지근한 상태에 있는 것보다는 차라리 차가운 상태에 있는 것이 더 도움이 된다.

하지만 대다수의 요한계시록 주석가들은 이와 같은 설명이 설득력이 떨어진다고 보고 다른 해석 방식을 찾고 있다. 그렇게 해서 나온 새로운 해석은 약 60년 전에 루드윅과 그린(Rudwick, Green 1957-58)의 해석을 통해 처음으로 등장했다. 이후 허머(Hemer 1986: 187-91)와 포터(Porter 1987)가 그 해석을 더욱 발전시켰는데, 현재는 대부분의 주석가들이 그들의 해석을 받아들이고 있다(예를 들어 Mounce 1977: 125-26; Aune 1997: 258, 263; Michaels 1997: 88; Beale 1999: 303; Keener 2000: 159; Osborne 2002: 205-6; Wilson 2002: 276; Beale, Campbell 2015: 91). 새롭고 대안적인 해석은 "미지근한"의 의미를 라오디게아의 물 공급 문제와 연결시킨다. 라오디게아에 공급되는 물은 이웃 도시인 히에라볼리(히에라폴리스) 혹은 골로새에 공급되는 물과 여러모로 대조를 이루었다. 비록 라오디게아 설교 본문에서 명확하게 물을 언급하고 있진 않지만, 그럼에도 물을 암시하고 있다는 근거가 3가지나 있다. (1) "너를 내 입에서 토해 낼 것이다"라는 표현은 어떤 것을 먹었거나 마셨을 때 속에서 받아들이지 못하는 상태를 의미한다. (2) 형용사 "뜨거운"과 "미지근한"은 보통 액체, 특히 물에 사용되는 표현이다(Hemer 1986: 276). (3) 라오디게아의 지리적 환경에서 "뜨거운" 것을

그림 7.1. 라오디게아의 수도관. 돌로 된 이중 배관을 통해 도시에 물을 공급했다.

연결시켜 본다면, 자연스럽게 히에라볼리의 온천─라이커스 계곡을 사이에 두고 정반대 방향으로 약 10킬로미터 정도 떨어진 곳에 위치하여 쉽게 눈에 띈 히에라볼리의 온천─을 떠올릴 수 있다.

　　라오디게아는 중요한 교통의 요지였으나(특히 Ramsay 1994: 303-5를 보라) 인근에 샘이 없었다. 도시를 양쪽에서 감싸며 라이커스 계곡으로 흘러드는 작은 두 강─아소푸스 강과 카프루스 강─으로는, 점차 늘어나고 있는 라오디게아의 인구수(에 따른 물의 수요)를 충족시키기 어려웠다(Strabo, *Geography* 12.8.16 의 언급을 보라: "이전에는 라오디게아가 작았으나, 우리 윗세대와 우리 세대에 이르러 규모가 커졌 다"). 도시는 시민들이 일상에서 사용할 물뿐만 아니라, 대중목욕탕과 장식용 분수의 사용 등으로 많은 양의 물을 필요로 했다. 결국 라오디게아는 도시 남쪽에 있는 수원지에서 수도관을 연결하여 물을 끌어오게 되었는데, 그 물 은 아마도 약 8킬로미터 떨어진 오늘날의 데니즐리(Denizli) 인근의 천연 온 천에서 나왔을 것이다. 이 수도관은 돌로 된 이중 배관으로 되어 있으며(그림 7.1.을 보라), 역-사이펀(inverted siphon) 시스템(물을 낮은 곳으로 내려가게 했다가 다시 높은 곳으로 올라가게 만드는 방법 - 역주)을 활용하여 가까운 곳에 위치한 수도 탑으로 물을 이동시킨 후 도시 곳곳에 분배했을 것이다. 도시에는 약 7미터 높이의 수도 탑(tower)이 적어도 2개 이상 있었다. 그중에서 작은 탑은 도시의 남쪽 경기장과 목욕탕/김나지움 근처에 있었고, 더 크고 복잡한 탑은 도시 중심부에 있었다. 최근 라오디게아에서 주후 114년에 새겨진 대리석 비문이 발견되었는데, 그 비문에는 도시 내 물 사용에 관한 법과, 수도관이나 봉인된 배관을 손상시킨 자에게 내려지는 무거운 처벌 내용 등이 기록되어 있다. 그와 같은 법이 에베소 지역 총독의 승인을 받아 대리석에 새겨져 있고, 또 그 법을 어길 경우 중대한 처벌(벌금으로 5,000-12,500 데나리우스를 받는다고 명시)을 받는다고 명시된 것은, 곧 라오디게아 도시에서 물이 얼마나 중요한 역할을 했는지를 보여준다.

라오디게아의 주요 물 공급원 가운데 하나는 약 8킬로미터 떨어진 곳에 위치한 온천이었다. 따라서 물이 수도관을 따라 이동하는 동안 그 온도가 차츰 식었을 것이고, 도시에 도착할 때가 되어서는 더 이상 뜨겁지 않고 미지근해졌을 것이다. 수도관과 수도 탑 내 배관이 상당히 석회화된 것으로 보아, 이 물에는 미네랄(탄산칼슘)이 많이 들어 있었던 것 같다. 하지만 그럼에도 충분히 마실 수 있는 물이었을 것이다. 고대 지리학자인 스트라보(Strabo)는 라오디게아의 물이 미네랄을 많이 함유해 경질(硬質)이었으나("물이 돌로 변한다"), 그럼에도 "마실 수 있다"고 기록했다(*Geography* 13.4.14). 그러나 그리스도가 인식한 문제점은 (주석가들이 빈번하게 주장하는 것처럼) 물에 들어 있는 미네랄이 아니라, 바로 물의 온도에 있었다. 즉, 물이 미지근하다는 것이 문제였다.

이 은유의 의미를 파악하기 어렵게 만드는 요인은 형용사 "미지근한"(클리아로스[*chliaros*])이 성경 전체에서 오직 이 본문에만 나온다는 사실이다. 더욱이, 고대 그리스 문헌 전체를 통틀어 봐도 그 사용 빈도가 극히 드물다. 그럼에도 고대 세계에서 미지근한 물이, 차갑거나 뜨거운 물에 비해 바람직하지 못한 것으로 여겨졌음을 암시하는 증거들이 있다. 헤로도토스(Herodotus)는 북아프리카 암몬인들이 사는 지역의 온천 수온이 하루 동안에도 급격하게 변화했기 때문에, 지역 주민들은 물이 미지근할 때를 제외하고 차갑거나 뜨거울 때만 이용했다고 기록했다(*Histories* 4.181.3-4). 크세노폰(Xenophon)은 차가운 물은 마시기에 좋고, 뜨거운 물은 씻을 때 좋지만, 미지근한 물은 오로지 노예에게 줄 때에만 유용하다고 기록했다(*Memorabilia* 3.13.3). 세네카(Seneca)는 노예가 일을 굼뜨게 하거나, 집안이 지저분하거나, 마시려는 물이 미지근하다고 해서 화를 내는 것은 무의미하다고 말했다(*On Anger* 2.25.1). 그렇다면 이 은유의 핵심은 미지근한 물이 무익한 것처럼—차가운 물과 뜨거운 물은 사용하는 일이 유익한 것과는 대조적으로—라오디게아 성도들의 행위 역시 무익하다는 데 있다.

고대와 현대 주석가들은 모두 라오디게아 설교 본문에 대한 이와 같은 이해 방식을 따랐다. 카르타고의 교부 티코니우스(Tyconius, 주후 370-390년)는 "차지도 않고 뜨겁지도 않은"이라는 어구가 "쓸모없다"라는 의미라고 말했다(Gumerlock 2017). 최근 램지 마이클스는 다음과 같은 설명을 덧붙였다(Michaels 1997: 88). "차거나 뜨거운 물은 분명 어딘가에 유익하지만, 미지근한 물은 그렇지 않다. 이 책망의 요점은 열심이나 열정이 부족하다는 것이 아니다. 만약 그랬다면 '미지근한'은 최소한 '차가운'보다는 나았을 것이다! 그보다는 라오디게아 공동체가 해온 일과 하고 있는 일이 완전히 쓸모가 없다는 의미이다." 키너 또한 비슷한 언급을 한다(Keener 2000: 159). "미지근한 물의 핵심은 '뜨거운' 물이나 '차가운' 물이 유용성과 대조적으로, 그것이 쓸모없고 역겹다는 데 있다. 모든 교회들이 그 경고의 의미를 분명히 이해했을 것이다."

지리적인 배경 속에서 이 은유를 살펴보면 더욱 정교하게 문맥을 이해할 수 있다. 대부분의 주석가들은 라오디게아의 미지근한 물과 히에라볼리의 뜨거운 물, 골로새의 차가운 물이 의도적으로 대조된 것으로 보고 있다. 라이커스 계곡 인근에 위치한 세 도시의 교회들은 서로 가깝다는 이유로(라오디게아는 히에라볼리에서 약 10킬로미터, 골로

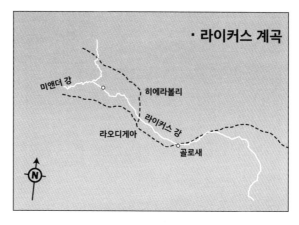

그림 7.2. 라이커스 계곡 주변의 세 도시: 라오디게아, 히에라볼리, 골로새.

새에서 약 16킬로미터 떨어져 있다), 그리고 그들 간에 이루어지는 공동의 사역으로 인하여 서로 긴밀하게 연결되어 있었다. 더욱이, 세 교회들은 모두 동일한 인물이 설립하고 감독한 것처럼 보인다(에바브라: 골 1:7; 4:12-13). 세 교회들이 긴밀한 관계를 유지했다는 또 다른 근거로는, 바울이 라오디게아와 골로새 교회에 보낸 서신을 서로 교환하라고 지시했다는 사실을 들 수 있다(골 4:16). 그렇다면 그리스도는 라오디게아 교회가 미지근하다고 책망하시면서 히에라볼리의 뜨거운 물을 의도적으로 암시하신 것이다. 히에라볼리는 고대 세계에서 온천의 치유 효과로 유명했던 도시였다. 허머는 히에라볼리가 "의료 중심지로서 번성했고, 또 라오디게아와 매우 가까웠다는 사실 때문에 그러한 해석이 가능하다"고 언급한다(Hemer 1986: 188). 오늘날에도 라이커스 계곡으로 흘러가는 석회질이 풍부한 물 때문에, 라오디게아에서 계곡 건너편에 서면 히에라볼리의 흰색 경사면이 곧바로 시야에 들어온다. 이 도시의 현대 튀르키예(Turkey)식 이름인 파묵칼레(Pamukkale, "목화의 성")는 그처럼 밝은 흰색 경사면을 염두에 둔 표현이다.

히에라볼리의 유명한 온천과 대조를 이루는 것은 카드무스(Cadmus)산(해발 8,000미터) 바로 아래에 위치한 골로새의 샘물이다. 골로새 도시에는 연중

신선한 물이 풍부했고, 또 물에는 미네랄이 거의 없었기 때문에 마시기에도 좋았다. 히에라볼리의 뜨거운 물과 골로새의 차가운 물이 의도적으로 대조된 것을 감안해보면, 라오디게아 교회가 미지근한 물에 비견된 의미가 더욱 분명하게 드러난다. "라오디게아 교회는 도시로 공급되는 물과 같아서는 안 되었다. 라오디게아 교회는 (히에라볼리처럼) 영적인 치유 능력을 발휘하거나, (골로새처럼) 신선하고 생명을 주는 사역을 감당해야 했다. 그러나 라오디게아 교회는 그리스도께서 언급하신 것처럼 그저 '미지근'했다. 올바른 행위를 하지 않았고, 또 그리스도께 쓸모도 없었다"(Osborne 2002: 206).

그리스도께서 안다고 말씀하신 행위("내가 너의 행위들을 안다"), 미지근하여 쓸모없다고 판단하신 라오디게아의 행위는 무엇이었는가? 다른 설교들의 책망 단락들을 살펴보면 대부분 구체적인 문제를 밝히고 있음을 알 수 있다. 이를테면, 그리스도는 에베소 교회를 향해서 "너는 네가 처음에 가졌던 사랑을 버렸다"(2:4)고 말씀하셨다. 버가모와 두아디라 성도들의 경우 우상에게 바쳐진 제물을 먹고(우상숭배), 음행을 저질렀다. 사데 교회의 문제는 조금 모호하다. "네가 살아 있다 하는 평판을 가졌으나, 너는 죽은 자다"(3:1). 그런데 라오디게아 설교의 긴 책망 단락에는(3:15-17) 어떠한 죄악된 행위도 언급되지 않는다. 더욱이 이어지는 교정 단락에서도 확실하게 추론할 수 있는 단서가 발견되지 않는다(3:18). 따라서 라오디게아 교회가 가진 문제의 본질에 관한 그 어떤 주장도 그저 추측에 불과하다(예를 들어, Beale 1999: 302은 이렇게 언급한다. "라오디게아 그리스도인들의 문제는 아마도 그들이 상업 조합 및 수호신들과 어떻게든 연결되려고 애쓴 데서 비롯되었던 것 같다"). 라오디게아의 문제는 다른 소아시아 교회들에서 발생한 문제들과 크게 다르지 않았을 것이다. 그러나 우리는 어떠한 것도 확신할 수 없다.

하지만 상황이 매우 심각했다는 것만은 확신할 수 있다. 이는 라오디게아 교회를 향해 그리스도께서 보이신 매우 부정적인 반응을 통해 알 수 있다. "내가 너를 내 입에서 토해 낼 것이다(vomit)"(3:16). 거의 모든 영어 번역본들이 이 충격적인 이미지를 순화시키고자, 그리스도의 반응을 완화시킨다. "내가 너를 내 입에서 **뱉을 것이다**(spit)"(NKJV, CSB, LEB, 한편, 메시지 성경의 경우 "토해낼 것이다"[vomit], KJV와 ASV는 "내뿜을 것이다"[spew]로 되어 있다). 하지만 그리스어 본문은 사실 전혀 모호하지 않다. 그리스어 본문에서 사용된 동사는 부드럽게 완화된 표현인 프티오(*ptyō*, "뱉다, 뱉어 내다", BDAG 895)가 아니라, 훨씬 더 생생한 표현인 에메오(*emeō*, "토해 내다, 게워 내다", BDAG 322)이다. 라오디게아 교회를 향한 그리스도의 책망은 분명 심각한 수준이었다. 현대의 감수성을 감안하더라도, "토해 내다" 혹은 "게워 내다"와 같이 생생한 표현만이, 오늘날 청중들에게 당시 상황의 심각성을 제대로 경고할 수 있을 것이다.

참고로, 이솝 우화에도 미지근한 물과 토하는 행위를 연결시킨 사례가 있다. 주전 620-564년 고대 그리스의 노예였던 이솝의 이야기는 본래 구전으로 내려오다가, 이솝의 사후 약 300년이 지난 후에야 비로소 문자로 기록되었다. 이솝 우화 가운데 이솝의 두 동료 노예들이 주인의 맛있는 무화과를 훔쳐 먹고는 그들의 잘못을 감추려고 이솝의 잘못으로 몰아세운 이야기가 있다(*Life of Aesop* 2-3). 이솝은 자신의 결백을 증명하고자 미지근한 물을 마시고 그의 손가락을 목으로 집어넣어 뱃속에 있던 것을 토해 냈고, 결국 물만 밖으로 나왔다. 그리고 이솝을 몰아세운 동료 노예들 역시 미지근한 물을 마시고 토해 냈는데 거기에는 무화과가 있었고 결국 그들의 잘못이 들통났다.

두 번째 책망: 교회의 허영심 많은 태도(3:17)

너는 말하기를 '나는 부자다, 부유하여 부족한 것이 없다'라고 한다. 그러나 너는 네가 곤고하고 불쌍하고 가난하고 눈이 멀고 벌거벗은 것을 알지 못한다(3:17)

3:17을 여는 (인과관계를 나타내는)접속사 호티(hoti)는, 두 번째 책망이 첫 번째 책망과 어떻게 연결되어 있는지를 보여 준다. 라오디게아 교회의 미지근한, 혹은 쓸모없는 행위는 곧 자만심에서 비롯된 것이다. "너는 말하기를, '나는 부자다, 부유하여 부족한 것이 없다'라고 한다"(3:17a). 사람들의 행동 방식은 그들의 사고방식과 밀접한 연관이 있다. 그리스도는 라오디게아 교회의 근본적인 문제를 알고 계셨다. 라오디게아의 성도들이 먼저 그릇되고 죄악된 정신 상태를 바꾸지 않으면, 그들이 저지르는 쓸모없는 행위, 구토를 유발하는 행위는 결코 칭찬받을만한 행위로 바뀔 수 없었다.

두 번째 책망은 라오디게아 교회의 부유함 때문에 생겨난 교만함 혹은 허영심을 여러 가지 측면에서 강조한다. 첫째, 본질적으로 동일한 말을 세 차례 반복함으로써 수사적으로 강조한다. "'나는 부자다, 부유하여 부족한 것이 없다'라고 한다." 둘째, 그리스어 문법을 통한 강조가 나타난다. 이를테면, 첫 번째 절(clause)에서 형용사 "부자"가 동사보다 앞에 나온다(본문의 어순 그대로 읽으면, "부자다, 나는"이 된다 - 역주). 이어서 두 번째 절은 사용 빈도는 적지만 더욱 무게감이 있는 완료 시제를 사용했다("[나는] 부유해[졌다]"). 그리고 세 번째 절은 의도적으로 단어들의 어순을 바꾸었다(본문의 어순 그대로 읽으면 "없다, 부족한 것이, 나는" - 역주). 셋째, 앞서 언급한 3가지 표현의 순서는 문학적 장치, '휘스테론-프로테론'(hysteron-proteron, 후자 - 전자), 즉 어떤 핵심을 강조하기 위해 논리적인 순서를 뒤집는 기법을 반영한 것처럼 보인다. 두 번째 절("[나는] 부유해[졌다]")은 사실 논리적으로 첫 번째 절("나는 부자다")보다 앞에 와야 한다(Swete 1911: 61; Thomas 1992: 311; Aune 1997: 258-59; Osborne 2002: 207n11; 이러한 수사적 표현은 다음과 같은 구절들에도 나온다: 계 3:3, 19; 5:5; 6:4; 10:4, 9; 20:4-5, 12-13; 22:14). 넷째, 서머나 교회의 빈곤과의 의도적인 대조를 통해 강조 효과가 발생한다. 라오디게아 교회의 부유함이 세 차례 언급되자마자 청중들은 앞서 그리스도께서 서머나 교회의 성도들을 칭찬하시며, 그들이 경제적으로는 궁핍했으나 영적으로는 부유했다고 말씀하신 것을 떠올렸을 것이다(2:9, "내가 … 네 궁핍을 안다. 그러나 실상은 네가 부유한 자다").

일부 주석가들은 호세아서 12:8을 떠올리기도 한다. 북왕국 이스라엘의 또 다른 이름, 에브라임은 부에 대하여 어리석게 자만하는 라오디게아 교회와 유사한 태도를 보였다. "에브라임이 말하기를 '나는 실로 부자라. 내가 재물을 얻었는데 내가 수고한 모든 것 중에서 죄라 할 만한 불의를 내게서 찾아 낼 자 없으리라' 하거니와"(호 12:8). 비일은 이를 두고 다음과 같이 말한다(Beale 1991: 304). "두 본문 사이에 공통적으로 존재하는 표현과 사상을 살펴보면, 여러 학자들이 생각하는 것처럼 그것이 그저 우연히 이루어진 평행이 아니라, 요한이 의도적으로 호세아서 본문을 암시한 것임을 알 수 있다"(또한 Charles 1920: 96; Beasley-Murray 1978: 105; Hemer 1986: 191; Kistemaker 2001: 170; Beale and Campbell 2015: 92). 하지만 이러한 평행 관계는 호세아서 12:8의 히브리어 마소라 본문(Masoretic Text)을 통해서만 성립한다. 그리스어 칠십인역은 단어 사용 면에서 연관 관계가 그만큼 강하지 않다. 더욱이 라오디게아 설교(표현)에 반영된 사고방식과 유사한 내용의 글들이 다른 고전 문헌들에도 나타난다. 에픽테토스(Epictetus)는 황실 관리인이 사용하는 표현을 기록했는데, 그 기록은 라오디게아 설교의 표현과 훨씬 더 밀접한 평행 관계를 이룬다. "그러나 나는 부자다. 부족한 것이 없다"(*Diatribes* 3.7.29). 또 다른 평행이 에녹1서에서 발견된다. "화가 있으리로다, 부당한 수단으로 은과 금을 얻은 자여. 그러면 너는 말하기를 '우리는 부자가 되었고 재물을 모았으며 우리가 바랐던 모든 것을 얻었다. 그러니 이제는 무엇이든 하고 싶은 대로 하자'라고 한다"(에녹1서 97:8-9a). 이러한 맥락에서 보면, 라오디게아 교회의 교만한 자기 평가는, 호세아서 12:8을 암시하는 것이 아니라, 자신의 부유함을 근원으로 삼아 자만심과 허영심을 내뱉는 부자들의 격언 혹은 경구를 반향하는 것일 가능성이 높다(Aune 1997: 258).

"나는 부자다, 부유하여 부족한 것이 없다"라는 문장은 지역의 역사적인 배경을 반영하기도 한다. 찰스는 요한계시록 3:17a에 관해 다음과 같이 언급한다(Charles 1920: 96). "도시의 물질적인 상태를 암시하고 있다는 사실을 간과할 수 없다." 허머 역시 3:18의 교정 단락과 함께 3:17의 책망 단락에는 "지역에 대한 풍부한 암시가 들어 있다"라고 지적하며, 라오디게아의 부와 자부심과 관련된 자료들을 상세히 제시한다(Hemer 1986: 191-195). 주전 1세기 말과 주후 1세기 초, 라오디게아에는 엄청나게 부유한 시민들이 있었는데, 그들은 마치 라이커스 계곡의 "빌 게이츠"와도 같았다. 스트라보는 이에 대해 다음과 같이 기록했다(*Geography* 12.8.16). "비옥한 농촌과 **부유한 일부 시민들이** [라오디게아를] 위대하게 만들었다." 스트라보는 헤이론(Heiron)이라는 라오디게아 시민에 대해 언급하기도 했다. 그는 공공 건물들의 건축을 후원했으며, 죽음을 앞두고는 도시에 2,000달란트(오늘날 화폐로 수백만 달러에 해당)를 남기기도 했다. 또한 니코스트라토스(Nicostratus)라는 부유한 시민은 도시 남쪽에 위치한 길이 약 270미터에 달하는 대형 경기장 건설에 막대한 자금을 대기도 했다. 그래서 그에 관한 한 비문(*CIG* 3935)을 보면, 그가 "자신이 소유한 재산만으로" 그러한 일을 해냈다는 자부심이 담긴 표현이 기록되어 있다. 또 다른 부유한 라오디게아 시민으로는 플락쿠스(Flaccus)가 있다. 플락쿠스는 그의 재산을 사용하여 덮개가 있는 보도에 난방을 제공하거나, 공중 목욕탕 배관으로 기름을 공급했다. 그리고 그러한 행위를 기록한 비문(*IGRR* 4.860) 역시 자부심이 넘치는 표현으로 가득하다. 그 비문에는 "스스로의 힘으로"라는 표현이 한 문장에만 최소 4회 이상 나온다. 라오디게아는 소아시아 지역 명문가 중 하나인 제논(Zenon) 가문의 고향이기도 했다(Ramsay 1895: 42-45; Hemer 1986: 192). 제논은 라오디게아의 정치 연설가였다. 그의 후손들 중 일부는 로마의 통치 아래 있는 소아시아 지역들 가운데서 속주(vassal)의 왕들이 되었다. 그리고 이 강력하고 부유한 가문의 또 다른 구성원들은 계속해서 라오디게아에 거주했다.

라오디게아의 부유함에서 나오는 자만심 가득한 태도는, 주후 60년에 일어난 대지진 이후 도시가 취한 조치에서 가장 분명하게 드러난다. 라오디게아는 주요 단층선 위에 위치해 있었고, 인근의 다른 도시들 역시 남과 북을 가르는 단층선 위에 놓여 있었기 때문에, 지진 활동에 지속적으로 취약했다. 지진이 발생하면 로마 당국은 피해를 입은 도시들에게 재정을 지원하여 도시를 재건했고, 피해를 복구할 수 있게 여러 방면으로 도움을 주었다. 실제로 주후 17년, 라오디게아와 소아시아의 다른 11개 도시들은 티베리우스(Tiberius) 황제로부터 지진 구호 기금을 받았다(Strabo, *Geography* 12.8.18; 13.4.8; Suetonius, *Tiberius* 8; Tacitus, *Annals* 2.47; Dio Cassius, *Roman History* 57.17.8). 하지만 주후 60년 대지진이 발생했을 당시 라오디게아는 로마 제국으로부터 어떠한 구호 기금도 받지 않겠다고 선언했다. 타키투스는 당시 상황을 다음과 같이 기록했다(*Annals* 14.27.1). "라오디게아는 그들이 가진 자산의 힘으로 폐허 상태에서 일어섰고, 우리에게서 아무런 도움도 받지 않았다." 타키투스의 언급에 따르면 이러한 일은 매우 이례적이며, 주목할 만한 사례라 할 수 있다. 로마의 재정적인 지원 없이 라오디게아가 스스로 재건한 것은 아시아 전역에 널리 알려졌다. 심지어 아시아를 넘어 세계 곳곳에까지 알려

그림 7.3. 로마의 항구 도시 푸테올리에서 발굴된 티베리우스 석상의 대리석 기단(주후 30년). 이 기단에는 주후 17-29년에 일어났던 몇 차례의 지진 이후, 재정적인 지원을 받은 아시아 14개 도시들이 황제에게 바치는 헌정 비문이 새겨져 있다(나폴리 국립 고고학 박물관).

져, 시빌라의 신탁에도 암시되었다(약 주후 80년). "불쌍한 라오디게아여, 때때로 지진이 너를 거꾸로 내던져 때려 눕히겠지만, 너는 다시 재건되어 일어설 것이다"(Sibylline Oracles 4.137-39). 여기서는 라오디게아가 로마의 도움 없이 스스로 재건했다는 사실을 따로 명시하진 않는다. 하지만 지진 이후 재건에 들어갔던 지역 내 다른 주요 도시들을 제치고, 라오디게아의 재건만을 따로 언급함으로써 라오디게아의 재건에 뭔가 특별하고 주목할 만한 점이 있음을 암시하고 있다.

타키투스의 진술은 라오디게아가 로마의 도움 없이도 스스로 재건할 수 있을 정도로 부유했다는 점을 입증해준다. 그런데 로마의 지원을 거부했다는 사실은 또한 라오디게아의 자부심과 자만심 가득한 태도를 보여주기도 한다. 그렇다면 이는 그리스도께서 라오디게아 교회를 책망하신 내용과 밀접한 연관이 있다. 윌슨은 이렇게 말한다(Wilson 2002: 276). "라오디게아인들은 그들이 이룩한 업적과 재정적 자립에 대해 강한 자부심을 갖고 있었다. 바로 이러한 태도가 라오디게아 교회에도 반영되어 있는 듯하다." 허머는 고대 역사의 증거에 대한 주의 깊은 검토를 마치고 다음과 같이 마무리한다 (Hemer 1986: 195).

> 나는 요한계시록 3:17의 배경에, 라오디게아가 선보인 부유함을 뽐내는 태도가 있다고 볼 이유가 충분하다고 결론을 내렸다. 라오디게아는 로마의 지원을 거절하고 자체적으로 대규모 재건 사업을 진행함으로써 큰 명성을 얻었다. 그 과정에서 도시는 각 개인들이 과시하며 기부한 자금을 통해 독립적으로 재건할 수 있다는 자부심으로 가득 차 있었다. 교회 역시 부유했으며, 라오디게아 사회의 일원으로서 그러한 태도를 공유했다. 결국 라오디게아 교회는 영적으로 자만심에 빠지게 되었고, 그리스도의 도움도 필요로 하지 않게 되었다.

라오디게아 교회의 자만심, 그리고 자립이라는 망상은 그리스도께서 그들의 진정한 상태와 상황을 설명하심으로써 확연히 드러나고 만다. "그러나 너는 네가 곤고하고 불쌍하고 가난하고 눈이 멀고 벌거벗은 것을 알지 못한다"(3:17b). 이 선언은 그리스도의 인식과 교회의 무지함 사이의 격차를 날카롭고도 수치스럽게 대조한다. "아멘"이시자 "신실한 증인"이신 그리스도(3:14)는, 그들의 행위가 가진 실제적인 가치를 아시지만(3:15, "내가 너의 행위들을 안다[오이다, oida] …"), 정작 라오디게아의 성도들은 자신들의 진정한 영적 상태를 인식하지 못하고 있다(3:17, "그러나 너는 … 알지 못한다[오이다스, oidas] …"). 그리스도는 그들의 심각한 상황의 진상을 보여주기 위해 5개의 형용사들을 사용하신다. 그리스어 본문에서 이 5개의 형용사들은 그 모두를 묶어주는 단일한 관사를 통해 서로 긴밀하게 연결되어 있다. 이 때문에 5개의 형용사들은 뚜렷하게 단일한 집합체로 제시된다. 그런데 처음에 나오는 2개의 형용사들("곤고한", "불쌍한")의 경우, 몇 가지 측면에서 나머지 3개의 형용사들("가난한", "눈이 먼", "벌거벗은")과 구분된다. (1) 앞에 나온 2개의 형용사는 문자적인 의미로 사용된 반면, 뒤에 오는 3개의 형용사는 은유적으로 사용되었다. (2) 뒤에 나오는 3개의 형용사는 이후 교정 단락(3:18-19)에도 재등장하여 강조된다.

책망 단락	교정 단락: "나는 네가 내게서 이같이 사기를 권한다"
"가난한"	"네가 부유하게 되려거든 불로 정제한 금을 내게서 사라"
"눈이 먼"	"네가 볼 수 있게 되려거든 안약을 사서 눈에 발라라"
"벌거벗은"	"네가 벌거벗은 수치를 가리려거든 흰 옷을 사서 입어라"

첫 번째 형용사(탈라이포로스[talaipōros])는 "비참한, 곤고한, 괴로워하는"(BDAG 988) 등의 매우 부정적인 상태를 가리킨다. 이 형용사는 신약성경의 다른 곳에서는 유일하게 로마서 7:24에만 나온다. 이 로마서 본문을 살펴보면, 하나

님의 법을 순종하지 못하도록 막는 죄의 권세에 관한 긴 논증 끝에 절박한 선언이 나오는데, 그 내용은 다음과 같다. "아, 나는 **곤고한** 사람이다!" 그리고 이 형용사 단어의 명사 형태가 로마서와 야고보서에 나온다. 로마서 3:16은 구약 본문을 인용하고 있는데, 이때 "파멸"이라는 명사와 짝을 이루며 나온다("그들의 길에는 파멸과 비참함이 있다"). 또한 야고보서 5:1은 부유한 이들이 맞이하게 될 미래의 "비참함"을 서술하고 있다. 이 형용사 단어의 동사 형태는 (신약성경에서 유일하게) 야고보서 4:9에만 한 차례 나온다. 야고보서 본문에서 그 동사는 "슬퍼하다" 및 "울다"와 짝을 이루고 있다("비참함에 빠져[즉, 비탄에 잠겨] 슬퍼하고 우십시오!"). 두 번째 형용사(엘레에이노스[eleeinos])는 "비탄에 빠진 이에게 마땅히 느끼는 연민, 비참한, **불쌍한**"(BDAG 315) 등을 가리킨다. 이 형용사가 기반을 두고 있는 동사의 경우 "어떤 것에 대해 동정심/긍휼/불쌍함을 느끼다"라는 의미를 갖고 있으며 신약성경 안에도 자주 등장한다. 엘레에이노스는 (신약성경의 다른 곳에서는) 오직 고린도전서 15:19에만 나온다. 바울은 만약 그리스도가 다시 살아나시지 않았다면 "우리가 모든 사람들 중에 가장 **불쌍한** 사람들이다"라고 말한다. 처음에 나온 두 형용사들이 동의어인 것은 요한의 의도적인 선택으로 보인다. 이는 라오디게아 교회의 부유함에서 비롯된 허영심과 자만심이라는 그릇된 태도와(3:17a), 그들이 실제로는 "곤고하고 불쌍"한(3:17b) 상태에 있다는 그리스도의 냉정한 평가 사이의 격차를 더욱 날카롭게 대조시키기 위한 것이다.

뒤에 나오는 3개의 형용사들("가난한", "눈이 먼", "벌거벗은") 역시 라오디게아 교회의 실제 상태를 묘사하는 표현들이다. 하지만 3개의 형용사들은 이후 교정 단락에서 재차 반복되기 때문에, 여기서는 자세히 다루지 않고 넘어가도록 하겠다.

교정(3:18-19)

나는 네가 내게서 이같이 사기를 권한다. 네가 부유하게 되려거든 불로 정제한 금을 내게서 사라. 네가 벌거벗은 수치를 가리려거든 흰 옷을 사서 입어라. 네가 볼 수 있게 되려거든 안약을 사서 눈에 발라라. 나는 내가 사랑하는 사람은 누구든지 책망도 하고 징계도 한다. 그러므로 열심을 내라, 회개하라(3:18-19)

라오디게아 교회의 구토를 유발하는 행위와 허영심 넘치는 태도가 그리스도로 하여금 역겨움을 느끼게 만들었지만, 그럼에도 그리스도께서는 라오디게아의 성도들을 포기하지 않으셨다. 비록 일곱 교회 가운데 최악의 교회일지라도, 교정 단락이 존재한다는 사실만으로 그리스도의 은혜가 임할 것이라는 충분한 증거가 된다. 즉, 라오디게아의 성도들에게는 여전히 그리스도의 교정 명령에 따름으로써 그들의 영적 빈곤 상태, 눈이 먼 상태, 벌거벗은 상태를 회개하고 돌이킬 수 있는 기회가 있는 것이다.

교정 단락의 도입 어구는 "나는 네가 내게서 이같이 사기를 권한다"이다. 얼핏보면 특별히 문제될 게 없어 보이는 이 어구에는 3가지 중요한 의미가 담겨있다. 첫째, 권고의 어구가 다소 절제된 어조로 표현되어 있다(Osborne 2002: 208). 동사 쉼불류오(*symbouleuō*)는 "어떤 이로 하여금 어떤 일을 하도록 권하다"(BDAG 957.1)라는 의미를 갖고 있다. 이는 신약성경의 다른 곳에서는 오직 한 차례, 곧 예수의 재판에서 대제사장 가야바가 유대인들에게 한 사람이 백성을 위하여 죽는 것이 유익하다고 "권고"하는 장면에 나온다(요 18:14). 그리스도가 이처럼 절제된 어조로 권고하시는 것은 놀랍다. 왜냐하면 상황의 심각성을 감안해볼 때, 차분한 권고보다는 직설적인 명령이 필요해 보이기 때문이다. 또한 지금 말씀하시는 그리스도는 이미 "하나님의 창조의 통치자"로 인식된 만큼, 라오디게아 교회에게 무엇이든 요구하실 수 있는 권세와 권위를 가지셨기 때문이다.

둘째, "사다"라는 뜻의 동사는 상업적인 의미를 담고 있다. 일부 주석가들은 이 본문이 이사야 55:1을 암시하고 있다고 본다. 이사야 55:1은 메시아의 시대에 속한 하나님의 백성에게, 그분의 자비로운 공급하심을 누리며 "와서 사 먹되 돈 없이, 값 없이 와서 포도주와 젖을 사라"(사 55:1, 개역개정)고 명령한다(Charles 1920: 97; Thomas 1992: 313; Aune 1997: 259; Kistemaker 2001: 172). 물론 이 구약의 본문이 라오디게아 설교에 반향되었을 가능성도 있다. 하지만, 동사 "사다"는 라오디게아 교회가 이미 스스로를 상업적인 용어("나는 부자다, 부유하여 부족한 것이 없다")로 평가했기 때문에—그리고 그들의 진정한 상태("가난하고")에 관한 그리스도의 솔직한 평가 역시 비슷한 맥락에서 표현되었기 때문에—선택된 단어일 가능성이 더 높다. 이처럼 스스로를 부유하다고 여기지만 실제로는 눈이 멀어 자신들의 진정한 상태(가난)를 보지 못하는 자만심에 빠진 교회를 향해, 그리스도는 역설적인 권고를 하신다. 곧, 그들이 실제로는 살 수 없는 것을 사라고 명령하신다.

셋째, 그리스도의 권고에 담긴 또 하나의 중요한 특징은 전치사구 "내게서"를 통한 강조이다. 이러한 강조는 그리스어 어순("내게서" 전치사구가 직접 목적어 "금", "흰 옷", "안약"보다 앞에 온다)과 철자(인칭대명사의 강조 형태가 사용되었다)를 통해 이루어진다. 이 강조는 또한 중요한 신학적 진리를 드러낸다. 곧 허영심과 자만심에도 불구하고, 라오디게아 교회가 실제로는 무력하며, 그리스도—그리고 오직 그리스도만이 줄 수 있는 것—만을 온전히 의존해야 하는 상태에 있다는 사실이다. 라오디게아 성도들과 마찬가지로, 오늘날의 그리스도인들 역시 영적인 빈곤을 극복하기 위해서 스스로의 노력이나 능력에 의존하려는 사고방식을 버려야 한다. 그리스도인들은 스스로 문제를 해결할 능력이 없음을 인식하고, 그들을 구원할 수 있는 유일한 분, 그리스도만을 바라보며 의지해야 한다.

대부분의 주석가들은 앞서 책망 단락(3:17b)에서 라오디게아 교회의 상태를 묘사하는 데 사용된 형용사들, 그리고 교정 단락(3:18)에서는 각 문제에 대응하는 데 사용된 3개의 형용사들("가난한, 눈 먼, 벌거벗은") 안에서, 지역 상황에 대한 분명한 암시를 찾아볼 수 있다고 주장한다. 예를 들어, 마운스는 다음과 같이 서술한다(Mounce 1977: 110-11). "라오디게아가 3가지, 곧 재정적인 부유함, 거대한 직물 산업, 그리고 전 세계로 수출되는 유명한 안약에 대해 자부심을 가지고 있었다는 사실이 자주 언급된다. 이는 곧 요한계시록 3:17과 3:18에서 라오디게아의 금융 기관, 의료 학교, 직물 산업에 대한 직접적인 암시를 찾는 일이 그렇게 어렵지 않음을 의미한다." 비일 역시 다음과 같이 이야기한다(Beale 1999: 306-7). "일부 주석가들은 라오디게아 성도들이 '가난하고 눈이 멀었으며 벌거벗었다'는 책망, 그리고 그에 따른 3가지 해결책(3:18)을 다음과 같은 배경에 비추어 올바르게 이해하고 있다. (1) 라오디게아의 유명한 금융 기관, (2) 안과로 유명한 의료 학교와 더불어, 잘 알려져 있는 그 지역의 안약, (3) 도시의 직물 무역(라오디게아는 모직물 산업과 튜닉[tunics] 제조업으로 유명했으며, 실제로 그 상품들을 먼 곳까지 수출하기도 했다)."

여러 주석가들은 그리스도의 말씀이 라오디게아의 지역 상황에 토대를 두고 있다고 여긴다. 그리고 그러한 해석 방향에 대한 근거를 따질 때, 주로 초기 램지의 분석(Ramsay 1904; 1994: 301-17)과, 이후 이루어진 허머의 분석(Hemer 1986: 191-201)을 의존한다. 하지만 이에 대해 쾨스터는 몇 가지 의문을 제기했다(Koester 2003). 쾨스터는 라오디게아 설교에는 해당 지역의 상황과 다소 무관한 일반적인 은유들이 활용되었으며, 그럼에도 당시 고대 세계 사람들은 곧바로 그 은유들을 이해할 수 있었을 것이라고 주장한다. 이와 같은 쾨스터의 비판은 정당하다. 현대의 해석가들과 설교자들은 정제한 금, 흰 옷, 그리고 안약 은유들에 포함된 지역에 대한 암시를 지나치게 과장하지 않도록 주의해야 한다. 그럼에도 불구하고 해당 지역과의 몇 가지 연결점들은 그 은유들의 생생한 이미지를—당시 소아시아에 살았던 누구라도 충분히 이해할 수 있게 만들 뿐 아니라—특별히 라오디게아의 지역 상황과 연결지어 보게 만든다. 다시 말해, 라오디게아 지역과의 몇 가지 연결점들은 앞서 말한 은유들의 이미지가 라오디게아 성도들을 위한 구체적이고 강력한 그림 언어로 작용하도록 만들었을 것이다.

3가지 강력한 그림 언어 가운데 첫째는 "불로 정제한 금"이다. 이 표현이 라오디게아의 금융기관을 지역적인 측면에서 암시하는 것이라는 주장의 근거는 희박하다. 또한 라오디게아를 금융 중심지로 보게 만드는 암시라고 보기도 어렵다. 하지만 그럼에도 여전히 주장되고 있는 해석임에 분명하다(예를 들어, Charles 1920: 93; Mounce 1977: 111; Hemer 1986: 191, 196; Beale 1999: 307; Osborne 2002: 208-9; Beale and Campbell 2015: 92). 그러나 이 은유에 동반된 목적절("네가 부유하게 되려거든")은 분명, 교회가 앞서 한 말("나는 부자다, 부유하여 부족한 것이 없다")과, 그들이 실제로는 가난하다고 평가하신 그리스도의 말씀을 (역으로)가리키고 있다. 이러한 방식으로 이 목적절은 라오디게아와 자주 연결되는 물질적 번영을 암시하고 있다. 도시의 부, 그리고 그 부에서 비롯된 자만심 가득한 태도가 교회 안에 발생했음을 주장하는 근거는 앞서 3:17a을 분석하면서 이미 제시된 바 있다. 따라서 여기서 굳이 반복해서 언급할 필요는 없을 것 같다.

정제한 금 은유는 엄청난 고온에서 금을 녹여 불순물을 제거하고 순금만을 남게 하는 정제 과정을 가리키며, 고대 세계 안에서 상당히 유명한 은유였다. 또한 성경 안에서도 "정제한 금" 혹은 정제 과정에 대한 은유는 죄라는 불순물을 제거함으로 도덕성을 정화시키는 것을 가리키는 은유가 되었다(시 66:10; 잠 27:21; 사 1:25; 렘 6:29; 겔 22:22; 슥 13:9; 말 3:2-3; 벧전 1:7; 또한 벧후 3:10을 보라. 이 구절은 세상이 불에 의해 파괴됨을 말하는 것이 아니라, 정화됨을 말하는 것으로 봐야 한다). 라오디게아의 성도들은 그들이 하고 있는 행위들 가운데 모든 불순물들, 즉 예수로 하여금 토하게 싶게 만드는 행위들을 제거하고 오직 순종과 거룩한 행위—즉, 정제한 금보다 더욱 귀중한 것들—만을 남겨야 했다. 그래야 비로소 영적인 빈곤을 바로잡고 진정으로 부유해질 수 있었다. 성경의 다른 곳에서 이 은유는 시험이나 고통을 통해 이루어지는 정화 과정을 의미하기도 한다(슥 13:9; 벧전 1:7). 그래서 일부 주석가들은 라오디게아 성도들의 정화 과정에서, 신앙에 대한 박해가 있을 것이라고 생각한다(Kistemaker 2001: 172, "이 표현은 그리스도를 따르는 이들이 견뎌내야 할 극렬한 시험을 암시한다"; 또한 Thomas 1992: 313; Beale 1999: 305을 보라). 하지만 라오디게아 설교 그 어디에도 그리스도인이 고통을 받을 것이라는 개념이 나오지 않기 때문에, 정제한 금 은유는 라오디게아의 성도들이 이루어내야 할 행위가 가치 있고 귀중한 것임을 가리킬 가능성이 더 높다.

3가지 그림 언어 가운데 둘째는 흰 옷이다. "나는 네가 내게서 이같이 사기를 권한다 … 네가 벌거벗은 수치를 가리려거든 흰 옷을 사서 입어라"(3:18b). 그레코-로만 세계는 벌거벗음을 수치와 연관시키지 않았다. 따라서 이 은유는 분명 구약성경에서 비롯된 것이다. 벌거벗음과 수치심 간의 연결 고리는 아담과 하와에까지 거슬러 올라간다. 본래 그들은 서로 간의 육체적 관계에 있어서 순수한 상태에 있었으나(창 2:25, "아담과 그의 아내 두 사람이 벌거벗었으나 부끄러워하지 아니하니라"), 타락 이후 그들의 순수한 상태는 곧바로 두려움과 수치심으로 변해버렸다(창 3:7, 10, 11). 구약성경에서 벌거벗음은 죄와 하나님의 심판을 의미하는 부정적인 은유가 되었다(신 28:48; 사 20:1-4; 47:3; 겔 16:36; 23:29; 나 3:5). 이러한 구약의 본문들은 우상숭배의 죄와 연관이 있기 때문에, 그러한 연관성을 배경으로 라오디게아 설교가 다루는 구체적 죄를 추정해 볼 수 있을 것이다(Beale 1999: 306; Beale and Campbell 2015: 92). 하지만 버가모와 두아디라 교회를 향한 책망에서 우상숭배 문제를 지적하고 있고, 사실상 일곱 교회 모두가 그러한 유혹에 직면했겠지만, 라오디게아 설교에는 그 어디에도 우상숭배의 죄가 구체적으로 언급되지 않는다. 따라서 벌거벗음과 수치에 관한 부정적인 은유는 그리스도가 역겨움을 느끼고 토하고 싶어지게 만든 모든 행위와 연관이 있다고 보는 것이 더 낫다.

벌거벗음으로 인해 생겨나는 수치(심)와 대조되는 것은, 좋은 옷을 받거나 입음으로 인해 얻게 되는 영예이다. 이러한 긍정적인 은유 역시 구약성경 안에서 찾아볼 수 있다. 요셉은 그의 아버지, 야곱으로부터 채색옷을 얻었는데, 이는 형제들 가운데서 요셉의 지위가 특별했음을 의미한다(창 37:3-4). 이후 요셉은 꿈을 해석해준 것에 대한 감사의 표시로 바로(Pharaoh, 파라오)로부터 좋은 옷을 받았다. 모르드개는 페르시아의 왕 아하수에로에게 존귀히 여김을 받아 왕복을 받아 입었다(에 6:7-11). 따라서 교정 단락 안에서 이 둘째 그림의 의미는 분명하다. 곧 그리스도는 라오디게아 교회가 영적으로 벌거벗었다고 보시는 것이다. 라오디게아 교회는 죄악된 삶을 살아가고 있다. 라오디게아 교회에게는 그들의 수치스러운 행위를 감추어 줄 의복이 절실하게 필요하다.

물론 어떠한 의복이라도 벌거벗음의 문제를 해결할 수 있지만, 그리스도는 구체적으로 (라오디게아의 성도들에게)흰 옷을 사라고 권고하신다. 고대 세계에서 때가 묻거나 더러운 옷은 부정적인 의미, 곧 비윤리적이고 반종교적인 행위를 상징하는 경우가 많았다. 반면에 흰 옷이나 깨끗한 옷은 윤리적, 종교적으로 순수한 상태를 의미했다. 요한계시록 안에는 그리스도를 따르는 신실한 성도들이 흰 옷을 입었음을 언급하는 몇몇 구절들이 있다. 예를 들어, 사데 교회에서 죽은 상태에 있지 않은 소수의 성도들(3:4-5), 하나님을 둘러싼 채 보좌에 앉아 있는 이십사 장로들(4:4), 제단 아래 순교자들(6:11), 대환란에서 살아남은 "아무도 능히 셀 수 없는 큰 무리"(7:9, 13, 14) 등이 있다. 하늘의 군대는 백마를 탈 뿐만 아니라 희고 깨끗한 세마포 옷을 입고 있으며(19:14), 그 의복은 곧 "성도들의 의로운 행위들"(19:8)을 가리킨다. 심지어 이교도 제의에서도 사제들을 포함한 모든 참석자들은 흰 옷을 입어야 했다. 제의를 위해 온 이들은 신전과 신 앞에 감히 더러운 옷을 입고 나아올 수 없었다(또한 Keener 2000: 144n15에서 Josephus, *Jewish War* 2.1 인용; Josephus, *Ant.* 11.327; Philo, *Contemplative Life* 66; Euripides, *Bacchanals* 112; Pausanius, *Description of Greece* 2.35.5; 6.20.3; Diogenes *Laertius, Lives* 8.1.33). 로마의 선거 입후보자들조차 분필로 하얗게 표백한 토가 칸디다(*toga candida*), 곧 "표백된 토가"를 입었다. 그러한 의상을 통해 미덕과 정직함을 내세운 것이다.

'흰 옷 은유'는 라오디게아의 성도들에게 특히 더 인상적으로 다가왔을 것이다. 왜냐하면 라오디게아는 직물 산업이 발달한 곳이었고, 모직의 부드러움과 특이한 검은 색상으로 유명했기 때문이다(Trench 1867: 207; Ramsay 1904: 416-17에서 더 자세히 다루고 있다. 보다 최근에는 Hemer 1986: 199-201의 연구가 있다). 주후 1세기 초반 소아시아 지역에 살았던 고대 역사가 스트라보는 다음과 같이 기록했다. "라오디게아 주변 농촌에서는 양을 많이 길렀는데, 그 털이 매우 부드러워 밀레도에서 생산하는 모직보다 훨씬 뛰어났으며, 까마귀처럼 검은 색상 역시 우수했다. 그들은 모직으로 막대한 이윤을 남겼다"(*Geography* 12.8.16). 주전 1세기 건축가였던 비트루비우스(Vitruvius)는 라오디게아에서 "까마귀처럼 검은" 양을 길러내는 번식 기술을 묘사하고 있는데(*On Architecture* 8.3.14), 이는 라오디게아에서 생산되는 모직의 독특한 색상이 널리 알려져 있었다는 증거이다. 일부 학자들은 이처럼 라오디게아 지역과 구체적으로 연관을 짓는 해석 풍조에 반대한다. "요한계시록 전반에 걸쳐서 흰 옷은 의인을 상징하기 때문에 굳이 지역에 대한 암시의 표현일 필요는 없다"(Mounce 1977: 127). 학자들은 또한 소아시아의 여러 도시들 가운데 모직과 직물 생산은 흔한 사업이었다는 사실을 지적하기도 한다(Koester 2003: 420; Tonstad 2019: 95). 물론 검은색 모직 생산을 암시하고 있을 가능성을 과장해서는 안 되겠지만, 그럼에도 라오디게아가 까마귀같이 검은 모직 생산으로 유명했다는 사실에 관해서는 적어도 충분한 근거가 있다. 따라서 라오디게아에 살면서 그 도시가 독특한 직물 때문에 유명하다는 사실을 인지했던 사람이라면 누구나, (라오디게아 교회에게) "흰 옷을 사서 입어라"라고 권고하시는 그리스도의 말씀을 특별하게 받아들였을 것이다.

교정 단락의 강력한 3가지 그림 언어 가운데 셋째는 안약이다. "나는 네가 내게서 이같이 사기를 권한다 … 네가 볼 수 있게 되려거든 안약을 사서 눈에 발라라"(3:18c). 눈이 먼 것은 무지와 통찰력의 부재를 의미하는 흔한 은유 표현이다. 라오디게아 교회로 하여금 그들의 진정한 영적 상태를 보지 못하도록 눈이 멀게 만든 것은, 부유함 그 자체가 아니라 부유함에서 비롯된 허영심과 자만심이다. 라오디게아 교회는 안이하게도 그들의 영적 상태가 실제로는 얼마나 심각한지에 관해 전혀 인지하지 못한 채, "가난하고 눈이 멀고 벌거벗었다." 하지만 그리스도로 인하여 그러한 상태에 계속 머무르지 않을 수도 있있다. 즉, 자비로우신 그리스도는 그들의 생명을 구할 해결책을 제시하신다. 라오디게아의 성도들은 그리스도에게서 안약을 살 수 있다. 이것은 눈이 먼 상태를 치유하고 그들이 진정으로 볼 수 있게 해주는 영적 안약을 가리킨다. 여기서 그리스도께서 은유로 말씀하신 것은, 그가 지상에서 사역하실 때 이적을 통해 말씀하셨던 내용과 유사하다(요 9:1-41). (이 요한복음 본문에서) 그리스도는 태어나면서부터 맹인이었던 사람을 치유하신다. 맹인은 문자 그대로 볼 수 있게 되었으며, 또한 영적으로도 볼 수 있게 되었다. 이 일을 두고 바리새인들은 자신들이 영적으로 눈을 뜨고 있다고 믿었지만, 그리스도는 그들이 영적으로 눈이 멀었음을 드러내셨다. 그리스도는 그 이적에 관해, 그리고 종교 지도자들이 반응한 방식에 관해 다음과 같이 말씀하셨다. "내가 심판하러 이 세상에 왔으니 보지 못하는 자들은 보게 하고 보는 자들은 맹인이 되게 하려 함이라"(요 9:39).

앞에서 언급한 정제한 금, 흰 옷의 이미지와 같이, 눈이 먼 상태를 고치는 안약의 이미지는 라오디게아의 성도들에게 특별히 더 강력한 은유가 되었을 것이다. 왜냐하면 라오디게아에는 안과로 유명한 의료 학교가 있었기 때문이다(Strabo, *Geography* 12.8.20). 그리고 그 학교에는 유명한 안과 의사가 있었다(Ladd 1972: 66; Mounce 1977: 127; Aune 1997: 259-60; Beale 1999: 306; Keener 2000: 160; Osborne 2002: 210; Wilson 2002: 278). 하지만 안약의 은유에도 지역에 관한 암시가 있다는 주장에 반대하며, 소아시아의 다른 도시들에도 의료 학교가 있었다는 사실을 지적하는 학자들도 있다(Michaels 1997:89; Koester 2003: 417-18; Tonstad 2019: 96). 물론 버가모의 의료 시설도 엄청난 명성을 누렸던 것이 사실이지만, 라오디게아가 안과 진료로 특히 유명했다는 사실은 부정하기 어려워 보인다(특히 Hemer 1986: 196-99를 보라). 라오디게아의 의료 학교는 주전 3세기에 안과학(ophthalmology)에 관한 책을 쓴 것으로 잘 알려진 의사, 칼케돈(Chalcedon)의 헤로필루스(Herophilus)의 가르침을 따랐다. 한편, 고대 세계에서 가장 유명한 의사였던 갈레노스(Galen)는 다음과 같은 기록을 남기기도 했다. "눈을 튼튼하게 하려면 프리기아(Phrygian)의 돌로 만든 가루약을 사용하되, 눈의 망막을 건드리지 말고 눈썹에 약을 발라야 한다"(*Hygiene* 6.12). 갈레노스가 프리기아 지역을 언급한 것은 아마도 그 지역에서 가장 중요한 도시이자 유명한 의료 학교가 있었던 라오디게아를 염두에 둔 표현일 것이다. 무엇보다 강력한 근거는 라오디게아의 의료 학교에서 공부한 의사, 데모스테네스 필라레테스(Demosthenes Philalethes)이다. 데모스테네스 필라레테스는 유명한 안과 의사였으며, 그가 쓴 안과 진료에 대한 기록은 표준이 되어 당대에 큰 영향력을 발휘했다. 심지어 그 기록은 번역되어 중세 시대에까지 전해지기도 했다. 허머는 그러한 자료들을 검토한 후에 다음과 같은 결론을 내린다(Hemer 1986: 199). "우리는 '안약' 모티프를 라오디게아와 연결시키기에 충분한 근거를 찾아냈다. 라오디게아는 지역에서 구할 수 있는 재료로 만든 연고를 곳곳에 판매하면서 막대한 수입을 올렸다. 하지만 그 연고의 정확한 조제법에 관해서는 경쟁 상대들에게 비밀을 유지했을 것이다."

교정 단락에는 계속해서 예상치 못한 선언이 나온다. "나는 내가 사랑하는 사람은 누구든지 책망도 하고 징계도 한다"(3:19a). 앞서 라오디게아 교회를 입에서 토해 내겠다는 가혹한 책망이 있은 후에, 이렇게 사랑의 언어로 전환되는 것은 갑작스러우면서도 놀랍다. 하지만 여기에는 중요한 의미가 담겨 있다. 일곱 교회 가운데 최악인 라오디게아 교회를 향한 그리스도의 애정은 그 선언에 1인칭 대명사를 추가함으로써 강조된다. 이미 동사를 통해 주어가 1인칭임을 알 수 있음에도 굳이 1인칭 대명사를 추가했고, 더욱이 그것을 문장 맨 앞에 배치시켰다. 또한 라오디게아의 성도들을 향한 그리스도의 깊은 감정은 "… 만큼 많은" 혹은 "누구든지"라는 의미의 수량 대명사 호수스(*hosous*)를 사용함으로 더욱 강조된다. 이 대명사는 불변화사 에안(*ean*)과 결합하여, 그리스도의 사랑이 라오디게아 교회에 속한 모든 사람들에게 미친다는 사실을 드러낸다(호수스와 에안이 결합하면, "더욱 일반적인 표현, 곧 '…하는 모든 자들', '누구든지'라는 의미가 된다"[문자적으로는 '… 만큼 아주 많은'], BDAG 729.2). 그리스도가 성도들에게 그의 사랑을 명확하게 표현하신 또 다른 사례는 오직 빌라델비아 교회를 향한 설교에 나오는 말씀뿐이다(3:9, "내가 너를 사랑하는 줄을 알게 할 것이다"). 이는 곧 구토를 유발하는 허영심 가득한 라오디게아 성도들을 향한 그리스도의 사랑이, 박해 속에서도 인내하는 빌라델비아 성도들을 향한 사랑만큼이나 크고 강렬함을 가리킨다. 일부 학자들은 그리스도가 빌라델비아 교회에 대해서는 동사 아가파오(*agapaō*, 3:9)를 사용하고, 라오디게아 교회를 향해서는 필레오(*phileō*, 3:19)를 사용한 것을 두고 의미상 차이가 있다고 주장하지만, 요한문헌 안에서 두 동사는 사실상 동의어로 사용되는 것처럼 보인다(예를 들어, Hemer 1986: 281-82; Kistemaker 2001: 174; Osborne 2002: 210n22을 보라).

그리스도의 사랑의 선언은 잠언 3:12의 칠십인역, "여호와께서는 그가 사랑하시는 이를 징계하시고, 그가 받아들이시는 모든 아들을 꾸짖으신다"

를 "느슨하게 암시"(Aune 1997: 260)하는 것, 혹은 그 구절의 "자유로운 재해석"(Thomas 1992: 317)을 하는 것이라고 할 수 있다. 이 구약 본문은 3가지 문헌들(Philo, *Preliminary Studies* 177; 히 12:6; 1 클레멘스1서 56:4) 속에서 정확하게 인용되었는데, 이는 곧 유대인과 그리스도인 모두에게 잘 알려진 잠언 본문이었음을 의미한다. "교육적 징계"라는 개념(F. Büchsel, *TDNT* 2:474)은 궁극적으로 선한 목적을 이루기 위해 사랑으로 징계하는 것을 뜻한다. 이는 구약성경과 유대 문헌에서 부모가 자녀를 어떻게 대하는지(잠 13:24; 23:13-14; 29:17; Philo, *The Worse Attacks the Better* 145), 그리고 하나님께서 그분의 백성을 어떻게 대하시는지를 서술하는 데 흔히 사용된다(신 8:5; 욥 5:17; 시 94:12-13; 잠 3:11-12; 렘 2:30; 5:3; 유딧서 8:27; 시락서 22:6; 30:1; 솔로몬의 지혜 3:5; 12:22; 마카비2서 6:12-16; 7:33; 솔로몬의 시편 3:4; 8:26; 10:1-3; 13:9-10; 14:1; Aune 1997: 260; Keener 2000: 161n24를 보라). 처음에 라오디게아 교회는 그리스도의 강한 책망을 듣고 큰 충격을 받았을 것이다. 하지만 이제는 비록 구토와 허영심을 지적하신 것이 충격적이기는 해도, 사실 그 책망은 그들을 향한 그리스도의 사랑에서 비롯된 것이라는 사실을 깨닫고 위로를 얻었을 것이다. 그리스도께서 하시는 일은 곧 부모가 자녀를 돌봄 같이, 제멋대로 행동하는 자녀를 훈계하고 바르게 행동하도록 지도하여, 자녀가 더 나은 삶을 영위하도록 하려는 것이다.

3:18-19의 교정 단락은 우리가 충분히 예상할 수 있는 선언으로 마무리된다. "그러므로 열심을 내라, 회개하라!"(3:19b). 문제가 있거나 건강하지 않은 다섯 교회 모두 "회개하라"는 명령을 받았기 때문에(에베소 2:5[2회]; 버가모 2:16; 두아디라 2:21[2회]; 사데 3:3; 라오디게아 3:19b) 여기서도 "회개하라!"라는 명령이 나온다는 사실이 새삼스러울 것은 없다. 이 그리스어 복합동사(메타노에노 [*metanoeō*])는 문자적으로 "마음을 바꾸다"라는 의미이다. 구어적인 용례로는 정신적 돌아섬(U-turn), 과거의 사고방식(과 그로 인한 행동)이 잘못되었음을 알아차리기, 그리고 다른 새로운 관점을 필요로 하는 것과 같은 개념들을 모두

아우르는 표현이다. 그렇다면 현재 문맥에서 회개는, 라오디게아 교회가 구토를 유발하는 그들의 행위와 자만심이 아무런 쓸모도 없음을 깨닫고, 그리스도께서 권고하시는 교정 내용을 따르는 것을 의미한다(추론 불변화사 "그러므로"[운, *oun*]는 이 명령을 바로 앞 절과 긴밀하게 연결시킨다).

앞서 언급된 "열심을 내라"는 명령은 "회개하라"는 명령을 더욱 명료하게 만들어준다. 마음을 돌려 그리스도의 교정에 순종할 때는 마지못해서, 혹은 성의없이 해서는 안 되고, 상황이 심각한 만큼 진지하게 열심을 내어 임해야 한다. 일부 주석가들은 두 명령의 어순 때문에 당혹감을 표하기도 한다. 논리적으로 보면, 회개를 하는 것이 열심을 내는 태도보다 선행되어야 하기 때문이다. 따라서 이것은 어떤 핵심을 강조하기 위해 논리적인 순

그림 7.4. 세상의 빛(1853), 헌터 홀만(Hunter Holman) 작. 옥스포드 케블 칼리지. "보라! 내가 문 밖에 서서 문을 두드리고 있다. 누구든지 내 목소리를 듣고 문을 열면, 내가 그에게로 들어가서 그와 함께 먹고, 그는 나와 함께 먹을 것이다"(계 3:20). 그림에서 문은 오랫동안 열리지 않았기 때문에 잡초로 뒤덮여 있다. 문에는 손잡이가 없으며, 안에서만 열 수 있다.

서를 뒤집는 휘스테론 - 프로테론(hysteron-proteron, 후자 - 전자) 기법의 또 다른 사례일지도 모른다. 실제로 이 기법은 요한계시록 안에서 빈번하게 나타난다(3:17a에 관한 해설 외에도 계 3:3; 5:5; 6:4; 10:4, 9; 20:4-5, 12-13; 22:14을 보라; 또한 Thomas 1992: 320을 보라).

<h1 align="center">결과(3:20-21)</h1>

이전의 여섯 편의 설교들은 메시지를 마무리하면서 2가지 결과를 제시했다. 하나는 부정적인 결과로서, 교회가 회개하지 않고 그리스도의 교정에 따르지 않을 경우 맞게 될 처벌을 경고한다. 또 하나는 긍정적인 결과로서, 교회가 회개하고 그리스도의 도움을 힘입어 특정한 죄를 극복할 경우 받게 될 상을 약속한다. 건강한 두 교회 중 하나인 서머나 교회의 경우 부정적인 결과가 긍정적인 상으로 대체되었으나, 나머지 다섯 교회들은 이러한 이중 패턴이 일관성 있게 나타난다. 따라서 일곱 교회 가운데 최악인, 라오디게아 교회에도 동일하게 경고와 약속의 이중 패턴이 나올 것이라고 예상해 볼 수 있다.

첫 번째 긍정적인 결과(3:20)

> 보라, 내가 문 밖에 서서 두드리고 있다. 누구든지 내 음성을 듣고 문을 열면, 나는 그에게로 들어가서 그와 함께 먹고, 그는 나와 함께 먹을 것이다(3:20)

건강하지 않은 처음 네 곳의 교회들의 경우 회개하지 않고 그리스도의 교정에 순종하지 않으면, 부정적인 결과를 맞게 될 것이라는 경고를 받았다. 교정에 따르지 않을 경우, 그리스도는 에베소 교회의 촛대를 옮기실 것이다. 이는 곧 에베소 교회를 없애신다는 의미이다(2:5b). 또한 그리스도는 입에서 나오는 날카로운 양날 검을 가지고 버가모 교회에 오셔서 그들과 싸우실 것이다(2:16b). 그리스도는 두아디라 교회 안에 있는 이세벨과 그녀의 추종자들을 병상에 던지실 것이다. 그들은 극심한 고통을 받을 것이며, 그리스도는 그녀의 자녀들을 죽이실 것이다(2:22-23). 또한 그리스도가 사데 교회로 오실 때는(단순히 사데 교회를 향하여 오시는 것이 아니라), 사데 교회에 **맞서** 도둑과 같이 오실 것이다(3:3b).

다른 교회들이 매우 심각한 경고를 받았기 때문에, 라오디게아 교회는 분명 상당히 부정적인 경고를 받아들일 준비를 했을 것이다. 그들은 어떠한 칭찬의 말씀도 듣지 못했고, 그들의 구토를 유발하는 행위와 자만심으로 인해 따끔한 책망을 들었던 터였다. 하지만 그들이 예상했던 비난, 그리고 그들이 받아 마땅한 비난은 주어지지 않았다! 오히려 그리스도는 은혜로운 긍휼의 말씀을 전하셨다. "보라! 내가 문 밖에 서서 문을 두드리고 있다. 누구든지 내 음성을 듣고 문을 열면, 나는 그에게로 들어가서 그와 함께 먹고, 그는 나와 함께 먹을 것이다"(3:20). 앞서 그리스도께서 "나는 내가 사랑하는 사람은 누구든지 책망도 하고 징계도 한다"(3:19a)라고 말씀하시며 깊은 애정을 표현하셨기 때문에, 3:20의 은혜 가득한 말씀이 놀랍기는 해도 뜻밖의 말씀까지는 아니다. 그리스도의 책망이 너무나 뼈아프게 다가와도, 성도들은 그 책망을 그리스도가 자신들을 버리셨다는 뜻으로 해석해서는 안 된다. 오히려 그리스도의 뼈아픈 꾸짖음과 징계는 성도들을 향한 사랑에서 나오는 것이다. 여기서도 그 사랑은 그리스도가 문 밖에 서서 문을 두드리신다는 은유로 표현되고 있다. 그리스도께서 바라시는 것은 교제의 회복뿐 아니라, 함께 식사함으로 다시 친밀한 관계를 세우는 것이다.

몇 가지 문법적인 특성이 이 은유의 위력을 더욱 강화시킨다. 첫째, 그리스도는 감탄사 "보라!"(이두[idou]: 요한계시록 안에서 26회 나오며, 그중 6회는 일곱 설교에 나온다: 2:10, 22; 3:8, 9[2회], 20)로 말문을 여신다. 이를 통해 결과 단락을 앞선 교정 단락으로부터 분리시킴과 동시에, 그가 말씀하실 내용에 주의를 집중시킨다. 둘째, 처음에 나오는 "서다(서서)" 동사의 경우, 드물게 나타나는 완료 시제로 되어 있다. 이는 곧 "그리스도가 서 계신 상태를 강조한다. 또한 그리스도의 초청이라는 결정적인 순간을, 회개로 이어지는 강력한 동기부여 수단으로서 강조하는 기능을 한다(3:19)"(Mathewson 2016:56).

그리스도가 문 밖에 서서 문을 두드리시는 이미지의 출처에 관해서는 여러 이견이 존재한다. 다수의 학자들은 이 이미지가 아가 5:2 칠십인역에서 유래했다고 주장한다. "저 음성은 나의 사랑하는 이의 음성이다. 그가 문을 두드리고 있다. '문을 열어주오, 내 사랑'"(예를 들어, Charles 1920: 101; Thomas 1992: 321; Beale 1999: 308; Osborne 2002: 212; Beale and Campbell 2015: 93). 이러한 견해에 따르면, 그리스도는 신부인 라오디게아 교회의 문 밖에 서 있는 신랑으로 자신을 나타내신 셈이다. 또 다른 견해에 따르면, 이 은유는 누가복음 12:35-36의 문지기 비유에서 유래한 것이다. "옷을 입고 채비를 갖추어라. 마치 주인이 혼인 잔치에서 돌아와서 문을 두드릴 때에 곧바로 열어주려고 기다리는 종들과 같이 등불을 켜놓고 있어라"(J. Jeremias 1972: 55; Wilson 2002: 278; 또한 Aune 1997: 261; Beale 1999: 308; Keener 2000: 161n25를 보라). 여기서 그리스도는 자신의 집 문을 두드리며, 종들(라오디게아 교회의 성도들)이 나와서 곧바로 문을 열어줄 것을 기다리는 주인으로 등장하신다.

두 본문 모두 라오디게아 설교와 한 가지 공통 요소를 가지고 있다. 바로 문을 두드리는 행위이다. 이는 사실 그다지 특별할 것이 없는 행위이다. 더욱이 제시된 출처들의 맥락은 요한계시록 본문의 맥락과는 다르다. 아가서 본문은 집 안에 있는 여성의 관점을 전달한다. 사랑하는 남성은 여성이 문에 다가가 맞이하기 전에 이미 떠나버린다. 또한 함께 식사를 나누는 장면도 없다. 누가복음의 문지기 비유의 경우, 주인은 식사 後에 집으로 온다(혼인 잔치). 또 주인은 깨어 있는 문지기들에게 식사를 제공하는 것으로 그들에게 상을 내린다. 하지만 요한계시록 3:20에서 그리스도는 집 안에 있는 자들의 손님으로서 함께 식사를 하려는 것이다(Wiarda 1995: 204-5).

따라서 문 밖에 서서 문을 두드리는 그리스도의 이미지는 구약성경이나 복음서의 비유, 그 어느 것에서도 출처를 찾기 어렵다. 그렇지만 그 은유의 의미는 쉽게 추정해 볼 수 있다. 먼저 그 은유는 라오디게아 교회를 향한 그리스도의 깊은 애정을 담고 있다. 라오디게아 교회가 비록 구토를 유발하는 행위를 하고 또 허영과 자만심을 지녔지만, 그리스도는 라오디게아 성도들을 버리지 않으시고, 여전히 그들을 사랑하신다. 그리스도는 기꺼이 자신을 낮춰 그들과 다시 관계를 맺으려고 하신다. 사실 그리스도의 칭호가 분명히 밝히고 있는 바와 같이, 그는 "하나님의 창조의 통치자"이시다. 따라서 그리스도는 문을 부수어 라오디게아 교회가 그 앞에 굴복하게 만들 수 있는 신적 권능과 권위를 가진 분이시다. 하지만 그리스도는 오히려 온화하게 문 밖에 서신 채로 공손히 문을 두드리신다. 성도들이 자신의 음성을 듣고 들여보내 주기를 요청하신다. 마운스는 이렇게 말한다(Mounce 1977: 129). "그들은 눈이 먼 채로 자만심에 빠져 있었다. 그래서 부활하신 주님을 그들의 공동체에서 내쫓아 버렸다. 그럼에도 그리스도는 믿기 힘들 정도로 자신을 낮추셨다. 문 안에 들어가서 다시 교제할 수 있도록 허락을 구하셨다."

라오디게아 교회를 향한 그리스도의 깊은 애정은 그가 그들과 관계를 다시 맺는 정도에서 만족하지 않으신다는 점에서 더욱 분명하게 드러난다. 그리스도는 그들과 **친밀한** 관계를 맺길 바라신다. 이러한 바람이 함께 식사를 나누는 은유로 표현되고 있다. "나는 ⋯ 그와 함께 먹고 그는 나와 함께 먹을 것이다." 고대 세계에서 식탁의 교제는 오늘날에 비해 훨씬 더 중요한 의미를 가졌다. 다른 사람과 함께 먹고 마시는 것은 곧 수용과 존중의 행위였으며, 함께 식사하는 사람들 간에 친밀한 교제를 나타내는 표시였다. 톤스타드는 다음과 같이 언급한다(Tonstad 2019: 100). "'식사'를 한다는 것은 섭취와 친밀함이라는 이중의 의무를 이행하는 것이다." 유대 지도자들은 예수께서 세리들, 죄인들과 함께 어울리는 것, 그리고 그들과 함께 식사하는 것을 두고 불평했다(눅 15:2). 여리고 주민들 역시 예수께서 삭개오의 집에 손님으로 들어가시자 상당히 부정적으로 반응했는데, 그것은 곧 그와 함께 식사를 하신다는 의미였기 때문이다(눅 19:5-7). 예루살렘의 유대 그리스도인들은 베드로가 이방인들에게 복음을 선포했다는 이유와 함께, 그가 이방인의 집에 들어가서 그들과 함께 식사했다는 이유로 그를 비판했다(행 11:3). 따라서 라오디게아 교회를 향한 부정적인 결과의 말씀은 놀랍게도 긍정적인 내용이라 할 수 있다. 그들은 그리스도와 가장 친밀한 관계를 다시 세울 수 있는 은혜로운 기회를 얻은 것이다.

일부 해석가들은 이 식탁 교제에 대한 약속에 주의 만찬에 대한 암시가 들어있다고 본다. 케어드는 이렇게 말한다(Caird 1966: 58). "그리스도와 함께하는 '식사'라는 표현에서, 다락방에서 있었던 마지막 만찬의 모습, 그리고 그 만찬이 그리스도의 지속적인 임재의 상징으로 세워진 이후에도 계속해서 이행되는 모습을 떠올리지 않을 수 없다"(Mulholland 1990: 137; Beale 1999: 309을 보라). 또 다른 해석가들은 종말론적 메시아 잔치가 암시되고 있다고 보기도 한다. 토마스는 이렇게 주장한다(Thomas 1992: 324). "그리스도가 지금 성도들과 함께 식사하시려고 하는 것은, 미래에 일어날 일의 맛보기에 지나지 않는다. 성도들은 그리스도의 신부로서 어린양의 혼인 잔치에 참석하게 될 것이며(계 19:9), 미래 왕국에서 그러한 방식으로 기념하게 될 것이다(참고 눅 22:16, 29, 30). 이와 같은 약속의 표현들 때문에 '식사'가 미래의 메시아 왕국을 가리킬 가능성 역시 배제할 수 없다"(예를 들어 Beckwith 1919: 491; Osborne 2002: 213; 이러한 해석의 문제점에 대해서는 Wiarda 1995: 204; Beale 1999: 308-9을 보라). 하지만 전체적으로 일곱 설교의 맥락을 살펴보면, 그리스도와 함께하는 식탁 교제라는 상은 그레코-로만의 종교 생활에서 큰 부분을 차지했던 제의 식사—따라서 요한의 독자들에게도 큰 유혹이 되었던 제의 식사—에 맞서는, 대항적인 성격을 띠고 있는 것 같다(특히 버가모와 두아디라 설교의 책망 단락을 보라).

두 번째 긍정적인 결과(3:21)

> 이기는 자에게는 내가 내 보좌에 나와 함께 앉을 권리를 줄 것이다. 내가 이긴 것처럼, 그래서 내가 내 아버지와 함께 아버지의 보좌에 앉은 것처럼 말이다 (3:21)

라오디게아 설교는 예상대로 승리 정형 문구(formula)로 마무리된다. 이 문구는 라오디게아 교회가 회개하여 구토를 유발하는 행위를 멈추고 자만심을 버릴 때 얻게 될 긍정적인 결과를 서술하고 있다. "이기는 자에게는 내가 내 보좌에 나와 함께 앉을 권리를 줄 것이다. 내가 이긴 것처럼, 그래서 내가 내 아버지와 함께 아버지의 보좌에 앉은 것처럼 말이다"(3:21). 이 승리 문구의 독특한 특징과 신학적 중요성을 간과해서는 안 된다. 앞서 나온 여섯 편의 설교들 모두 "이기는 자"를 언급하긴 하지만, 오직 라오디게아 설교에서만, "내가 이긴 것처럼"이라는 표현을 발견할 수 있다. 다시 말해서, 성도들이 승리할 수 있었던 궁극적 이유는 그들의 재능이나 노력 때문이 아니라, 그리스도가 앞서 승리를 거두셨기 때문이다. 그리스도를 믿는 이들은 그리스도와의 관계를 통해서만, 그리고 그의 성령의 임재를 통해서만 죄를 극복하고 승리를 거둘 수 있다. 최악의 교회를 향해 명시적으로 진술된 메시지는 암시적으로 앞선 여섯 교회에도 적용된다. 다시 말해서, 각 교회를 향한 긍정적인 결과는 그들의 힘으로 획득한 상이 아니라 자격 없이 받은 선물, 곧 그리스도가 주시는 은혜의 선물로 봐야 한다("내가 … 줄 것이다"라는 표현에 주목하라).

그리스도께서 라오디게아의 이기는 그리스도인들에게 주실 은혜의 선물은 그의 "보좌에 … 함께 앉을 권리"이다. 이는 그리스도를 따르는 자들이 그들 각자의 보좌에 앉는 것이 아니라, 그리스도의 보좌에 그와 나란히 함께 앉는 것을 가리킨다("내 보좌에 나와 함께 앉을 권리"). 비셀리움(*bisellium*)이라는 "2인용 보좌"는 그레코-로만 세계에 잘 알려져 있었다. 그림 7.5의 동전에는 아우구스투스(Augustus) 황제가 그의 죽마고우이자 충성스러운 장

그림 7.5. 로마 동전(주전 13년). 좌: 머리에 아무것도 쓰지 않은 아우구스투스 황제. 우: 토가를 입고 있는 아우구스투스와 마르쿠스 아그립바가 비셀리움(bisellium), 즉 2인용 보좌에 나란히 앉아 있다.

군, 마르쿠스 아그립바(Marcus Agrippa)와 함께 비셀리움에 앉아 있는 모습이 새겨져 있다. 이러한 이미지는 두 사람이 로마 제국의 통치권을 공유하고 있으며, 아우구스투스 황제가 아그립바를 후계자로 지명했음을 보여주려는 의도를 담고 있다. 주후 10-20년경 제작된 겜마 아우구스테아(Gemma Augustea, 아우구스투스의 보석)는 세밀한 솜씨로 유명한 마노 카메오(onyx cameo, 양각으로 새긴 세공품)이다. 이 보석 윗줄에는 로마 제국을 의인화한 로마(Roma) 여신이 아우구스투스 황제와 나란히 비셀리움에 앉아 있는 모습이 그려져 있다. 또한 다수의 그레코-로만 자료들 안에서 두 신이 비셀리움에 앉아 있는 모습이 포착된다(Aune 1997: 262에서 인용한 자료를 보라). 그 밖에 여러 고대 부조들(reliefs)에서, 두 신이 나란히 2인용 보좌에 앉아 있는 모습을 발견할 수 있는데, 특히 제우스(Zeus)와 헤라(Hera), 데메테르(Demeter)와 코레(Kore), 하데스(Hades)와 페르세포네(Persephone) 등 주로 짝을 이루는 신들이 새겨져 있다. 1864년 폼페이에서 은과 구리로 장식된 청동 비셀리움이 발굴되었는데, 이것은 현재 나폴리 고고학 박물관에 전시되어 있다(72992번 전시품). 요컨대, 라오디게아의 성도들에게 약속된 긍정적인 결과는 중요한 의미를 담고 있다. 그것은 바로 일곱 교회 가운데 최악의 교회에 속한 성도들이라 할지라도, 그리스도의 보좌에 그와 나란히 앉는 특권을 누릴 수 있다는 것이다. 또한 하나님의 창

조 세계에 대한 통치권을 공유할 수 있다.

이 은유의 의미와 중요성은 다른 본문들을 참조할 때 더욱 깊이 이해할 수 있다. 가장 관련이 있는 본문은 라오디게아 설교의 도입부에 나오는 그리스도의 세 번째 칭호이다. "하나님의 창조의 통치자"라는 칭호는 화자에게 권위를 부여할 뿐만 아니라, 성도들이 그리스도의 권위를 나눠 받아 창조 세계를 통치하게 될 것이라는 마지막 약속을 내포한다. 패닝은 다음과 같이 서술한다(Fanning 2020: 190). "이기는 자가 그리스도의 권위를 나눠 받을 것이라는 약속은 이 메시지의 출발점(3:14), 곧 창조 세계에 대한 그리스도의 통치권이라는 주제로 되돌아간다." 라오디게아 교회에 제시된 긍정적인 결과는 앞서 두아디라 교회에 제시된 상과 어느 정도 평행하기도 한다. 다만, 두아디라 설교의 경우 민족들에 대한 그리스도의 왕적 통치권보다는, 민족들을 심판하고 무너뜨릴 수 있는 권리에 더 초점이 맞춰져 있다. "이기는 자와 끝까지 내 행위를 지키는 자에게 내가 민족들을 다스릴 권세를 줄 것이다. 그가 철장으로 그들을 다스릴 것이다. 마치 질그릇을 깨뜨리는 것과 같이"(2:26-27). 그리스도의 신실한 성도들이 만물에 대한 그의 통치권을 공유하게 될 것이라는 개념은 요한계시록 안에 빈번하게 등장한다(1:6; 2:26; 3:21; 5:10; 20:4, 6; 22:5). 사도 바울 역시 박해받는 성도들을 격려하면서 그리스도의 통치권을 나눠 받게 될 장래를 언급했다. "우리가 참고 견디면, 우리도 또한 그분과 함께 다스릴 것이요"(딤후 2:12). 예수 또한 제자들에게 다음과 같이 약속하신 바 있다. "내가 진실로 너희에게 이르노니 세상이 새롭게 되어 인자가 자기 영광의 보좌에 앉을 때에 나를 따르는 너희도 열두 보좌에 앉아 이스라엘 열두 지파를 심판하리라"(마 19:28; 참고, 눅 22:29-30). 몇몇 구약성경 본문들도 하나님의 백성이 다가올 나라에서 대적을 심판하고 권세를 누릴 것이라는 기대감을 표출한다(예를 들어, 시 149:4-9; 사 60:14; 단 7:14, 18, 27). 하지만 성경 전반에 걸쳐 성도들이 다가올 나라에서 특별한 지위와 역할을 맡는다는 개념이 나타날지라도, 2인용 보좌, 비셀리움에 예수와 함께 나란히 앉는다는 은유를 통한 친밀한 관계의 특권을 누리는 모습은 오직 (요한계시록의) 라오디게아 설교에만 나온다.

허머는 예수와 함께 보좌에 앉는다는 이미지는 특히 해당 지역과 관련이 있다고 주장했고(Hemer 1986: 205-6, 209), 다른 몇몇 주석가들도 그 주장에 동조했다(예를 들어, Osborne 2002: 214; Wilson 2002: 278). 앞서 라오디게아의 부유함과 관련하여 언급되었던 연설가 제논(3:17 해설을 보라)은, 주전 40년경 아시아에서 온 위험한 침략자들을 저지하는 과정에서 그의 아들 폴레모스(Polemos)와 함께 중요한 역할을 감당했다(Strabo, *Geography* 14.2.24). 로마는 제논에 대한 감사의 표시로 그를 시칠리아의 왕으로 삼았고, 또 몇 년 후에는 그를 폰투스 (Pontus)의 왕이 되게 했다(Appian, *Civil Wars* 5.75; Dio Cassius, *Roman History* 49.25.4; Plutarch, *Antony* 38.3). 제논 가문의 후손들은 로마가 통치하는 소아시아 여러 지역에서 속주 왕으로서 로마를 섬겼고, 권세 있고 부유한 그 가문의 많은 사람들은 라오디게아에 거주했다. 이러한 역사로 인해 라오디게아를 "보좌의 도시"(Wilson 2002: 278)로 보아도 무방하다고 할 수 있다. 또한 그 역사는 이기는 성도들이 그리스도와 함께 그의 보좌에 앉게 될 것이라는 약속이, (마찬가지로 승리에 대한 상으로 보좌를 받은) 제논 가문을 암시한다고 볼 수 있게 만든다. 그러나 이 그리스도의 약속에 지역적인 암시가 포함되어 있다는 견해에 반하는 근거 역시 허머 스스로가 제시하고 있다(Hemer 1986: 205). 허머는 앞에서 요약한 내용 외에는 그 왕조에 관해 알려진 사실이 거의 없음을 인정한다. 그는 또한 "이후에 그들이 그들의 출신 도시와 어떠한 관계를 유지했는지는 전혀 알려져 있지 않다"고 말한다. 더욱이 주후 95년에 라오디게아의 시민들이 그들이 살던 시대로부터 수십 년 전에 일어났던 역사적 사건에 대한 암시를 곧바로 알아차렸을지에 관해서 여전히 의문의 여지가 있다. 그리고 3:21의 은유는 평범한 보좌가 아니라 특화된 비셀리움인데, 이것은 제논 가문의 역사와 어떠한 방식으로도 연결되지 않는다. 마지막으로, 보좌는 권세와 특권을 연상시키기 위해 흔히 사용되는 은유였고, 고대 세계에 살았던 사람이라면 누구나 (라오디게아의 역사에 대한 암시와 무관하게) 그 의미를 이해할 수 있었을 것이다.

우리를 향한 말씀

서론

설교의 제목이 청중의 흥미를 이끌어내야지, 청중이 역겨움을 느끼게 만들어서는 안 됩니다. 그렇다면 오늘의 설교 제목에 대해서 여러분은 어떠한 반응을 보이겠습니까? "라오디게아: 구토가 나오는 허영심 많은 교회." 이에 대해 여러분 가운데 일부는 거부감을 느끼며 부정적으로 반응할지도 모르겠습니다. "어떻게 설교 제목에 그렇게 저속한 용어를 사용할 수 있습니까? '구토'라는 단어는 설교나 예배, 그 어느 곳에도 어울리지 않습니다!" 그 용어가 상당히 역겨움을 주고 또 충격적인 것은 사실이지만, 그럼에도 그리스도께서 직접 라오디게아 교회를 묘사하는 데 사용하신 단어임을 잊지 말아야 합니다. 라오디게아 교회의 행동과 태도는 그리스도에게 너무나도 역겨웠던 탓에, 그리스도로 하여금 토해 내고 싶게 만들 정도였습니다. 그런데 이 설교는 라오디게아 교회만을 향한 설교가 아닙니다. 이 설교는 거룩한 삶을 향한 하나님의 부르심에 걸맞지 않는 행동과 태도를 보이는 오늘날의 모든 성도들을 일깨우는 경고를 담고 있습니다.

사랑하는 여러분, 그렇지만 구토와 허영심이라는 표현 가운데서도 복음의 기쁜 소식을 절대 놓치지 마시기를 바랍니다. 그리스도께서는 라오디게아 설교에서 날카로운 심판의 말씀을 전하실 뿐만 아니라 또한 예기치 못한 은혜의 말씀도 전하십니다. 여러분을 향한 사랑과, 여러분과의 친밀한 관계 속으로 들어가고자 하는 깊은 바람을 표현하십니다. 그렇기에 오늘은 여러분에게 라오디게아 교회, 곧 "구토가 나오는 허영심 많은 교회"를 소개하고자 합니다.

그리스도의 칭호(3:14b)

라오디게아 설교는 앞선 여섯 편의 설교들과 마찬가지로, 그리스도께서 스스로에게 붙이신 칭호, 곧 앞으로 말씀하실 메시지를 전망하는 칭호로 시작됩니다. 그리스도는 자신을 향해 3가지 칭호를 부여하십니다. "아멘이신 분, 신실하고 참되신 증인, 하나님의 창조의 통치자이신 분이 이같이 말씀하신다"(3:14b). 이 3가지 칭호는 라오디게아 교회가 그리스도의 메시지—곧 날카로운 심판의 말씀과 예기치 못한 은혜의 말씀이 모두 포함된 메시지—에 어떻게 반응해야 하는지와 관련된 중요한 함의를 담고 있습니다.

첫 번째 그리스도의 칭호는 그리스도를 가리켜 "아멘"이라고 표현합니다. 이사야 65:16 안에서 "아멘"이라는 단어는 하나님의 칭호로 사용되었습니다. 따라서 여기서 그리스도를 가리키는 표현으로 "아멘"이라는 단어가 사용된 것은 곧 그분의 신성을 주장하는 것입니다. 그리스도 예수가 곧 하나님이시라는 것입니다. 히브리어 단어 "아멘"은 "진리"라는 뜻을 갖고 있습니다. 설교자가 어떠한 말을 하고 난 뒤 회중이 "아멘!"이라고 외치면, 그것은 곧 "그 말이 진리입니다!"라는 의미입니다. 그리스도께서 "나는 아멘이다"라고 말씀하신 것은 곧 "나는 진리이다. 내가 네게 하려는 말은 모두 진리이다. 내가 너에 대해 하는 심판의 말이 아무리 아프게 들리더라도 그 말을 거부하지 말아라. 왜냐하면 그 말은 진리이기 때문이다. 내가 너에 대해 하는 은혜의 말이 아무리 예기치 못한 것이더라도 그 말을 의심하지 말아라. 왜냐하면 그 말은 진리이기 때문이다. 나는 아멘이다! 나는 진리이다!"라는 의미입니다.

두 번째 칭호는 그리스도를 가리켜 "신실하고 참되신 증인"이라고 표현합니다. 이 칭호는 히브리어 단어 "아멘"의 의미를 더 자세히 밝혀줍니다. 그리스도께서 라오디게아 교회를 향해 스스로를 "나는 신실하고 참된 증인이다"라고 소개하신 것은, 곧 "내가 네게 하려는 말은 신뢰할 만하며 참되다. 내가 너에 대해 하는 심판의 말이 아무리 아프게 들리더라도 그 말을 거부하지 말아라. 왜냐하면 그 말은 신뢰할 만하고 또 정확하기 때문이다. 내가 너에 대해 하는 은혜의 말이 아무리 예기치 못한 것이더라도 그 말을 의심하지 말아라. 왜냐하면 그 말 역시 신뢰할 만하고 또 정확하기 때문이다. 나는 신실하고 참된 증인이다!"라는 뜻입니다.

세 번째 그리스도의 칭호는 그리스도를 가리켜 "하나님의 창조의 통치자"라고 표현합니다. 이 칭호는 그리스도의 우주적 권위 혹은 절대적 권세를 강조합니다. 그리스도는 한 민족 혹은 많은 민족들의 통치자 정도가 아니라 모든 창조 세계의 통치자이십니다. 그리스도께서 승천하시기 전에 하신 말씀은 결코 과장이 아닙니다. "하늘과 땅의 모든 권세를 내게 주셨으니"(마 28:18). 따라서 그리스도께서 라오디게아 교회를 향해 "나는 하나님의 창조의 통치자다"라고 말씀하신 것은 곧 "나에게는 너희 라오디게아 교회를 비롯해서 하나님의 창조 세계 전체에 대한 권한이 있다. 이는 곧 너에게 신랄한 심판의 말을 할 수 있는 권한이 있다는 의미이다. 또한 너에게 예기치 못한 은혜의 말을 할 권한이 있다는 의미이기도 하다. 이 설교에서 내가 네게 하려는 말을 거부하거나 의심하지 말아라. 나는 하나님의 창조의 통치자이기 때문이다!"라는 의미입니다.

칭찬-없음!

이 지점에서 라오디게아의 성도들은 앞으로 듣게 될 말을 예상하며 잔뜩 기대감을 품었을 것입니다. 그들은 앞선 여섯 편의 설교들을 통해 그리스도의 칭호 다음에는 교회가 잘하고 있는 일에 관한 칭찬이 주어진다는 사실을 알고 있었습니다. 그들은 그리스도께서 에베소, 서머나, 버가모, 두아디라, 사데(비록 칭찬이 아니라 인정하는 정도의 말씀이었지만), 빌라델비아의 성도들에게 하신 칭찬을 이미 들은 터였습니다. 심지어, 라오디게아 교회는 다른 교회들에 비해 우월한 지위를 가졌다는 허영심과 자만심으로 가득찬 상태였으며, 자신들의 진정한 영적 상태에 대해 눈이 먼 상태였습니다(3:17b). 이러한 배경에서 라오디게아 성도들은 그리스도로부터 격찬을 들을 것이라 기대하고 있었던 것입니다. 그러나 실제로 그들에게 주어진 말씀은 전혀 예상치 못한 내용이었습니다. 기대했던 칭찬 대신 오히려 책망의 말씀을 듣게 된 것입니다. "내가 너의 행위들을 안다. 너는 차지도 않고 뜨겁지도 않다. 나는 네가 차든지 뜨겁든지 하길 바란다. 네가 이렇게 미지근하여 차지도 않고 뜨겁지도 않으니, 내가 너를 내 입에서 토해 낼 것이다"(3:15-16).

라오디게아 설교에는 칭찬이 빠져 있습니다. 라오디게아의 상황이 너무나도 심각했기 때문에 그리스도는 어떠한 긍정적인 말씀도 하실 수 없었습니다. 게다가 라오디게아 교회 안에는 사데 교회와 같이 그리스도께서 기뻐하실 만한 소수의 사람들조차 없었습니다(그에 따라 최소한의 인정의 말씀도 나오지 않습니다). 이처럼 라오디게아 교회는 그들이 생각하는 것만큼 대단하고 뛰어난 공동체가 아니었습니다. 실상은 그리스도께서 보시기에 (일곱 교회 가운데) 가장 형편없는 교회였습니다.

책망(3:15-17)

예상되었던 칭찬이 생략되면서 설교는 곧바로 책망으로 넘어갑니다. 라오디게아 설교의 책망 단락은 일곱 설교 중에서 가장 길고 또 가장 가혹합니다. 책망은 크게 두 부분으로 나뉘는데, 각 부분은 설교의 제목이 암시하듯이, "구토", 그리고 "허영심"을 다루고 있습니다.

3:15-16의 첫 번째 책망에는 라오디게아 교회가 저지르는 행위, 즉 구토를 유발하는 행위가 나옵니다. 이에 그리스도는 라오디게아 교회를 향해 차지도 않고 뜨겁지도 않고, 그저 미지근하다고 책망하십니다. 여기서 교회가 미지근하다는 의미는 무엇일까요?

흔한(하지만 가능성은 높지 않은) 대답 중 하나는 미지근한 교회가, 신앙에 대한 열정이나 열심이 없는 미온적인 태도를 의미한다는 것입니다. 그렇다면 차가운 교회는 아마도 신앙이 전혀 없는 교회를 가리킬 것이고, 반대로 뜨거운 교회는 주님을 향한 열정으로 가득한 교회를 가리킬 것입니다. 이와 같은 사고방식에 따르면, 미지근한 교회는 두 극단적인 교회 사이에 위치한 교회, 즉 무관심하고 형식적이며 자기만족에 빠져 있는 교회를 가리킬 것입니다. 이러한 해석의 문제점은 그리스도께서 미지근한 교회보다 차라리 차가운 교회가 더 낫다고 여기시는 것처럼 보인다는 점입니다. 하지만 그리스도께서 미지근한 그리스도인들보다, 얼음처럼 차가운 무신론자들이 더 낫다고 여기셨을 것이라고 믿기는 어렵습니다.

미지근한 교회의 의미에 대한 더 나은 설명은 유익함의 정도에 따른 다양한 온도와 관련짓는 것입니다. 고대 세계의 증거들을 살펴보면 차가운 물과 뜨거운 물은 모두 유익하다고 여겨졌지만, 미지근한 물은 무익하여 쓸모없다고 여겨졌습니다. 예를 들어, 어느 고대 저자는 차가운 물은 마시기에 좋고, 뜨거운 물은 몸을 씻기에 좋지만, 미지근한 물은 오직 노예에게 줄 수밖에 없다고 기록했습니다. 또 다른 고대 작가는 하루 동안 온도가 급격하게 변하는 특별한 온천에 대한 글을 썼는데요. 그는 지역 주민들은 차갑거나 뜨거울 때는 물을 사용했지만, 미지근할 때는 사용하지 않았다고 말했습니다. 그렇다면 그리스도의 첫 번째 책망에 담긴 핵심 개념은, 미지근한 물이 (차갑거나 뜨거운 물과 달리) 무익한 것처럼, 라오디게아 교회의 행위 역시 쓸모없고 무익하다는 것입니다.

미지근한 물 은유에 대한 이러한 이해는 지역의 지리적인 증거를 통해서도 뒷받침됩니다. 라오디게아는 라이커스 강을 따라 두 도시, 곧 히에라볼리(히에라폴리스)와 골로새에 인접해 있었습니다. 라오디게아로부터 16킬로미터 정도 남쪽으로 떨어진 골로새는 인근에 있는 2,400미터 높이의 산에서 눈이 녹아내려 차가운 물을 충분히 보유하고 있었습니다. 또한 라오디게아에서 라이커스 강 정반대편으로 약 10킬로미터 정도 떨어진 히에라볼리에는 치유 효과가 좋다고 알려진 온천이 있었습니다. 라오디게아의 경우, 주된 물 공급지는 8킬로미터 정도 떨어진 온천이었는데, 수원지에서 수도관을 따라 물이 이동하는 동안 온도가 식었기 때문에 도시에 도착할 즈음에는 이미 물이 미지근해졌습니다. 이러한 지리적 배경에서 볼 때, 3가지 온도에 관한 그리스도의 은유는 라오디게아의 성도들에게 특별한 의미를 가졌을 것입니다. 따라서 그리스도의 첫 번째 책망은 라오디게아로 흘러드는 미지근한 물과 같이—마시기 좋은 골로새의 차가운 물이나, 치유의 효과가 있는 히에라볼리의 뜨거운 물과는 달리—라오디게아 교회의 행위는 하나같이 무익하다는 의미입니다.

그렇다면 그리스도께서 미지근하여 무익하다고 여기신 라오디게아 교회의 행위는 과연 무엇이었을까요? 라오디게아 교회가 받은 책망이 다른 모든 교회들이 받은 책망보다 (분량이)길고 또 가혹하지만, 막상 구체적인 행위는 언급되지 않아 우리로서는 정확히 파악할 수 없습니다. 우리가 아는 것은 당시 교회의 상황이 상당히 심각했다는 점입니다. 이는 그리스도께서 라오디게아 교회의 행위에 대해 격렬하게 반응하셨다는 사실을 통해 알 수 있습니다. 그리스도는 다음과 같이 말씀하셨습니다. "내가 너를 내 입에서 토해 낼 것이다"(3:16b). 대부분의 성경 번역본들은 이 구절에 사용된 표현을 순화시켰습니다. "내가 너를 내 입에서 **뱉을** 것이다." 하지만 그리스어 본문은 그리스도께서 그들을 입에서 **토해** 내겠다고 위협하고 계심을—그저 입에서 뱉어 내는 정도가 아니라—분명하게 밝히고 있습니다. 그리스도께서 라오디게아 교회의 모습(그들의 행위)을 보셨을 때, 그들의 행위가 너무나도 역겨웠기 때문입니다. "너희 공동체는 나로 하여금 토하고 싶게 만든다! 너희 행위는 나에게 너무나도 미지근하고 역겨워서 다 게워 내고 싶게 만든다! 너희는 정말로 구토가 나오는 교회이다!"

이어서 그리스도께서는 두 번째 책망을 하십니다. 라오디게아 교회는 토하고 싶게 만드는 교회일 뿐만 아니라 또한 허영심으로 가득 찬 교회였습니다. 그들의 교만함과 자만심 가득한 태도는 3:17의 서두에서 잘 드러납니다. "너는 말하기를 '나는 부자다, 부유하여 부족한 것이 없다'라고 한다"(3:17a). 그리스도께서는 사람들이 행동하는 방식과 생각하는 방식이 서로 긴밀하게 연결되어 있다는 사실을 알고 계셨기 때문에, 라오디게아 교회의 행위를 다룬 첫 번째 책망에 이어서, 그들의 사고방식에 관한 두 번째 책망을 말씀하시는 것입니다. 그리스도께서는 라오디게아 교회가 먼저 허영심 가득한 태도를 고치지 않는다면, 그들의 미지근하고 무익하며 구토를 유발하는 행위를 결코 칭찬할 만한 행위로 바꾸지 못할 것이라는 점을 알고 계셨습니다.

라오디게아 성도들의 허영심은 돈이 모든 문제를 해결해줄 수 있으며, 돈이 행복의 열쇠라는 잘못된 인식에서 비롯되었습니다. 그들은 경제적으로 부를 이뤘기 때문에 더 이상 아무것도(혹은 아무도) 필요하지 않다는 자만심 가득한 생각과 태도에 빠져 있었습니다. 그러한 그들의 태도는 라오디게아 도시로부터 영향을 받았을지도 모릅니다. 라오디게아 시민들 가운데 일부는 엄청나게 부유했고, 그중에는 심지어 억만장자들도 있었습니다. 그들은 마치 라이커스 계곡의 빌 게이츠와도 같았습니다. 게다가 도시와 도시의 부유한 시민들이 그들의 부를 믿고 교만하게 행동한 몇몇 사례들이 남아 있습니다. 그중에서도 한 가지 주목할 만한 사건은 도시의 상당 부분을 파괴한 끔찍한 지진과 관련이 있습니다. 로마는 라오디게아가 지진으로 인한 피해를 복구할 수 있도록 재정적인 지원을 제안했습니다. 하지만 라오디게아는 자만심에 빠져 로마에게 이렇게 답했습니다. "넣어두세요. 우리는 도움이 필요하지 않습니다. 우리가 가진 돈과 자원만으로도 충분히 도시를 재건할 수 있습니다."

라오디게아 교회의 허영심은 아멘, 곧 진리이신 그리스도를 통해 밝혀집니다. 그리스도께서는 그들의 상태를 가감없이 밝히십니다. "그러나 너는 네가 곤고하고 불쌍하고 가난하고 눈이 멀고 벌거벗은 것을 알지 못한다"(3:17b). 그리스도께서 두 번째 책망에 언급한 5가지 특징 중에서 마지막 3가지 특징이 중요합니다. 그 이유는 그 3가지 특징—"가난하고 눈이 멀고 벌거벗은"—이 차후 교정 단락에서 다시 등장하기 때문입니다. 이제 교정 단락으로 넘어가서 라오디게아 교회와 오늘날의 교회들이 영적으로 가난하고 눈이 멀고 벌거벗은 상태를 어떻게 극복할 수 있는지 살펴봅시다.

교정(3:18-19)

지금까지 라오디게아 교회를 향한 그리스도의 설교는 구토를 유발하는 그들의 행위와 교만한 태도를 향한 엄중한 심판의 말씀으로 가득했으나, 이제 예상치 못한 은혜의 말씀으로 그 균형이 맞춰집니다. 라오디게아 교회는 비록 일곱 교회 가운데 최악의 교회였지만, 그리스도께서는 그들을 포기하지 않으셨습니다. 그리스도께서는 그들의 영적으로 가난하고 눈이 멀고 벌거벗은 상태를 고칠 방법을 은혜롭게 제시하십니다.

라오디게아 교회의 영적인 가난은 다음과 같은 방법으로 고쳐질 수 있었습니다. "나는 네가 내게서 이같이 사기를 권한다 … 네가 부유하게 되려거든 불로 정제한 금을 내게서 사라"(3:18a). 정제한 금 은유는 금을 엄청난 고온에서 녹여 불순물을 제거하고 순금만 남도록 하는 정제 과정을 가리킵니다. 이 은유는 고대 세계 안에 잘 알려져 있었습니다. 또한 성경 안에서 "정제한 금" 혹은 정제 과정에 대한 은유는 죄라는 불순물을 제거함으로써 도덕성을 회복하는 것을 뜻하는 보편적인 은유가 되었습니다. 라오디게아 교회는 그리스도를 토하고 싶게 만든 모든 미지근한(무익한) 행위를 제거해야, 비로소 영적인 가난을 회복하고 진정으로 부유해질 수 있었습니다. 라오디게아 교회는 정제된 금보다 더 귀중한 순종(그리고 거룩한 행위)만 남을 때까지 구토를 유발하는 행위를 계속해서 제거해 나가야 합니다.

한편, 라오디게아 교회의 영적인 벌거벗음은 다음과 같은 방법으로 고쳐질 수 있었습니다. "나는 네가 내게서 이같이 사기를 권한다 … 네가 벌거벗은 수치를 가리려거든 흰 옷을 사서 입어라"(3:18b). 벌거벗음과 흰 옷은 성경 전반에 걸쳐서 도덕적인 행동에 대한 은유로 사용되었습니다. 벌거벗음은 죄악된 행위를 의미하는 부정적인 은유이고, 흰 옷은 순종과 거룩한 행위를 의미하는 긍정적인 은유입니다. 라오디게아의 성도들은 무익한 행위, 구토를 유발하는 죄악된 행위를 저지름으로써 스스로를 영적으로 벌거벗은 상태에 빠지게 만들었습니다. 하지만 라오디게아 교회의 성도들은 흰 옷을 입고 순종과 거룩함의 삶을 살아내야 합니다. 죄악된 행위를 회개하고 수치스러운 벌거벗음을 가려야 합니다.

또한 라오디게아 교회의 영적으로 눈이 먼 상태는 다음과 같은 방법으로 고쳐질 수 있었습니다. "나는 네가 내게서 이같이 사기를 권한다 … 네가 볼 수 있게 되려거든 안약을 사서 눈에 발라라"(3:18c). 성경 안에서 눈이 먼 것은 곧 무지와 통찰력의 부재를 상징합니다. 라오디게아의 성도들은 안이하게도 그들의 진정한 영적 상태를 깨닫지 못했고, 그들이 엄중한 심판의 말씀을 받아 마땅하다는 사실을 인식하지 못했습니다. 하지만 그들의 위험한 영적 상태가 꼭 죽음으로까지 이어질 필요는 없었습니다. 그리스도께서 은혜 가운데서 생명을 구원할 해결책을 제시해 주셨기 때문입니다. 성도들은 그리스도로부터 그들의 눈이 먼 상태를 치유받고 정말로 볼 수 있는 안약을 살 수 있습니다.

정제한 금과 흰 옷 만큼이나, 안약 역시 아무 데서나 구할 수 있는 것이 아니었습니다. 그것들은 오직 특별한 한 존재에게서만 살 수 있었습니다. 그리스도께서 교정 단락에서 강조하시는 것처럼 말입니다. "나는 네가 내게서 이같이 사기를 권한다." 라오디게아 교회가 많은 부를 축적했을지는 모르지만, 그들은 그 모든 부유함으로도 그들에게 진정으로 필요한 것을 살 수 없었습니다. 허영심이 그들의 무력함—곧 그리스도를 의존할 수밖에 없고, 오직 그리스도만 주실 수 있는 것에 의존할 수밖에 없는 상태—을 감출 수는 없었습니다. 라오디게아의 성도들과 오늘날의 성도들은 영적으로 가난하고 눈이 멀고 벌거벗은 상태를 벗어나기 위해 혼자만의 힘으로 아등바등할 필요가 없습니다. 그 대신 우리는 우리를 구원하실 수 있는 유일한 분, 그리스도 앞에 무릎 꿇고 그리스도를 향해 나아가야 합니다.

그런데 교정 단락에 예상치 못한 은혜의 말씀이 나옵니다. "나는 내가 사랑하는 사람은 누구든지 책망도 하고 징계도 한다"(3:19a). 라오디게아 교회는 앞서 그리스도로부터 책망의 말씀을 듣고 그 엄중한 심판의 말씀에 상처를 받았을 것입니다. 그리스도께서 구토와 허영심에 대해 말씀하신 것이 비록 듣기에 괴로웠지만, 사실 그 말씀은 그들을 향한 사랑에서 비롯된 것이라는 사실이 전해집니다. 그리스도는 마치 자녀를 훈육하는 부모와 같습니다. "이렇게 혼을 내면 너보다 내가 더 아프단다." 제멋대로 행동하다가 벌을 받은 자녀는 그 말을 믿지 않겠지만, 부모는 자녀를 사랑하기에 훈육을 합니다. 부모는 자녀를 너무나도 사랑하기 때문에 그들의 잘못을 그냥 지나치지 않습니다. 부모는 따끔한 훈육이 자녀의 삶을 올바르게 이끌 것이라는 바람으로 자녀를 훈육합니다. 그렇게 그리스도는 일곱 교회 가운데 최악의 교회, 구토를 유발하는 허영심 가득한 교회에게 은혜의 말씀을 전하십니다. "내가 너희를 사랑한다."

결과(3:20-21)

모든 설교에서 공통적으로 나타나는 마지막 항목은 2가지 결과입니다. 하나는 부정적인 결과로서, 그리스도의 교정을 따르지 않았을 때 교회가 받

게 될 처벌을 가리킵니다. 또 하나는 긍정적인 결과로서 그리스도의 교정에
순종함으로 받게 될 상을 가리킵니다.

첫 번째 긍정적인 결과(3:20)

라오디게아의 성도들은 그리스도께서 이제 무슨 말씀을 하실지 초조해
하며 기다렸을 것입니다. 그리스도께서 건강하지 못한 교회들에게 부정적
인 결과를 경고하셨기 때문입니다. 앞서 에베소 교회를 향해서 그리스도는
"네 촛대를 그 자리에서 옮길 것이다"(2:5b)라고 말씀하셨습니다. 이는 곧 에
베소 교회를 없애겠다는 의미였습니다. 또한 버가모 교회를 향해서는 "내가
속히 네게 가서 내 입의 검으로 그들과 싸울 것이다"(2:16b)라고 말씀하셨습
니다. 한편, 두아디라 교회를 향해서는 이렇게 말씀하셨습니다. "보라, 내가
이세벨을 침상에 던질 것이다. 또 그녀와 더불어 간음한 자들도, 만약 그녀
의 행위를 회개하지 않으면, 큰 환난 가운데에 던질 것이다. 그리고 내가 이
세벨의 자녀들을 사망으로 죽일 것이다"(2:22-23). 그리고 그리스도는 사데 교
회를 향해서 다음과 같이 말씀하셨습니다. "내가 도둑같이 올 것이다. 어느
때에 내가 네게 맞서 이를지는 네가 결코 알지 못할 것이다"(3:3b). 이와 같은
상황에서 하물며 일곱 교회 가운데 최악으로 평가받는 라오디게아 교회는
어떻겠습니까? 라오디게아 교회는 분명 그리스도께서 그들을 향해 매우 부
정적인 결과를 선언하실 것이라 예상했을 것입니다.

그러나 정작 그들이 예상했던 비난의 말씀은 주어지지 않았습니다. 오히
려 그리스도는 그들이 전혀 예상하지 못했던 은혜의 말씀을 전하셨습니다.
"보라! 내가 문 밖에 서서 문을 두드리고 있다. 누구든지 내 음성을 듣고 문
을 열면, 나는 그에게로 들어가서 그와 함께 먹고, 그는 나와 함께 먹을 것이
다"(3:20).

사랑하는 여러분, 여기에 표현된 그리스도의 은혜와 사랑의 온전한 힘을

간과하지 마십시오! 그리스도의 세 번째 칭호가 "하나님의 창조의 통치자"라는 사실 또한 잊지 마십시오. 사실 그리스도께서는 문 밖에 서서 온화하게 문을 두드리실 필요가 없는 분입니다. 그리스도께서는 그 문을 부수고 라오디게아 교회가 그분 앞에 엎드려 굴복하게 만들 수 있는 신적 권세와 권위를 가진 분입니다! 하지만 그리스도께서는 순종을 요구할 수 있는 권세와 권위를 가지셨음에도, 심지어 라오디게아 교회는 그러한 취급을 받아 마땅함에도, 오히려 은혜와 사랑으로 다가오셨습니다. 마치 요령을 부릴 줄 모르는 남자 친구와 같이, 여자 친구가 형편없는 대우를 하며 속이고 있는 상황에서도, 여전히 그녀의 집 문 밖에 서서 한 손에는 꽃다발을 들고 다른 한 손으로 문을 두드리며 말하고 계십니다. "제발 들어가게 해줘! 나는 여전히 널 사랑한단 말이야!" 여러분이 최악의 교회에 속해 있든 혹은 최악의 그리스도인이든 상관없습니다. 여러분이 어떠한 죄를 지었든 상관없습니다. 그리스도께서는 여러분을 향해 예상치 못한 은혜를 부어 주실 것입니다. 또 그리스도께서는 여전히 여러분을 사랑하고 계십니다. 그분은 여러분의 문 밖에 서서 문을 두드리고 계십니다. 여러분과 관계를 맺고자 하시기 때문입니다!

그뿐만 아니라 그리스도께서는 여러분과 아주 친밀한 관계를 맺길 원하십니다. 또한 그리스도께서는 여러분과 함께 식사를 하고자 하십니다. 고대 세계에서, 심지어 전 세계적으로 오늘날에도 누군가와 함께 식사를 한다는 것은 곧 그 사람과 가깝게 교제한다는 의미입니다. 유대 지도자들은 예수님이 세리들, 죄인들과 함께 어울릴 뿐 아니라, 그들과 함께 식사하는 것을 두고 화를 냈습니다(눅 15:2). 예루살렘의 유대 그리스도인들은 베드로가 이방인들에게 복음을 선포했다는 이유뿐 아니라, 그가 이방인의 집에 들어가서 그들과 함께 식사를 했다는 이유로 화를 냈습니다(행 11:3). 복음의 기쁜 소식은 여러분이 누구인지, 혹은 여러분이 무슨 일을 했는지 전혀 상관하지 않는다는 것입니다. 그리스도께서는 여러분을 향해 예상치 못한 은혜를 부어 주십니다. 또 여전히 여러분을 사랑하고 계십니다. 그리스도께서 여러분의 문 밖에 서서 문을 두드리고 계십니다. 여러분과 관계를 맺고자 하십니다.

두 번째 긍정적인 결과(3:21)

라오디게아 교회를 향한 설교는 다른 모든 설교들과 마찬가지로, 승리 정형 문구(formula)로 마무리됩니다. 우리가 벌써 "이기는 자"라는 표현을 일곱 번째 듣는 것이기 때문에, 여러분은 여기에 사용된 그리스어 단어가 유명한 스포츠 상품 회사, 나이키와 같다는 사실을 기억할 것입니다. 이 회사는 자신들의 스포츠 장비와 의류가 승리와 연결되도록 그러한 이름을 고른 것입니다.

이 본문이 제기하는 중요한 질문은 바로 이것입니다. 여러분은 나이키 그리스도인입니까? 다시 말해, 여러분은 이기는 그리스도인입니까? 여러분은 미지근한 그리스도인이 저지르는 죄, 즉 그 행위가 무익하고 역겨워서 그리스도로 하여금 토하고 싶게 만들 정도로 심각한 죄를 극복할 수 있습니까? 여러분은 허영심의 죄, 곧 부가 여러분 앞에 놓인 어떠한 문제라도 해결할 수 있다고 자만하는 죄를 극복할 수 있습니까? 복음의 기쁜 소식은 곧 이 중요한 질문에 대해 자신 있게 "네!"라고 대답할 수 있다는 것입니다. 여러분은 이기는 그리스도인이 될 수 있고 또 승리를 거둘 수 있습니다. 이는 우리의 재능이 뛰어나서, 혹은 우리가 열심히 노력해서가 아닙니다. 그리스도께서 이미 승리를 거두셨기 때문입니다. 그리스도에게 속한 우리 가운데 그분의 성령이 거하시기 때문입니다. 거룩하신 성령은 우리에게 힘을 주셔서 죄악된 삶의 방식을 회개하게 하시고, 우리를 오직 그리스도에게만 헌신하게 만드십니다. 그분의 은혜가 우리 안에 일한다는 사실을 드러내는 삶의 방식을 갖게 하십니다.

그렇다면 이기는 그리스도인들에게 약속된 상은 무엇입니까? 그리스도는 이렇게 약속하십니다. "이기는 자에게는 내가 내 보좌에 나와 함께 앉을 권리를 줄 것이다. 내가 이긴 것처럼, 그래서 내가 내 아버지와 함께 아버지의 보좌에 앉은 것처럼 말이다"(3:21). 여기에 나오는 이미지는 좌석 2개가 붙어 있는 2인용 보좌입니다. 그리스도는 그중 한자리에 앉으시는데, 이는 그 칭호가 가리키듯이 그리스도가 곧 "하나님의 창조의 통치자"이기 때문입니다. 그리고 이 보좌의 나머지 한 자리는 여러분을 위해 마련되었습니다. 이기는 그리스도인으로서 여러분은 2인용 보좌에 그분과 함께 나란히 앉게 될 것입니다. 또한 하나님의 창조 세계에 대한 그분의 전능한 통치권을 나눠 받게 될 것입니다. 여러분의 지위는 구토 유발자, 허영심 가득한 죄인에서 그리스도와 함께 다스리는 공동 통치자로 상승할 것입니다. 이 얼마나 은혜로 가득한 긍정적인 결과입니까!

결론

오늘날의 교회가 직면한 가장 큰 위험은 어쩌면 영적인 궁핍함으로 이어질 수 있는 물질적인 부유함일지도 모르겠습니다. 물론 부유함 그 자체는 나쁜 것이 아닙니다. 사실 물질적인 부유함은 음식, 쉴 곳, 건강, 안전과 같이 일상적으로 필요한 것들에 대한 걱정을 덜어줄 수 있기 때문에 복이라고 말할 수도 있습니다. 그렇지만 물질적인 부유함이 영적인 궁핍함으로 이어지는 경우가 너무나도 많은 것 또한 사실입니다. 돈과 물질적 소유에 사로잡히게 되면, 미지근한 그리스도인이 되기 쉽습니다. 경제적인 성공에 지나치게 집착한 나머지 그리스도, 그리고 다른 이들을 섬기는 일에 그저 소홀하게 되어버리는 것입니다. 또 부유함에 사로잡히게 되면 허영심과 자만심만 잔뜩 품게 될 수도 있습니다. 삶 속에서 딱히 그리스도의 도움 없이도, 능히 어떠한 문제든 해결할 수 있다고 자만하게 되는 것입니다. 아멘이신 그리스도는 미지근하고 허영심 많은 우리 모든 그리스도인들에게 (무시해서는 안 되는) 엄중한 심판의 말씀, 그리고 (의심할 수 없는)은혜의 말씀 모두를 전하십니다. 예수 그리스도께서 여러분을 사랑하시며, 여러분의 문 밖에 서서 문을 두드리고 계십니다. 여러분과 친밀한 관계를 맺길 원하기 때문입니다. 여러분은 그 문을 열고 그리스도의 도움을 받아 이기는 그리스도인이 되시겠습니까?

"귀 있는 자는 성령이 교회들에게 하시는 말씀을 들으라!" 고대 라오디게아 교회뿐만 아니라 오늘날 예수 그리스도의 모든 교회에게 하시는 말씀입니다.

약어표

ASV   American Standard Version

BDAG   W. Bauer, F. W. Danker, W. F. Arndt, and F. W. Gingrich, *A Greek-English Lexicon of the New Testament and Other Early Christian Literature*, 3rd ed. (Chicago: University of Chicago Press, 2000)

BDF   F. Blass, A. Debrunner, and R. W. Funk, *A Greek Grammar of the New Testament and Other Early Christian Literature* (Chicago: University of Chicago Press, 1961)

CD   Damascus Document

CEB   Common English Bible

CIG   *Corpus Inscriptionum Graecarum*, ed. A. Boeckh, 4 vols. (Berlin: Reimer, 1828–77)

CIL   *Corpus Inscriptionum Latinarum*, ed. Deutsche Akademie der Wissenschaften zu Berlin (Berlin: Reimer, 1862–)

ESV	English Standard Version
GNT	Good News Translation
IGRR	*Inscriptiones graecae ad res romanas pertinentes auctoritate et impensis Academiae inscriptionum et litterarum humaniorum col lectae et editae,* ed. R. Cagnat, J. Toutain, G. Lafaye, and V. Hen ry, Académie des inscriptions & belles-lettres, 4 vols. (Paris: E. Leroux, 1901)
KJV	King James Version
LEB	Lexham English Bible
NASB	New American Standard Bible
NCV	New Century Version
NEB	New English Bible
NET	New English Translation
NIV	New International Version
NKJV	New King James Version
NLT	New Living Translation
NRSV	New Revised Standard Version
P.Colon.	Cologne Papyrus
P.Oxy.	Oxyrhynchus Papyrus
RIC	*The Roman Imperial Coinage*, ed. H. Mattingly, 10 vols. (London: Spink, 1923–94)
TDNT	*Theological Dictionary of the New Testament*, ed. G. Kittel and G. Friedrich; trans. and ed. G. W. Bromiley, 10 vols. (Grand Rapids: Eerdmans, 1964–76)
TLB	The Living Bible

문법적 분석

요한계시록 2:1-7 (에베소 교회)

주절 (명령)	¹Τῷ ἀγγέλῳ τῆς ἐν Ἐφέσῳ ἐκκλησίας γράψον·
주절	Τάδε λέγει
한정적attributive 분사	└ ὁ κρατῶν τοὺς ἑπτὰ ἀστέρας ἐν τῇ δεξιᾷ αὐτοῦ,
한정적 분사	└ ὁ περιπατῶν ἐν μέσῳ τῶν ἑπτὰ λυχνιῶν τῶν χρυσῶν

주절 — ²Οἶδα τὰ ἔργα σου,
설명 καί절 — └ καὶ τὸν κόπον καὶ τὴν ὑπομονήν σου,
간접 화법 — καὶ ὅτι οὐ δύνῃ
보완(보충)complementary 부정사 — └ βαστάσαι κακούς,
주절 — καὶ ἐπείρασας τοὺς λέγοντας ἑαυτοὺς ἀποστόλους,
삽입 어구 — — καὶ οὐκ εἰσὶν —
주절 — καὶ εὗρες αὐτοὺς ψευδεῖς·
주절 — ³καὶ ὑπομονὴν ἔχεις,
주절 — καὶ ἐβάστασας διὰ τὸ ὄνομά μου,
주절 — καὶ οὐ κεκοπίακες.

주절 — ⁴ἀλλ' ἔχω κατὰ σοῦ
간접 화법 — └ ὅτι τὴν ἀγάπην σου τὴν πρώτην ἀφῆκες.

주절 (명령) — ⁵μνημόνευε οὖν
의문사절 — └ πόθεν πέπτωκας,
주절 (명령) — καὶ μετανόησον
주절 (명령) — καὶ τὰ πρῶτα ἔργα ποίησον·

조건절(명제) — εἰ δὲ μή,
조건절(귀결) — ἔρχομαί σοι,
조건절(귀결) — καὶ κινήσω τὴν λυχνίαν σου ἐκ τοῦ τόπου αὐτῆς,
조건절(명제) — ἐὰν μὴ μετανοήσῃς.

주절 — ⁶ἀλλὰ τοῦτο ἔχεις
설명 ὅτι절 — └ ὅτι μισεῖς τὰ ἔργα τῶν Νικολαϊτῶν,
관계절 — └ ἃ κἀγὼ μισῶ.

주절 (명령) — ⁷ὁ ἔχων οὖς ἀκουσάτω
의문사절 — └ τί τὸ πνεῦμα λέγει ταῖς ἐκκλησίαις.

주절 — τῷ νικῶντι δώσω αὐτῷ
보완(보충) 부정사 — └ φαγεῖν ἐκ τοῦ ξύλου τῆς ζωῆς,
관계절 — └ ὅ ἐστιν ἐν τῷ παραδείσῳ τοῦ θεοῦ.

요한계시록 2:8-11 (서머나 교회)

주절 (명령)	⁸Καὶ τῷ ἀγγέλῳ τῆς ἐν Σμύρνῃ ἐκκλησίας γράψον·
주절	Τάδε λέγει
주어	└ ὁ πρῶτος καὶ ὁ ἔσχατος,
관계절	└ ὃς ἐγένετο νεκρὸς καὶ ἔζησεν·
주절	⁹Οἶδά σου τὴν θλῖψιν
설명 καί절	└ καὶ τὴν πτωχείαν,
삽입 교정 어구	— ἀλλὰ πλούσιος εἶ —
	└ καὶ τὴν βλασφημίαν
전치사구	ἐκ τῶν λεγόντων Ἰουδαίους
간접 화법 부정사	└ εἶναι ἑαυτούς,
삽입 교정 어구	— καὶ οὐκ εἰσὶν,
삽입 교정 어구	ἀλλὰ συναγωγὴ τοῦ Σατανᾶ.
주절 (금지)	¹⁰μηδὲν φοβοῦ
관계절	└ ἃ μέλλεις
보완(보충) 부정사	└ πάσχειν.
주절	ἰδοὺ μέλλει ὁ διάβολος
보완(보충) 부정사	└ βάλλειν ἐξ ὑμῶν εἰς φυλακὴν
목적 ἵνα절	└ ἵνα πειρασθῆτε,
주절	καὶ ἕξετε θλῖψιν ἡμερῶν δέκα.
주절 (명령)	γίνου πιστὸς ἄχρι θανάτου,
주절	καὶ δώσω σοι τὸν στέφανον τῆς ζωῆς.
주절 (명령)	¹¹ὁ ἔχων οὖς ἀκουσάτω
의문사절	└ τί τὸ πνεῦμα λέγει ταῖς ἐκκλησίαις.
주절 (강한 부정)	ὁ νικῶν οὐ μὴ ἀδικηθῇ ἐκ τοῦ θανάτου τοῦ δευτέρου.

요한계시록 2:12-17 (버가모 교회)

주절 (명령)   ¹²Καὶ τῷ ἀγγέλῳ τῆς ἐν Περγάμῳ ἐκκλησίας γράψον·

주절   Τάδε λέγει
주어   └ ὁ ἔχων τὴν ῥομφαίαν τὴν δίστομον τὴν ὀξεῖαν

주절   ¹³Οἶδα
처소격Locative절   ├ ποῦ κατοικεῖς,
처소격절   ·├ ὅπου ὁ θρόνος τοῦ Σατανᾶ,
주절   ├ καὶ κρατεῖς τὸ ὄνομά μου,
주절   └ καὶ οὐκ ἠρνήσω τὴν πίστιν μου
부사구   καὶ ἐν ταῖς ἡμέραις Ἀντιπᾶς,
동격   ├ ὁ μάρτυς μου,
동격   ├ ὁ πιστός μου,
관계절   └ ὃς ἀπεκτάνθη παρ᾽
                 ὑμῖν,
처소격절   └ ὅπου ὁ Σατανᾶς κατοικεῖ.

주절   ¹⁴ἀλλ᾽ ἔχω κατὰ σοῦ ὀλίγα,
설명 ὅτι절   └ ὅτι ἔχεις ἐκεῖ κρατοῦντας τὴν διδαχὴν
              Βαλαάμ,
관계절   ὃς ἐδίδασκεν τῷ Βαλὰκ
보완(보충) 부정사   └ βαλεῖν σκάνδαλον ἐνώπιον τῶν υἱῶν Ἰσραὴλ
목적/보충설명적epexegetical 부정사 ├ φαγεῖν εἰδωλόθυτα
목적/보충설명적 부정사   └ καὶ πορνεῦσαι·

주절   ¹⁵οὕτως ἔχεις καὶ σὺ κρατοῦντας τὴν διδαχὴν Νικολαϊτῶν ὁμοίως.

주절 (명령)   ¹⁶μετανόησον οὖν·

조건절 (조건)   εἰ δὲ μή,
조건절 (귀결)   ἔρχομαί σοι ταχὺ
조건절 (귀결)   καὶ πολεμήσω μετ᾽ αὐτῶν ἐν τῇ ῥομφαίᾳ τοῦ στόματός μου.

주절 (명령)   ¹⁷ὁ ἔχων οὖς ἀκουσάτω
의문사절   └ τί τὸ πνεῦμα λέγει ταῖς ἐκκλησίαις.

주절   τῷ νικῶντι δώσω αὐτῷ τοῦ μάννα τοῦ κεκρυμμένου,
주절   καὶ δώσω αὐτῷ ψῆφον λευκήν,
주절   καὶ ἐπὶ τὴν ψῆφον ὄνομα καινὸν γεγραμμένον
관계절   └ ὃ οὐδεὶς οἶδεν,
예외exception절   εἰ μὴ ὁ λαμβάνων.

요한계시록 2:18-29 (두아디라 교회)

주절 (명령)	¹⁸Καὶ τῷ ἀγγέλῳ τῆς ἐν Θυατείροις ἐκκλησίας γράψον·
주절	Τάδε λέγει
주어	└ ὁ υἱὸς τοῦ θεοῦ,
주어 (한정적 분사)	└ ὁ ἔχων τοὺς ὀφθαλμοὺς αὐτοῦ ὡς φλόγα πυρὸς
무동사절	└ καὶ οἱ πόδες αὐτοῦ ὅμοιοι χαλκολιβάνῳ·
주절	¹⁹Οἶδά σου τὰ ἔργα
설명explanatory절	└ καὶ τὴν ἀγάπην καὶ τὴν πίστιν
설명절	└ καὶ τὴν διακονίαν καὶ τὴν ὑπομονήν σου,
무동사절	καὶ τὰ ἔργα σου τὰ ἔσχατα πλείονα τῶν πρώτων.
주절	²⁰ἀλλ' ἔχω κατὰ σοῦ ὅτι ἀφεῖς τὴν γυναῖκα
고유명사: 동격	└ Ἰεζάβελ,
한정적 분사: 동격	└ ἡ λέγουσα ἑαυτὴν προφῆτιν
주절	καὶ διδάσκει καὶ πλανᾷ τοὺς ἐμοὺς δούλους
목적/결과 부정사	— πορνεῦσαι
목적/결과 부정사	— καὶ φαγεῖν εἰδωλόθυτα.
주절	²¹καὶ ἔδωκα αὐτῇ χρόνον
목적 ἵνα절	└ ἵνα μετανοήσῃ,
역접절	καὶ οὐ θέλει
간접 의지volition 부정사	└ μετανοῆσαι ἐκ τῆς πορνείας αὐτῆς.
조건절 (귀결)	²²ἰδοὺ βάλλω αὐτὴν εἰς κλίνην
	καὶ τοὺς μοιχεύοντας μετ' αὐτῆς εἰς θλῖψιν μεγάλην,
조건절 (조건)	ἐὰν μὴ μετανοήσωσιν ἐκ τῶν ἔργων αὐτῆς.
주절	²³καὶ τὰ τέκνα αὐτῆς ἀποκτενῶ ἐν θανάτῳ.
주절	καὶ γνώσονται πᾶσαι αἱ ἐκκλησίαι
간접절	└ ὅτι ἐγώ εἰμι ὁ ἐραυνῶν νεφροὺς καὶ καρδίας,
주절	καὶ δώσω ὑμῖν ἑκάστῳ κατὰ τὰ ἔργα ὑμῶν.
주절	²⁴ὑμῖν δὲ λέγω
동격	└ τοῖς λοιποῖς τοῖς ἐν Θυατείροις,
상관(관계)correlative절	└ ὅσοι οὐκ ἔχουσιν τὴν διδαχὴν ταύτην,
관계절	└ οἵτινες οὐκ ἔγνωσαν τὰ βαθέα τοῦ Σατανᾶ,
삽입절	— ὡς λέγουσιν —
주절	οὐ βάλλω ἐφ' ὑμᾶς ἄλλο βάρος,
역접절	┌ ²⁵πλὴν ὃ ἔχετε
주절 (명령)	κρατήσατε
시간temporal절	└ ἄχρις οὗ ἂν ἥξω.
독립 주격	— ²⁶καὶ ὁ νικῶν καὶ ὁ τηρῶν ἄχρι τέλους τὰ ἔργα μου—
주절	δώσω αὐτῷ ἐξουσίαν ἐπὶ τῶν ἐθνῶν,
주절	²⁷καὶ ποιμανεῖ αὐτοὺς ἐν ῥάβδῳ σιδηρᾷ
비교절	ὡς τὰ σκεύη τὰ κεραμικὰ συντρίβεται,
비교절	²⁸ὡς κἀγὼ εἴληφα παρὰ τοῦ πατρός μου,
주절	καὶ δώσω αὐτῷ τὸν ἀστέρα τὸν πρωϊνόν.
주절 (명령)	²⁹ὁ ἔχων οὖς ἀκουσάτω
의문사절	└ τί τὸ πνεῦμα λέγει ταῖς ἐκκλησίαις.

요한계시록 3:1-6 (사데 교회)

주절 (명령)	¹Καὶ τῷ ἀγγέλῳ τῆς ἐν Σάρδεσιν ἐκκλησίας γράψον·
주절	Τάδε λέγει
주어	└ ὁ ἔχων τὰ ἑπτὰ πνεύματα τοῦ θεοῦ καὶ τοὺς ἑπτὰ ἀστέρας·
주절	Οἶδά σου τὰ ἔργα,
설명 ὅτι절	└ ὅτι ὄνομα ἔχεις
설명 ὅτι절	└ ὅτι ζῇς καὶ νεκρὸς εἶ.
주절 (우언적periphrastic분사)	²γίνου γρηγορῶν,
주절 (명령)	καὶ στήρισον τὰ λοιπὰ
관계절	└ ἃ ἔμελλον
보완(보충) 부정사	└ ἀποθανεῖν,
주절 (설명적)	οὐ γὰρ εὕρηκά
보완(보충) 분사/간접 서술	└ σου τὰ ἔργα πεπληρωμένα ἐνώπιον τοῦ θεοῦ μου.
주절 (명령)	³μνημόνευε οὖν
의문사절	└ πῶς εἴληφας καὶ ἤκουσας
주절 (명령)	καὶ τήρει
주절 (명령)	καὶ μετανόησον.
조건절(조건)	ἐὰν οὖν μὴ γρηγορήσῃς,
조건절(귀결)	ἥξω ὡς κλέπτης,
강한 미래 부정	καὶ οὐ μὴ γνῷς
간접 의문사절	└ ποίαν ὥραν ἥξω ἐπὶ σέ.
주절	⁴ἀλλ᾽ ἔχεις ὀλίγα ὀνόματα ἐν Σάρδεσιν
관계절	└ ἃ οὐκ ἐμόλυναν τὰ ἱμάτια αὐτῶν,
주절	καὶ περιπατήσουσιν μετ᾽ ἐμοῦ ἐν λευκοῖς,
원인 ὅτι절	└ ὅτι ἄξιοί εἰσιν.
주절	⁵ὁ νικῶν οὕτως περιβαλεῖται ἐν ἱματίοις λευκοῖς,
강한 미래 부정	καὶ οὐ μὴ ἐξαλείψω τὸ ὄνομα αὐτοῦ ἐκ τῆς βίβλου τῆς ζωῆς,
주절	καὶ ὁμολογήσω τὸ ὄνομα αὐτοῦ ἐνώπιον τοῦ πατρός μου καὶ ἐνώπιον τῶν ἀγγέλων αὐτοῦ.
주절 (명령)	⁶ὁ ἔχων οὖς ἀκουσάτω
의문사절	└ τί τὸ πνεῦμα λέγει ταῖς ἐκκλησίαις

요한계시록 3:7-13 (빌라델비아 교회)

주절 (명령)	⁷Καὶ τῷ ἀγγέλῳ τῆς ἐν Φιλαδελφείᾳ ἐκκλησίας γράψον·
주절	Τάδε λέγει
주어	⌐ ὁ ἅγιος,
주어 (동격)	├ ὁ ἀληθινός,
주어 (동격)	├ ὁ ἔχων τὴν κλεῖν Δαυίδ,
주어 (동격)	└ ὁ ἀνοίγων καὶ οὐδεὶς κλείσει,
	καὶ κλείων καὶ οὐδεὶς ἀνοίγει·
주절	⁸Οἶδά σου τὰ ἔργα
삽입절	— ἰδοὺ δέδωκα ἐνώπιόν σου θύραν ἠνεῳγμένην,
관계절	└ ἣν οὐδεὶς δύναται
보완(보충) 부정사	└ κλεῖσαι αὐτήν —
설명 ὅτι절	└ ὅτι μικρὰν ἔχεις δύναμιν
설명 ὅτι절	καὶ ἐτήρησάς μου τὸν λόγον
설명 ὅτι절	καὶ οὐκ ἠρνήσω τὸ ὄνομά μου.
삽입절	—⁹ἰδοὺ διδῶ ἐκ τῆς συναγωγῆς τοῦ Σατανᾶ
한정적 분사 (동격)	τῶν λεγόντων ἑαυτοὺς
간접 화법 부정사	Ἰουδαίους εἶναι,
주절	καὶ οὐκ εἰσὶν
주절 (대조)	ἀλλὰ ψεύδονται
재서Resumptive절	ἰδοὺ ποιήσω αὐτοὺς
내용content ἵνα절	└ ἵνα ἥξουσιν
내용 ἵνα절	καὶ προσκυνήσουσιν ἐνώπιον τῶν ποδῶν σου
내용 ἵνα절	καὶ γνῶσιν
간접 서술	└ ὅτι ἐγὼ ἠγάπησά σε —
원인 ὅτι절	¹⁰ὅτι ἐτήρησας τὸν λόγον τῆς ὑπομονῆς μου,
주절	κἀγώ σε τηρήσω ἐκ τῆς ὥρας τοῦ πειρασμοῦ
한정적 분사	τῆς μελλούσης
보완(보충) 부정사	└ ἔρχεσθαι ἐπὶ τῆς οἰκουμένης ὅλης
목적 부정사	└ πειράσαι τοὺς κατοικοῦντας ἐπὶ τῆς γῆς.
주절	¹¹ἔρχομαι ταχύ·
주절 (명령)	κράτει
관계절	└ ὃ ἔχεις,
목적 ἵνα절	└ ἵνα μηδεὶς λάβῃ τὸν στέφανόν σου.
주절	¹²ὁ νικῶν ποιήσω αὐτὸν στῦλον ἐν τῷ ναῷ τοῦ θεοῦ μου,
주절	καὶ ἔξω οὐ μὴ ἐξέλθῃ ἔτι,
주절	καὶ γράψω ἐπ᾽ αὐτὸν τὸ ὄνομα τοῦ θεοῦ μου
	καὶ τὸ ὄνομα τῆς πόλεως τοῦ θεοῦ μου,
동격	τῆς καινῆς Ἰερουσαλήμ,
한정적 분사	ἡ καταβαίνουσα ἐκ τοῦ οὐρανοῦ ἀπὸ τοῦ θεοῦ μου,
직접 목적어	καὶ τὸ ὄνομά μου τὸ καινόν.
주절 (명령)	¹³ὁ ἔχων οὖς ἀκουσάτω
의문사절	└ τί τὸ πνεῦμα λέγει ταῖς ἐκκλησίαις.

요한계시록 3:14-22 (라오디게아 교회)

주절 (명령)	¹⁴Καὶ τῷ ἀγγέλῳ τῆς ἐν Λαοδικείᾳ ἐκκλησίας γράψον·
주절	Τάδε λέγει
주어	└ ὁ Ἀμήν,
주어	├ ὁ μάρτυς ὁ πιστὸς καὶ ἀληθινός,
주어	└ ἡ ἀρχὴ τῆς κτίσεως τοῦ θεοῦ·
주절	¹⁵Οἶδά σου τὰ ἔργα,
설명 ὅτι 절	ὅτι οὔτε ψυχρὸς εἶ οὔτε ζεστός.
불변화사 - 이룰 수 없는 소망	ὄφελον ψυχρὸς ἦς ἢ ζεστός.
불변화사 - 원인 ὅτι절	¹⁶οὕτως ὅτι χλιαρὸς εἶ καὶ οὔτε ζεστὸς οὔτε ψυχρός,
주절	μέλλω └
보완(보충) 부정사	└ σε ἐμέσαι ἐκ τοῦ στόματός μου.
원인 ὅτι절	¹⁷ὅτι λέγεις
직접 화법	└ ὅτι Πλούσιός εἰμι
	καὶ πεπλούτηκα
	καὶ οὐδὲν χρείαν ἔχω,
주절	καὶ οὐκ οἶδας
간접 화법	└ ὅτι σὺ εἶ ὁ ταλαίπωρος καὶ ἐλεεινὸς καὶ πτωχὸς καὶ τυφλὸς καὶ γυμνός,
주절	¹⁸συμβουλεύω σοι
간접 화법 부정사	└ ἀγοράσαι παρ' ἐμοῦ
직접 목적어	├ χρυσίον πεπυρωμένον ἐκ πυρὸς
목적 ἵνα절	ἵνα πλουτήσῃς,
직접 목적어	├ καὶ ἱμάτια λευκὰ
목적 ἵνα절	ἵνα περιβάλῃ καὶ μὴ φανερωθῇ ἡ αἰσχύνη τῆς γυμνότητός
	σου,
직접 목적어	└ καὶ κολλούριον
목적 부정사	ἐγχρῖσαι τοὺς ὀφθαλμούς σου
목적 ἵνα절	└ ἵνα βλέπῃς.
조건절 (조건)	¹⁹ἐγὼ ὅσους ἐὰν φιλῶ
조건절 (귀결)	ἐλέγχω καὶ παιδεύω·
주절 (명령)	ζήλευε οὖν καὶ μετανόησον.
주절	²⁰ἰδοὺ ἕστηκα ἐπὶ τὴν θύραν καὶ κρούω·
조건절 (조건)	ἐάν τις ἀκούσῃ τῆς φωνῆς μου καὶ ἀνοίξῃ τὴν θύραν,
조건절 (귀결)	καὶ εἰσελεύσομαι πρὸς αὐτὸν
	καὶ δειπνήσω μετ' αὐτοῦ καὶ αὐτὸς μετ' ἐμοῦ.
주절	²¹ὁ νικῶν δώσω αὐτῷ
보완(보충) 부정사	└ καθίσαι μετ' ἐμοῦ ἐν τῷ θρόνῳ μου,
비교절	ὡς κἀγὼ ἐνίκησα καὶ ἐκάθισα μετὰ τοῦ πατρός μου ἐν τῷ θρόνῳ αὐτοῦ.
주절 (명령)	²²ὁ ἔχων οὖς ἀκουσάτω
의문사절	└ τί τὸ πνεῦμα λέγει ταῖς ἐκκλησίαις.

참고 문헌

Alford, H. 1976. *James–Revelation*. Vol. 4 of *The Greek New Testament*. Reprint, Grand Rapids: Guardian. Original ed., Cambridge: Deighton, 1866.

Allo, E. B. 1933. *L'Apocalypse due Saint Jean*. Paris: Gabalda.

Aune, D. E. 1997. *Revelation 1–5*. Word Biblical Commentary 52A. Dallas: Word Books.

Beale, G. K. 1984. *The Use of Daniel in Jewish Apocalyptic Literature and in the Revelation of St. John*. Lanham, MD: University Press of America.

———. 1999. *The Book of Revelation*. New International Greek Testament Commentary. Grand Rapids: Eerdmans. [=『NIGTC 요한계시록 상하』, 새물결플러스, 2016]

Beale, G. K., with D. H. Campbell. 2015. *Revelation: A Shorter Commentary*. Grand Rapids: Eerdmans. [=『그레고리빌 요한계시록 주석』, 복있는사람, 2015]

Beasley-Murray, G. R. 1978. *The Book of Revelation*. Rev. ed. Greenwood, SC: Attic.

Beckwith, I. T. 1919. *The Apocalypse of John*. New York: Macmillan.

Boxall, I. 2006. "Reading the Apocalypse on the Island of Patmos." *Scripture Bulletin* 40:22–33.

————. 2013. *Patmos in the Reception History of the Apocalypse*. Oxford: Oxford University Press.

Boyer, J. L. 1985. "Are the Seven Letters of Revelation 2–3 Prophetic?" *Grace Theological Journal* 6.2:267–73.

Brighton, L. A. 1999. *Revelation*. St. Louis: Concordia.

Caird, G. B. 1966. *The Revelation of St. John the Divine*. New York: Harper & Row.

Carson, D. A., and D. J. Moo. 2005. *An Introduction to the New Testament*. 2nd ed. Grand Rapids: Zondervan.

Charles, R. H. 1920. *A Critical and Exegetical Commentary on the Revelation of St. John*. 2 vols. Edinburgh: T&T Clark.

Chilton, D. 1987. *The Days of Vengeance: An Exposition of the Book of Revelation*. Fort Worth: Dominion.

Coles, R. A., et al., eds. 1970. *The Oxyrhynchus Papryi*. Vol. 36. London: Egypt Exploration Society.

Corsini, E. 1983. *The Apocalypse: The Perennial Revelation of Jesus Christ*. Wilmington, DE: Glazier.

Court, J. M. 1979. *Myth and History in the Book of Revelation*. Atlanta: John Knox.

Coutsoumpos, P. 1997. "The Social Implication of Idolatry in Revelation 2:14: Christ or Caesar?" *Biblical Theology Bulletin* 27:23–27.

Cowley, R. W. 1983. *The Traditional Interpretation of the Apocalypse of St. John in the Ethiopian Orthodox Church*. Cambridge: Cambridge University Press.

deSilva, D. A. 1992. "The Social Setting of the Revelation to John: Conflicts Within, Fears Without." *Westminster Theological Journal* 54:273–302.

Efird, J. M. 1989. *Revelation for Today*. Nashville: Abingdon.

Ehrman, Bart D., trans. 2003. *The Apostolic Fathers*. Vol. 1. Loeb Classical Library. Cambridge, MA: Harvard University Press.

Exler, F. X. 1923. *The Form of the Ancient Greek Letter*. Washington, DC: Catholic University of America Press.

Fanning, B. M., III. 1990. *Verbal Aspect in New Testament Greek.* Oxford: Clarendon.

―――. 2020. *Revelation.* Grand Rapids: Zondervan Academic. [=『강해로 푸는 요한계시록 주석』, 디모데, 2022]

Farmer, R. L. 2005. *Revelation.* St. Louis: Chalice.

Farrer, A. M. 1964. *The Revelation of St. John the Divine.* Oxford: Oxford University Press.

Ford, J. M. 1975. *Revelation.* Anchor Bible 38. Garden City, NY: Doubleday.

Fotopoulos, J. 2003. *Food Offered to Idols in Roman Corinth.* Tübingen: Mohr Siebeck.

Friesen, S. J. 1995. "Revelation, Realia, and Religion: Archaeology in the Interpretation of the Apocalypse." *Harvard Theological Review* 88:291–314.

Garland, D. E. 2003. *1 Corinthians.* Baker Exegetical Commentary on the New Testament. Grand Rapids: Baker Academic.

Geil, W. E. 1896. *The Isle That Is Called Patmos.* Philadelphia: A. J. Rowland.

Gumerlock, F. X., trans. 2017. *Tyconius of Carthage: Exposition of the Apocalypse.* Fathers of the Church 134. Washington, DC: Catholic University of America Press.

Guthrie, D. 1990. *New Testament Introduction.* 4th ed. Downers Grove, IL: InterVarsity. [=『신약서론』, CH북스, 1992]

Hahn, F. 1971. "Die Sendschreiben der Johannesapokalypse: Ein Beitrag zur Bestimmung prophetischer Redeformen." In *Tradition und Glaube: Das frühe Christentum in seiner Umwelt; Festgabe für Karl Georg Kuhn zum 65. Geburtstag,* ed. G. Jeremias, H.-W. Kuhn, and H. Stegemann, 357–94. Göttingen: Vandenhoeck & Ruprecht.

Harnack, A. 1923. "The Sect of the Nicolaitans and Nicolaus, the Deacon in Jerusalem." *Journal of Religion* 3:413–22.

Harrington, W. J. 1993. *Revelation.* Sacra Pagina. Collegeville, MN: Liturgical Press.

Hemer, C. J. 1972–73. "The Sardis Letter and the Croesus Tradition." *New Testament Studies* 19:94–97.

———. 1986. *The Letters to the Seven Churches of Asia in Their Local Setting*. Sheffield: JSOT Press.

Hendriksen, W. 1940. *More Than Conquerors*. 2nd ed. Grand Rapids: Baker.

Hilgenfeld, A. 1963. *Die Ketzergeschichte des Urchristentums*. Hildesheim: Olms.

Horsley, G. H. R., ed. 1981. *A Review of the Greek Inscriptions and Papyri Published in 1976*. Vol. 1 of *New Documents Illustrating Early Christianity*. North Ryde, NSW: Ancient History Documentary Research Centre, Macquarie University.

———, ed. 1983. *A Review of the Greek Inscriptions and Papyri Published in 1978*. Vol. 3 of *New Documents Illustrating Early Christianity*. North Ryde, NSW: Ancient History Documentary Research Centre, Macquarie University.

Hort, F. J. A. 1908. *The Apocalypse of St John, I–III: The Greek Text*. London: MacMillan.

Jeremias, J. 1972. *The Parables of Jesus*. 2nd rev. ed. New York: Scribner's Sons.

Johnson, A. F. 1981. "Revelation." In vol. 12 of *The Expositor's Bible Commentary*, ed. F. E. Gaebelein, 397–603. Grand Rapids: Zondervan.

Johnson, D. W. 2004. *Discipleship on the Edge: An Expository Journey through the Book of Revelation*. Vancouver: Regent College Publishing.

Kane, J. P. 1975. "The Mithraic Cult Meal in Its Greek and Roman Environment." In *Mithraic Studies: Proceedings of the First International Congress of Mithraic Studies*, ed. J. R. Hinnells, 2:313–51. Manchester: Manchester University Press.

Keener, C. S. 2000. *Revelation*. NIV Application Commentary. Grand Rapids, Zondervan. [=『NIV적용주석 요한계시록』, 솔로몬, 2010]

Keller, T. 2009. *Counterfeit Gods*. New York: Dutton. [=『내가 만든 신』, 두란노, 2017]

Kiddle, M. 1940. *The Revelation of St. John*. Moffatt New Testament Commentaries. London: Harper & Brothers.

Kim, C.-H. 1975. "The Papyrus Invitation." *Journal of Biblical Literature* 94.3:391–402.

Kistemaker, S. J. 2001. *Exposition of the Book of Revelation*. Grand Rapids: Baker Academic.

Kloppenborg, J. S., and S. G. Wilson. 1996. *Voluntary Associations in the Greco-Roman World*. London: Routledge.

Knight, J. 1999. *Revelation*. Sheffield: Sheffield Academic.

Koester, C. R. 2003. "The Message to Laodicea and the Problem of Its Local Context: A Study of the Imagery in Rev. 3.14–22." *New Testament Studies* 49:407–24.

──────. 2014. *Revelation: A New Translation with Introduction and Commentary*. Anchor Bible. New Haven: Yale University Press. [=『앵커바이블: 요한계시록』, CLC, 2019]

Krodel, G. A. 1989. *Revelation*. Augsburg Commentary on the New Testament. Minneapolis: Augsburg.

Ladd, G. E. 1972. *A Commentary on the Revelation of John*. Grand Rapids: Eerdmans.

Lenski, R. C. H. 1935. *The Interpretation of St. John's Revelation*. Columbus, OH: Lutheran Book Concern.

Lohmeyer, E. 1970. *Die Offenbarung des Johannes*. Handbuch zum Neuen Testament 16. Tübingen: Mohr.

Lohse, E. 1976. *Die Offenbarung des Johannes*. Das Neue Testament Deutsch. Göttingen: Vandenhoeck & Ruprecht.

MacKay, W. M. 1973. "Another Look at the Nicolaitans." *Evangelical Quarterly* 45:111–15.

Mathewson, D. L. 2016. *Revelation. A Handbook on the Greek Text*. Waco: Baylor University Press.

Metzger, B. M. 1994. *A Textual Commentary on the Greek New Testament*. 2nd ed. Stuttgart: Deutsche Bibelgesellschaft. [=『신약 그리스어 본문 주석』, 대한성서공회, 2016]

Michaels, J. R. 1997. *Revelation.* IVP New Testament Commentary Series. Downers Grove, IL: InterVarsity.

Moffatt, J. 1910. "The Revelation of St. John the Divine." In vol. 5 of *The Expositor's Greek Testament*, ed. W. R. Nicoll, 279–494. New York: George H. Doran.

Morris, L. 1969. *The Revelation of St. John.* Tyndale New Testament Commentaries. Grand Rapids: Eerdmans.

Mounce, R. H. 1977. *The Book of Revelation.* New International Commentary on the New Testament. Grand Rapids: Eerdmans. Rev. ed., 1998. [= 『NICNT 요한계시록』, 부흥과개혁사, 2019]

Moyise, S. 1995. *The Old Testament in the Book of Revelation.* Journal for the Study of the New Testament Supplement Series 115. Sheffield: Sheffield Academic.

Mulholland, M. R. 1990. *Revelation.* Grand Rapids: Zondervan.

Müller, U. B. 1975. *Prophetie und Predigt im Neuen Testament.* Gütersloh: Mohn.

Murphy-O'Connor, J. 1983. *St. Paul's Corinth: Texts and Archaeology.* Wilmington, DE: Glazier.

———. 2008. *St. Paul's Ephesus: Texts and Archaeology.* Collegeville, MN: Liturgical Press.

Newton, C. T. 1865. *Travels and Discoveries in the Levant.* London: Day & Son.

Osborne, G. R. 2002. *Revelation.* Baker Exegetical Commentary on the New Testament. Grand Rapids: Baker Academic. [=『BECNT 요한계시록』, 부흥과개혁사, 2012]

Peake, A. S. 1919. *The Revelation of John.* London: Holborn.

Pliny the Younger. *See* Sherwin-White, A. N.

Porter, S. E. 1987. "Why the Laodiceans Received Lukewarm Water (Revelation 3:15–18)." *Tyndale Bulletin* 38:143–49.

———. 1992. *Idioms of the Greek New Testament.* Sheffield: JSOT Press.

Price, S. R. F. 1980. "Between Man and God: Sacrifice in the Roman Imperial Cult." *Journal of Roman Studies* 70:28–43.

Prigent, P. 1977. "L'Hérésie asiate et l'Église confessante de l'Apocalypse à Ignace." *Vigiliae christianae* 31:1–22.

———. 2001. *Commentary on the Apocalypse of St. John.* Tübingen: Mohr Siebeck.

Radt, W. 1988. *Pergamon: Geschichte und Bauten, Funde und Erforschung einer antiken Metropole.* Cologne: DuMont.

Ramsay, W. M. 1895. *St. Paul the Traveller and the Roman Citizen.* London: Hodder & Stoughton.

———. 1904. *The Letters to the Seven Churches of Asia and Their Place in the Plan of the Apocalypse.* London: Hodder & Stoughton. Reprint, Grand Rapids: Baker, 1985.

———. 1994. *The Letters to the Seven Churches.* Edited by M. W. Wilson. Updated ed. Peabody, MA: Hendrickson.

Robertson, A. T. 1933. *Word Pictures in the New Testament.* 6 vols. Nashville: Broadman.

Roloff, J. 1993. *Revelation.* Translated by J. E Alsup. Continental Commentary. Minneapolis: Fortress.

Rudwick, M. J. S., and E. M. B. Green. 1957–58. "The Laodicean Lukewarmness." *Expository Times* 69:176–78.

Saffrey, H. D. 1975. "Relire l'Apocalypse à Patmos." *Revue Biblique* 82:385–417.

Schürer, E. 1893. "Die Prophetin Isabel in Thyatira, Offenb. Joh. 2,20." *Theologische Literaturzeitung* 18:153–54.

Schüssler Fiorenza, E. 1973. "Apocalyptic and Gnosis in the Book of Revelation." *Journal of Biblical Literature* 92:565–81.

———. 1991. *Revelation: Vision of a Just World.* Proclamation Commentaries. Minneapolis: Fortress.

Scobie, C. H. H. 1993. "Local References in the Letters to the Seven Churches." *New Testament Studies* 39:606–24.

Scofield, C. I. 2003. *The Scofield Study Bible III: The King James Version.* New York: Oxford University Press. First published 1909.

Seiss, J. A. 1909. *The Apocalypse.* 3 vols. New York: Charles C. Cook.

Sherwin-White, A. N. 1985. *The Letters of Pliny. A Historical and Social Commentary.* Oxford: Oxford University Press.

Smalley, S. S. 2005. *The Revelation to John: A Commentary on the Greek Text of the Apocalypse.* Downers Grove, IL: InterVarsity.

Spitta, F. 1889. *Die Offenbarung des Johannes.* Halle: Buchhandlung des Waisenhauses.

Stuart, M. 1843. "The White Stone of the Apocalypse: Exegesis of Rev. ii.17." *Bibliotheca Sacra* 1:461–77.

Sweet, J. P. M. 1979. *Revelation.* Westminster Pelican Commentaries. Philadelphia: Westminster.

Swete, H. B. 1907. *The Apocalypse of St. John.* 2nd ed. London: Macmillan. 3rd ed., reprint, 1911.

Swindoll, C. R. 1986. *Letters to the Churches Then and Now.* Fullerton, CA: Insight for Living.

Tait, A. 1884. *The Messages to the Seven Churches of Asia Minor.* London: Hodder & Stoughton.

Thomas, R. L. 1992. *Revelation 1–7.* Wycliffe Exegetical Commentary. Chicago: Moody.

Thompson, L. L. 1990. *The Book of Revelation: Apocalypse and Empire.* New York: Oxford University Press.

Tonstad, S. K. 2019. *Revelation.* Paideia Commentaries on the New Testament. Grand Rapids: Baker Academic.

Trebilco, P. R. 2004. *The Early Christians in Ephesus from Paul to Ignatius.* Tübingen: Mohr Siebeck. Paperback ed. Grand Rapids: Eerdmans, 2007.

Trench, R. C. 1867. *Commentary on the Epistles to the Seven Churches in Asia: Revelation II. III.* 3rd ed., rev. London: Macmillan.

—. 1880. *Synonyms of the New Testament.* 9th ed. London: Macmillan.

Tyconius of Carthage. *See* Gumerlock, F. X.

Vincent, M. R. 1924. *Word Studies in the New Testament.* 2nd ed. New York: Scribner.

Wall, R. W. 1991. *Revelation.* Understanding the Bible Commentary Series. Grand Rapids: Baker.

Wallace, D. B. 1996. *Greek Grammar beyond the Basics: An Exegetical Syntax of the New Testament*. Grand Rapids: Zondervan. [=『윌리스 중급 헬라어 문법』, IVP, 2019]

Walvoord, John F. 1966. *The Revelation of Jesus Christ*. Chicago: Moody.

Weima, Jeffrey A. D. 2016. *Paul the Ancient Letter Writer: An Introduction to Epistolary Analysis*. Grand Rapids: Baker Academic. [=『고대의 편지 저술가 바울』, 그리심, 2017]

Wiarda, T. 1995. "Revelation 3:20: Imagery and Literary Context." *Journal of the Evangelical Theological Society* 38:203–12.

Wilkinson, R. H. 1988. "The Στῦλος of Revelation 3:12 and Ancient Coronation Rites." *Journal of Biblical Literature* 107:498–501.

Willis, W. L. 1985. *Idol Meat in Corinth: The Pauline Argument in 1 Corinthians 8 and 10*. Chico, CA: Scholars Press.

Wilson, M. W. 2002. *Revelation*. Grand Rapids: Zondervan.

Witherington, B., III. 2003. *Commentary on Revelation*. New Cambridge Bible Commentary. Cambridge: Cambridge University Press.

Wong, D. K. K. 1998. "The Hidden Manna and the White Stone in Revelation 2:17." *Bibliotheca Sacra* 155:346–54.

Wood, P. 1961–62. "Local Knowledge in the Letters of the Apocalypse." *Expository Times* 73:263–64.

Worth, R. H. 1999. *The Seven Cities of the Apocalypse and Greco-Asian Culture*. Mahwah, NJ: Paulist Press.

Yamauchi, E. M. 1980. *The Archaeology of New Testament Cities in Western Asia Minor*. Baker Studies in Biblical Archaeology. Grand Rapids: Baker.

Zahn, T. 1924. *Die Offenbarung des Johannes*, vol. 1. Kommentar zum Neuen Testament 18. Leipzig: Deichert.

색인